U0513665

孔子家語

〔三国魏〕王　肃　注
（日）太宰纯　增注
宋立林　校点

上海古籍出版社

图书在版编目(CIP)数据

孔子家语/(三国)王肃注;(日)太宰纯增注;宋立林校点.--上海:上海古籍出版社,2019.9(2024.1重印)
(国学典藏)
ISBN 978-7-5325-9312-5

Ⅰ.①孔… Ⅱ.①王… ②太… ③宋… Ⅲ.①孔丘(前551-前479)-生平事迹 ②《孔子家语》-注释 Ⅳ.①B222.2

中国版本图书馆CIP数据核字(2019)第175315号

国学典藏
孔子家语
[三国]王肃 注
(日)太宰纯 增注 宋立林 校点
上海古籍出版社出版发行
(上海市闵行区号景路159弄1-5号A座5F 邮政编码201101)
(1)网址:www.guji.com.cn
(2)E-mail:gujil@guji.com.cn
(3)易文网网址:www.ewen.co
上海展强印刷有限公司印刷
开本 890×1240 1/32 印张 14.125 插页 5 字数 329,000
2019年9月第1版 2024年1月第2次印刷
印数:5,101—6,150
ISBN 978-7-5325-9312-5

B.1107 定价:58.00元
如有质量问题,请与承印公司联系
电话:021-66366565

前 言

《孔子家语》，是记载孔子及孔门弟子言行的重要典籍，但是其命运，与同类的《论语》真可谓有天壤之别。其命运可谓多舛，其身份甚至也屡遭质疑，清代尤其是民国以来的学者提到它，往往径以“伪书”视之。《家语》为伪书，很长一段时期以来，似乎是“铁板钉钉”的事，容不得任何人提出异议。如果谁在学术研究过程中，采用了《家语》的材料，我们的辨伪学家或文献学家就会“嗤之以鼻”。

《家语》命途之多舛，盖缘于其身世之扑朔迷离。然而，随着大量出土简帛文献的问世，此一扑朔之身世、多舛之命运，将得一揭秘之契机，其文献价值、思想意义，亦将随之凸显。因《家语》一书身世复杂，世人对之多感陌生，或受流俗之见，以为伪书不足观，故需详叙其原委，俾使该书之价值能重为世人所了解。

《孔子家语》，又称《孔氏家语》，简称《家语》，与《论语》一样，是研究孔子及早期儒学的重要资料。今本为十卷、四十四篇，全文共五万七千馀字，字数是《论语》的数倍之多。该书所记为孔子与门弟子、当时君卿大夫和时人问对言语，及有关孔子身世、家世、求学、为政、施教的记载，内容丰富，对于全面了解孔子思想及早期儒学，具有极为重要的价值，甚至有学者称其为“孔子研究第一书”。

《家语》最早著录于《汉书·艺文志》，在“六艺略”之《论语》“十二家”之中：“《孔子家语》，二十七卷。”《隋书·经籍志》亦著录于经部，列《论语》类，为二十一卷，并云：“《孔丛》、《家语》，并孔氏所传仲尼之旨”;《旧唐书·经籍志》亦收在“甲部”即“经部”《论语》“三十六家”,著录为十卷;《新唐书·艺文志》、《宋史·艺文志》同。由此看来,自古学者皆将《家语》视为《论语》一类,《家语》与《论语》关系之密切,可想而知。日本学者太宰纯对此有一个形象的说法:“昔者左丘明取鲁国简牍记以为《春秋传》,又录其异闻,兼摭诸国遗事,以为外传,命之曰《国语》。仲尼门人录仲尼言语行事及门人问对论议之语,命之曰《家语》,琴张、原思等取《家语》中纯粹正实者而修其文,以为《论语》。是《论语》之与《家语》,犹《春秋》内外传也。”(《增注孔子家语序》)应该说,太宰纯的此一看法是深刻的。

《孔子家语》的成书和流传,因为“文献不足”,长期以来,学者们无从梳理清楚。不过,根据《家语后序》、王肃《序》的记载,再综合其他文献记载,大体上可以梳理出一个脉络。

孔安国《家语后序》说:《家语》所记乃“当时公卿士大夫及七十二弟子所谘访交相对问言语也,既而诸弟子各自记其所问焉,与《论语》、《孝经》并时。弟子取其正实而切事者,别出为《论语》,其馀则都集录之,名曰《孔子家语》”。根据学者的研究,这一说法是可靠的。也就是说,《家语》的材料,与《论语》是一样的,皆是弟子所记录。

众所周知,在春秋末年、战国初年的文化巨人之中,留下相关记载最丰富的还是要数孔子。即使我们不去认可孔子作《春秋》、《易传》,仅仅《论语》一书的分量也要超出《老子》五千言两倍之多。更遑论留存在《孔子家语》、大小戴《礼记》、《孝经》、《左传》、《孟子》、《荀子》、《韩诗外传》、《说苑》、《孔丛子》和出土文献如马王堆帛书《易传》、郭店楚简和上博楚竹书之中的大量孔子言行文献了。

人们也许会好奇,数量如此可观的孔子遗说资料,是如何被记录、流传下来的呢?其实,这主要得益于孔门的优良传统。孔子强调“述而不作”，重视古代典籍的整理与传授，故而孔门形成了一种重视历史、重视文献、注重记录的风气。孔子对于一些重要的观点、思想时常提醒弟子记录，而弟子对于老师的很多嘉言懿行，也往往有随时记录或事后补记的习惯。故而，我们在文献中经常看到孔门弟子“退而记之”、“书诸绅”等类似记载。甚至，在孔门之中，还有一种近乎“制度化”的措施，类似于王官中的史官。我们知道，中国古代史官记史的传统发达。七十子记载孔子言行，应该是对古代史官记言记事传统的继承或仿效。据《孔子家语·七十二弟子解》记载，“叔仲会，鲁人，字子期，少孔子五十岁。与孔琁年相比。每孺子之执笔记事于夫子，二人迭侍左右”。这一段记载，在《史记索隐》所引《家语》记为“二孺子俱执笔迭侍于夫子”。虽然这则材料尚属孤证，但我们可以猜测，孔门可能有让年轻的学生负责记录孔门事务的规矩，这有点像史官制度，左史记言，右史记事。而所有这些，正是孔子言行文献得以留存的前提所在。

比如《论语》，就是“孔子应答弟子、时人及弟子相与言而接闻于夫子之语也。当时弟子各有所记，夫子既卒，门人相与辑而论纂”（《汉书·艺文志》）而成；再如《孔子家语》，据孔安国所说，“皆当时公卿士大夫及七十二弟子之所谘访交相对问言语也。既而诸弟子各自记其所问焉，与《论语》、《孝经》并时”。（《后序》）可见，孔子的这些“谈话记录”大都出自孔子弟子之手。当然，孔子与各国君主、卿大夫的对话，也有可能由史官等记录并流传下来，然后为孔门后学整理进儒家典籍之中，成为孔子言行文献的一部分。从文献的记载看，孔子言行文献绝大部分应该都属于七十子及其后学所记，而且孔子弟子记录整理孔子言行文献也有明确记载。

不过，《家语》与《论语》又有明显的差异。其中一个比较明显的差异，便是在《论语》中大都是“语录”，往往缺乏言语、对话的具体背景，而在《家语》中，则往往"有头有尾"，故事记载较为完整，有似于"实录"。这恰恰印证了《家语后序》所谓"取其正实而切事者，别出为《论语》"的说法。

据笔者对《论语》与新出简帛文献的比勘，我们认为，《论语》是在孔子弟子所记原始笔记的基础上经过精心加工、润色而成，是精中选精的结果，故并非原始记录。之所以精选、编纂《论语》这样一部"语录"，孔门弟子后学们是有着特殊用意的。古代《论语》基本上都是八寸亦即一尺之简，这绝不意味着《论语》的地位很低，而是别有原因，正如王充《论衡·正说篇》中所说："以八寸为尺，纪之约省，怀持之便也。以其遗非经，传文纪识恐忘，故以但八寸尺，不二尺四寸也。"南朝皇侃《论语义疏自序》认为孔子弟子整理《论语》，目的在于"上以尊仰圣师，下则垂轨万代"。宋邢昺《论语注疏解经序·序解》则云："夫子既终，微言已绝。弟子恐离居已后，各生异见，而圣言永灭，故相与论撰，因采时贤及古明王之语合成一法，谓之《论语》也。"从上述记述之中，我们可以发现，孔门弟子及后学编纂《论语》有着明显的编纂目的：即保存整理孔子言行文献，以纪念老师孔子，并使之能最大范围内影响孔门后学并流传后世。

在编纂目的上，《孔子家语》与《论语》有同有异，故而呈现出不同的面貌特征。其相同之处在于，二书的编纂皆是出于纪念、保存孔子遗说；不同处在于，精选出《论语》是为便于流通，而汇编《家语》则是为了更好更完整地保存孔子言行文献的丰富性和原始性。

那么，《家语》一书何以命名？蒙文通先生有这样一个说法，诸侯国史称《春秋》，大夫家史也称《春秋》。诸侯国史称《国语》，则大夫家史自可称为《家语》。《孔子家语》便是显例。《孔子家语》不仅著录于《汉书·艺文志》，而且还见称于《严氏春秋》，说明其确为先秦旧籍。就《孔子家语》一书的内容分析，显然是介于《晏子春秋》与

《吕氏春秋》之间的作品。换句话说，也就是介于家史与诸子之间的作品。这一说法极具启发性。据此，“家语”二字是相对于“国语”而言，意指大夫家史。揆诸《家语》，该书包括孔子家世、生平事迹、思想言论、弟子小传、弟子言辞等，与所谓“大夫家史”正相吻合。

至于是谁主持编纂了《家语》一书，则史无明文。我们知道，《论语》的编纂非出于一时一人之手，而是经历了一个过程，但应该有一个或几个主持之人。我们认为，曾子弟子、孔子裔孙、战国大儒子思最后主持编纂《论语》的可能性最大。对于《家语》的编纂，也有学者推测出于子思，这是极有可能的。不过，子思对《家语》的这一次编纂，恐怕也是初步汇编而已，其实谈不上“编纂”。这批材料在孔门中得以保存并流传。因为内容丰富，字数众多，传抄匪易，故而可以推想，《家语》流传的范围并不广。

据孔安国《后序》所说，战国后期，荀子作为一代儒宗，留意于孔子言行文献的保存，我们今日得见《孔子家语》，不能不归功于荀子。他在入秦时，以“孔子之语及诸国事、七十二弟子之言，凡百馀篇”献给秦昭王。这是《家语》在秦国流传的开始。后来因为与诸子同列，故而在始皇焚书时得以幸免。汉高祖克秦，这批“载于二尺竹简，多有古文字”的珍贵文献被其“悉敛得之”，这批文献遂为汉秘府所存。后为吕后取而藏之，吕氏被诛亡以后，《家语》散入民间，“好事者或各以意增损其言，故使同是一事而辄异辞”。民间遂出现了《家语》的多种抄本。汉景帝末年，募求天下遗书，当时的京师士大夫纷纷献书，这批《孔子家语》文献也重被献上，但是“与诸国事及七十二子辞妄相错杂”，最终“与《曲礼》众篇乱简，合而藏之秘府”。

孔安国是孔子后裔，生活在西汉景帝、武帝时期，是汉代有名的经学大师。其从兄孔臧曾在《与子琳书》中称赞其“明达渊博，雅学绝伦，言不及利，行不欺名，动遵礼法，少小及长，操行如故”。其孙孔衍在给皇帝奏言中赞美他“以经学为名，以儒雅为官，赞明道义，见称前朝”。由于孔安国精通《尚书》学，为武帝时经学博士，四十岁时任谏大夫、博士，后迁任侍中、博士。汉武帝天汉年间，景帝末年孔壁所出古文书全部被孔安国得到，他对之进行整理，尤其是对古文《论语》、《孝经》、《尚书》进行考论、训释、解读，并奉命写成《古文论语训》、《孝经传》、《尚书传》等著作，上奏朝廷，惜因巫蛊之事，立《古文尚书》等于学官一事被耽搁下来，竟不了了之。

安国出于对先祖孔子的尊敬，“窃惧先人之典辞，将遂泯灭”，为保护这些面临散乱、泯灭的孔子言行文献资料，他“因诸公卿士大夫，私以人事，募求其副，悉得之”。在“抄录”这批竹简之后，他做了一项更重要的工作，就是“撰集”——“乃以事类相次，撰集为四十四篇”，完成了《家语》的编纂，《家语》基本定型。遂将这部记录孔子言行的重要典籍献于朝廷，希望能与《论语》一样立于学官，惜因各种因素没有实现。不过，汉代秘府中应保存有安国整理的《家语》。

在此情形下，《家语》只能在孔氏家族中以“家学”形式传承。安国之后，其孙孔衍希望朝廷“记录别见”未成，《家语》自然仍以家学传承。直到三国时期的孔猛之时，《孔子家语》“藏在深闺人未识”的历史才得以结束。

在《孔子家语》的流传史上，三国时期的经学大师王肃是个不得不提的人物。王肃对于《家语》的贡献，就是为之作注。而王肃之所以有此机缘，据其《家语序》云：“孔子二十二世孙有孔猛者，家有其先人之书。昔相从学，顷还家，方取已来。”王肃发现，该书与自己所论“有若重规而叠矩”，故十分重视，于是对之进行注解。

据《隋志》：“《孔子家语》二十一卷，王肃解。”综观《家语》四十四篇，其中十二篇篇名有“解”字，如《大婚解》、《儒行解》、《七十二弟子解》等，为全书四分之一强。《家语》篇名带有“解”字，恐是出于王肃之手。《逸周书》各篇篇名基本有“解”字,《管子》也有多篇以“解”冠名者。唐大沛《逸周书分编句释》谓,《逸周书》所谓“解”,乃是“章”、“篇”之义,非“解说”的意思。他还说:“《家语》中称‘解’者十篇,盖仍古书之旧目也,与此同例。”不过,多数学者认为《逸周书》各篇“解”字恐是孔晁作注时所加。对于《家语》各篇“解”字,在《家语》王肃序中,我们可以得到一点线索。据王肃《家语序》:“斯皆圣人实事之论,而恐其将绝,故特为解,以贻好事之君子。”这与《隋志》著录一致。不过在后来流传过程中,一般都标明《家语》为王肃“注”,而不是王肃“解”,以至于很多人对此有所误解。

王肃,字子雍,东海郡人(今山东省临沂市郯城县),生于会稽。十八岁时,跟随大儒宋忠学习扬雄《太玄》。魏文帝黄初年间,任散骑黄门侍郎。太和二年,其父王朗去世后,王肃嗣爵。次年,拜散骑常侍。后王肃以常侍领秘书监兼崇文观祭酒。正始元年(240),王肃出为广平太守。不久因公事征还,拜为议郎。很快迁升为侍中,太常,后徙河南尹。嘉平六年(254),持节兼太常。后迁中领军,加散骑常侍,增邑三百,并前二千二百户。甘露元年(256)去世,其门生缞绖者以百数。追赠卫将军,谥曰景侯。

王肃经学造诣极高,其《易》学、《书》学、《诗》学、《三礼》学、《春秋》学、《孝经》学、《论语》学,均有发明。王肃受家学影响,得到荆州学派的精神,且精通贾逵、马融之学,对当时盛极一时的郑学十分不满。

郑玄是今古文经学的集大成者,学徒相随有数百千人,名噪当时。《后汉书·郑玄传论》:“郑玄括囊大典,网罗众家,删裁繁诬,刊改漏失,自是学者略知所归。”王粲称“伊、洛以东,淮、汉以北,康成一人而已”。甚至当时流传着“宁疑孔孟误,不言郑服非”的谚语。在这种背景下,王肃发起了对郑学的挑战。

王肃反对郑玄主要采取了几种方式。一是撰《圣证论》"以讥短玄",一是撰《尚书驳议》、《毛诗义驳》、《毛诗问难》、《毛诗奏事》以难郑,一是借注解《孔子家语》以驳斥郑玄。王肃在《家语序》中自陈:

> 郑氏学行五十载矣。自肃成童,始志于学,而学郑氏学矣。然寻文责实,考其上下,义理不安,违错者多,是以夺而易之。然世未明其款情,而谓其苟驳前师,以见异于人。乃慨然而叹曰:予岂好难哉?予不得已也。圣人之门,方壅不通;孔氏之路,枳棘充焉。岂得不开而辟之哉?若无由之者,亦非予之罪也。是以撰《经礼》申明其义,及朝论制度,皆据所见而言。孔子二十二世孙有孔猛者,家有其先人之书。昔相从学,顷还家,方取已来。与予所论,有若重规而叠矩……而予从猛得斯论,以明相与孔氏之无违也。斯皆圣人实事之论,而恐其将绝,故特为解,以贻好事之君子。

据统计,王肃著作有20多种,190多卷,这些著述奠定了其在汉魏之际的经学大师地位。王肃这些经典注解及王朗《易传》,在晋代列于学官,成为官学,盛行一时。然而,也正由于王肃与司马氏关系密切,加之他积极反郑,因而从宋代疑古思潮兴起以后,王肃便受到了越来越多的批判,人们对王肃的评价变得极低,至清代皮锡瑞更是将王肃与刘歆并称为"经学之大蠹"。

王肃经注和著作除《孔子家语注》外大都已佚,清马国翰《玉函山房辑佚书》和严可均《三国六朝文》分别辑有其佚文和奏疏。且不论王肃之学得失,就《家语》一书而言,其功劳颇巨。王肃为《家语》注解凡1068条,具体内容涉及地方、人物、器物、典章礼制及字词释义。由于王肃作注解,《家语》一书得以公开传播于世,结束了"藏在深闺人未识”的尴尬命运。此后，王肃所注《家语》在社会上长期流传，诸多著作引用《家语》，基本上承认其价值。如《南齐书》、《魏书》、《旧唐书》、《新唐书》、《旧五代史》都曾引用《家语》，《史记》三家注，即南朝宋裴骃的《集解》、司马贞《索隐》、张守节《正义》也都引用《家语》，特别是司马贞的《索隐》更是大量引用《家语》以注《史记》。

王肃凭借其自身学术影响力和特殊地位，其经注立于学官，形成了所谓“王学”，与汉末以来盛极一时的郑学相颉颃。郑玄传人对王学自然非常敌视，双方开始互相攻击。其中焦点之一就是《家语》的真伪。从宋代开始，疑古思潮盛行，《家语》伪书说逐渐定型。近代以降，古史辨派大兴疑古之风，《家语》便成了“赝中尤其赝者”。可见，《家语》从魏晋时期正式流传于世，所要经历的便是多舛的命运。

最早向王肃和《家语》发难的是服膺郑学的马昭。《孔子家语注》甫一行世，郑玄后学马昭就立刻攻击王肃增加了《家语》，给今本《家语》蒙上一层阴影：《礼记·乐记》：

> 舜作五弦之琴，以歌《南风》。

郑注：

> 南风，长养之风也，以言父母之长养己。其辞未闻。

孔颖达疏曰：

> 案：《圣证论》引《尸子》及《家语》难郑云：“昔者舜弹五弦之琴，其辞曰：南风之薰兮，可以解吾民之愠兮。南风之时兮，可

以阜吾民之财兮。郑云其辞未闻,失其义也。"今案马昭云:《家语》王肃所增加,非郑所见。又《尸子》杂说,不可取证正经,故言未闻也。

《通典》卷九一还引马昭曰:"《孔子家语》之言,固所未信。"

此后类似观点,颇不少见。其实,我们不用一一反驳,只消举个例子。在《家语注》中,王肃对《家语》的记载表示怀疑或勘正的共有19处。如《王言解》,原文为"千步而井,三井而埒",王肃据前后文注曰:"此说里数,不可以言井。井,自方里之名。疑此误。"又如《六本》:"荣声期行乎郕之野",王肃注:"声,宜为啓。或曰荣益期也。"在王肃所注解的其他书籍中,有与《家语》记载不同者,如《家语·郊问》记载孔子主张鲁惟一郊。而《礼记·郊特牲》孔颖达疏曰:"鲁之郊祭,师说不同:崔氏、皇氏用王肃之说,以鲁冬至郊天,而建寅之月又郊以祈谷。"《家语》所记与王肃观点截然不同。又如庙制,《家语·庙制》曰:"天子立七庙,三昭三穆,与太祖之庙而七。"郑玄认为天子七庙,太祖庙一,文王、武王庙各一,亦即二祧,亲庙四,合而为七庙。王肃在《圣证论》中,以为二祧者为高祖之父、高祖之祖,加上太祖及四亲庙为七庙。文王、武王之庙在七庙之外。按王肃说,则天子应有九庙。这显然与《家语》记载亦不一致。试问,如果王肃"伪造"或"增删"《家语》而专与郑玄作对,他为什么还要假造对自己论点不利之材料?他何不将《家语》中不利于自己的关键材料直接删除?

至唐,颜师古在为《汉志》作注时说:"非今所有《孔子家语》。"根据《隋志》记载,《家语》是"二十一卷",这与《汉志》所载"二十七卷"本似乎明显不同,故颜师古判定"非今所有"。对此学者有不同看法。笔者认为,颜师古的这一说法恐为臆断之词,并无坚强证据佐证，也说明不了什么问题。

宋代，学界疑经思潮大兴，受此影响，《孔子家语》也成为反思讨论的对象。王柏《家语考》是第一篇全面考察《家语》源流、真伪的文章。他说："意王肃杂取《左传》、《国语》、《荀》、《孟》、二戴之绪馀，混乱精粗，割裂前后，织而成之，托以安国之名……孔衍之序，亦王肃自伪也。"他相信曾经有一部真的《家语》，不过该书的命运很惨："《家语》之书，洙泗之嫡传也，不幸经五变矣：一变于秦，再变于汉，三变于大戴，四变于小戴，五变于王肃。洙泗之流风馀韵，寂然不复存。"

在宋代也有人对《家语》持肯定态度。如朱熹曾经以《家语》与《中庸》进行比较，朱熹曰："《孔子家语》只是王肃编古录杂记，其书虽多疵，然非王肃所作。"又曰："《家语》虽记得不纯，却是当时书。"朱子后学黄震亦认为："孔子之言，散见于经，不独《论语》也。他如《庄》、《荀》诸书，以及诸子百家，亦多传述。第记载不同，辞气顿异，往往各肖所记者之口吻，几有毫厘千里之谬。至《家语》，莫考纂述何人，相传为孔子遗书。观《相鲁》、《儒行》及《论礼》等篇，揆诸圣经，若出一辙。乃各篇中似尚有可疑处，盖传闻异辞，述所传闻又异辞，其间记载之不同，亦无足怪。或有竟疑是书为汉人伪托，此又不然，然尽信为圣人之言，则亦泥古太甚矣。去圣已远，何从质证？"叶适也说："《孔子家语》四十四篇，虽安国撰次，按《后序》，实孔氏诸弟子旧所集录，与《论语》、《孝经》并时，取其正实而切事者别为《论语》，其馀则都集录之，名曰《孔子家语》。"又说："《家语》汉初已流布人间，又经孔安国撰定。"再如史绳祖在《学斋占毕》中列出"成王冠颂"条予以考辨，认为《家语》用词较古，该书非伪。

王肃注本《家语》在宋代流传，大体有蜀大字本、监本和建本三个系统，然逮至蒙元，情况发生变化。宋本流传渐稀，而王广谋《新刊标题句解孔子家语》三卷自元代中期却多次刊行。明初以降,宋本流传极稀,甚至学者以为此本世间无存,转将王广谋本视为今本。但是,王广谋本乃“删削割裂”而成,明何孟春评论其“注庸陋荒昧,无所发明,何足与语于述作家?而其本使正文漏略,复不满人意,可恨哉”!他指责“今本而不同于唐,未必非广谋之妄庸,有所删除而致然也”。他认为王广谋本“同事异辞,灭源存末,乱于人手,不啻在汉而已”。这个看法,与当时大儒王鏊“今本为近世妄庸所删削也”的评价基本一致。

何孟春,字子元,号燕泉,湖北郴州(今属湖南)人。其人博究经史,学识闳深。他虽不满意于《句解》本,也未能获见王肃注《家语》,只能在王广谋基础上补注《家语》。毛晋评价说:“即何氏所注,亦是暗中摸索,疵病甚多,未必贤于王、陆二家也。”四库馆臣则云:“其考订补缀不为无功,而由未见肃注,故臆测亦所不免……至近本所校补孟春阙误凡数百条,皆引据精确,则孟春是注之舛漏抑可知矣。”不过何孟春对《家语》的看法,基本上算是持平之论。何氏认为《家语》一书:“《六经》外,《孝经》、《论语》后,幸存此书,奈之何使其汶汶而可也?此书肃谓其烦而不要,大儒者朱子亦曰杂而不纯。然实自夫子本旨,固当时书也,而吾何可忽焉而莫之重耶?”他认为,“《论语》出圣门高弟记录,正实而切事者……《论语》且有不可信者矣,吾又何得以此书之不可信者,而并疑其馀之可信者哉?学者就其所见,而求其论于至当之地,斯善学者之益也”。

尽管在明代宋本《家语》十分罕见,但却并未绝迹。明代中后期,出现了两个版本的王肃注本《家语》,其一是黄鲁曾的覆宋本,一个是毛晋汲古阁刻本。

黄鲁曾,字得之,一字德之,号中南山人,明代藏书家。正德丙子(1516)举人。黄鲁曾在其《孔子家语后序》中曰:“孔氏独多述作,自《鲁论》、《齐论》言之，又有《家语》，疑多鲤、伋所记，并门人先后杂附之者，要之咸孔子之意也……此书虽若言之广且曲，道则载焉。”对于王肃注本《家语》，黄鲁曾非常重视。他说：“今考之《艺文志》，有二十一卷，王肃所注。何乃至宋人梓传者止十卷，已亡其太半？如由混简错帙，则又不可分析。比之王广谋句解者，又止三卷。近何氏孟春所注，则卷虽盈于前本，而文多不齐。余颇惜王肃所注之少播于世，力求宋刻者而校雠之，仅得十之七八，虽宋刻亦有讹谬者也。”确实，黄鲁曾本多有脱略，尤其是《曲礼公西赤问》一篇脱略尤甚，且《曲礼子夏问》错简严重。不过，黄鲁曾本在民国时期被收入《四部丛刊》、《四部备要》，得以广泛流通，影响较大。

毛晋汲古阁本《家语》，得之偶然，确属幸事。他在《家语》跋语中说：

> 嗟乎！是书之亡久矣。一亡于胜国王氏，其病在割裂；一亡于包山陆氏，其病在倒颠……忽丁卯秋，吴兴贾人持一编至，乃北宋板王肃注本子。大书深刻，与今本迥异，惜二卷十六叶已前，皆已蠹蚀，因复向先圣，焚香叩首，愿窥全豹。幸己卯春，从锡山酒家，复觏一函，冠冕岿然，亦宋刻王氏注也。所逸者仅末二卷。余不觉合掌顿足，急倩能书者，一补其首，一补其尾。二册俨然双璧矣。纵未必夫子旧堂壁中故物，已不失王肃本注矣。三百年割裂颠倒之纷纷，一旦而垂绅正笏于夫子庙堂之上矣。

因此，较之他版，汲古阁本堪称“全帙”、“完璧”，但是实际上，汲古阁本的错讹之处依然甚夥。此本后收入《四库全书》。

除此之外，在明代还有其他几种《家语》本子，比如陆治本、吴嘉谟本、陈际泰本、路一麟本、邹德溥本、周宗建本等,多非王肃注本系统,且缺漏甚巨,其价值与影响皆不及黄本及毛本。

有清一代,在朴学的风气之下,《家语》研究再次受到疑古思潮影响,《家语》伪书说得到巩固。孙志祖、范家相、姚际恒、崔述、皮锡瑞、王聘珍、丁晏及四库馆臣等学者在提及《家语》时,往往径直归为"伪书",也有一些学者如钱馥、沈钦韩、刘熙载等则持"王肃增加说"。范家相《家语证伪》、孙志祖《家语疏证》、陈士珂《孔子家语疏证》,是清代《家语》考证的三部最重要著作,前二者认定《家语》为伪,而陈士珂则与之相反。陈诗在《孔子家语疏证序》中转引陈士珂的话:"夫事必两证而是非明,小颜既未见安国旧本,即安知今本之非是乎?且予观周末汉初诸子,其称述孔子之言,类多彼此互见,损益成文,甚至有问答之词,主名各别,如《南华》重言之比,而溢美溢恶,时时有之,然其书并行,至于今不废,何独于是编而疑之也?"

"伪书说"无疑是清人对《家语》认识的主流,这一观点在近代得到了进一步强化。不过,随着大量出土简帛文献的问世,人们对于古代典籍的成书与流传规律作了细致研究,突破了"疑古辨伪"思潮之局限,使《家语》"伪书说"渐渐受到怀疑,进而走向"破产"。

1973年河北定州八角廊汉墓竹简《儒家者言》出土后,李学勤先生在1987年发表《竹简〈家语〉与汉魏孔氏家学》一文,率先对《家语》伪书说提出反驳,提出《儒家者言》篇,"是一部和《论语》很有关系的儒家的著作",与《家语》关系密切,"可称之竹简本《家语》",是今本《家语》原型的观点。他还认为,《家语》的形成有一个很长的过程,陆续成书于孔安国、孔僖、孔季彦、孔猛等孔氏学者之手,有一很长的编纂、改动、增补过程,是汉魏孔氏家学的产物。从此开始了重新认识和评价《家语》的进程。

此后学者对此问题进行了更为深入的分析和探讨。如胡平生、王承略、庞朴、廖名春、张固也等先生都曾撰文考证《家语》真伪，指出《家语》本文及序文的价值。杨朝明先生更是致力于《家语》研究，除了《孔子家语通解》之外，更有多篇专论，对《家语》成书、流传、可靠性、文献价值等进行了深入研究。此外，宁镇疆、刘巍、邬可晶、宋立林皆有关于《家语》的专书，虽然观点不同，但是对于深化《家语》研究，起到了推动作用。

《家语》不仅在中国产生影响，在日本也受到广泛重视。太宰纯云："我日本博士家所传王注全本，今行于海内。"由此可见，在日本，王肃注本并不似中国那样曾经一度稀缺。今所见较早的日本刻本有元和间（相当于明万历四十三年至天启三年，即1615—1623）的活字本。该本为"上官国材宅本"，大概即太宰纯所谓"日本博士家所传"本。此本后来在宽永十五年（1638）年由风月宗智刊行，是为宽永本。清人叶德辉在《郎园读书记》中云："今年春，日本僧水野梅晓还国，重来长沙，出此本见赠。每半页九行，行十八字，前序目后有'上官国材宅刊'一行，末页有'宽永十五年戊寅仲秋吉日，二条通观音町风月宗智刊'二行。审其版式行格，似北宋时私宅本，风月宗智又翻雕耳，注文与太宰纯注本同。宽永戊寅，当中国前明崇祯十一年，逮今凡二百六十八年，犹是太宰注以前旧本，乃知太宰所云'博士家本'，非凿空之谈。且以见毛本虽出宋刻，难免臆改增删，不如海外所传，固是中原古本也，后得者珍之宝之。"王重民先生在《中国善本书提要》中对宽永本考证如下："北图所藏《孔子家语》十卷，日本宽永十五年刻本，每半页九行十八字。魏王肃注篇目后刻'上官国材宅刊'六字。卷末题：'宽永十五年（戊寅）仲秋吉日，二条通观音町风月宗智刊行'二行。卷内有'静安'、'王国维'等印记，又有静安先生跋云：'此本不知何本，然佳处时出诸本之上。昔桐城萧敬孚得此本，乃谓宋刊大字本不足存，以归贵池刘氏。余以此本校黄周贤本一卷，乃知敬老之言不诬。庚申冬十月朔夕，海宁王国维记。'"

此宽永本有两个版本。一为五册本，内附有日文助读符号；一为二册本，无日文符号。二本皆有卷末题记："宽永十五年戊寅仲秋吉日，二条通观音町风月宗智刊行。"但据笔者考察，前者错漏、讹误之处多，后者多已挖改或挖补，故可推断，后者稍晚于前者。

此后，在日本，对《家语》的注释，出现了多个重要版本。一为冈白驹（龙洲先生）《补注孔子家语》（宽保元年，1741），一为太宰纯（春台先生）《增注孔子家语》（宽保二年，1742），一为冢田虎《冢注家语》（宽政四年，1792）。其中，尤以太宰纯的《增注孔子家语》流传最广。太宰纯本亦曾传入中夏。清末叶德辉《郎园读书记》云："昔从都门得太宰纯增注本，前有元文元年《自序》，云据其国博士家所传王注全本，取校毛本，注文简古。元文当中国乾隆初元，逮今百七十年，其云'博士家'必有依据。"

太宰纯、冈白驹、冢田虎对于《家语》皆不从中夏学者之伪书说。比如冢田虎在《序》中说："《家语》者何？《论语》之耦也。二《语》皆实录孔子之言行者，而七十子之所以升堂入室之门阶也。"太宰纯亦将《家语》与《论语》相提并论，"仲尼门人录仲尼言语行事及门人问对论议之语，命之曰《家语》，琴张、原思等取《家语》中纯粹正实者而修其文，以为《论语》。是《论语》之与《家语》，犹《春秋》内外传也。"又云："《家语》虽曰驳驳，实七十子所记孔氏遗文也。《论语》虽曰雅训，有得《家语》而后其义始明者焉。礼乐之坏崩也，得《家语》亦可以修补其十一矣。《家语》宁可废乎？……若《家语》，则门人各随记其所闻而未经修正者已，其实孔氏遗文无疑焉，尤不可废也。纯愚信仲尼，是以信《家语》如《论语》。"

太宰纯（1680—1747），名纯，字德夫，号春台，通称弥右卫门，江户时代中期的儒学大家。太宰纯自幼苦学勤修,17 岁时师事儒家学者中野撝谦,习朱子学。正德三年(1713),在友人介绍下入荻生徂徕之门,由诗文转学儒学(特别是古学)。服部南郭所作《太宰先生墓碑》述其为人曰:"先生既励己行,以直方自居,从游之徒,莫不奉名教唯谨,文畏如大府,前后所见诸侯甚多,未尝枉己而求焉。进退必以礼,安贫乐道,终不复仕,然其志则同儒者之学。"36 岁时,转入学问研究与写作,在江户小石川开设私塾,召集门人讲学,得到不少大名支持与资助。春台博学多识,著述颇多,有《六经略说》一卷、《辨道书》一卷、《圣学答问》二卷、《论语古训》十卷、《易道拨乱》一卷、《周易反正》十二卷、《古文考经略解》一卷、《增注孔子家语》十卷、《易占要略》一卷、《文论诗论》二卷、《老子特解》二卷、《经济录》十卷等。

《增注孔子家语》十卷,五册,版框高 20.8 厘米,宽 14.9 厘米,四周双边,每半页九行,行十八字。小字双行。上版心花口,单鱼尾,耳题"孔子家语",版心题卷次及页码,下版心大黑口。内封面有"春台先生增注"、"不许翻刻,千里必究"、"孔子家语"、"江都书肆嵩山房梓"牌记。卷首有《增注孔子家语序》,后署"元文元年柔兆执徐仲冬己亥　信阳太宰纯序",次为王肃《孔子家语序》,次为《王肃传略》,次为"孔子家语篇目",首"相鲁"终"后序",每篇题下有字数统计,卷末有《附录汲古阁板孔子家语跋》、次《何孟春序》、次《太宰纯序》。卷末有牌记"太宰弥右卫门增注　宽保二年壬戌春正月吉江都书肆嵩山房藏板",次行题"须原屋小林新兵卫梓"。

太宰纯《增注》对于王肃注有所补足。据其自述云:"纯之少也,亦好是书,读之颇习,既而窃恨旧本多误,文义难晓,乃求得海舶所贡王注全本,及元明诸儒数家本以校之,又旁搜传记诸子所载,与是书事同文异者,若后世注家所引是书及王注文以参考之,积以岁月,可以正误通义者，不止十五。又有子雍所略不注而今之幼学所不能解，则取诸名家训注在他书者以补之，命曰《增注》。旧本有音释而甚略，予今效陆德明用唐音悉注其当注者，冀读者无纰缪。”通读全书，可以发现，太宰纯之增注，确实大有益于理解《家语》，乃王肃之功臣也。

此后，日本的千叶玄之在《增注》基础上作《标笺孔子家语》(宽政元年，1789)，西山元作《孔子家语标注》(抄本，日本国立国会图书馆藏)，对太宰纯本予以补正，进一步扩充相关资料。经太宰纯的增注与校勘，《增注》本《家语》的文献价值与版本价值极高，可谓善本。然迄今未有整理排印者。今兹就王肃注、太宰纯增注《家语》予以校点，整理出版，以飨读者。

古人云：校书如扫落叶。尽管努力认真为之，但限于学力，错误在所难免，敬请读者及方家有以校正！

宋立林

2016年8月29日于山东曲阜

【本书的整理得到了山东省“泰山学者工程专项经费资助”，同时得到山东省“孔子与山东文化强省战略协同创新中心”重点资助，是该中心重点项目“《孔子家语》汇校、集注与全译”的阶段性成果，特此致谢。】

校点凡例

一、本次校点所用底本为日本宽保二年嵩山房刊本《增注孔子家语》，以明代黄鲁曾覆宋刊本（简称“黄鲁曾本”）、日本宽永十五年风月宗智刊本《家语》［简称“宽永本”，由于该本有带日文助读符号的五册本及全汉文的两册本两个版本，故又分宽永本（一）、宽永本（二）］及日本千叶玄之《标笺孔子家语》（简称“标笺本”）等书对校。

二、底本中的王肃注、太宰纯增注为双行小字夹杂于正文之中，今将其列于每节正文之下，以①、②、③……标注。

三、为便于阅读，对正文进行了分章。如该章字数过多，则分节。

四、本书以简体排印，但在注释及校记中，酌情保留了一些涉及人名、注音时的繁体字及异体字，如“豜”、“聲”、“閒”、“捨”等。正文原则上不使用繁体字及异体字，特殊情况下将相应繁体及异体字用小括号标注于该字之后。

五、因底本与对校本大都鲜见，故对底本与各对校本不同之处，皆出校语，以［1］、［2］、［3］……标注，以页下注形式呈现，便于读者更全面了解各本情况。各本明显的手民之误，则不出校。

六、正文中比较确定的衍字，以“〈〉”标出，并以小字号呈现；较为确定的脱字则以“［］”标出，补入正文。

目　录

---

[1] “颜”,宽永本此上衍一“五”字。

[2] “射”,黄鲁曾本、宽永本脱。

---

[1] “刑”,黄鲁曾本作“行”,误。
[2][3] 二“解”字,正文篇题无。
[4] “解”,黄鲁曾本、宽永本无。
[5] “玉”,宽永本作“王”。
[6] “姓”,宽永本作“性”,误。
[7] “纪”,黄鲁曾本、宽永本作“记”。

增注孔子家语序

昔者左丘明取鲁国简牍记以为《春秋传》，又录其异闻，兼摭诸国遗事，以为外传，命之曰《国语》。仲尼门人录仲尼言语行事及门人问对论议之语，命之曰《家语》，琴张、原思等取《家语》中纯粹正实者而修其文，以为《论语》。是《论语》之与《家语》，犹《春秋》内外传也。汉时，《论语》独行，《艺文志》曰："《孔子家语》，二十七卷。"颜师古以为非今所有《家语》。然则班史志艺文时，今之《家语》犹未出。及王子雍得之孔猛，然后始出也。然不知《志》所载《家语》二十七卷者，与子雍所得《家语》十卷四十四篇者，同异何如？如孔衍所叙，则《家语》实经安国之校正矣。子雍通儒，已得是书于孔猛，而首尊信之，遂从而注之，后儒多有取焉。至若宋刘孝标注《世说》，唐李善注《文选》，李瀚辑《蒙求》，皆引之以明本文所出。盖以其古书而出于孔氏，故后儒莫敢议之。然亦无笃信之者。自赵宋时，伊洛之道兴，而其徒皆不信《家语》。至若《孝经》，仲尼经纶之本业，而朱熹敢妄删之，何有于《家语》哉？尔后是书虽存而读者不复孔氏书视之，使其与诸子为伍。盖王注本隐于宋末，而后儒不得见之，则任意删去正文，或进退篇次。予尝见数家本矣，其文既非孔氏之旧，虽有注释，何所裨益？以明何孟春之博览也，知尊《家语》而不获见王注全本，仅睹其序，何其不幸也！我日本博士家所传王注全本，今行于海内。凡学者得见之，岂非幸欤？先君子空谷府君，性好载籍，悦《家语》，常置之座右。纯之少也，亦好是书，读之颇习，既而窃恨旧本多误，文义难晓，乃求得海舶所贡王注全本，及元明诸儒数家本以校之，又旁搜传记诸子所载，与是书事同文异者，若后世注家所引是书及王注文以参考之，积以岁月，可以正误通义者，不止十五。又有子雍所略不注而今之幼学所不能解，则取诸名家训注在他书者以补之，命曰《增注》。旧本有音释而甚略，予今效陆德明用唐音悉注其当注者，冀读者无纰缪。於乎！《家语》虽曰驳驳，实七十子所记孔氏遗文也。《论语》虽曰雅训，有得《家语》而后其义始明者焉。礼乐之坏崩也，得《家语》亦可以修补其十一矣。《家语》宁可废乎？传称子游述《檀弓》、《礼运》，子夏述《乐记》，彼盖二子修辞所成，故其文蔚然。若《家语》，则门人各随记其所闻而未经修正者已，其实孔氏遗文无疑焉，尤不可废也。纯愚信仲尼，是以信《家语》如《论语》。后来愚者，或与吾同心，其亦有取于斯，则是书之尊，非《春秋外传》之比云。

元文元年柔兆执徐仲冬己亥信阳太宰纯序。

孔子家语序

魏东海王肃撰

日本信阳太宰纯注

郑氏学行五十载矣①。自肃成童，始志于学，而学郑氏学矣。②然寻文责实，考其上下，义理不安，违错者多，是以夺而易之。然世未明其款情，而[1]谓其苟駮前师，以见异于人[2]。③乃慨然而叹曰：予岂好难哉？予不得已也。④圣人之门，方壅不通；孔氏之路，枳棘充焉。⑤岂得不开而辟之哉？若无由之者，亦非予之罪也。是以撰《经礼》申明其义，及朝论制度，皆据所见而言。⑥孔子二十二世孙有孔猛者，家有其先人之书。昔相从学，顷还家，方取已来。与予所论，有若重规而叠矩。⑦昔仲尼[3]曰："文王既殁[4]，文不在兹乎！天之将丧斯文也，后死者不得与于斯文也。天之未丧斯文也[5]，匡人其如予何！"⑧言天[未][6]丧斯文，故

[1] "而"，黄鲁曾本作"不"，误。

[2] "人"，黄鲁曾本、宽永本此字上有"前"字。

[3] "尼"，黄鲁曾本误作"由"。

[4] "殁"，黄鲁曾本作"没"。

[5] "也"，宽永本脱。

[6] "未"，众本皆脱，据文意补。

令已传斯文于天下[1]。今或者天未欲乱斯文，故令从予学⑨，而予从猛得斯论，以明相与孔氏之无违也。斯皆圣人实事之论，而恐其将绝，故特为解，以贻好事之君子。⑩《语》云："牢曰：'子云："吾不试，故艺。"'"⑪谈者不知为谁，多妄为之说。《孔子家语》弟子有琴张，一名牢，字子开，亦字张[2]，卫人也。宗鲁死，将往吊，孔子止焉。⑫《春秋外传》曰："昔尧临民以五。"⑬说者曰："尧五载一巡狩。"五载一巡狩，不得称临民以五也。《经》曰"五载一巡狩"⑭，此乃说舜之文，非说尧。孔子说论五帝，各道其异事。于舜云："巡狩天下，五载一始[3]。"⑮则尧之巡狩，年数未明。周十二岁一巡，宁可言周临民以十二乎？孔子曰："尧以土[4]德王天下，而色[5]尚黄。"⑯黄，土德⑰[6]；五，土之数。故曰"临民以五"，此其义也。⑱

① 范晔《后汉书》曰：郑玄，字康成，北海高密人也。师事京兆第五元先，始通《京氏易》、《公羊春秋》、《三统历》、《九章算术》。又从东郡张恭祖，受《周官》、《礼记》、《左氏春秋》、《韩诗》、《古文尚书》，以山东无足问者，乃西入关，因涿郡卢植，事扶风马融。在门下三年，辞归。融喟然谓门人曰："郑生今去，吾道东矣。"

② 郑玄《礼记》注曰："成童，十五以上。"《论语》："子曰：'吾十有五而志

[1] "天下"，黄鲁曾本作"天也"，误。

[2] "亦字张"，黄鲁曾本作"子张"。

[3] "始"，宽永本作"巡"。

[4] "土"，黄鲁曾本作"火"。

[5] "色"，黄鲁曾本无。

[6] "德"，宽永本(二)作"色"。

于学。’”

③ 款，衷曲也。駮，与“驳”通。《说文》云：“驳，马色不纯。”〇款，苦管反。駮，邦角反。见，贤遍反。

④ 慨，与“嘅”通。《说文》云：“嘅，叹也。”《毛诗》云：“嘅其叹矣。”〇好，呼报反，下同。

⑤ 壅，塞也。《说文》曰：“枳，木似橘。”“棘，小棘[1]丛生者。”纯案，枳棘皆多刺，可以为藩篱。充，亦塞也。〇枳，掌氏反，又居纸反。

⑥ 撰，撰述也。申，重也。〇撰，士眷反。朝，直遥反。

⑦ 叠，亦重也。〇重，直龙反。

⑧ 见《论语·子罕篇》。〇丧，息浪反，下同。与音预。

⑨ 令，力呈反，下同。

⑩《尔雅》曰：“贻，遗也。”《孟子》曰：“好事者为之也。”〇恐，匡勇反。贻，以支反。

⑪ 亦见《子罕篇》。

⑫ 见《七十二弟子解》。

⑬《春秋外传》，谓《国语》。此文见《周语》。〇传，直恋反。

⑭ 此《尚书·舜典》文。

⑮ 见《家语·五帝德篇》。

⑯ 见《家语·五帝篇》。土德，作“火德”。〇王，于放反。

⑰ 德，当为“色”。

⑱ 案，自“《语》云”以下，举《论语》、《国语》二书疑义而释之。盖以经传中疑事，得《家语》而其义始明者多矣。略举二事以示后人，以明此书之足征，以见其不可废云。

---

[1] “小棘”，《说文解字》作“小枣”。

王肃传略

《魏书》[1]曰：王肃，字子雍。东海郡人，魏兰陵侯朗之子也。年十八，从宋忠读《太玄》，而更为之解。黄初中，为散骑黄门侍郎。太和三年，拜散骑常侍。后领秘书监，兼崇文观祭酒。正始元年，出为广平太守。公车[2]征还，拜议郎。顷之，为侍中，迁太常。坐宗庙事免。后为光禄勋。徙为河南尹。嘉平六年，持节兼太常，奉法驾，迎高贵乡公于元城。后迁中领军，加散骑常侍，增邑三百，并前二千二百户。甘露元年薨，门生缞绖者以百数。追赠卫将军，谥曰景侯。子恽嗣。初，肃善贾逵[3]之学，而不好郑氏，采会同异，为《尚书》、《诗》、《论语》、《三礼》、《左氏》解，及撰定父朗所作《易传》，皆列于学官。其所论驳朝廷典制、郊祀、宗庙、丧纪、轻重，凡百馀篇。时乐安孙叔然，受学郑玄之门，人称东州大儒。征为秘书监，不就。肃集《圣证论》以讥短玄，叔然驳而释之。

---

[1] 《魏书》，指陈寿《三国志》之《魏书》。

[2] "车"，《三国志》作"事"。

[3] "逵"，《三国志》作"马"。

孔子家语卷第一

相鲁第一[①]

①【增】凡四章。○【增】相，息亮反。

孔子初仕，为中都宰[①]，制为养生送死之节。长幼异食[②]，强弱异任[③]，男女别途[④]，路无拾遗[⑤]，器不彫[1]伪[⑥]。为四寸之棺、五寸之椁[⑦]，因丘陵为坟，不封[⑧]不树[⑨]。行之一年，而西方之诸侯则焉[⑩]。

定公谓孔子曰[⑪]："学子此法，以治鲁国，何如?"孔子对曰："虽天下可乎，何但鲁国而已哉!"于是二年，定公以为司空[⑫]。乃别五土之性[⑬]，而物各得其所生之宜[⑭]，咸得厥所。先时，季氏葬昭公于墓道之南[⑮]，孔子沟而合诸墓焉[⑯]。谓季桓子曰："贬君以彰己罪，非礼也[⑰]。今合之，所以掩夫子之不臣。"由司空为鲁大司寇，设法而不用，无奸民[⑱]。

① 中都，鲁邑。【增】案，《孔子世家》，鲁定公九年，孔子年五十一。定公以孔子为中都宰。

② 如礼，年十五异食也。○【增】长，竹丈反。

③ 任，谓力作之事，各从所任，不用弱也。○【增】任音壬。

[1] "彫"，黄鲁曾本作"雕"。

④【增】别，彼列反，下同。

⑤【增】《吕氏春秋》曰："男子行乎途右，女子行乎途左。财物之遗者，民莫之举。"

⑥ 彫，画。无文饰，不诈伪[1]。

⑦ 以木为椁。

⑧ 不聚土以起坟者也。

⑨ 不树松柏。

⑩ 鲁国在东，故西方诸侯，皆取法则焉[2]。【增】《孔子世家》云："一年，四方皆则之。"

⑪【增】定公，鲁君，襄公子，昭公弟，名宋。

⑫【增】《尚书・周官》曰："司空，掌邦土，居四民，时地利。"

⑬ 五土之性，一曰山林，二曰川泽，三曰丘陵，四曰坟衍，五曰原隰。

⑭ 所生之物，各得其宜。

⑮ 季平子逐昭公，死于乾侯，平子别而葬之，贬之不令近先公也。【增】昭公，鲁君，襄公子，名裯。

⑯【增】案，《春秋左氏传・定公元年》："秋，七月癸巳，葬昭公于墓道南。孔子之为司寇也，沟而合诸墓。"今此以沟而合诸墓，为孔子为司空时事，与《左氏》所记异。以职分言之，正茔域当在司空，则《家语》为近之矣。或疑《左氏传》"寇"字当为"空"。

⑰ 桓子，平子之子。【增】桓子，季孙斯。

⑱【增】《尚书・周官》曰："司寇，掌邦禁，诘奸慝，刑暴乱。"姧，与"奸"同。

定公与齐侯会于夹谷①，孔子摄相事②，曰："臣闻有文事者，必有武备；有武事者，必有文备。古者诸侯[3]出疆，

---

[1] 黄鲁曾本此注作："无文饰雕画，不诈伪。"

[2] "皆取法则焉"，黄鲁曾本作"皆法则"。

[3] 黄鲁曾本此下有"并"字。

必具官以从，请具左右司马③。”定公从之。

至会所，为坛位，土阶三等，以遇礼相见④，揖让而登，献酢既毕⑤，齐使莱人以兵鼓謲劫定公⑥。孔子历阶而进，以公退⑦。曰：“士以兵之！吾两君为好⑧，裔夷之俘，敢以兵乱之⑨，非齐君所以命诸侯也。裔不谋夏，夷不乱华⑩，俘不干盟，兵不偪好，于神为不祥，于德为愆[1]义⑪，于人为失礼，君必不然⑫。”齐侯心怍，麾而避之⑬。有顷，齐奏宫中之乐，俳优侏儒戏于前⑭。孔子趋进，历阶而上，不尽一等⑮，曰：“匹夫荧侮诸侯者，罪应诛⑯。请右司马速加[2]刑焉。”于是斩侏儒，手足异处⑰。齐侯惧，有惭色。

将盟，齐人加载书曰⑱：“齐师出境，而不以兵车三百乘从我者，有如此盟⑲。”孔子使兹无还对曰⑳：“而不返我汶阳之田，吾以供命者，亦如之㉑。”齐侯将设享礼，孔子以[3]梁丘据曰㉒：“齐鲁之故，吾子何不闻焉㉓？事既成矣，而又享之，是勤执事。且牺象不出门㉔，嘉乐不野合。享而既具，是弃礼㉕。若其不具，是用秕稗㉖[4]。用秕稗，君辱；弃礼，名恶。子盍图之㉗！夫享，所以昭德也㉘。不昭，不如其已㉙。”乃不果享。

齐侯归，责其群臣曰：“鲁以君子道辅其君，而子独以夷狄道教寡人，使得罪。”于是乃归所侵鲁之四邑，及汶阳

---

[1] “愆”，黄鲁曾本作“僁”。

[2] “加”，黄鲁曾本无。

[3] “以”，黄鲁曾本作“谓”。

[4] “稗”，黄鲁曾本、宽永本作“粺”。下同。

之田㉚。

①【增】齐侯，齐景公，名杵臼。夹谷，夹山之谷，齐地，一名祝其。《春秋·定公十年》：“夏，公会齐侯于夹谷。”○【增】夹，古洽反。

②【增】摄犹假也。杜预曰：“相，相会仪也。”○【增】相，息亮反。

③【增】《尚书·周官》曰：“司马掌邦政，统六师，平邦国。”○【增】从，才用反。

④ 会遇之礼，礼之简略者也。【增】《周礼·春官·大宗伯》职曰：“冬见曰遇。”

⑤【增】《说文》曰：“酢，客酌主人也。”《孔子世家》作“酬”。○【增】酢，疾各反。

⑥ 莱人，齐人东夷。雷鼓曰譟。【增】譟，当为“譟”，字之误也。《穀梁传》云：“齐人鼓譟而起。”范宁曰：“群呼曰譟。”《孔子世家》作“噪”。○譟，千绀反。【增】譟，素报反。

⑦【增】《史记索隐》曰：“历阶，谓历阶级也。故王肃云：‘历阶，登阶不聚足。’”

⑧【增】好，呼报反，下同。

⑨ 裔，边裔。夷，夷狄。俘，军所获虏也。言此三者，何敢以兵乱两君之好也。【增】《方言》曰：“裔，夷狄之总名。”○裔，馀制反。俘，芳符反。

⑩ 华夏，中国之名。○【增】夏，户雅反。

⑪【增】愆，一作“諐”，同。○愆，去乾反。

⑫【增】君，谓齐侯。

⑬【增】怍，惭也。○【增】怍，才洛反。

⑭【增】《穀梁传》曰：“齐人使优施舞于鲁君之幕下。”○侏，诸儒反。【增】俳，皮皆反，旧音“佩”，非。

⑮【增】上，时掌反。

⑯【增】荧侮，《孔子世家》作“荧惑”。○【增】荧，户扃反。

⑰【增】手，当为“首”，声之误也。《穀梁传》云：“首足异门而出。”

⑱【增】《左氏传》“加”下有“于”字。

⑲【增】乘，绳证反。

⑳ 鲁大夫也。○【增】还音旋。

㉑【增】而，汝也。

㉒【增】以，《左氏传》作“谓”，是也。梁丘据，齐嬖大夫，字子犹。

㉓ 梁丘据旧闻齐鲁之故事。

㉔ 作牺牛及象于其背为罇。【增】牺、象，牺尊、象尊也。见《周礼·春官·司尊彝》职。○【增】牺，许宜反。

㉕【增】既，尽也。

㉖ 粃，谷之不成者。稗，草之似谷者。○【增】粃，补履反。稗，蒲卖反。

㉗【增】盍，何不也。○【增】盍，户腊反。

㉘【增】大音扶。

㉙【增】已，止也。

㉚ 四邑，郓、讙[1]、龟、阴也。殊特[2]汶阳之田，本鲁界[3]。【增】《左氏传》云：“齐人来归郓、讙、龟阴之田。”服虔曰：“三田，汶阳田也。”《孔子世家》云：“齐侯乃归所侵鲁之郓、汶阳、龟阴之田。”今此云“四邑及汶阳之田”，未详其说。王注亦可疑也。○郓，王问反。【增】讙，火官反。

孔子言于定公曰：“家不藏甲①，邑无百雉之城②，古之制也。今三家过制，请皆损之。”乃使季氏宰仲由隳三都③。叔孙不得意于季氏④，因费宰公山弗扰，率费人以袭鲁⑤。孔子以公与季孙、叔孙、孟孙，入于费[4]氏之宫，登武子之台⑥。费人攻之，及台侧，孔子命申句须、乐颀，勒士众下伐

[1]“讙”，宽永本作“䜨”。

[2]“殊特”，黄鲁曾本作“洙有”。

[3]“鲁界”，宽永本作“所要”。

[4]“费”，《左传》作“季”，是。

之[⑦]。费人北，遂隳三都之城。强公室，弱私家，尊君卑臣，政化大行。[⑧]

① 卿大夫称家。甲，铠也。

② 高丈长丈曰堵，三堵曰雉。

③【增】服虔曰："三都，三家之邑也。"纯曰：孟氏食邑成，叔孙郈，季氏费。○【增】隳，火规反，字亦作"堕"。

④【增】叔孙，叔孙辄也。辄字子张，叔孙氏之庶子。

⑤【增】费，季氏邑。公山弗扰，字子洩。弗扰，《左传》、《史记》皆作"不狃"。《左氏》云："凡师，有钟鼓曰伐，无曰侵，轻曰袭。"○【增】费，悲位反，下同。

⑥【增】武子，季孙宿。

⑦【增】申句须、乐颀，皆鲁大夫。○【增】句音劬。颀音祈。勒，郎得反。下，遐嫁反。

⑧【增】案此章事在定公十二年。

初，鲁之[1]贩羊有沈犹氏者[①]，常朝饮其羊以诈市人[②]；有公慎氏者，妻淫不制；有慎溃氏者[2]，奢侈逾法；鲁之鬻六畜者，饰之以储价[③]。及孔子之为政也，则沈犹氏不敢朝饮其羊，公慎氏出其妻，慎溃氏越境而徙。三月，则鬻牛马者不储价[④]，卖羔[3]豚者不加饰。男女行者别其途[⑤]，道不拾遗，男尚忠信，女尚贞顺。四方客至于邑者[4]，不求有司[⑥]，皆如归焉[⑦]。

---

[1] "之"，标笺本无。

[2] "者"，黄鲁曾本无。

[3] "羔"，黄鲁曾本作"羊"。

[4] "者"，黄鲁曾本无。

①【增】《说文》曰:“贩,买贱卖贵者。”〇【增】贩,方万反。

②【增】刘向《新序》“诈”作“欺”。〇【增】饮,於鸩反,下同。

③【增】鬻,卖也。六畜,马、牛、羊、豕、犬、鸡也。“饰之以储价”,《新序》作“善豫贾”。〇鬻,余六反。【增】畜,许又反。

④【增】《荀子》“储”作“豫”。

⑤【增】别,彼列反。

⑥ 有司常供其职,客不求而有司存焉。

⑦ 言如归家,无所之也。

始诛第二①

①【增】凡二章。

孔子为鲁司寇,摄行相事,有喜色①。仲由问曰:“由闻君子祸至不惧,福至不喜。今夫子得位而喜,何也?”孔子曰:“然,有是言也。不曰‘乐以贵下人’乎②?”

于是朝政七日,而诛乱政大夫少正卯③,戮之于两观之下④,尸于朝三日。子贡进曰:“夫少正卯,鲁之闻人也⑤,今夫子为政而始诛之,或者为失乎?”孔子曰:“居,吾语汝以其故⑥。天下有大恶者五,而窃盗不与焉⑦。一曰心逆[1]而

[1] “逆”,宽永本作“遡”,恐误。

险⑧，二曰行僻而坚⑨，三曰言伪而辩，四曰记丑而博⑩[1]，五曰顺非而泽。此五者，有一于人，则不免君子之诛⑪。而少正卯皆兼有之：其居处足以撮[2]徒成党⑫，其谈说足以饰褒荣众⑬，其强御足以返是独立⑭。此乃人之奸雄者也⑮，不可以不除。夫殷汤诛尹谐⑯，文王诛潘正⑰，周公诛管蔡⑱，太公诛华士⑲，管仲诛付乙⑳，子产诛史何㉑，凡[3]此七子，皆异世而同诛者㉒，以七子异世而同恶，故不可赦也。《诗》云：'忧心悄悄，愠于群小㉓'，小人成群，斯足忧矣。"

① 【增】《孔子世家》云："定公十四年，孔子年五十六，由大司寇行摄相事，有喜色。"○【增】相，息亮反。

② 【增】乐音洛。下，遐嫁反。

③ 【增】朝，直遥反，下同。少，诗照反，下同。正，《史记》作"政"。

④ 两观，阙名。○观，古玩反。

⑤ 【增】夫音扶。下"夫殷汤"，同。

⑥ 语，鱼据反。

⑦ 与音预。

⑧ 【增】《尹文子》作"心达而显"，《荀子》作"心达而险"。

⑨ 行，下孟反。

⑩ 丑谓非义。【增】记丑，《尹文子》作"强记"。

⑪ 【增】案，《管子》云："行辟而坚，言诡而辩，术非而博，顺恶而泽者，圣王之禁也。"《王制》云："行伪而坚，言伪而辩，学非而博，顺非而泽，以疑众，杀。"合而观之，本文所云五者，实王法必诛之罪也。

---

[1] "博"，宽永本作"愽"，讹。下全书同，不出校。

[2] "撮"，宽永本作"撮"，下注同。

[3] "凡"，黄鲁曾本作"是"。

⑫ 撮，聚。【增】《尹文》、《荀子》皆作“聚徒成群”。○撮，侧九反。【增】处，昌吕反。

⑬【增】谈说，《尹文》、《荀子》皆作“言谈”；褒，作“邪”。《荀子》“荣”作“营”。杨倞曰：“营，读为荧。”

⑭【增】《尹文》“御”作“记”。

⑮【增】奸雄，《尹文》作“雄桀”，《荀子》作“桀雄”。“人之奸雄”，《说苑》作“奸人之雄”。○【增】奸，与“奸”同。

⑯【增】尹谐，《说苑》作“蠋沐”。

⑰【增】《荀子》“正”作“止”。《说苑》云：“太公诛潘阯。”

⑱【增】管、蔡，二国名。管叔，名鲜，文王子，武王弟，周公兄也。蔡叔，名度，周公弟也。《尹文》无此五字。《荀子》“蔡”作“叔”。

⑲ 士之为人，虚伪以[1]聚党也。而《韩非》谓“华士耕而后食，凿井而饮”，信其如此，而太公诛之，岂所以谓太公者哉？【增】太公，吕望。《荀子》“士”作“仕”。

⑳【增】管仲，齐大夫，名夷吾。付乙，《尹文》、《荀子》皆作“付里乙”，《说苑》作“史附里子”。

㉑【增】子产，郑大夫公孙侨。《尹文》、《荀子》皆云：“子产诛邓析、史付。”《说苑》同，无“史付”二字。

㉒【增】七子，谓尹谐、潘正、管叔、蔡叔、华士、付乙、史何。

㉓【增】《邶·柏舟篇》。毛苌曰：“悄悄，忧貌。愠，怒也。”○【增】悄，七小反。愠，纡问反。

孔子为鲁大司寇，有父子讼者，夫子同狴执之①，三月不别②。其父请止，夫子赦之焉。季孙闻之不悦，曰：“司寇欺余。曩告余曰：‘国家必先以孝③。’余今戮一不孝，以教

[1] “以”，黄鲁曾本、宽永本作“亦”。

民孝，不亦可乎？而又赦。何哉？”冉有以告孔子。子喟然叹曰④：“呜呼⑤！上失其道而杀其下，非理也；不教以孝而听其狱，是杀不辜⑥。三军大败，不可斩也；狱犴不治，不可刑也⑦。何者？上教之不行，罪不在民故也。夫慢令谨诛，贼也⑧；征敛无时，暴也⑨；不试责成，虐也。政无此三者，然后刑可即也。《书》云：‘义刑义杀，勿庸以即汝心，惟曰未有慎事。’言必教而后刑也⑩。既陈道德，以先服之；而犹不可，尚贤以劝之；又不可，即废之；又不可，而后以威惮之。若是三年而百姓正矣。其有邪民不从化者，然后待之以刑，则民咸知罪矣⑪。《诗》云：‘天子是毗，俾民不迷⑫。’是以威厉而不试，刑错而不用⑬。今世则不然，乱其政[1]，繁其刑，使民迷惑而陷焉，又从而制之，故刑弥繁而盗不胜也⑭。夫三尺之限，空车不能登者，何哉？峻故也⑮。百仞之山，重载陟焉，何哉？陵迟故也⑯。今世俗之陵迟久矣，虽有刑法，民能勿逾乎？”

① 狴，狱牢也。〇狴，部礼反。

②【增】别，彼列反。

③【增】《尔雅》曰：“曩，向也。”〇【增】曩，奴党反。

④【增】何晏曰：“喟，叹声。”〇【增】喟，苦位反。

⑤【增】叹辞。

⑥【增】辜，罪也。

---

[1] “政”，黄鲁曾本、宽永本作“教”。

⑦【增】犴，讼也。○【增】犴音岸，字亦作“岸”。治，直吏反。

⑧【增】夫音扶，下同。

⑨【增】征，召也。

⑩ 庸，用也。即，就也。刑杀[1]皆当以义，勿用以就汝心之所安。当谨[2]自谓未有顺事，且陈道德以服之，以无刑杀而后为顺，是先教而后刑也。【增】《书》，《周书·康诰》。慎，读为“顺”，《荀子》作“顺”。

⑪【增】《荀子》“既陈道德”之上有“故先王”三字。

⑫ 毗，辅也。俾，使也。言师尹当毗辅天子，使民不迷。【增】《诗》，《小雅·节南山》篇。

⑬【增】试，用也。错，置也。○【增】错，七路反。

⑭【增】不胜，言不胜其多也。○【增】胜音升。

⑮【增】《说文》曰：“限，阻也。”纯谓：限之言“岸”也，《荀子》作“岸”。

⑯ 陵迟，犹陂池也。【增】颜师古曰：“陵迟，言如丘陵之逶迟稍卑下也。”○【增】载，昨代反。

王言解第三①

①【增】此即《大戴礼·主[3]言》篇。文小异，凡一章。

孔子[4]闲居，曾参侍①。孔子曰：“参乎！今之君子，唯

[1]“杀”，黄鲁曾本作“教”。

[2]“谨”，黄鲁曾本此下有“之”字。

[3]“主”，标笺本作“王”，误。

[4]“孔子”，黄鲁曾本作“曾子”，误。

士与大夫之言[1]闻也②。至于君子之言者,希也③。於乎!吾以王言之,其不出户牖而化天下④。”

曾子起,下席而对曰:“敢问何谓王者[2]言⑤?”孔子不应。曾子曰:“侍夫子之闲也难〈对〉[3],是以敢问⑥。”孔子又不应。曾子肃然而惧,抠衣而退,负席[4]而立⑦。有顷,孔子叹息,顾谓曾子曰:“参,汝可语明王之道与⑧?”

曾子曰:“非敢以为足也,请因所闻而学焉。”子曰:“居,吾语汝⑨。夫道者⑩,所以明德也;德者,所以尊道也。是以非德,道不尊;非道,德不明。虽有国之良马,不以其道服乘之,不可以取[5]道里⑪[6]。虽有博地众民,不以其道治之,不可以致霸王。是故,昔者明王内修七教,外行三至。七教修,然后可以守;三至行,然后可以征。明王之道,其守也,则必折冲千里之外;其征也[7],则必还师衽席之上⑫。故曰,内修七教而上不劳,外行三至而财不费。此之谓明王之道也。”

曾子曰:“不劳不费之谓明王,可得闻乎?”孔子曰:“昔者帝舜,左禹而右皋陶,不下席而天下治。夫如此,何上之

---

[1] “言”,黄鲁曾本此下有“可”字。

[2] “者”,黄鲁曾本作“之”。

[3] “对”,衍文。

[4] “席”,各本均作“席”,明陆治《家语考证》稿本有校语云:“序,墙也。‘负序’讹作‘负席’。”当是。

[5] “取”,黄鲁曾本无。

[6] “里”,宽永本作“理”。

[7] “也”,黄鲁曾本无。

劳乎？政之不中[1]，君之患也；令之不行，臣之罪也⑬。若乃十一而税，用民之力，岁不过三日，入山泽以其时而无征，关讥市廛皆不收赋⑭，此则生财之路，而明王节之，何财之费乎？”

曾子曰：“敢问何谓七教？”孔子曰：“上敬老则下益孝，上尊齿则下益悌，上乐施则下益宽⑮，上亲贤则下择友，上好德则下不隐，上恶贪则下耻争，上廉让则下耻节⑯，此之谓七教。七教者，治民之本也。政教定，则本正矣[2]。凡上者，民之表也，表正则何物不正？是故，人君先立仁于己，然后大夫忠而士信，民敦而朴⑰[3]，男悫而女贞⑱。六者，教之致也⑲。布诸天下四方而不怨，纳诸寻常之室而不塞⑳，等之以礼，立之以义，行之以顺，则民之弃恶，如汤之灌雪焉。”

①【增】闲，一作“閒”，同。参，所金反，下同。

②【增】《大戴礼》“闻”上有“之”字。

③【增】希，少也。

④【增】《大戴礼》“王”作“主”，篇内皆同。○【增】於乎，音“呜呼”。牖，以九反。

⑤【增】《曲礼》曰：“侍坐于君子，君子问更端，则起而对。”

⑥【增】《大戴礼》“侍”作“得”，无“对”字，“难”字属上为句，是也。此当以“对”字为衍文。

---

[1] “中”，黄鲁曾本作“平”。

[2] “矣”，黄鲁曾本作“也”。

[3] “而朴”，黄鲁曾本作“俗璞”。

⑦【增】负，倚也。〇【增】抠，苦侯反。

⑧【增】与音馀。

⑨【增】语，鱼据反。

⑩【增】夫音扶。

⑪【增】《大戴礼》“道里”作“千里”。

⑫【增】还音旋。

⑬【增】陶音遥。治，直吏反。夫音扶。中，陟仲反。

⑭ 讥，呵也。讥异服，识[1]异言，及市廛皆不赋税，古之法也。

⑮【增】《大戴礼》“宽”作“谅”。〇【增】乐音洛。施，始豉反。

⑯【增】耻节，说者以为知耻守节。纯谓：耻，当为“知”，声之误也。《大戴礼》“廉让”作“强果”，“耻节”作“廉耻”。〇【增】好，呼报反。恶，乌故反。

⑰ 朴，悫愿貌。〇朴，普角反。[2]

⑱【增】悫，苦角反。

⑲【增】一本“致”作“至”，《大戴礼》作“志”。

⑳【增】八尺曰寻，倍寻曰常。

曾子曰：“道则至矣，弟子不足以明之。”孔子曰：“参以为姑止乎？又有焉①。昔者明王之治民也，法②[3]必裂地以封之，分属以理之，然后贤民无所隐，暴民无所伏，使有司日省而时考之③，进用贤良，退贬不肖，则[4]贤者悦而不肖者惧，哀鳏寡，养孤独，恤贫穷，诱孝悌，选才能④。此七者修，则四海之内无刑民矣。上之亲下也，如手足之于腹心；

[1] “识”，宽永本作“讥”。

[2] “朴”，黄鲁曾本作“璞”。音释，黄鲁曾本无。

[3] “法”，本书属上为句，恐非，兹依黄鲁曾本改。

[4] “则”，黄鲁曾本此上有“然”字。

下之亲上也，如幼子之于慈母矣。上下相亲如此，故令则从，施则行，民怀其德，近者悦服，远者来附，政之致也。夫布指知寸，布手知尺，舒肘知寻，斯不远之则也⑤。周制：三百步为里，千步而[1]井，三井而埒，埒三而矩⑥[2]，五十里而都封，百里而有国，乃为福积资裘[3]焉，恤行者之[4]有亡⑦。是以蛮夷诸夏，虽衣冠不同，言语不合，莫不来宾⑧。故曰，无市而民不乏，无刑而民不乱。田猎罩弋⑨，非以盈宫室也；征敛百姓，非以盈府库也。惨怛以补不足⑩，礼节以损有馀，多信而寡貌，其礼可守，其言可复⑪[5]，其迹可履[6]，如渴而饮，民之信之，如寒暑之必验。故视远若迩，非道迩也，见明德也⑫。是故，兵革不动而威，用利不施而亲，万民怀其惠⑬。此之谓明王之守，折冲千里之外者也。"

曾子曰："敢问何谓三至？"孔子曰："至礼不让而天下治⑭，至赏不费而天下士悦，至乐无声而天下民和。明王笃行三至，故天下之君，可得而知；天下之士，可得而臣；天下之民，可得而用。"

曾子曰："敢问此义何谓⑮？"孔子曰："古者明王必尽知天下良士之名。既知其名，又知其实，又知其数，及其所在焉。然后因天下之爵以尊之，此之谓至礼不让而天下治。

[1] "而"，黄鲁曾本作"为"。

[2] "矩"，黄鲁曾本作"矩"。

[3] "裘"，黄鲁曾本作"求"。

[4] "者之"，黄鲁曾本作"者"，宽永本(一)作"之"。

[5] "复"，黄鲁曾本作"覆"。

[6] "履"，黄鲁曾本此下有"如饥而食"四字。

因天下之禄以富天下之士，此之谓至赏不费而天下之士悦。如此，则天下之明[1]名誉兴焉⑯，此之谓至乐无声而天下之民和。故曰：所谓天下之至仁者，能合天下之至亲也⑰；所谓天下之至明者，能举天下之至贤者也。此三者咸通，然后可以征。是故，仁者莫大乎爱人，智者莫大乎知贤贤[2]，政者莫大乎官能⑱。有土之君，修此三者，则四海之内供命而已矣。夫明王之所征，必道之所废者也⑲。是故，诛其君而改其政，吊其民而不夺其财。故明王之政，犹时雨之降〈降〉⑳[3]，至则民悦矣。是故，行施弥博，得亲弥众。此之谓还师衽席之上㉑。”

①【增】《大戴礼》无“以为”、“乎”三字。

②【增】《大戴礼》“也”作“有”。

③【增】省，悉井反。

④【增】《孟子》曰：“老而无妻曰鳏，老而无夫曰寡，老而无子曰独，幼而无父曰孤。”郑玄曰：“恤，忧也。”纯曰：诱，进也。

⑤【增】《说文》曰：“肘，臂节也。”○【增】夫音扶。肘，竹九反。

⑥ 此说里数。不可以言井。井，自方里之名。疑此误。【增】一本“雉”作“矩”。《大戴礼》“舒肘知寻”下云：“十寻而索，百步而堵，三百步而里，千步而井，三井而句烈，三句烈而距。”○埒，卢拙反。

⑦【增】《大戴礼》“福”作“畜”，“资”作“衣”。今案此文，“福”当为“稸”，“裘”当为“聚”，并字误也。稸，与“蓄”同。○【增】积，子赐反。亡音无。

⑧【增】夏，户雅反。

---

[1] “明”，黄鲁曾本作“民”。

[2] 黄鲁曾本下“贤”字属下读。

[3] 或本下“降”字属下读。

⑨ 罩,掩网。弋,缴射。○【增】罩,张教反。

⑩【增】怛,旦末反。

⑪【增】何晏曰:“复,犹覆也。”

⑫【增】迩,近也。○【增】见,贤遍反。

⑬【增】《大戴礼》无此一句。窃疑此五字,是注误入正文也。

⑭【增】治,直吏反。

⑮【增】《大戴礼》有“也”字。

⑯【增】《大戴礼》无“名”字。今案,此文似衍“明”字。

⑰【增】《大戴礼》“亲”下有“者”字。

⑱【增】《大戴礼》无下“贤”字,盖此衍文。

⑲【增】夫音扶。

⑳【增】“故明王”以下,《大戴礼》作“故曰明王之征也,犹时雨也”。此文下“降”字衍,或以下“降”字当为“也”字。

㉑ 言安安而无忧。

大婚解第四①

①【增】此篇即《礼记·哀公问》、《大戴礼·哀公问于孔子》篇,文有异同。凡一章。

孔子侍坐于哀公①。公问曰:“敢问人道谁[1]为大②?”

[1] “谁”,黄鲁曾本作“孰”。

孔子愀然作色而对曰③:“君之[1]及此言也,百姓之惠也④,固臣敢无辞而对?人道政为大。夫政者,正也。君为正,则百姓从而正矣。君之所为,百姓之所从。君不为正,百姓何所从乎⑤?”

公曰:“敢问为政如之何?”孔子对曰:“夫妇别,男女亲,君臣信。三者正,则庶物从之⑥。”

公曰:“寡人虽无能也,愿知所以行三者之道,可得闻乎?”孔子对曰:“古之为[2]政,爱人为大。所以治爱人,礼为大。所以治礼,敬为大。敬之至矣,大婚为大。大婚至矣!大婚既至[3],冕而亲迎。亲迎者,敬之也⑦。是故,君子兴敬为亲,舍敬则是遗亲也。弗亲弗敬,弗尊。此[4]爱与敬,其政之本与⑧!”

公曰:“寡人愿有言也,然冕而亲迎,不已重乎⑨?”孔子愀然作色而对曰:“合二姓之好,以继先圣之后,以为天下宗庙社稷之主,君何谓已重焉⑩?”

公曰:“寡人实固⑪,不固,安得闻此言乎!寡人欲问,不能为辞,请少进!”孔子曰:“天地不合,万物不生。大婚,万世之嗣也,君何谓已重焉?”孔子遂言曰:“内以治宗庙之礼,足以配天地之神⑫;出以[治]直[5]言之礼,足[6]以立上

---

[1] “之”,黄鲁曾本无。
[2] “为”,黄鲁曾本无。
[3] “大婚既至”,黄鲁曾本无。
[4] “此”,黄鲁曾本作“也”,属上读,当是。
[5] “直”,黄鲁曾本此上有“治”字,是也。
[6] “足”,黄鲁曾本无。

下之敬⑬。物耻〈则〉[1]足以振之⑭，国耻足以兴之⑮。故为政先乎礼。礼，其政之本与！”孔子遂言曰：“昔三代明王，必敬妻子也。盖有道焉：妻也者，亲之主也；子也者，亲之后也。敢不敬与？是故，君子无不敬。敬也者，敬身为大。身也者，亲之枝[2]也。敢不敬与？不敬其身，是伤其亲；是[3]伤本也。伤其本，则枝从之而亡。三者，百姓之象也⑯。身以及身，子以及子，妃以及妃。君能[4]修此三者，则大化忾乎天下⑰[5]。昔太王之道也⑱。如此，国家顺矣。”

①【增】哀公，鲁君，定公子，名蒋。○【增】坐，才卧反。

②【增】谁，何也。

③【增】郑玄曰：“愀然，变动貌。作，犹变也。”○愀，在九反。

④【增】“惠”字，《礼记》、《大戴礼》皆作“德”。

⑤【增】夫音扶。

⑥【增】《礼记》、《大戴礼》“男女”作“父子”，“信”作“严”。○【增】别，彼列反。

⑦【增】郑玄曰：“大婚，国君娶礼也。”○【增】迎，逆敬反。

⑧【增】郑玄曰：“兴敬为亲，言相敬则亲。”纯案，“弗亲弗敬弗尊”六字，《礼记》、《大戴礼》皆作“弗爱不[6]亲，弗敬不正”八字。一本“此”作“也”，属上句。○【增】本与，羊诸反，下“本与”、“敬与”并同。

---

[1] “则”，应为衍文。

[2] “枝”，黄鲁曾本、宽永本作“支”。下同。

[3] “是”，黄鲁曾本此上有“伤其亲”三字，当是。

[4] “能”，黄鲁曾本作“以”。

[5] “下”，黄鲁曾本此下有“矣”字。

[6] “不”，标笺本作“弗”。

⑨【增】郑玄曰:“已,犹太也。”

⑩ 鲁,周公之后,得郊天,故言以为天下之主也。○【增】好,呼报反。

⑪ 鄙陋也[1]。

⑫ 言宗庙,天地神之次。

⑬ 夫妇正则汝[2]可以治正言礼矣;身正然[后]可以正人者也。【增】《礼记》、《大戴礼》“直”上有“治”字,盖此阙文。郑玄曰:“直,犹正也。”注文“汝”字可疑,或恐是“出”字,“然”下当有“后”字。

⑭ 耻事不知,礼足以振教[3]之。【增】郑玄曰:“物,犹事也。”《礼记》、《大戴礼》皆无“则”字,盖此衍文。

⑮ 耻国不知,足以兴起者也。

⑯ 言百姓之所法而行。

⑰ 忾,满。○【增】忾,许乞反,又许气反。

⑱ 太王出亦姜女,入亦姜女,国无鳏民,爱其身以及人之身,爱其子以及人之子,故曰“太王之道”。

公曰:“敢问何谓敬身?”孔子对曰:“君子过言,则民作辞;过行,则民作则。言不过辞,动不过则,百姓恭敬以从命。若是,则可谓能敬其身,敬其身[4],则能成其亲矣①。”

公曰:“何谓成其亲?”孔子对曰:“君子者[5],乃[6]人之成名也②。百姓与名,谓之君子,则是成其亲为君而为其子

---

[1] “也”,黄鲁曾本无。

[2] “汝”,黄鲁曾本、宽永本(二)作“始”,是也。

[3] “教”,黄鲁曾本作“救”,当是。

[4] “敬其身”,黄鲁曾本无此三字。

[5] “者”,黄鲁曾本此下有“也”字。

[6] “乃”,黄鲁曾本、宽永本无。

也。”孔子遂言曰:“为[1]政而不能爱人,则不能成其身;不能成其身,则不能安其土;不能安其土,则不能乐天③;不能乐天,则不能成其身[2]。”

公曰:“敢问何谓[3]能成身?”孔子对曰:“夫其行己不过乎物,谓之成身。不过乎物[4],合天道也④。”

公曰:“君子何贵乎天道也?”孔子曰:“贵其不已也。如日月东西相从而不已也,是天道也⑤;不闭而能久⑥,是天道也;无为而物成,是天道也;已成而明之,是天道也。”

公曰:“寡人且愚冥⑦,幸烦子志之心也⑧[5]。”孔子蹴然避席而对曰⑨:“仁人不过乎物,孝子不过乎亲。是故,仁人之事亲也如事天,事天如事亲,此谓孝子成身。”

公曰:“寡人既闻如此言也[6],无如后罪何?”孔子对曰:“君子及此言,是臣之福也⑩。”

①【增】郑玄曰:“则,法也。民者,化君者也。君之言虽过,民犹称其辞;君之行虽过,民犹以为法。”〇【增】行,下孟反。

②【增】《论语》云:“君子去仁,恶乎成名?”

③ 天道也。〇【增】乐音洛。

④【增】夫音扶。

⑤【增】郑玄曰:“已,犹止也。”

[1] “为”,黄鲁曾本作“爱”。

[2] “不能乐天,则不能成其身”十字,黄鲁曾本无。

[3] “谓”,黄鲁曾本脱。

[4] “物”,黄鲁曾本脱。

[5] “志之心也”,黄鲁曾本作“之于心”。

[6] “也”,黄鲁曾本无。

⑥ 不闭常通而能久，言无极也[1]。

⑦ 言蠢愚冥暗也。

⑧ 欲烦孔子议识其心所能行也。

⑨【增】郑玄曰："蹴然，敬貌。"○【增】蹴，子六反，又在育反。

⑩【增】"君子及此言"，《礼记》、《大戴礼》皆作"君之及此言"，是也。

儒行解第五①

①【增】此亦即《礼记·儒行》篇。文小异，且篇首"冉求言于季孙"一节，《礼记》所无也。凡一章。○【增】行，下孟反。

孔子在卫，冉求言于季孙曰①："国有圣人而不能用，欲以求治，是犹却步而欲求及前人，不可得已②。今孔子在卫，卫将用之。己有才而以资邻国，难以言智也。请以重币言[2]之③。"季孙以告哀公，公从之。

①【增】季孙，季康子，名肥。

②【增】治，直吏反。

③【增】己音纪。

[1] "也"，黄鲁曾本、宽永本无。

[2] "言"，黄鲁曾本作"迎"，是也。

孔子既至舍，哀公馆焉①。公自阼阶。孔子宾阶，升堂立侍。公曰：“夫子之服，其儒服与②？”孔子对曰：“丘少居鲁，衣逢掖之衣③。长居宋，冠章甫之冠④。丘闻之，君子之学也博，其服以乡⑤，丘未知其为儒服也。”

公曰：“敢问儒行？”孔子曰：“略言之，则不能终其物⑥；悉数之则留，更[1]仆，未可以对⑦。”

① 就孔子舍。

② 【增】与音馀。

③ 深衣之褎大也。【增】郑玄曰：“逢，犹大也。”○【增】少，诗照反。衣，於既反。

④ 【增】章甫，殷冠，故宋人冠之。○【增】长，竹丈反。冠，古玩反。

⑤ 随其乡也。

⑥ 【增】郑玄曰：“物，犹事也。”

⑦ 留，久也。仆，太仆。君燕朝，则正位掌傧相。更之者[2]，为[3]久将倦，使之相代者也。【增】此注依郑氏。○【增】数，色主反。更，古衡反，下同。

哀公命席。孔子侍坐①，曰：“儒有席上之珍以待聘②，夙夜强学以待问，怀忠信以待举，力行以待取③。其自立有如此者。

① 【增】坐，才卧反。

② 席上之珍，能敷陈先王之道，以为政治。【增】郑玄曰：“席，陈也。

[1] “更”，黄鲁曾本无。

[2] “之者”，黄鲁曾本、宽永本作“衣之”，误。

[3] “为”，宽永本此下有“之”字。

珍,善也。”

③ 力行仁义道德以待人取。○【增】强,其两反。

“儒有衣冠中,动作慎①[1],其大让如慢②,小让如伪。大则如威,小则如愧,难进而易退也[2],粥粥若无能也③。其容貌有如此者。

①【增】郑玄曰:“中,中间,谓不严厉也。”纯谓:中,当也,谓当法也。○【增】中,陟仲反。

② 慢,简略也。

③【增】粥粥,柔弱貌。○【增】易,以豉反,下“险易”、“易禄”同。粥,章六反。

“儒有居处齐难①,其起坐恭敬,言必诚信,行必忠正②,道途不争险易之利,冬夏不争阴阳之和,爱其死以有待也,养其身以有为也。其备豫[3]有如此者。

① 齐难[4],可畏难也。○【增】处,昌吕反,下同。齐,侧皆反。难,乃旦反。

②【增】《礼记》“忠”作“中”,是也。○【增】行,下孟反。

“儒有不宝金玉,而忠信以为宝;不祈土地,而仁义以

[1] “慎”,黄鲁曾本作“顺”。
[2] “也”,黄鲁曾本无。
[3] “豫”,黄鲁曾本作“预”。
[4] “难”,黄鲁曾本、宽永本作“庄”。

为土地①；不求多积，多文以为富；难得而易禄也，易禄而难畜也。非时不见，不亦难得乎？非义不合，不亦难畜乎？先劳而后禄，不亦易禄乎？其近人情有如此者②。

①【增】郑玄曰："祈，犹求也。"

②【增】畜，养也。○【增】积，子赐反，又如字。见，贤遍反。

"儒有委之以财货而不贪，淹之以乐好而不淫，劫之以众而不惧，阻之以兵而不慑①。见利不亏其义，见死不更其守。鸷虫攫搏，不程其勇。引重鼎，不程其力。②[1]往者不悔，来者不豫，过言不再③，流言不极④，不断其威⑤，不习其谋⑥。其特立有如此者。

① 阻，难也，以兵为之难。【增】《礼记》"阻"作"沮"。郑玄曰："沮，谓恐怖之也。"○【增】乐，五孝反。好，呼报反。慑，之涉反。

②【增】郑玄曰："鸷虫，猛鸟、猛兽也。程，犹量也。重鼎，大鼎也。搏猛引重，不量勇力堪之与否，当之则往也。"○【增】鸷音至。攫，俱缚反。

③ 不再过言。

④ 流言相毁，不穷极也。

⑤ 常严庄也。○【增】断，丁管反。

⑥ 不豫习其谋虑。

"儒有可亲而不可劫，可近而不可迫，可杀而不可辱。

---

[1] "鸷虫攫搏，不程其勇。引重鼎，不程其力"十五字，黄鲁曾本无。下"程"字，宽永本作"裎"。

其居处不过，其饮食不溽①，其过失可微辩而不可面数也②。其刚毅有如此者。

①【增】郑玄曰："恣滋味为溽。溽之言欲也。"〇【增】近，巨靳反。溽音辱。

②【增】数，色主反。

"儒有忠信以为甲胄，礼义以为干橹①，载[1]仁而行，抱义[2]而处，虽有暴政，不更其所②。其自立有如此者。

① 干，楯也。橹，大戟。〇【增】橹音鲁。

②【增】载音戴，本作"戴"。

"儒有一亩之宫，环堵之室①，筚[3]门圭窬②，蓬户瓮牖③，易衣而出④，并日而食⑤。上答之，不敢以疑⑥；上不答之，不敢以谄[4]。其仕[5]有如此者。

① 方丈曰堵。一堵，言其小者也。〇【增】堵，丁古反。

② 筚门，荆竹织门也。圭窬，穿墙为之，如圭也。〇【增】筚音毕。窬音臾。

③ 以编蓬为户，破瓮为牖也。〇【增】瓮，乌贡反。牖，以九反。

---

[1] "载"，黄鲁曾本作"戴"。

[2] "义"，黄鲁曾本作"德"。

[3] "筚"，黄鲁曾本作"荜"。

[4] "谄"，黄鲁曾本、宽永本作"謟"，讹。下同。

[5] "仕"，黄鲁曾本作"为士"，宽永本作"士"。

④ 更相易衣而后可以出。

⑤ 并一日之粮以为一食也。【增】郑玄曰:“二日用一日食也。”○并,畀政反。

⑥ 君用之,不敢疑事[1]事君也。

“儒有今人以居,古人以habit①。今世行之,后世以为楷②[2]。若不逢世,上所不受③,下所不推,谗谄[3]之民,有比党而危之者④[4],身可危也,其志不可夺也。虽危,犹起居竟身,其志乃不忘百姓之病也⑤[5]。其忧思有如此者⑥。

① “稽”同。【增】两“以”字,《礼记》皆作“与”,“habit”作“稽”。郑玄曰:“稽,犹合也。古人与合,则不合于今人也。”陆德明读稽,古奚反。今案:habit楷协韵,则habit当音启。

② 法也。○【增】楷,苦骸反。

③ 【增】《礼记》“受”作“援”,音袁。郑玄曰:“援,犹引也,取也。”

④ 【增】比,毗志反。

⑤ 起居,犹动静也。竟,终也。言身虽危,动静犹终身不忘百姓。【增】“虽危”以下十七字,《礼记》作“虽危起居,竟信其志,犹将不忘百姓之病也”。信音申。

⑥ 【增】思,息嗣反。

[1] “事”,黄鲁曾本作“贰”。
[2] “楷”,宽永本作“揩”。
[3] “谗”,黄鲁曾本、宽永本作“诡”。“谄”,黄鲁曾本,宽永本作“謟”。
[4] “者”,黄鲁曾本无。
[5] “虽危”以下十七字,黄鲁曾本作“虽危起居,犹竟信其志,乃不忘百姓之病也”。

“儒有博学而不穷[①]，笃行而不倦，幽居而不淫，上通而不困[②]。礼必以和，优游以法[③]，慕贤而容众，毁方而瓦合[④]。其宽裕有如此者[⑤]。

①【增】郑玄曰：“不穷，不止也。”

②【增】郑玄曰：“上通，谓仕道达于君也。既仕，则不困于道德不足也。”

③【增】此八字，《礼记》作“礼之以和为贵，忠信之美，优游之法”十四字。

④ 去己之大圭角，下与众人小合。【增】此注依郑氏。

⑤【增】裕，以树反。

“儒有内称不避亲，外举不避怨。程功积事，不求厚禄[①]。推贤达能，不望其报。君得其志，民赖其德。苟利国家，不求富贵。其举贤援能有如此者。

① 程，犹效也。言功效而已，不求厚禄也。

“儒有澡身浴德[①]，陈言而伏[②]，静言而正之，而上下不知也[③]，默而翘之，又不急为也[④]。不临深而为高，不加少而为多[⑤]。世治不轻，世乱不沮[⑥]。同己不与，异己不非。其特立独行有如此者。

① 常自洁静[1]其身，沐浴于德行也。○【增】澡音早。

② 陈言于君，不望其报。

---

[1] “洁静”，黄鲁曾本作“洁净”。

③【增】“静言”以下十一字，《礼记》作“静而正之，上弗知也”八字。

④ 言事君清静，因事而正[1]之，则君不知。默而翘发之，不急为，所以为不为。【增】《礼记》“默”作“麤”。郑玄曰：“麤，犹疏也，微也。”

⑤ 言不因势位自矜庄。

⑥ 不自轻，悉不[2]沮。【增】此注义不明。○【增】治，直吏反。

“儒有上不臣天子，下不事诸侯，慎静尚宽，砥厉廉愚①[3]，强毅以与人，博学以知服，近文章[4]。虽以分国，视之如锱铢②，弗肯臣仕。其规为有如此者。

①【增】《礼记》“愚”作“隅”，是也。○【增】砥音脂。

② 视之轻如锱铢。八两为锱。○铢，市朱反。

“儒有合志同方，营道同术①，并立则乐，相下不厌②，久别则闻流言不信③，义同而进，不同而退④。其交有如此者⑤。

①【增】郑玄曰：“同方、同术，等志行也。”

②【增】乐音洛。下，遐嫁反。

③【增】“久别则”三字，《礼记》作“久不相见”四字。

④【增】《礼记》“义”字之上，有“其行本方立”五字，连“义”字为一句。行，下孟反。

---

[1] “正”，黄鲁曾本作“止”。

[2] “悉不”，黄鲁曾本作“不自”。

[3] “砥”，黄鲁曾本、宽永本作“底”。“愚”，黄鲁曾本作“隅”。

[4] “近文章”，黄鲁曾本无。

⑤【增】《礼记》“交”下有“友”字。

“夫温良者，仁之本也①；慎敬者，仁之地也；宽裕者，仁之作也②；逊接者，仁之能也；礼节者，仁之貌也；言谈者，仁之文也；歌乐者，仁之和也；分散者，仁之施也③。儒皆兼此而有之，犹且不敢言仁也。其尊让有如此者。

①【增】夫音扶。

② 动作。

③【增】施，始豉反。

“儒有不陨获于贫贱①，不充诎于富贵②，不慁[1]君王，不累长上，不闵有司，故曰儒③。今人之名儒也妄[2]，常以儒相诟疾④。”

① 陨获，忧闷不安之貌。○【增】陨，于敏反。获，户郭反。

② 充诎，踊跃参扰之貌。○诎，丘勿反。

③ 慁，辱。闵，疾。言不为君长所辱病。儒者，中[3]和之名。【增】本注“疾”字当作“病”。○慁，胡困反。

④ 诟，辱。【增】《礼记》“疾”作“病”。○【增】诟音遘。

哀公既得闻此言也，言加信，行加敬，曰：“终没[4]吾

[1] “慁”，黄鲁曾本、宽永本作“溷”。下注同。

[2] “妄”，黄鲁曾本作“忘”，宽永本作“亡”，皆误。

[3] “中”，底本作“忠”，据黄鲁曾本改。

[4] “没”，黄鲁曾本作“殁”。

世，弗敢复以儒为戏矣①。”

①【增】行，下孟反。复，扶又反。

问礼第六①

①【增】此篇分二章。前章，亦即《礼记·哀公问》、《大戴礼·哀公问于孔子》篇中一节。后章，即《礼记·礼运》中一节也。俱文小异。

哀公问于孔子曰：“大礼何如？子之言礼，何其尊也！”孔子对曰：“丘也鄙人，不足以知大礼也。”

公曰：“吾子言焉①！”孔子曰：“丘闻之，民之所以生者，礼为大。非礼，则无以节事天地之神焉；非礼，则无以辨[1]君臣、上下、长幼之位焉；非礼，则无以别男女、父子、兄弟、婚姻、亲族、疏数之交焉②。是故，君子此为之[2]尊敬③，然后以其所能教顺百姓，〈所能〉[3]不废其会节④。既有成事，而后治其彫镂[4]、文章、黼黻，以别尊卑、上下之等⑤。其顺之也，而后言其丧祭之纪、宗庙之序，品其牺牲，设其豕腊，

[1] “辨”，黄鲁曾本、宽永本作“辩”。
[2] “为之”，黄鲁曾本作“之为”。
[3] “所能”，黄鲁曾本无，此当为衍文。
[4] “彫镂”，黄鲁曾本无，宽永本作“雕镂”。

修其岁时，以敬[其][1]祭祀⑥，别其亲疏，序其昭穆，而后宗族会宴[2]，即安其居，以缀恩义⑦。卑其宫室，节其服御，车不彫几⑧[3]，器不刻[4]镂，食不二味，心不淫志，以与万民同利。古之明王，行礼也如此。"

公曰："今之君子，胡莫之行也⑨？"孔子对曰："今之君子，好利无厌，淫行不倦，荒怠慢游，固民是尽⑩，以遂其心，以怨其政，以忤其众，以伐有道。求得当欲，不以其所⑪；虐杀刑诛，不以其治。夫昔之用民者由前⑫，今之用民者由后⑬。是即今之君子莫能为礼也。"

① 【增】《礼记》、《大戴礼》皆作"君曰：否。吾子言之也"。

② 【增】长，竹丈反。别，彼列反，下同。数，色角反。

③ 【增】《礼记》、《大戴礼》皆作"君子以此之为尊敬然"，无"是故"二字。

④ 所能，谓礼也。会，谓男女之会。节，谓亲疏之节也。

⑤ 【增】《周礼·考工记》曰："白与黑，谓之黼；黑与青，谓之黻。"孔安国曰："黼若斧形，黻为两己相背。"〇【增】镂，鲁豆反。黼音甫。黻音弗。

⑥ 【增】色纯曰牺。已卜曰牲。腊，干肉也。〇【增】腊音昔。

⑦ 【增】《说文》曰："缀，联也。"〇【增】缀，知劣反。

⑧ 【增】郑玄曰："几，附缠之也。"〇【增】几音祈。

⑨ 【增】胡，何也。

⑩ 【增】好，呼报反。行，下孟反。

⑪ 言苟求得当其情欲而已。【增】郑玄曰："当，犹称也。所，犹道也。"

---

[1] "敬"，黄鲁曾本此下有"其"字，是也，故补之。

[2] "宴"，黄鲁曾本作"醼"。

[3] "彫几"，黄鲁曾本作"雕玑"，宽永本作"彫玑"。

[4] "刻"，黄鲁曾本、宽永本作"彫"。

〇忤,五故反。【增】当,丁浪反。

⑫ 用上所言。〇【增】夫音扶。

⑬ 用下所言。

言偃问曰:“夫子之极言礼也,可得而闻乎?”孔子言①:“我欲观夏道[1],是故之杞②,而不足征也③,吾得《夏时》焉④。我欲观殷道,是故之宋⑤,而不足征也,吾得《乾坤》焉⑥。《乾坤》之义,《夏时》之等,吾以此观之。

夫礼初也,始于饮食⑦。太古之时,燔黍擘豚⑧,污樽而抔饮⑨[2],蒉桴而土鼓⑩[3],犹可以致敬于[4]鬼神⑪。及其死也,升屋而号,告曰:‘高!某复!’然后饭[5]腥苴熟⑫。形体则降,魂气则上,是谓天望而地藏也⑬。故生者南向,死者北首,皆从其初也⑭。

昔之王者,未有宫室,冬则居营窟,夏则居橧[6]巢⑮。未有火化⑯,食草木之实、鸟兽之肉,饮其血,茹其毛⑰。未有丝麻,衣其羽皮⑱。后圣有作⑲,然后修火之利,范金⑳合土㉑,以为台榭[7]、宫室、户牖㉒。以炮以燔㉓,以烹以炙㉔,以为醴酪㉕;治其丝麻,以为布帛,以养生送死,以事鬼神。故玄酒在室㉖,醴醆在户㉗,粢醍在堂㉘,澄酒在下㉙,陈其牺

[1] “道”,黄鲁曾本脱。

[2] “而”,黄鲁曾本无。“抔”,黄鲁曾本作“杯”,宽永本作“坏”。

[3] “桴”,宽永本作“捊”。“而”,黄鲁曾本无。

[4] “于”,黄鲁曾本无。

[5] “饭”,黄鲁曾本、宽永本作“饮”。

[6] “橧”,黄鲁曾本讹为“橹”。下注同。

[7] “台榭”,黄鲁曾本无。

牲，备其鼎俎，列其琴、瑟、管、磬、钟、鼓，以其祝嘏㉚[1]，以降其[2]上神㉛与其先祖，以正君臣，以笃父子，以睦兄弟，以齐上下，夫妇有所，是谓承天之祜㉜[3]。作其祝号㉝，玄酒以祭，荐其血毛，腥其俎，熟其殽㉞，越[4]席以坐㉟，疏布以幂㊱，衣其浣帛㊲，醴醆以献，荐其燔炙，君与夫人交献，以嘉魂魄㊳。是谓合莫㊴[5]。然后退而合亨㊵，体其犬豕牛羊㊶，实其簠簋㊷笾豆铏羹，㊸祝以孝告㊹，嘏以慈告㊺，是为大祥㊻。此礼之大成也。"

① 【增】《礼记》作"曰"。

② 夏后封于杞也。【增】夏，户雅反，下同。

③ 征，成。【增】征，证也。

④ 于四时之正，正夏数得天心中。【增】此注可疑。郑玄曰："得夏四时之书也。其书存者有《小正》。"

⑤ 殷后封宋。

⑥ 乾，天。坤，地。得天地阴阳之书也。【增】乾坤，《礼记》作"坤乾"。郑玄曰："得殷阴阳之书也。其书存者有《归藏》。"

⑦ 【增】夫音扶。

⑧ 古未有釜甑，燔米擘肉[6]，加于烧石之上而食之。【增】《礼记》"擘"作"捭"，音义同。○【增】燔音烦。擘，卜麦反。

---

[1] "以其祝嘏"，黄鲁曾本无。

[2] "其"，黄鲁曾本无。

[3] "祜"，黄鲁曾本、宽永本作"祐"。

[4] "越"，宽永本作"趏"。

[5] "是谓合莫"，黄鲁曾本无。

[6] "燔"，黄鲁曾本作"释"。"擘"，黄鲁曾本作"擗"。

⑨ 凿地为樽，以手饮之[1]。○【增】污，乌华反。抔，步侯反。

⑩【增】郑玄曰："蒉，读为块，声之误也。块，塩也，谓抟土为桴也。土鼓，筑土为鼓也。"○【增】蒉，苦对反。桴音浮。

⑪ 神享[2]德，不求备物也。

⑫ 始死，含以珠贝。将葬，苞苴以遣，奠以送之。【增】《礼记》"高"作"皋"，是也。○【增】号，户刀反。饭，扶晚反。苴，七馀反。

⑬ 魂气升而在天，形体藏而在地。○【增】上，时掌反。

⑭【增】首，手又反。

⑮ 掘地而居，谓之营窟。有柴谓橧，在树曰巢。【增】本注"谓橧"，当作"曰橧"。○窟，口骨反。橧，则登反。

⑯【增】郑玄曰："食腥也。"

⑰【增】茹，亦食也。○【增】茹音汝。

⑱【增】衣，於既反。

⑲【增】郑玄曰："作，起。"

⑳ 冶金为器，用刑范也。

㉑ 合和以作瓦物。

㉒【增】《尔雅》曰："阇谓之台，有木者谓之榭。"郑玄曰："榭，器之所藏也。"○【增】榭音谢。牖，以九反。

㉓ 毛曰炮，加火曰燔也。

㉔ 煮之曰烹，炮之曰炙。

㉕ 醴，醴酒。酪，浆酢。

㉖ 玄酒，水也。言尚古在略近。

㉗ 醴、盏，齐也。五齐，二曰醴齐，三曰盎齐。○【增】醆，侧眼反。

㉘ 粢醍，澄齐。○【增】醍音体。

---

[1] "之"，黄鲁曾本此下有"也"字。

[2] "享"，黄鲁曾本作"飨"。

㉙ 澄，清漉其酒也。

㉚【增】郑玄曰：“祝，祝为主人飨神辞也。嘏，祝为尸致福于主人之辞也。”〇嘏，加下反。

㉛ 上神，天神。

㉜【增】郑玄曰：“祜，福也。福之言备也。”〇【增】祜音户。

㉝ 牺牲、玉帛，祝辞皆异为之号也。【增】郑玄曰：“《周礼》祝号有六：‘一曰神号，二曰鬼号，三曰祇号，四曰牲号，五曰齍号，六曰币号。’号者，所以尊神显物也。”

㉞ 言虽有所熟，犹有所腥。腥，本不忘古也。

㉟ 蒻蒲席也。〇【增】越音活。

㊱ 幂，覆酒巾也。质故用疏也。〇【增】幂，莫历反。

㊲ 练染以为祭服。【增】《礼记》“浣”作“澣”，同。〇【增】衣，於既反。浣，户管反。

㊳ 嘉，善、乐也。

㊴【增】郑玄曰：“莫，虚无也。”

㊵ 合其烹熟之礼，无复腥[1]也。

㊶ 体，解其牲体而荐之。

㊷ 受黍稷之器也。〇【增】簠音甫。簋音轨。

㊸ 竹曰笾，木曰豆。铏，所以盛羹也。〇铏，何经反。[2]

㊹ 祝，通孝子语于先祖。

㊺ 嘏，传先祖语于孝子。

㊻ 祥，善。【增】《礼记》“为”作“谓”。

---

[1] “腥”，黄鲁曾本、宽永本讹作“醒”。

[2] 此音释，黄鲁曾本无。

五仪解第七①

①【增】自篇首至“此谓圣人也”，见《大戴礼·哀公问五仪》篇。文小异。凡六章。

哀公问于孔子曰：“寡人欲论鲁国之士，与之为治，敢问如何取之？”孔子对曰：“生今之世，志古之道；居今之俗，服古之服。舍此而为非者①，不亦鲜乎②？”曰：“然则章甫絇衢[1]履③，绅带搢[2]笏者，皆贤人也④？”孔子曰：“不必然也。丘之所言，非此之谓也。夫端衣玄裳，冕而乘轩者，则志不在于食荤⑤；斩衰菅菲，杖而歠粥者，则志不在于酒肉⑥。生今之世，志古之道；居今之俗，服古之服，谓此类也。”

①【增】舍音捨。

②【增】鲜，少也。○鲜，仙善反。

③ 章甫，冠也。絇履，履头有絇饰也。【增】《大戴礼》无“衢”字，《荀子》“履”作“屦”，亦无“衢”字。盖此衍文。○絇，俱遇反。

④ 绅，大带。搢，插也。笏，所以执书思对命。【增】《荀子》“带”作“而”。○【增】绅音申。搢音晋。笏音忽。

⑤ 端衣玄裳，齐服也。轩，轩车。荤，辛菜也。【增】《大戴礼》“轩”作“路”，“荤”作“荤”。○荤，许云反。【增】夫音扶。

[1] “衢”，黄鲁曾本无，是也。

[2] “搢”，黄鲁曾本作“缙”，下注同。

⑥【增】菅菲,《大戴礼》作"蔄屦"。菲,与"屝"通。《方言》云:"屝,粗屦。"《释名》云:"草屦曰屝。"○【增】衰,七雷反。菲,扶味反。歠,川悦反。

公曰:"善哉!尽此而已乎?"孔子曰:"人有五仪:有庸人,有士人,有君子,有贤人,有圣人。审此五者,则治道毕矣。"

公曰:"敢问何如斯可谓之庸人?"孔子曰:"所谓庸人者,心不存慎终之规,口不吐训格之言①,不择贤以托其身,不力行以自定。见小暗大,而不知所务;从物如流,不知其所执,此则庸人也。"

① 格,法。

公曰:"何谓士人?"孔子曰:"所谓士人者,心有所定,计有所守。虽不能尽道术之本,必有率也①;虽不能备百善之美,必有处也②。是故,知不务多,必审其所知③;言不务多,必审其所谓④;行不务多,必审其所由⑤。智既知之,言既道之⑥,行既由之,则若性命之于形骸,不可易也⑦[1]。富贵不足以益,贫贱不足以损。此则士人也。"

① 率,犹行也。

② 【增】处,昌吕反。

③ 【增】案此书例,上"知"字当作"智"。

---

[1] "则若性命之于形骸,不可易也",黄鲁曾本、宽永本作"则若性命之形骸之不可易也"。

④ 所务者，谓言之要也。【增】本注“务”字当作“谓”。

⑤【增】行，下孟反，下同。

⑥ 得其要也。

⑦【增】《荀子》作“则若性命肌肤之不可易也”。

公曰：“何谓君子？”孔子曰：“所谓君子者，言必忠信，而心不怨①，仁义在身，而色无伐②，思虑通明，而辞不专，笃行信道，自强不息③，油然若将可越，而终不可及者，君子[1]也④。”

① 怨，咎。

② 无伐善之色也。

③ 行，下孟反。【增】强，其两反。

④ 油然，不进之貌也。越，过也。

公曰：“何谓贤人？”孔子曰：“所谓贤人者，德不逾闲①，行中规绳②，言足以法于天下，而不伤于身③，道足以化于百姓，而不伤于本④，富则天下无宛财⑤，施则天下不病贫⑥，此[2]贤者也。”

① 闲，法。

② 行，下孟反。【增】中，陟仲反。

③ 言满天下，无口过也。

---

[1]“君子”，黄鲁曾本此上有“此则”二字。

[2]“此”，黄鲁曾本下有“则”字。

④ 本，亦身。

⑤ 宛，积也。古字亦或作此，故或误不着“艸”矣。【增】宛，当作“菀”，音郁，一音於阮反。《荀子》作“怨”，杨倞曰：“怨，读为蕴。”

⑥【增】施，始豉反。

公曰：“何谓圣人？”孔子曰：“所谓圣者，德合于天地，变通无方，穷万事之终始，协庶品之自然，敷其大道，而遂成情性，明并日月，化行若神，下民不知其德，睹者不识其邻，此谓圣人也①。”

① 邻，以喻畔界[1]也。

公曰：“善哉！非子之贤，则寡人不得闻此言也。虽然，寡人生于深宫之内，长于妇人之手①，未尝知哀，未尝知忧，未尝知劳，未尝知惧，未尝知危，恐不足以行五仪之教，若何？”孔子对曰：“如君之言，已知之矣，则丘亦无所闻焉②。”

①【增】长，竹丈反。

② 君如此言，已为知之，故无所复言，谦以诱进哀公也[2]。

公曰：“非吾子，寡人无以启其心，吾子言也！”孔子曰：

[1]“畔界”，黄鲁曾本作“界畔”。

[2]“也”，黄鲁曾本作“矣”。

"君子入庙如右①,登自阼阶,仰视榱桷②,俯察几[1]筵③,其器皆存,而不睹其人④。君以此思哀,则哀可知矣。昧爽夙兴,正其衣冠⑤,平旦视朝⑥,虑其危难⑦,一物失理,乱亡之端。君以此思忧,则忧可知矣。日出听政,至于中冥⑧,诸侯子孙,往来为宾,行礼揖让,慎其威仪。君以此思劳,则劳亦可知矣。缅然长思⑨,出于四门,周章远望⑩,睹亡国之墟,必将有数焉⑪。君以此思惧,则惧可知矣。夫君者,舟也⑫,庶人者,水也。水,所以载舟,亦所以覆舟。君以此思危,则危可知矣。君既明此五者,又少留意于五仪之事,则于政治何有失矣?"

①【增】《荀子》作"君入庙而右",是也。

②【增】《说文》曰:"榱,秦名为屋椽,周谓之榱,齐鲁谓之桷。"一曰:"椽方曰桷。"〇榱,所龟反。桷,古学反。

③ 几,居履反。

④【增】睹,见也。

⑤ 爽,明也。昧明,始明也。夙,早。兴,起。

⑥【增】朝,直遥反。

⑦ 难,乃旦反。

⑧ 中,日中。冥,昳中[2]。【增】本注后"中"字当作"也"。〇【增】冥,莫定反。

⑨【增】缅然,思貌。"缅",一作"絻"。〇【增】缅,弥兖反。

⑩【增】周章,恐惧也。

[1] "几",黄鲁曾本、宽永本作"机"。

[2] "昳中",黄鲁曾本、宽永本(一)作"映中",宽永本(二)作"映也",皆误。

⑪ 言亡国故墟，非但一。〇【增】数，色主反。

⑫【增】夫音扶。

哀公问于孔子曰："请问取人之法。"孔子对曰："事任于官①，无取捷捷，无取钳钳②，无取啍啍③。捷捷，贪也④；钳钳，乱也；啍啍，诞也⑤。故弓调而后求劲焉，马服而后求良焉，士必悫而后求智能者⑥[1]。不悫而多能，譬之豺狼，不可迩⑦。"

① 言各当以其所能之事任于官。

② 钳，妄[2]对，不谨诚。〇钳，其廉反。

③ 啍啍[3]，多言。〇啍，他昆反。

④ 捷捷而不食[4]，所以为贪也。【增】本注未详，恐有误。

⑤ 诞，欺诈也。【增】"无取"以下，《荀子》作"无取健，无取詌，无取口啍。健，贪也。詌，乱也。口啍，诞也。"《说苑》"捷捷"作"健者"，"钳钳"作"拑者"，"啍啍"作"口锐者"三字，未详孰是。

⑥【增】悫，苦角反。

⑦ 言人无智者，虽性悫信，不能为大恶。不悫信而有智，然后乃可畏也。【增】迩，近也。本注"性"字当为"不"。

哀公问于孔子曰："寡人欲吾国小而能守，大则攻①，其

[1] "者"，黄鲁曾本下有"焉"字。
[2] "钳"，黄鲁曾本作"钳钳"。"妄"，宽永本(一)作"安"，讹。
[3] "啍啍"，宽永本作"啍闰"。
[4] "食"，黄鲁曾本此上有"已"字，宽永本(二)"食"作"已"。此句似当作"捷捷而不已"。

道如何?”孔子对曰:“使君朝廷有礼,上下和[1]亲,天下百姓,皆君之民,将谁攻之②? 苟违[2]此道,民畔如归,皆君之雠也,将与谁守?”公曰:“善哉!”于是废泽梁之禁[3],弛关市之税,以惠百姓③。

①【增】“寡人”以下十二字,《说苑》作“吾欲小则守,大则攻”八字。

②【增】《说苑》作“君将谁攻”。○【增】朝,直遥反。

③【增】《说苑》“税”作“征”。弛,施氏反。

哀公问于孔子曰:“吾闻君子不博,有之乎①?”孔子曰:“有之。”公曰:“何为?”对曰:“为其有[4]二乘②。”公曰:“有二乘,则何为不博?”子曰:“为其兼行恶道也③。”哀公惧焉。

有间,复问曰:“若是乎,君子[5]之恶恶道至甚也④?”孔子曰:“君子之恶恶道不甚,则好善道亦不甚⑤,好善道不甚,则百姓之亲上亦不甚。《诗》云:‘未见君子,忧心惙惙。亦既见止,亦既觏止,我心则悦⑥。’《诗》之好善道甚也如此。”公曰:“美哉! 夫君子成人之善,不成人之恶。微吾子言焉,吾弗之闻也。⑦”

①【增】博,《说文》作“簙”,局戏也。

②【增】为其,于伪反,下“为其”同。乘,绳证反,下同。

---

[1] “和”,黄鲁曾本作“相”。

[2] “违”,黄鲁曾本作“为”,误。

[3] “泽梁之禁”,黄鲁曾本作“山泽之禁”,宽永本(一)讹作“泽之楚”。

[4] “有”,黄鲁曾本无。

[5] “君子”,黄鲁曾本、宽永本(一)作“君”。

③ 此具博三十六道也。【增】古博，六箸十二棋。

④【增】复，扶又反。恶恶，上乌故反，下如字，下同。

⑤【增】好，呼报反，下同。

⑥【增】《诗·召南·草虫》篇。毛苌曰："惙惙，忧也。觏，遇也。悦，服也。"○【增】惙，张劣反。觏，古豆反。

⑦【增】微，无也。【增】夫音扶。

哀公问于孔子曰："夫国家之存亡祸福，信有天命，非唯人也①？"孔子对曰："存亡祸福，皆己而已，天灾地妖，不能加也②。"

公曰："善！吾子之言，岂有其事乎？"孔子曰："昔者殷王帝辛之世③，有雀生大鸟于城隅焉，占之，曰：'凡以小生大，则国家必王而名益[1]昌④。'于是帝辛介雀之德⑤，不修国政，亢暴无极，朝臣莫救，外寇乃至，殷国以亡⑥。此即以己逆天时，诡福反为祸者也⑦。又其先世殷王太戊之时，道缺法圮，以致夭孽[2]。桑穀生[3]于朝，七日大拱⑧，占之者曰：'桑穀，野木，而不合生朝，意者国亡乎！'太[4]戊恐骇，侧身修行，思先王之政，明养民之道⑨。三年之后，远方慕义，重译至者十有六国⑩。此即以己逆天时，得祸为福者也。故天灾地妖，所以儆人主者也；寤梦征怪，所以儆人臣[5]也⑪。灾妖不胜善政，寤梦不胜善行，能知此者，至治

[1] "益"，黄鲁曾本作"必"。

[2] "孽"，黄鲁曾本作"蘖"，宽永本作"孽"，并误。

[3] "生"，黄鲁曾本、宽永本无。

[4] "太"，黄鲁曾本作"大"。

[5] "臣"，黄鲁曾本下有"者"字。

之极也[12]。唯明王达此。”公曰：“寡人不鄙固，此亦不得闻君子之教也。”

①【增】夫音扶。

②【增】皆己，音纪。

③ 帝纣。

④【增】必王，于放反。

⑤ 介，助也，以雀之德为助也。

⑥【增】朝，直遥反，下同。

⑦【增】颜师古曰：“诡，违也。”

⑧【增】圮，毁也。夭，读为妖。穀，楮也。《说苑》“生”上有“俱”字。《书序》云：“亳有祥，桑穀共生于朝。”两手合持曰拱。○【增】圮，皮美反。

⑨【增】《说苑》“侧”作“饬”。○【增】行，下孟反，下同。

⑩【增】重，直龙反。有音又。

⑪ 儆，戒。【增】一本“臣”下有“者”字。

⑫【增】治，直吏反。

哀公问于孔子曰：“智者寿乎？仁者寿乎？”孔子对曰：“然①。人有三死，而非其命也②，己[1]自取也。夫寝处不时③，饮食不节，逸劳过度者，疾共杀之；居下位而上干其君④，嗜欲无厌，而求不止者，刑共杀之；以少犯众，以弱侮强，忿怒不类，动不量力[2]，兵共杀之。此三者死，非命也，人自取之。若夫智士仁人，将身有节⑤，动静以义，喜怒以

---

[1] “己”，黄鲁曾本此上有“行”字。

[2] “力”，黄鲁曾本此下有“者”字。

时，无害其性⑥，虽得寿焉，不亦宜[1]乎？”

①【增】然，答辞。

②【增】《说苑》无“其”字。

③【增】夫音扶，下同。处，昌吕反。

④【增】《韩诗外传》作“而好干上”。

⑤ 将，行。

⑥【增】性，生也。

[1] “宜”，黄鲁曾本作“可”。

孔子家语卷第二

致思第八①

①【增】凡二十章。○【增】思，息嗣反。

孔子北游于农山①，子路、子贡、颜渊侍侧。孔子四望，喟然而叹曰："于斯致思，无所不至矣②。二三子，各言尔志，吾将择焉。"

子路进曰："由愿得白羽若月，赤羽若日，钟[1]鼓之音，上震于天，旍旗缤纷③，下蟠于地④。由当一队而敌之，必也攘地千里⑤，搴旗执馘⑥，唯由能之，使二子者从我焉。"夫子曰："勇哉！"

子贡复进⑦，曰："赐愿使齐、楚合战于漭瀁之野⑧，两垒相望⑨，尘埃相接，挺刃交兵⑩。赐着缟衣白冠⑪，陈说其间，推论利害，释国之患，唯赐能之，使夫二子者从我焉⑫。"夫子曰："辩哉！"

颜回退而不对。孔子曰："回，来！汝奚独无愿乎？"颜回对曰："文武之事，则二子者既言之矣，回何云焉？"[孔子曰：]"虽然[2]，各言尔志也⑬，小子言之⑭。"对曰："回闻薰、

[1] "钟"，宽永本作"锺"。

[2] "虽然"，黄鲁曾本此上有"孔子曰"三字，是也。

莸不同器而藏⑮，尧、桀不共国而治，以其类异也。回愿得明王圣主辅相之，敷其五教⑯，导之以礼乐，使民城郭不修，沟池不越⑰，铸剑戟以为农器，放牛马于原薮⑱，室家无离旷之思，千岁无战斗之患。则由无所施其勇，而赐无所用其辩矣。”夫子凛然曰：“美哉德也⑲！”

子路抗手而对曰：“夫子何选焉⑳？”孔子曰：“不伤财，不害民，不繁辞[1]，则颜氏之子有矣。”

①【增】农，当为“巎”。“巎”与“猱”同，齐山名。《诗》云：“遭我乎猱之间兮。”《汉书·地理志》作“巎”。颜师古曰：“字或作‘猱’，亦作‘夔’，音皆乃高反。”案，《韩诗外传》两载此事。一云“景山”，一云“戎山”。李善《文选注》作“丰山”，盖皆非。

② 言思无所不至。〇【增】喟，苦位反。思，息嗣反，下同。

③【增】旍，与“旌”同。《周礼》：“析羽为旌，熊虎为旗。”缤纷，杂乱之貌。〇【增】缤，匹人反。

④ 蟠，委。〇【增】蟠，蒲官反。

⑤ 攘，却。〇【增】攘，如羊反。

⑥ 搴，取也，取敌之旍旗。馘，截耳也，以效获也。〇【增】搴音骞。馘，古获反。

⑦【增】复，扶又反。

⑧ 漭瀁，广大之貌[2]。〇漭，莫朗反。瀁，余掌反。

⑨《颜子》“望”作“对”。

⑩【增】挺，拔也。〇【增】挺，大顶反。

⑪ 兵，凶事，故白冠服也。【增】《韩诗外传》作“素衣缟冠”。〇【增】着，

[1] “辞”，黄鲁曾本、宽永本作“词”。

[2] “貌”，黄鲁曾本、宽永本作“类”。

张略反。缟，古老反。

⑫【增】一本无“夫”字。○【增】夫音扶。

⑬【增】一本“虽然”上有“孔子曰”三字，《颜子》、《说苑》同。

⑭【增】《说苑》“小”作“第”。

⑮ 熏香，莸臭。○莸，与周反。

⑯ 敷，布也。五教：父义、母慈、兄友、弟恭、子孝也。○【增】相，息亮反。

⑰ 言无逾越沟池。

⑱ 广平曰原，泽无水曰薮也。○【增】薮，素口反。

⑲【增】凛然，寒也。《颜子》作“懔”。○【增】凛，力锦反。

⑳【增】《说苑》“抗”作“举”，“对”作“问”。

鲁有俭啬者①，瓦鬲②煮食，食之③，自谓其美，盛之土型之器④，以进孔子。孔子受之而悦[1]，如受太[2]牢之馈⑤。子路曰：“瓦甂，陋器也⑥；煮食，薄膳也⑦。夫子何喜之如此乎？”子曰：“夫好谏者思其君，食美者念其亲⑧。吾非以馔具之为厚，以其食厚而我思焉⑨。”

①【增】啬，爱惜也。○【增】啬音色。

② 瓦釜。[3]

③ 煮食，谓炊饭也。○【增】鬲音历。煮食音嗣，下“煮食”同。

④ 瓦甂。○型，户经反。【增】盛音成。

⑤ 牛、羊、豕。馈，遗[4]也。○【增】馈，其位反。

---

[1] “孔子受之而悦”，黄鲁曾本作“孔子受之，欢然而悦”。

[2] “太”，黄鲁曾本、宽永本作“大”。

[3] 黄鲁曾本此注在“煮食”下。

[4] “遗”，黄鲁曾本作“餽”，宽永本作“遣”。

⑥【增】《说文》曰："甂，似小瓿，大口而卑，用食。"○甂，补玄反。

⑦【增】具食曰膳。○【增】膳音善。

⑧【增】一本"念"作"思"。

⑨【增】马融曰："馔，饮食也。"○【增】夫好，夫音扶。好，呼报反。馔，上眷反。

孔子之楚，而有渔者而献鱼焉[①]，孔子不受。渔者曰："天暑市远，无所鬻也[②]。思虑弃之粪壤，不如献之君子，故敢以进焉。"于是夫子再拜受之，使弟子扫地，将以享祭[③]。门人曰："彼将弃之，而夫子以祭之，何也？"孔子曰："吾闻诸[④]，惜其腐餕，而欲以务施者，仁人之偶也[⑤]。恶有受仁人之馈，而无祭者乎[⑥]？"

①【增】一本"渔"作"魰"，同；"献"上无"而"字。

②【增】鬻，卖也。○【增】鬻，余六反。

③【增】《说苑》云："使弟子扫除，将祭之。"盖谓祭食也。

④【增】诸，之也。

⑤【增】餕，与"饪"同，又作"脍"，熟也。偶，匹也。○【增】餕，而审反。施，始豉反。

⑥【增】恶，汪胡反。

季羔为卫之士师[①]，刖人之足。俄而，卫有蒯聩之乱[②]，季羔逃之，走郭门[③]。刖者守门焉[④]，谓季羔曰："彼有缺[⑤]。"季羔曰："君子不逾。"又曰："彼有窦。"季羔曰："君子不隧[⑥]。"又曰："于此有室。"季羔乃入焉。既而追者罢[⑦]，季羔将去，谓刖者："吾不能亏主之法而亲刖子之足矣[⑧]。今吾在难，此正子之报怨之时，而逃我者三，何故哉⑨？”刖者曰：“断足，固我之罪，无可奈何⑩。曩者君治臣以法令⑪[1]，先人后臣，欲臣之免也，臣知⑫；狱决罪定，临当论刑，君愀然不乐⑬，见君颜色⑭，臣又知之。君岂私臣哉？天生君子，其道固然。此臣之所以悦君也⑮。”孔子闻之曰：“善哉为吏，其用法一也。思仁恕则树德，加严暴则树怨，公以行之，其子羔乎？”

① 狱官。

② 初，卫灵公太子蒯聩得罪，出奔晋。灵公卒，立其子辄。蒯聩自晋袭卫。时子羔、子路并仕[2]于卫也。○【增】刖音月。俄，五何反。蒯，苦怪反。聩，五怪反。

③【增】走音奏。

④【增】据《韩子》，刖者名危。

⑤【增】缺，墙缺也。

⑥ 隧，从窦出。○【增】窦音豆。隧音遂。

⑦【增】罢，止也。○【增】罢，皮买反。

⑧【增】“子”字，坊本作“者”，误也，今从一本。《韩子》、《说苑》皆同。

⑨【增】难，乃旦反。三，息暂反，又如字。

⑩【增】断音短。

⑪【增】曩，向也。○【增】曩，奴党反。

⑫【增】一本有“之”字，“臣知之”为句，《说苑》同。

⑬【增】愀然，变色也。○愀，在九反。【增】乐音洛。

⑭【增】《说苑》“君”作“于”。

---

[1] “令”，黄鲁曾本、宽永本(一)属下读。

[2] “仕”，黄鲁曾本作“位”，误。

⑮【增】《说苑》“悦”作“脱”。

孔子曰：“季孙之赐我粟千锺也，而交益亲①；自南宫敬叔之乘我车也，而道加行②。故道虽贵，必有时而后重，有势而后行。微夫二子之贶财，则丘之道，殆将废矣③。”

① 得季孙千锺之粟，以施与众，而交益亲。【增】《说苑》“季孙”上有“自”字。《左氏传》云：“釜十为锺。锺，六斛四斗也。”

② 孔子欲见老聃而西观周，敬叔言于鲁君，给孔子车马，问礼于老子。孔子历观郊庙，自周而还，弟子四方来习也。【增】本注“习”字当为“集”，声之误也。一本作“学”。

③【增】微，无也。贶，赐也。○【增】夫音扶。贶，虚放反。

孔子曰：“王者有似乎春秋①，文王以王季为父，以太任为母，以太姒为妃，以武王、周公为子，以太颠、闳夭为臣，其本美矣②。武王正其身以正其国，正其国以正天下，伐无道，刑有罪，一动而天下正，其事成矣。春秋致其时，而万物皆及。王者致其道，而万物皆治。周公载己行化，而天下顺之③，其诚至矣。”

① 正其本而万物皆正。

②【增】任音壬。姒音似。

③ 载，亦行也，言行己以行化。其身正，不令而行也。[1] ○【增】治，直吏反。

---

[1] 此注，黄鲁曾本、宽永本在“周公载己行化”句下；“亦行也”作“亦行矣”。

曾子曰："入是国也，言信于群臣，而留可也；行忠于卿大夫，则仕可也；泽施于百姓，则富可也①。"孔子曰："参之言此，可谓善安身矣。"

①【增】行，下孟反。施，始豉反。

子路为蒲宰①，为水备，与其民修沟洫②[1]。以民之劳烦苦也，人与之一箪食③、一壶浆。孔子闻之，使子贡止之。子路忿然不悦，往见孔子，曰："由也以暴雨将至，恐有水灾，故与民修沟洫以备之。而民多匮饿者④，是以箪食壶浆而与之。夫子使赐止之，是夫子止由之行仁也。夫子以仁教而禁其行，由不受也。"孔子曰："汝以民为饿也，何不白于君，发仓廪以赈之？而私以尔食馈之，是汝明君之无惠，而见己之德美矣⑤。汝速已则可，不已[2]，则汝之见罪必矣⑥。"

①【增】蒲，卫邑。

②【增】包咸曰："方里为井，井间有沟，沟广深四尺。十里为成，成间有洫，洫广深八尺。"〇【增】洫，呼域反。

③ 箪，笥。〇【增】箪音丹。食音嗣。

④【增】匮，乏也。〇【增】匮，其位反。

⑤【增】馈，其位反。见，贤遍反。

⑥【增】不已，一本无"已"字。

[1] "洫"，黄鲁曾本作"渎"。

[2] "已"，黄鲁曾本无。

子路问于孔子曰："管仲之为人如何[1]？"子曰："仁也①。"子路曰："昔管仲说襄公，公不受，是不辩也②；欲立公子纠而不能，是不智也③；家残于齐而无忧色，是不慈也；桎梏而居槛车无惭心，是无丑也④；事所射之君，是不贞也⑤；召忽死之，管仲不死，是不忠也⑥。仁人之道，固若是乎？"孔子曰："管仲说襄公，襄公不受，公之闇也⑦；欲立子纠而不能，不遇时也；家残于齐而无忧色，是知权命也；桎梏而无惭心，自裁审也；事所射之君，通于变也；不死子纠，量轻重也。夫子纠未成君⑧，管仲未成臣。管仲才度义⑨，管仲不死，束缚而立功名，未可非也；召忽虽死，过与取仁，未足多也⑩。"

① 得仁道也。

②【增】襄公，齐君，名诸兒。○说，输芮反。

③ 齐襄公立无常，鲍叔牙曰："君使民慢，乱将作矣。"奉公子小白，出奔莒。公孙无知杀襄公。管夷吾、召忽奉公子纠奔鲁。齐人杀无知。鲁伐齐，纳子纠。小白自莒先入，是为桓公。乃[2]杀子纠，召忽死之也。【增】本注所云，事在《左氏传·庄八年》及《九年》。○【增】纠，居黝反。

④ 言无耻恶之心。【增】桎，足械。梏，手械。槛车，所以载罪人也。《说苑》"丑"作"愧"。○【增】桎音质。梏，工笃反。槛，户黤反。

⑤【增】所射之君，谓桓公也。管仲射桓公，中带钩也。○【增】射，食亦反。

⑥【增】召音邵。

---

[1] "如何"，黄鲁曾本作"何如"。

[2] "乃"，黄鲁曾本此上有"公"字。

⑦【增】闇，与“暗”通。

⑧【增】夫音扶。

⑨【增】才，当为“裁”，声之误也。○【增】度，待洛反。

⑩【增】一本“与”作“于”，是也。

孔子适齐，中路闻哭者之声，其音甚哀。孔子谓其仆曰：“此哭哀则哀矣，然非丧者之哀矣①。”驱而前，少进，见有异人焉，拥镰带索②[1]，哭者不衰③[2]。孔子下车，追而问曰：“子何人也？”对曰：“吾，丘吾子也④。”曰：“子今非丧之所，奚哭之悲也？”丘吾子曰：“吾有三失，晚而自觉，悔之何及？”曰：“三失可得闻乎？愿子告吾，无隐也。”丘吾子曰：“吾少时好学，周遍天下，后还丧吾亲，是一失也⑤；长事齐君，君骄奢失士，臣节不遂，是二失也⑥；吾平生厚交，而今皆离绝，是三失也。夫树欲静而风不停，子欲养而亲不待⑦。往而不来者，年也；不可再见者，亲也。请从此辞。”遂投水而死⑧。孔子曰：“小子识之！斯足为戒矣⑨。”自是弟子辞归养亲者十有三⑩。

①【增】一本作“也”。

②【增】《说文》曰：“镰，锲也。”○【增】拥，於勇反。镰，力詹反。

③【增】一本“者”作“音”。

④【增】丘吾子，《韩诗外传》作“皋鱼”，盖“丘吾”、“皋鱼”声相近，传闻之异。

---

[1] “拥”，宽永本作“雍”。“索”，黄鲁曾本、宽永本(一)作“素”。

[2] “衰”，标笺本、黄鲁曾本皆作“哀”，误。

⑤【增】少，诗照反。好，呼报反。丧，息浪反，又如字。

⑥【增】长，竹丈反。

⑦【增】停，止也。《韩诗外传》作“止”，《说苑》作“定”，以韵言之，“止”字为是。〇【增】夫音扶。养，羊尚反，下同。

⑧【增】《韩诗外传》云“立槁而死”，《说苑》云“自刎而死”，诸说不同，疑此文近实。

⑨【增】识，记也。〇【增】识音志。

⑩【增】《韩诗外传》“三”下有“人”字，《说苑》作“十三人”。〇【增】有音又。

孔子谓伯鱼曰：“鲤乎！吾闻可以与人终日不倦者，其唯学乎[1]！其容体不足观也，其勇力不足惮也，其先祖不足称也，其族姓不足道也，终而有大名，以显闻四方，流声后裔者，岂非学之效也①？故君子不可以不学，其容不可以不饰[2]，不饰无类，无类失亲②，失亲不忠③，不忠失礼④，失礼不立⑤。夫远而有光者，饰也；近而愈明者，学也⑥。譬之污池⑦，水潦注焉⑧，萑苇生焉，虽或以观之，孰知其源乎⑨？”

①【增】闻音问，又如字。裔，馀制反。

② 类，宜为“貌”。不饰故无貌，不得言不饰无类也。[3] 为貌[4]矜庄，然后亲爱可久，故曰“无类失亲”也。〇【增】饰音式。

---

[1] “乎”，黄鲁曾本、宽永本作“焉”。

[2] “饰”，黄鲁曾本作“饬”，下同。

[3] 此句，黄鲁曾本作“类，宜为‘貌’。不在饬，故无貌不得，言不饬无类也”，宽永本(一)作“类，宜为‘貌’。不在饰，故无貌不得，言不饰无类也”，宽永本(二)作“类，宜为‘貌’。惟不饬故无貌，不得言不饰无类也”。

[4] “为貌”，黄鲁曾本作“礼貌”，宽永本(二)作“体貌”。

③ 情不知[1]亲，则无忠诚。

④ 礼以忠信为本。

⑤ 非礼则无以立。

⑥【增】夫音扶。

⑦【增】污，与“洿”同，又作“汙”。停水曰洿。○【增】污音乌。

⑧【增】潦音老。

⑨ 源，泉源也。水潦注于池而生萑苇，观者谁知其非源泉乎？以言学者虽从外入，及其用之，人谁知其非从此出也者乎？【增】毛苌曰：“薍为萑，葭为苇。”○萑，胡官反。【增】苇，韦鬼反。

子路见于孔子曰：“负重涉远，不择地而休；家贫亲老，不择禄而仕①。昔者由也事二亲之时，常食藜藿之实，为亲负米百里之外②。亲殁之后，南游于楚，从车百乘，积粟万锺，累茵而坐，列鼎而食③，愿欲食藜藿，为亲负米，不可复得也④。枯鱼衔索，几何不蠹？二亲之寿，忽若过隙⑤。”孔子曰：“由也事亲，可谓生事尽力，死事尽思者也⑥。”

①【增】《韩诗外传》“曾子曰：任重道远者，不择地而息。家贫亲老者，不择官而仕”，与此正同。而彼以为曾子之言者，恐非。○【增】见，贤遍反。

②【增】藜，草名。藿，鹿豆也。二者皆可以为羹。实，犹充也。○【增】藜，力兮反。藿音霍。为，于伪反，下同。

③【增】茵，褥也。○【增】从，才用反。乘，绳证反。积，子赐反。茵音因。

④【增】复，扶又反。

⑤【增】衔音咸。蠹，都故反。

⑥【增】思，息嗣反。

[1] “知”，黄鲁曾本作“相”。

孔子之郯①，遭程子于途②，倾盖而语③，终日甚相亲。顾谓子路曰："取束帛以赠先生④。"子路屑然对曰⑤："由闻之，士不中间见，女嫁无媒，君子不以交，礼也⑥。"有间，又顾谓子路。子路又对如初。孔子曰："由，《诗》不云乎：'有美一人，清扬宛兮。邂逅相遇，适我愿兮⑦。'今程子，天下贤士也。于斯不赠，则终身弗能见也。小子行之！"

① 郯，国名也，少昊之后，吾之本县也。郯子达礼，孔子故往谘问焉。【增】本注"吾之本县"，未详。[1] 一本作"鲁之郯县"。〇郯，徒甘反。

② 【增】程子，《韩诗外传》作"齐程本子"，下同。盖程子名本，字子华，即《庄子》所称子华子者也。世有《子华子》十篇，似后人拟作。书中有云："本，晋国之鄙人也。"未知是否。

③ 倾盖，驻车。

④ 赠，送。

⑤ 【增】屑然，敬也。

⑥ 中间，谓绍[2]介也。〇【增】见，贤遍反。

⑦ 清扬，眉目之间也。宛然，美也。幽期而会，合愿[3]也。【增】《诗·郑·野有蔓草》篇，宛作"婉"。〇【增】宛，於阮反。邂，胡卖反。逅，胡豆反。

孔子自卫反鲁，息驾于河梁而观焉①。有悬水三十仞②，圜流九十里③，鱼鳖不能道④[4]，鼋鼍不能居⑤。有一丈夫，方将厉之⑥。孔子使人并涯止之⑦，曰："此悬水三十

[1] 王注所谓"吾之本县"，因其籍东海郡即郯故也。日人未详，不足怪也。

[2] "绍"，黄鲁曾本作"始"，似非。

[3] "合"，黄鲁曾本作"令"，似非。愿，宽永本(一)作"庙"。

[4] "道"，黄鲁曾本、宽永本(一)作"导"，与注不合，似讹。

仞,圜流九十里,鱼鳖鼋鼍不能居也,意者难可济也。”丈夫不以措意,遂渡而出。孔子问之曰:“子巧[1]乎?有道术乎?所以能入而出者,何也?”丈夫对曰:“始吾之入也,先以忠信;及吾之出也,又从以忠信。措[2]吾躯于波流,而吾不敢〈以〉用私⑧,所以能入而复出也⑨。”孔子谓弟子曰:“二三子识之,水且犹可以忠信成身亲之,而况于人乎⑩?”

① 河水无梁,《庄周书》说孔子于吕[3]梁,言事者通渭水为河也。【增】河梁,《列子》、《庄子》、《说苑》皆作“吕梁”。

② 八尺曰仞。悬二十四丈者也。【增】《说苑》“三”作“四”。

③ 圜流,回流也,水深急则然。○【增】圜音环。

④ 道,行。

⑤ 【增】鳖,彼列反。鼋音元。鼍,徒河反。

⑥ 厉,渡。【增】毛苌曰:“以衣涉水为厉。”

⑦ 【增】并,蒲浪反。

⑧ 【增】《说文》曰:“躯,体也。”“不敢以用私”,《说苑》无“以”字,盖此衍文。○【增】躯音区。

⑨ 【增】复,扶又反。

⑩ 【增】识音志。

孔子将行,雨而无盖。门人曰:“商也有之①。”孔子曰:“商之为人也,甚悋于财②。吾闻与人交,推其长者,违其短者,故能久也③。”

---

[1] “巧”,黄鲁曾本无。

[2] “措”,黄鲁曾本此上有“忠信”二字。

[3] “吕”,黄鲁曾本作“闾”。

① 子夏名也。

② 悋，啬甚也。【增】甚悋，《说苑》作“甚短”，李善《文选注》作“啬短”。悋，与“吝”同。○【增】悋，力刃反。

③【增】违，去也。

楚昭王[1]渡江①，江中有物大如斗，圆而赤，直触王舟②。舟人取之。王大怪之，遍问群臣，莫之能识。王使使聘于鲁，问于孔子③。子曰：“此所谓萍实者也④，可剖而食之⑤，吉祥也。唯霸者为能获焉。”使者返[2]。王遂食之，大美⑥。久之，使来以告鲁大夫。大夫因子游问曰：“夫子何以知其然[3]？”曰：“吾昔之郑，过乎陈之野⑦，闻童谣曰：‘楚王渡江，得萍实，大如斗，赤如日，剖而食之，甜如蜜⑧。’此是楚王之应也，吾是以知之。”

①【增】楚昭王，名壬。

②【增】触，昌欲反。

③【增】使使，上如字，下色吏反。

④ 萍，水草也。○【增】萍音瓶。

⑤【增】剖，判也。○【增】剖，普口反。

⑥【增】使，色吏反，下同。

⑦【增】过音戈。

⑧【增】《说文》曰：“甜，美也。蜜，蜂甘饴也。”《说苑》“斗”作“拳”，“甜”作“美”。○【增】甜，徒兼反。蜜，弥毕反。

---

[1] “楚昭王”，黄鲁曾本作“楚王”。

[2] “返”，黄鲁曾本作“反”。

[3] “然”，黄鲁曾本此下有“乎”字。

子贡问于孔子曰:“死者有知乎?将无知乎?”子曰:“吾欲言死之有知,将恐孝子顺孙,妨生以送死①;吾欲言死之无知,将恐不孝之子,弃其亲而不葬。赐不欲知死者有知与无知,非今之急,后自知之。”

①【增】妨,害也。○【增】妨,敷方反。

子贡问治民于孔子。子曰:“懔懔焉若持腐索之扞马①。”子贡曰:“何其畏也?”孔子曰:“夫通达之属[1]皆人也②,以道导之,则吾畜也③;不以道导之,则吾雠也。如之何其无畏也?”

① 懔懔,戒惧之貌。扞马,突马。【增】“若持”以下七字,不成语,恐有脱误。《说苑》作“如以腐索御奔马”。○扞,何旦反。【增】懔,力锦反。

②【增】一本“属”作“御”。○【增】夫音扶。

③【增】畜,许又反。

鲁国之法,赎人臣妾于诸侯者,皆取金于府①。子贡赎之,辞而不取金。孔子闻之,曰:“赐失之矣。夫圣人之举事也,可以移风易俗,而教导可以施之于百姓,非独适身之行也②。今鲁国富者寡而贫者众,赎人受金则为不廉,则何以相赎乎?自今以后,鲁人不复赎人于诸侯③。”

[1] “之属”,黄鲁曾本作“御”。

①【增】赎，货易也。○【增】赎，神蜀反。

②【增】夫音扶。行，下孟反。

③【增】《淮南子》曰："子路拯溺而受牛谢。孔子曰：'鲁国必好救人于患。'子赣赎人而不受金于府。孔子曰：'鲁国不复赎人矣。'子路受而劝德，子赣让而止善。孔子之明，以小知大，以近知远，通于论者也。"○【增】复，扶又反。

子路治蒲，请见于孔子曰："由愿受教于夫子[①]。"子曰："蒲其何如？"对曰："邑多壮士，又难治也。"子曰："然，吾语尔[②]，恭而敬，可以摄勇；宽而正，可以怀强；爱而恕，可以容困[③]；温而断，可以抑奸[④]。如此而加之，则正不难矣。"

①【增】见，贤遍反。

② 语，鱼据反。

③ 言爱恕者能容困穷。

④ 断，丁乱反。

三恕第九[①]

①【增】凡十一章。

孔子曰："君子有三恕。有君不能事，有臣而求其使，非恕也；有亲不能孝，有子而求其报，非恕也；有兄不能敬，有弟而求其顺，非恕也。士能明于三恕之本，则可谓端身矣。"

孔子曰:"君子有三思,不可不察也。少而不学,长无能也[①];老而不教,死莫之思也;有而不施,穷莫之救也[②]。故君子少思其长,则务学;老思其死,则务教;有思其穷,则务施。"

① 长,丁丈反,下同。【增】少,诗照反,下同。

② 【增】施,始豉反,下同。

伯常骞问于孔子曰[①]:"骞固周国之贱吏也,不自以不肖,将北面以事君子。敢问正道宜行,不容于世[②];隐道宜行,然亦不忍[③]。今欲身亦不穷,道亦不隐,为之有道乎?"孔子曰:"善哉子之问也!自丘之闻,未有若吾子所问,辩且说也[④]。丘尝闻君子之言道矣:听者无察,则道不入[⑤];奇伟不稽,则道不信[⑥]。又尝闻君子之言事矣:制无度量,则事不成[⑦];其政晓察,则民不保[⑧]。又尝闻君子之言志矣:刚[1]折者不终[⑨],径易者则数伤[⑩],浩倨者则不亲[⑪],就利者则无不弊[⑫]。又尝闻养世之君子矣:从轻勿为先,从重勿为后[⑬],见像而勿强[⑭],陈道而勿佛[⑮]。此四者,丘之所闻也。"

① 【增】《晏子春秋》"伯"作"柏"。

② 正道宜行,而世莫之能贵,故行之则不容于世。

③ 世乱,则隐道为行,然亦不忍为隐事。

---

[1] "刚",黄鲁曾本作"對"。

④ 辩当其理，得其说矣。

⑤ 言听者不明察，道则不能入也。

⑥ 稽，考也。听道者不能考校奇伟，则道不见信。此言苟非其人，道不虚行。【增】《书》云："无稽之言勿听。"不稽，即"无稽"也。言奇伟无稽之言，君子不信也。

⑦【增】量音亮。

⑧ 保，安也。政太晓了分察，则民不安也。[1]

⑨ 刚则折矣，不终其性命矣。○【增】折，食列反。

⑩ 径，轻也。志轻则数伤于义矣。○【增】易，以豉反。数，色角反。

⑪ 浩倨，简略不恭。如是则不亲矣。

⑫ 言好利者不可久也。

⑬ 赴忧患，从劳苦，轻者宜为后，重者宜为先，养世者也。

⑭ 像，法也。见法而已，不以强世也。○见，贤遍反。【增】强，其两反。

⑮ 佛，诡也。陈道而已，不与世相诡违也。○【增】佛，符勿反。

孔子观于鲁桓公之庙，有欹器焉①。夫子问于守庙者曰："此谓何器②？"对曰："此盖为宥坐之器③。"孔子曰："吾闻宥坐之器，虚则欹，中则正，满则覆。明君以为至诫，故常置之于坐侧。"顾谓弟子曰："试注水焉。"乃注之水，中则正，满则覆。夫子喟然叹曰："呜呼！夫物恶有满而不覆者[2]哉④？"

子路进曰⑤："敢问持满有道乎？"子曰："聪明睿智，守之以愚；功被天下，守之以让；勇力振世，守之以怯⑥；富有四海，守之以谦。此所谓损之又损之之道也⑦。"

---

[1] "太"，黄鲁曾本、宽永本(一)作"大"。"也"，黄鲁曾本作"矣"。

[2] "者"，黄鲁曾本、宽永本无。

① 攲，倾。【增】王应麟曰："《家语》、《荀子》谓'孔子观于鲁桓公之庙，有攲器焉'，《韩诗外传》、《说苑》皆云'观于周庙，有攲器焉'，《晋[1]·杜预传》云：'周庙攲器，至汉东京犹在御坐。'当以周庙为是。"○【增】攲，丘奇反。

② 【增】"谓"字，《荀子》、《说苑》皆作"为"，是也。

③ 【增】杨倞曰："宥，与'右'同。言人君可置于坐右以为戒也。"《说苑》作"右坐"。或曰："宥，与'佑'同，劝也。"《文子》曰："三皇五帝，有劝戒之器，名侑卮。"注云："攲器也。"○【增】坐，才卧反。

④ 【增】喟，苦位反。夫音扶。恶，汪胡反。

⑤ 【增】子路，《淮南子》作"子贡"。

⑥ 【增】怯，多畏也。○【增】怯，去业反。

⑦ 【增】"损之"以下，《荀子》作"挹而损之之道也"。

孔子观于东流之水。子贡问曰："君子所见大水必观焉，何也？"孔子曰[2]："以其不息，且遍与诸生而不为也，夫水似乎德①；其流也，则卑下倨拘[3]，必循[4]其理，此[5]似义②；浩浩乎无屈尽之期，此似道；流行赴百仞之嵠而不惧，此似勇③；至量必平之④，此似法；盛而不求概⑤，此似正；绰约微达⑥，此似察；发源必东，此似志；以出以入，万物就以化絜⑦，此似善化也。水之德有若此，是故君子见必观焉。"

① 遍与诸生者，物得水而后生，水不与生而又不德也。○【增】夫音扶。

② 【增】倨，方也。拘，《大戴礼》、《说苑》皆作"句"，曲也。《乐记》云：

---

[1] "晋"，下当有"书"字。王应麟省。

[2] "曰"，黄鲁曾本、宽永本上有"对"字，疑衍。

[3] "拘"，黄鲁曾本作"邑"。

[4] "循"，黄鲁曾本作"修"，宽永本(一)作"脩"。

[5] "此"，黄鲁曾本无。

“倨中矩，句中钩。”与此义同。〇拘音钩。【增】倨音据。

③【增】嵠，与“溪”同。

④【增】《荀子》作“主量必平”，杨倞曰：“主，读为注。”〇【增】量音亮。

⑤【增】概，平斛之木也。〇【增】盛音成。

⑥【增】《大戴礼》作“弱约危通”，《荀子》“绰”作“淖”，《说苑》作“绵弱而微达”。杨倞曰：“绰约，柔弱也。”

⑦【增】絜，与“洁”通。

子贡观于鲁庙之北堂，出而问于孔子曰：“向也赐观于太庙之堂①，未既②辍[1]，还瞻北盖，皆断焉③，彼将有说邪[2]？匠过之也④？”孔子曰：“太庙之堂，官[3]致良工之匠，匠致良材，尽其工[4]巧，盖贵久矣。尚有说也⑤。”

①【增】《荀子》“堂”上有“北”字。

②【增】既，尽也。

③辍，止。观北面之盖，皆[5]断绝也。【增】《荀子》“瞻”上有“复”字，杨倞曰：“盖音盍，扇户也。”〇【增】辍，知劣反。还音旋。盖，读为阖，户腊反，下同。

④【增】邪音耶。

⑤尚，犹必也。言必有说。【增】此章又见《荀子・宥坐》篇，其义未详。

孔子曰：“吾有所耻[6]，有所鄙，有所殆①。夫幼而不能

---

[1] 原以“未既”为读，“辍”属下读。今据黄鲁曾本、宽永本改。

[2] “邪”，黄鲁曾本、宽永本作“耶”。

[3] “官”，黄鲁曾本讹作“宫”。

[4] “工”，黄鲁曾本作“功”。

[5] “皆”，黄鲁曾本、宽永本无。

[6] “耻”，黄鲁曾本作“齿”，似讹。

强学，老而无以教，吾耻之②；去其乡，事君而达，卒遇故人，曾无旧言，吾鄙之③；与小人处而不能亲贤，吾殆之④。”

① 殆，危也。[1]

②【增】夫音扶。强，其两反。

③ 事君而达，得志于君，而见故人，曾无旧言，是弃其平生之旧交而无进之之心者乎。【增】卒，与“猝”通。○【增】卒，仓忽反。曾音层。

④ 疏贤而近小人，是危亡之道也。○【增】处，昌吕反。

子路见于孔子①。孔子曰：“智者若何？仁者若何？”子路对曰：“智者使人知己，仁者使人爱己。”子曰：“可谓士矣。”

子路出，子贡入。问亦如之。子贡对曰：“智者知人，仁者爱人。”子曰：“可谓士矣②。”

子贡出，颜回入。问亦如之。对曰③：“智者自知，仁者自爱。”子曰：“可谓士君子矣④。”

①【增】见，贤遍反。

②【增】《荀子》作“可谓士君子矣”。

③【增】一本作“颜回对曰”。

④【增】《荀子》“士”作“明”，《颜子》同。

子贡问于孔子曰：“子从父命，孝乎[2]？臣从君命，贞

[1] 此注，黄鲁曾本、宽永本与注④合为一条。

[2] “乎”，黄鲁曾本无。

乎？奚疑焉①？”孔子曰：“鄙哉赐！汝不识也。昔者明王万乘之国，有争臣七人，则主无过举②；千乘之国，有争臣五人，则社稷不危③[1]；百乘之家，有争臣三人，则禄位不替④；父有争子，不陷无礼；士有争友，不行不义⑤。故子从父命，奚讵为孝？臣从君命，奚讵为贞⑥？夫能审其所从⑦，之谓孝，之谓贞矣。”

①【增】案，《荀子》：“鲁哀公问于孔子曰：‘子从父命，孝乎？臣从君命，贞乎？’三问，孔子不对。孔子趋出以语子贡曰：‘乡者，君问丘曰：子从父命，孝乎？臣从君命，贞乎？三问而丘不对。赐以为何如？子贡曰：‘子从父命，孝矣；臣从君命，贞矣。夫子有奚对焉？’”然则是先有哀公之问，而后子贡又问之也。疑此所记略矣。

② 天子有三公四辅，主谏争以救其过失也。四辅，前曰疑，后曰丞，左曰辅，右曰弼也。○争，侧迸反。【增】乘，绳证反。

③ 诸侯有三卿，股肱之臣有内外者也，故有五人焉。

④ 大夫之臣，有室老、家相、邑宰，凡三人，能以义谏争。[2]【增】替，废也。○【增】替，他计反。

⑤ 士虽有臣，既微且陋，不能以义匡其君，故须朋友之谏争于己，然后不义之事不得行之者也。

⑥【增】《说文》曰：“讵，犹岂也。”○【增】讵音巨。

⑦ 当详审所宜从与不。【增】夫音扶。

子路盛服见于孔子①。子曰：“由，是倨倨者，何也②？夫江始出于岷山，其源可以滥觞③；及其至于江津，不舫舟，

---

[1] “危”，黄鲁曾本、宽永本此下有“也”字。

[2] 此注，黄鲁曾本、宽永本在“三人”下。“争”，黄鲁曾本、宽永本作“诤”。

不避风，则不可以涉④。非唯下流水多邪⑤[1]。今尔衣服既盛，颜色充盈，天下且孰肯以非告汝乎？”

子路趋而出，改服而入，盖自若也。子曰：“由，志之！吾告汝：奋于言者华⑥，奋于行者伐⑦，夫色智而有能者，小人也⑧。故君子知之曰知[2]，言之要也；不能曰不能，行之至也⑨。言要则智，行至则仁。既仁且智，恶不足哉⑩？”

①【增】见，贤遍反。

②【增】倨倨，未详，《荀子》作“裾裾”，杨倞曰：“衣服盛貌。”《韩诗外传》作“疏疏”，《说苑》作“襜襜”。【增】倨，九鱼反。

③ 觞，所以盛酒者，言其微也。[3]【增】李周翰曰：“滥，谓泛滥，小流貌。觞，酒盏也。谓发源小如一盏。”○【增】夫音扶，下同。岷，眉贫反。滥，力暂反。

④【增】《尔雅》曰：“大夫方舟。”郭璞曰：“并两船。”舫舟，即方舟。《说苑》作“方舟”。○【增】舫音方。

⑤【增】邪音耶。

⑥ 自矜奋于言者，华而无实。

⑦ 自矜奋行者是自伐。○【增】行，下孟反，下同。

⑧【增】《荀子》“智”作“知”，《韩诗外传》同。

⑨【增】“故君子”以下二十字，《荀子》作“故君子知之曰知之，不知曰不知，言之要也。能之曰能之，不能曰不能，行之至也”三十一字，《说苑》同，“曰”作“为”。

⑩【增】恶，汪胡反。

---

[1] “邪”，黄鲁曾本作“耶”

[2] “知”，黄鲁曾本作“智”。

[3] 此句，黄鲁曾本、宽永本作“觞，可以盛酒，言其微”。

子路问于孔子曰："有人于此，被[1]褐而怀玉，何如①？"子曰："国无道，隐之可也②；国有道，则衮冕而执玉③。"

① 褐，毛布衣。【增】《老子》曰："是以圣人被褐怀玉。"○【增】褐，何葛反。

② 【增】李善《文选注》无"隐之"二字。

③ 衮冕，文衣盛饰也[2]。○【增】衮，古本反。冕音免。

好生第十①

① 【增】凡十八章。○【增】好，呼报反。

鲁哀公问于孔子曰："昔者舜冠何冠乎①？"孔子不对。

公曰："寡人有问于子，而子无言，何也？"对曰："以君之问不先其大者，故方思所以为对。"

公曰："其大何乎？"孔子曰："舜之为君也，其政好生而恶杀，其任授贤而替不肖②，德若天地而静虚，化若四时而变物，是以四海承风，畅于异类③，凤翔麟至，鸟兽驯德④，无他也，好生故也。君舍此道而冠冕是问，是以缓对⑤。"

［1］"被"，黄鲁曾本作"披"。

［2］"也"，黄鲁曾本无。

① 【增】舜冠，古乱反。

② 【增】替，废也。〇【增】好，呼报反。恶，乌故反。替，他计反。

③ 异类，四方之夷狄也。

④ 驯，顺。

⑤ 【增】王应麟曰："《家语》'问舜冠'谓鲁哀公问于孔子，《尚书大传》以为成王问周公。"〇【增】舍音捨。

孔子读史，至楚复陈①，喟然叹曰："贤哉楚王！轻千乘之国而重一言之信②。匪申叔之信，不能达其义，匪庄王之贤，不能受其训③。"

① 陈夏征舒杀其君，楚庄王讨之，因陈取之，而申叔时谏，庄王从之，还复陈。【增】《春秋・宣公十年》："陈夏征舒弑其君平国。"《十一年》："冬十月，楚人杀陈夏征舒。丁亥，楚子入陈。纳公孙宁、仪行父于陈。"详见《左氏传》。

② 【增】喟，苦位反。乘，绳证反。

③ 【增】申叔，楚大夫，名时。庄王，名旅，楚子，僭称王。张守节《史记正义》"匪"作"非"，"达"作"建"。

孔子尝[1]自筮，其卦得《贲》焉，愀然有不平之状①。子张进曰："师闻卜者，得《贲》卦，吉也。而夫子之色有不平，何也？"孔子对曰："以其离邪②[2]。在《周易》，山下有火谓之《贲》③，非正色之卦也。夫质也，黑白宜正焉④。今得

[1] "尝"，黄鲁曾本作"常"，疑讹。

[2] "邪"，黄鲁曾、宽永本作"耶"。

《贲》，非吾兆也⑤。吾闻丹漆不文，白玉不彫[1]。何也？质有馀，不受饰故也⑥。”

① 【增】贲，彼伪反。愀，在九反。

② 【增】邪音耶。

③ 离下艮上[2]，离为火，艮为山。

④ 【增】“黑白宜正焉”，一本作“白宜正白，黑宜正黑”。○【增】夫音扶。

⑤ 贲，饰。

⑥ 【增】文音问。

孔子曰：“吾于《甘棠》，见宗庙之敬也[3]甚矣①。思其人，必爱其树；尊其人，必敬其位，道也。”

① 召[4]伯听讼于甘棠，爱其树，作《甘棠》之诗也。

子路戎服见于孔子，拔剑而舞之，曰：“古之君子，固[5]以剑自卫乎①？”孔子曰：“古之君子，忠以为质，仁以为卫，不出环堵之室，而知千里之外。有不善，则以忠化之；侵暴，则以仁固之，何持剑乎②？”子路曰：“由乃今闻此言，请摄齐以受教③。”

---

[1] “彫”，黄鲁曾本、宽永本作“雕”。

[2] 此四字，黄鲁曾本作“离上艮下”，误。

[3] “也”，黄鲁曾本无。

[4] “召”，黄鲁曾本、宽永本作“邵”。

[5] “固”，黄鲁曾本无。

①【增】见，贤遍反。

②【增】一本“持”作“待”。

③ 齐，裳下缉也。受教者，摄齐升堂。○【增】齐音咨。

楚恭[1]王出游①，亡乌嗥之弓②[2]，左右请求之。王曰：“止，楚王失弓，楚人得之，又何求之③！”孔子闻之，曰[3]：“惜乎其不大也，不曰人遗弓，人得之而已，何必楚也④[4]？”

①【增】恭王，名审，庄王子。孔颖达《周易疏》引《孔子家语·弟子好生》篇“恭王”作“昭王”，下云“昭王，名轸”。

② 良弓之名。[5] ○【增】嗥，与“号”通，户刀反。

③【增】楚王，《说苑》作“楚人”，《周易疏》同，“失”作“亡”，“之”作“焉”。

④【增】《周易疏》“其”下有“志”字，“遗”作“亡”。

孔子为鲁司寇，断狱讼①，皆进众议者而问之，曰：“子以为奚若？某以为何若？”皆曰云云，如是然后夫子曰：“当从某子，儿是②。”

①【增】断，丁乱反。

② 近也。重狱事，故与众议之。【增】“如是”二字，似注文误入正文。

[1] “恭”，黄鲁曾本无。

[2] “乌嗥之弓”，黄鲁曾本作“弓”。

[3] “曰”，黄鲁曾本无。宽永本此上无“之”字。

[4] 黄鲁曾本此处有注：“王，恭王。弓，乌嗥之良弓。”

[5] 此注，黄鲁曾本无。

本注“近也”上当有“几”字。〇【增】几，巨依反。

孔子问漆雕凭曰①：“子事臧文仲、武仲、孺子容[1]，此三大夫孰贤②？”对曰：“臧氏家有守龟焉，名曰蔡③。文仲三年而为一兆，武仲三年而为二兆，孺子容三年而为三兆④。凭从此见之[2]，若问三人之贤与不贤，所未敢识也。”孔子曰：“君子哉，漆雕氏之子！其言人之美也，隐而显；言人之过也，微而著。智而不能及，明而不能见，孰克如此⑤？”

①【增】《说苑》“凭”作“马人”二字。

②【增】臧文仲，鲁大夫，臧孙氏，名辰。武仲，文仲之孙，名纥。孺子容无考，意者武仲之子。

③【增】包咸曰：“蔡，国君之守龟也。出蔡地，因以为名。长尺有二寸。”〇【增】守，手又反。

④【增】《说文》曰：“兆，灼龟坼也。”

⑤ 克，能也。而，宜为“如”也。【增】本注读“而”为“如”，愚意不若读如本字。其下三句本注以为论漆雕凭，《说苑》作“智不能及，明不能见，得无数卜乎？”是则讥三大夫云尔。其义似圣。

鲁公索氏将祭而亡其牲①。孔子闻之，曰：“公索氏不及二年将亡②。”后一年而亡。门人问曰：“昔公索氏亡其祭牲，而夫子曰‘不及二年必亡’。今过期而亡，夫子何以知其然？”孔子曰：“夫祭者，孝子所以自尽于其亲③。将祭而

[1] “孺子容”，黄鲁曾本、宽永本此上有“及”字。

[2] “见之”，黄鲁曾本作“之见”。

亡其牲，则其馀所亡者多矣。若此而不亡者，未之有也。”

① 索，先落反。[1]

② 【增】亡，逃也。

③ 【增】夫祭音扶。

虞、芮二国，争田而讼，连年不决①。乃相谓曰：“西伯，仁人[2]也②，盍往质之③？”入其境，则耕者让畔，行者让路。入其邑，男女异路，斑白不提挈④[3]。入其朝，士让为大夫，大夫让为[4]卿⑤。虞、芮之君曰：“嘻！吾侪小人也，不可以入君子之朝⑥。”遂自相与而退，咸以所争之田为閒田矣⑦[5]。孔子曰：“以此观之，文王之道，其不可加焉。不令而从，不教而听，至矣哉！”

① 【增】芮，如锐反。

② 西伯，文王。

③ 盍，何不。质，正也。○【增】盍，户腊反。

④ 【增】一本无“入其”以下十二字。

⑤ 【增】朝，直遥反，下同。

⑥ 侪，等。【增】嘻，叹辞。一本“入”作“履”，“朝”作“庭”。毛苌《诗传》同。○【增】嘻，虚其反。侪，仕皆反。

---

[1] 此注，黄鲁曾本、宽永本在“公索氏”下，无“索”字。

[2] “人”，黄鲁曾本、宽永本无。

[3] “入其邑，男女异路，斑白不提挈”十二字，黄鲁曾本、宽永本无。

[4] “为”，黄鲁曾本、宽永本作“于”。

[5] “矣”，黄鲁曾本作“也”。

⑦【增】閒音闲。

曾子曰："狎甚则相简，庄甚则不亲①。是故，君子之狎，足以交欢，其庄足以成礼。"孔子闻斯言也，曰："二三子志之，孰谓参也不知礼乎②？"

①【增】郑玄曰："狎，习也，近也。"○【增】狎，户甲反。

②【增】参，所金反。

哀公问曰："绅、委、章甫，有益于仁乎①？"孔子作色而对曰："君胡然焉②？衰麻苴杖者，志不存乎乐③，非耳弗闻，服使然也；黼黻衮冕者，容不亵慢④，非性矜庄，服使然也；介胄执戈者，无退懦之气⑤，非体纯猛，服使然也。且臣闻之，好肆不守折⑥，而长者不为市⑦。窃夫其有益与无益，君子所以知⑧。"

① 委，曲貌。章甫，冠名也。[1]

②【增】胡，何也。

③【增】《丧服小记》云："苴杖，竹也。"○【增】衰，七雷反。苴，七馀反。

④【增】黼音甫。黻音弗。衮，古本反。冕音免。亵，息列反。

⑤【增】懦，柔弱也。○【增】懦，奴卧反，又乃乱反。

⑥ 言市弗能为廉，好肆不守折也。○【增】好，呼报反。折，食列反。

⑦ 言长者之行，则不为市贾[2]之事。○【增】长，竹丈反。

---

[1] 此注，黄鲁曾本在"章甫"下。"曲"作"委"。

[2] "贾"，黄鲁曾本、宽永本(一)作"买"，盖形近而讹也。

⑧ 窃，宜为察。【增】“且臣”以下，其义未详。恐有脱误。○【增】夫音扶。

孔子谓子路曰：“见长者而不尽其辞，虽有风雨，吾不能入其门矣①。故君子以其所能敬人，小人反是。”

①【增】长，竹丈反。

孔子谓子路曰：“君子以心导耳目，立义以为勇；小人以耳目导心，不孙[1]以为勇①。故曰：退之而不怨，先之斯可从已②。”

①【增】孙音逊。

② 言人退之不怨，先之则可从，足以为师也。【增】“故曰”以下，疑亦有误。

孔子曰：“君子有[2]三患。未之闻，患弗[3]得闻；既得闻之，患弗得学；既得学之，患弗能行。有其德而无其言，君子耻之；有其言而无其行，君子耻之[4]；既得之而又失之，君子耻之；地有馀而[5]民不足，君子耻之；众寡均而人功倍己焉，君子耻之①。”

---

[1] “孙”，黄鲁曾本作“愻”。

[2] “有”，黄鲁曾本无。

[3] “弗”，黄鲁曾本、宽永本作“不”。

[4] “有其言而无其行，君子耻之”十一字，标笺本脱。

[5] “而”，黄鲁曾本无。

① 凡兴功业，多少与人同，而功殊倍己，故耻之也。【增】其行，下孟反。

鲁人有独处室者①，邻之釐妇亦独处一室②。夜，暴风雨至，釐妇室坏，趋而托焉③。鲁人闭户而不纳，釐妇自牖与之言④："子[1]何不仁而不纳我乎？"鲁人曰："吾闻男女不六十不闲[2]居，今子幼，吾亦幼，是以不敢纳尔也⑤。"妇人曰："子何不如柳下惠然？妪不逮[3]门之女，国人不称其乱⑥。"鲁人曰："柳下惠则可，吾固不可。吾将以吾之不可，学柳下惠之可⑦。"孔子闻之，曰："善哉！欲学柳下惠者，未有似于此者。期于至善，而不袭其为，可谓智乎⑧！"

① 【增】毛苌《诗传》"处"下有"于"字。○【增】处，昌吕反，下同。

② 釐，寡妇也。【增】釐，与"嫠"通。《诗传》"亦"字作"又"，"一"字作"于"。○【增】釐，力之反。

③ 【增】《诗传》"焉"作"之"。

④ 【增】《诗传》有"曰"字。○【增】牖，以久反。

⑤ 【增】孔颖达曰："礼，男女年不满六十，则男子在堂，女子在房，不得闲杂在一处而居。若六十则闲居也。此六十据妇人言耳，男子则七十。《内则》'唯及七十，同藏无闲'，是也。必男子七十、女六十同居者，以阴阳道衰，故无嫌也。幼者，止谓未老耳，非稚也。"○【增】闲，古苋反。

⑥ 【增】柳下惠，鲁大夫展获，字禽，食邑柳下，谥曰惠。《乐记》云："煦妪覆育万物。"郑玄曰："气曰煦，体曰妪。"不逮门之女，未详。一本"逮"作

[1] "子"，黄鲁曾本无。

[2] "闲"，黄鲁曾本作"同"。

[3] "逮"，黄鲁曾本作"建"，宽永本(一)作"违"。

"建"。先儒以为,不建,门名。未知是否。案,何孟春《补注》[1]云:"史:柳下惠远行归,夜宿于郭门外。顷间,有女子来同宿,时天大[2]寒,惠恐女子冻死,乃坐女子于怀,以衣覆之至[3]晓,不为乱。"此说亦未详所出,姑录之以俟知者。○【增】妪,於具反。

⑦【增】《诗传》"则"作"固"。

⑧【增】袭,因也。

孔子曰:"小辩害义,小言破道。《关雎》兴于鸟,而君子美之,取其雎雄[4]之有别①;《鹿鸣》兴于兽,而君子大之,取其得食而相呼。若以鸟兽之名嫌之,固不可行也。"

①【增】雎,七馀反。兴,虚应反,下同。别,彼列反。

孔子谓子路曰:"君子而强气,则[5]不得其死;小人而强气,则刑戮荐臻①。《豳诗》曰:'殆天之未阴雨,彻彼桑土,绸缪牖户②,今汝下民,或敢侮余③。'"孔子曰:"能治国家之如此④,虽欲侮之,岂可得乎?周自后稷,积行累功,以有爵土,公刘重之以仁。及至太王[6]亶父[7],敦以德让,其树根置本,备豫远矣⑤。初,太王都豳,狄[8]人侵之。事之

[1] 下引非出何孟春补注《标题句解孔子家语》,乃何孟春《孔子家语注》之文。

[2] 何注本"大"作"沍",此讹。

[3] 何注本"比"作"至",此讹。

[4] 雎雄,黄鲁曾本作"雄雎"。

[5] "则",黄鲁曾本作"而"。

[6] "太王",黄鲁曾本、宽永本作"大王",下同。

[7] "父",黄鲁曾本作"甫"。

[8] "狄",黄鲁曾本作"翟"。

以皮币，不得免焉；事之以珠玉，不得免焉。于是属耆老而告之，曰：‘狄人之所欲，吾土地也⑥[1]。吾闻之，君子不以所养而害人⑦。二三子何患乎无君？’遂独与太[2]姜去之，逾梁山，邑于岐山之下⑧。豳人曰：‘仁人之君，不可失也。’从之如归市焉。天之与周，民之去殷，久矣，若此而不能[有][3]天下，未之有也。武庚恶能侮⑨？《邶[4]诗》曰：‘执辔如组，两骖如舞⑩[5]。’”孔子曰：“为此诗者，其知政乎！夫为组者，总纰于此，成文于彼⑪。言其动于近，行于远也。执此法以御民，岂不化乎？《竿旄》之忠告，至矣哉⑫！”

① 【增】薦，与“荐”通，重也。臻，至也。○【增】薦，徂殿反。

② 殆，及也。彻，剥也。桑土，桑根也。鸱鸮天未雨，剥取桑根，以缠绵其牖户，喻我国家积累之功，乃难成之若此[6]也。【增】此《鸱鸮》之辞也。殆，《诗》作“迨”。○【增】豳，彼贫反。殆音待。土音杜。绸，直留反。缪，莫彪反。牖，以久反。

③ 今者，周公时。言我先王致此大功至艰，而下民敢侵侮我周道，谓管蔡之属，不可不遏绝之，以存周室者也。

④ 【增】一本无“之”字。

⑤ 【增】后稷，周始祖，名弃。公刘，后稷之曾孙也。太王，即古公，后稷十一世孙，文王之祖父，追尊称王。亶父，其字。或曰，名也。○【增】行，下孟反。重，直用反。亶，都但反。父音甫。

［1］“曰：‘狄人之所欲，吾土地也”十字，黄鲁曾本作“所欲吾土地”，疑有脱字。

［2］“太”，黄鲁曾本、宽永本作“大姜”。

［3］“有”，底本无，黄鲁曾本、宽永本亦无，据冢田虎本补。

［4］“邶”，黄鲁曾本作“鄁”。

［5］“舞”，黄鲁曾本作“儛”。

［6］“若此”，黄鲁曾本作“苦者”，宽永本作“若者”。

⑥【增】属，会也。《礼记》曰："六十曰耆。"〇【增】属音烛。耆，渠夷反。

⑦【增】"而"字，一本作"人者"二字。

⑧【增】太姜，太王妃。

⑨ 武庚，纣子，名禄父。与管蔡[1]共为乱也。〇恶，汪胡反。

⑩ 骖之与服，和谐中节[2]。【增】邶，当为"郑"。此二句，《大叔于田》之辞也。郑玄曰："在旁曰骖。"〇【增】邶，蒲对反。组音祖。

⑪【增】毛苌曰："纰，所以织组也。"〇【增】夫音扶。纰，毗至反。

⑫《竿旄》之诗者，乐乎善道告人，取喻于素丝良马，如组纰之义。【增】竿，今《诗》作"干"，《干旄》，《鄘诗》也。其辞曰："孑孑干旄，在浚之郊。素丝纰之，良马四之。彼姝者子，何以畀之？"卒章曰："何以告之？"〇【增】告，古笃反。

---

[1] "蔡"，黄鲁曾本作"叔"。

[2] "与"，黄鲁曾本、宽永本作"以"；"谐"，黄鲁曾本作"调"，宽永本作"谓"。

孔子家语卷第三

观周第十一①

①【增】凡四章。

孔子谓南宫敬叔曰："吾闻老聃博古知今①，通礼乐之原，明道德之归，则吾师也。今将往矣。"对曰："谨受命。"遂言于鲁君②，曰："臣受先臣之命③，云'孔子，圣人之后也④，灭于宋⑤，其祖弗父何，始有国而授厉公⑥，及正考父，佐戴、武、宣⑦，三命兹益恭⑧。故其鼎铭曰⑨："一命而偻，再命而伛，三命而俯⑩，循墙而走⑪，亦莫余敢侮⑫。饘于是，粥于是，以餬其口⑬。"其恭俭也若此。臧孙纥有言⑭："圣人之后，若不当世⑮，则必有明德[1]而达者焉⑯。"孔子少而好礼，其将在矣⑰。'属臣曰：'汝必师之⑱。'今孔子将适周，观先王之遗制，考礼乐之所极，斯大业也，君盍以乘资之？臣请与往⑲。"公曰："诺。"与孔子车一乘，马二匹[2]，竖子[3]侍御。敬叔与俱至周。

问礼于老聃，访乐于苌弘⑳，历郊社之所，考明堂之

---

[1] "德"，黄鲁曾本、宽永本作"君"。

[2] "匹"，黄鲁曾本、宽永本作"疋"。

[3] "竖子"，黄鲁曾本作"坚其"，误。

则㉑,察庙朝之度㉒。于是喟然曰:"吾乃今知周公之圣,与周之所以王也㉓。"

及去周,老子送之曰:"吾闻富贵者送人以财,仁者送人以言。吾虽不能富贵,而窃仁者之号,请送子以言乎:凡当今之士,聪明深察而近于死者,好讥议人者也;博辩闳达㉔而危其身,好发人之恶者也。无以有己,为人子者㉕;无以恶己,为人臣者㉖。"孔子曰:"敬奉教。"自周反鲁,道弥尊矣。远方弟子之进,盖三千焉。

① 敬叔,孟僖子子也。老聃,老子,博古知今而好道。【增】《史记》曰:"老子者,楚苦县厉乡曲仁里人也。李氏,名耳,字伯阳,谥曰聃。周守藏室之史也。"《说文》曰:"聃,耳曼也。"○【增】聃,他甘反。

②【增】鲁君,盖昭公也。

③ 先臣,僖子。【增】僖子将死之命也。事见《左氏传·昭公七年》。僖子以昭公二十四年卒也。

④ 圣人,殷汤。【增】孔子,《左氏传》作"孔丘"。

⑤ 孔子之先,去宋奔鲁,故曰灭于宋也。

⑥ 弗父何,缗公世子,厉公兄也。让国以授厉公。《春秋传》曰:"以有宋而授厉公。"宜始,始有国[1],始有宋也。【增】厉公,名方祀。○【增】父音甫,下同。

⑦ 正考父,何之曾孙也。戴、武、宣,三公也。【增】戴公,厉公之玄孙。史阙其名。武公,戴公之子,名司空。宣公,武公之子,名力。

⑧ 士一命,大夫再命,卿三命也。[2]【增】兹,与"滋"通,亦益也。

---

[1] "宜始,始有国",黄鲁曾本作"宜始始也"。此处恐皆有误,疑"宜始"二字衍文,或为"方祀"之讹。

[2] 本句,黄鲁曾本作"考父,士一命,其大夫再命,卿三命,是也",宽永本(二)作"命为士一命,为大夫夫再命,卿三命,是也",宽永本(一)同,惟"命为"作"公父"。

⑨ 臣有功德，君命铭之于其宗庙之鼎也。

⑩ 伛，恭于偻。俯，恭于伛。○【增】偻，力主反。伛，纡羽反。

⑪ 言恭之甚。【增】杜预曰："言不敢安行。"

⑫ 余，我也，我考父也。以其恭如此，故人亦莫之侮也[1]。

⑬ 馇，糜也。为糜粥于此鼎，言至俭也。【增】馇，与"饦"同。《左氏传》"其"作"余"。孔颖达曰："稠者曰糜，淖者曰粥。将糜向口，故曰'以餬余口'，犹今人以粥向帛，黏使相着，谓之餬帛。"○【增】馇，之然反。粥，之六反。餬音胡。

⑭ 纥，臧武仲。[2]【增】《左氏传》有"曰"字。○【增】纥，下没反。

⑮ 弗父何，殷汤之后，而不继世为宋君。

⑯【增】一本"德"作"君"。此三句，《左氏传》作"圣人有明德者，若不当世，其后必有达人"十六字。

⑰ 将在孔子。【增】"孔子"以下，《左氏传》作"今其将在孔丘乎"。○【增】少，诗照反。好，呼报反，下同。

⑱【增】属音烛。

⑲【增】盍，何不也。○【增】盍，户腊反。乘，绳证反，下同。

⑳ 弘，周大夫。

㉑ 则，法。

㉒ 宗庙、朝廷之法度也。○【增】朝，直遥反。

㉓【增】"吾乃"以下与《左氏传·昭公二年》所载韩宣子之言同。宣子言之于鲁，夫子言之于周。岂二人之言偶同邪？抑将宣子之言而夫子诵之也？○【增】喟，苦位反。王，于放反。

㉔【增】一本"达"作"远"。

㉕ 身，父母之有[3]也。

㉖ 言听则仕，不用则退，保身全行，臣之节也。

---

[1] "也"，黄鲁曾本无。

[2] 本注，黄鲁曾本在"若不当世"下，注⑮之前。

[3] "之有"，黄鲁曾本作"有之"。

孔子观乎明堂，睹四门墉有尧舜之容、桀纣之象，而各有善恶之状、兴废之诫焉①。又有周公相成王，抱之负斧扆，南面以朝诸侯之图焉②。孔子徘徊而望之③，谓从者曰：“此周之所以盛也④。夫明镜，所以察形；往古[1]，所以知今⑤。人主不务袭迹于其所以安存，而忽怠所以危亡⑥，是犹未有以异于却走而欲求及前人也，岂不惑哉？”

①【增】《说文》曰：“墉，城垣也。”《释名》曰：“墉，容也。所以隐蔽形容也。”“之容”二字，一本作“与”。○【增】墉音容。

② 世之博学者，谓周公便履天子之位，失之远矣[2]。【增】“扆”字，《仪礼》、《礼记》皆作“依”，音义同耳。郑玄曰：“斧扆，为斧文屏风于户牖之间。周公于前立焉。”孔颖达曰：“扆，状如屏风，以绛为质，高八尺，东西当户牖之间。绣为斧文也。”○扆，隐起反。【增】相，息亮反。斧音甫。朝，直遥反。

③【增】徘徊，不进貌。○【增】徘，步回反。徊，胡灰反。

④【增】从，才用反。

⑤【增】一本“往古”下衍“者”字。○【增】夫音扶。

⑥【增】袭，因也。一本“忽”作“急”，误。

孔子观周，遂入太祖后稷之庙。庙堂右阶之前，有金人焉。参[3]缄其口而铭其背①，曰：“古之慎言人也，戒之哉！无多言，多言多败；无多事，多事多患②。安乐必戒③，无行所[4]悔④。勿谓何伤，其祸将长；勿谓何害，其祸将大；

[1] “古”，黄鲁曾本、宽永本此下有“者”字。

[2] “矣”，黄鲁曾本此下衍“也”字。

[3] “参”，黄鲁曾本作“三”，宽永本作“叁”。

[4] “行所”，黄鲁曾本、宽永本作“所行”。

勿谓不闻，神将伺人。焰焰不灭，炎炎若何⑤？涓涓不壅，终为江河⑥；绵绵不绝，或成网罗⑦；毫末不扎[1]，将寻斧柯⑧。诚能慎之，福之根也。口是何伤？祸之门也。强梁者不得其死，好胜者必遇其敌。盗憎主人，民怨其上。君子知天下之不可上也，故下之；知众人之不可先也，故后之⑨。温恭慎德，使人慕之；执雌持下，人莫逾之。人皆趋彼，我独守此；人皆或[2]之，我独不徙⑩。内藏我智，不示人技。我虽尊高，人弗我害，谁能于此？江海虽左，长于百川，以其卑也⑪。天道无亲，而能下人。戒之哉⑫！"

孔子既读斯文也，顾谓弟子曰："小子[3]识之！此言实而中，情而信⑬。《诗》曰：'战战兢兢，如临深渊，如履薄冰⑭。'行身如此，岂以口过患哉？"

①【增】参，三也。《说苑》作"三"。缄，封也。三缄者，三处缄之也。○【增】参，苏甘反。缄，古咸反。

②【增】王通曰："多言，德之贼也。多事，生之雠也。"

③ 虽处安乐，必警戒也。○【增】乐音洛。

④ 言当详[4]而后行，所悔之事，不可复行。

⑤【增】焰焰，火初着也。《说苑》作"荧荧"。焰字亦作"錟"、"燗"。炎炎，炽也。○【增】焰音琰。

⑥【增】《说文》曰："涓，小流也。"○【增】涓，古玄反。

⑦ 绵绵，微细，若不绝，则有成罗网者也。

---

[1] "扎"，黄鲁曾本作"札"，注同。

[2] "或"，宽永本作"惑"。

[3] "子"，黄鲁曾本、宽永本作"人"，误。

[4] "详"，标笺本作"祥"。

⑧ 如毫之末，言至微也。扎，拔也。寻，用也[1]。【增】《说文》曰："柯，斧柄也。"《周书》云："绵绵不绝，蔓蔓若何。毫末不掇，将成斧柯。"○【增】扎音札，字从手。

⑨【增】好，呼报反。上也，时掌反。下，遐嫁反，下"下人"同。先，悉荐反。后，胡豆反。

⑩ 或之，东西转移之貌。【增】一本"或"作"惑"。《说苑》"或之"作"惑惑"。纯疑"之"字乃上字之重文，后人转写，误作"之"字耳。今此本及注，皆当作"或或"。王肃以为东西转移之貌，此其证也。○【增】趋，七住反。

⑪ 水阴长右，海江[2]虽在于其左，而[3]能为百川长，以其能下。【增】本注"海江"字倒，"其左"衍"其"字。○【增】长，竹丈反。

⑫【增】"而能下人"，《说苑》作"常与善人"。

⑬ 识[4]音志。○【增】中，陟仲反。

⑭ 战战，恐也。兢兢，戒也。恐坠也，恐陷也。【增】《诗》，《小雅·小旻》篇。○【增】兢，居陵反。

孔子见老[5]聃而问焉，曰："甚矣，道之于今难行也。吾比执道，而今委质以求当世之君而弗受也。道于今难行也①。"老子曰："夫说者流于辩②，听者乱于辞③，知此二者，则道不可以忘[6]也。"

①【增】比，近也。质，与"贽"通，见者所执以为礼也。韦昭云："士贽以

[1] "也"，黄鲁曾本此前衍"者"字。

[2] "海江"，黄鲁曾本作"江海"。

[3] "而"，宽永本作"亦"。

[4] "识"，黄鲁曾本无。

[5] "老"，宽永本脱。

[6] 标笺本引吴氏注曰："忘字疑有误。"或曰："忘字，疑'忽'字误。"

雉，委贽而退。”○【增】比，毗志反。质音至。

② 流，犹过也，失也。○【增】夫音扶。

③【增】《说苑》“听”作“言”。

弟子行第十二①

①【增】此篇即《大戴礼·卫将军文子》篇。文小异，凡一章。○【增】行，下孟反。

卫将军文子①问于子贡曰：“吾闻孔子之施教也，先之以《诗》、《书》，导[1]之以孝悌，说之以仁义，观之以礼乐，然后成之以文德。盖入室升堂者，七十有馀人。其孰为贤②？”子贡对以不知。

文子曰：“以吾子常与学，贤者也，何为不知③[2]？”子贡对曰：“贤人无妄④，知贤即难，故君子之言曰：‘智莫难于知人。’是以难对也⑤。”

文子曰：“若夫知贤，莫不难。今吾子亲游焉，是以敢问⑥。”子贡曰：“夫子之门人，盖有三千就焉[3]，赐有逮及

[1] “导”，黄鲁曾本作“而道”。宽永本此上有“而”字。

[2] “何为不知”，黄鲁曾本作“不知何谓”。

[3] 标笺：“《大戴礼》‘千’字无，作‘三就’。三就，谓大成、次成、小成也。不知孰是。”

焉，未逮及焉，故不得遍知以告也。”

① 卫卿，名弥牟也。【增】文子，灵公孙，公子郢之子。

② 【增】说，输芮反。观，古玩反。

③ 【增】《大戴礼》作“吾子学焉，何谓不知也”。

④ 贤人无妄，言[1]举动不妄。

⑤ 【增】难对，乃旦反。

⑥ 【增】夫音扶。

文子曰：“吾子所及者，请闻[2]其行①！”子贡对曰：“夫能夙兴夜寐，讽诵崇礼，行不贰过②，称言不苟③，是颜回之行也④。孔子说之以《诗》曰：‘媚兹一人，应侯慎德⑤’，‘永言孝思，孝思惟则⑥。’若逢有德之君，世受显命，不失厥名；以御于天子，则王者之相也⑦。

① 【增】行，下孟反，下同。

② 贰，再也。有不善，未尝不知，知之，未尝复行也。○【增】夫音扶。

③ 举言典法不苟且也。

④ 【增】行，下孟反。篇内之“行”，并同。

⑤ 一人，天子也。应，当也。侯，惟也。言颜渊之德，足以媚爱天子[3]，当于其心，惟慎德。【增】《诗》，《大雅·下武》篇，“慎”作“顺”。○【增】说，输芮反，下同，旧音悦，恐非。

⑥ 言能长是孝道，足以为法则也。【增】案，《诗》，此二句在前章。

---

[1] “言”，黄鲁曾本、宽永本无。

[2] “闻”，黄鲁曾本作“问”。

[3] “足”，黄鲁曾本、宽永本(一)作“之”。“媚”，宽永本(一)作“寐”。

⑦【增】相，息亮反，下皆同。

“在贫如客①，使其臣如借②，不迁怒，不深怨③，不录旧罪④，是冉雍之行也。孔子论其材曰：‘有土之君〈子〉也⑤，有众使也，有刑用也，然后称怒焉⑥。’孔子告之以《诗》曰：‘靡不有初，鲜克有终⑦。’匹夫不怒，唯以亡其身⑧。

① 言不以贫累志，矜庄如为客也。

② 言不有其臣，如借使之也。

③【增】《大戴礼》“深”作“探”。

④【增】一本“罪”作“非”，误。

⑤【增】仲弓之行，如有国者，故曰“有土之君也”。“子”字衍文。《论语》云：“雍也，可使南面。”亦此意也。

⑥ 言有土地之君，有众足使，有刑足用，然后可以称怒。冉雍非有土之君，故使其臣如借而不加怒也。

⑦ 冉雍能终其行。【增】《诗》，《大雅・荡》篇。郑玄曰：“鲜，寡。克，能也。”○【增】鲜，仙善反。

⑧ 因说不怒之义，遂及匹夫以怒亡身。【增】《大戴礼》“不”作“之”，是也。疑此文误。

“不畏强御，不侮矜寡①，其言循性②，其都以富③，材任治戎④，是仲由之行也。孔子和之以文，说之以《诗》曰：‘受小共大共[1]，而为下国骏厖[2]。荷天子之龙⑤’，‘不戁不悚，敷奏其勇⑥’。强乎武哉！文不胜其质⑦。

---

[1] 此二“共”字，黄鲁曾本、宽永本皆作“拱”。下注同。

[2] “厖”，黄鲁曾本作“庞”。下注同。

① 【增】此《大雅·烝民》诗辞。上下句倒。○【增】矜,古顽反。

② 循其性也,而言不诬其情[1]。

③ 仲由长于政事[2]。

④ 戎,军旅也。○【增】任音壬。

⑤ 孔子曰:"和仲由以文,说之以诗。"此其义也。共,法也。骏,大也。厖,厚也。龙,和也[3]。言受大小法,为下国大厚,乃可任天下道也。【增】《诗》,《商颂·长发》篇,无"而"、"子"二字。荷,作"何"。○共,居容反。【增】厖,莫邦反。荷,何可反。龙,如字。

⑥ 戁,恐。悚,惧。敷,陈。奏,荐。【增】据今《诗》,此二句倒,且中间脱"不震不动"一句。悚,《诗》作"竦"。【增】戁,奴版反。悚,小勇反。

⑦ 言子路强勇,义不胜其质。

"恭老卹[4]幼,不忘宾旅①,好学博艺,省物而勤也②,是冉求之行也。孔子因而语之曰:'好学则智,卹孤则惠,恭则近礼,勤则有继。尧舜笃恭以王天下。'其称之也,曰:'宜为国老③。'

① 宾旅,谓寄客也。【增】卹,与"恤"同,忧也。○【增】卹音戌。

② 省录诸事而能勤也。○【增】好,呼报反。省,悉井反。

③ 国老助宣德教。○【增】语,鱼据反。王,于放反。

"齐庄而能肃,志通而好礼①,傧[5]相两君之事,笃雅有

[1] "情",黄鲁曾本作"尔",误。

[2] "政事",黄鲁曾本作"富贵",误。

[3] "和也",黄鲁曾本作"荷之"。

[4] "卹",黄鲁曾本、宽永本作"邺",下同。

[5] "傧",黄鲁曾本、宽永本作"摈"。下注同。

节，是公西赤之行也②。子曰：‘礼经三百，可勉能也③；威仪三千，则难也④。’公西赤问曰：‘何谓也？’子曰：‘貌以傧礼，礼以傧辞，是为[1]难焉⑤。’众人闻之，以为成也。孔子语人曰：‘当宾客之事，则达矣⑥。’谓门人曰：‘二三子之欲学宾客之礼者，其于赤也。’

①【增】齐，敬也。〇【增】齐，侧皆反。好，呼报反。

② 相，息亮反。〇【增】傧，必刃反，一作“擯”。

③ 礼经三百，可勉学而能知。【增】礼经，一本作“经礼”，《大戴礼》作“礼仪”。

④ 能躬行三千之威仪，则难可为，而公西赤能躬行之。

⑤ 言所为[2]者，当观容貌而傧相其礼，度其礼而傧相其辞，度事制仪，故难也。

⑥ 众人闻公西赤能行三千之威仪，故以为成也。孔子曰，“当宾客之事，则达”，未尽达于治国之本体也。〇【增】语，鱼据反。

“满而不盈，实而如虚，过之如不及，先王难之①；博无不学，其貌恭，其德敦；其言于人也，无所不信；其骄大[3]人也，常以浩浩②，是以眉寿③，是曾参之行也。孔子曰：‘孝，德之始也；悌，德之序也④；信，德之厚也；忠，德之正也。参中夫四德者也。’以此称之⑤。

---

[1] “为”，黄鲁曾本、宽永本作“谓”。
[2] “所为”，黄鲁曾本作“所以为”。
[3] “大”，黄鲁曾本作“于”。

① 盈而如虚，过而不及，是先王之所难，而曾参体其行。【增】《大戴礼》"过"作"通"，"王"作"生"。

② 浩然，志大骄大[1]貌也。大人，富贵者也。○【增】浩，胡老反。

③ 不慕富贵，安静虚无，所以为之富贵。【增】本注"为"字当作"谓"，声之误也。不然，"之"字衍文。

④ 悌以敬长，是德之次序也。

⑤【增】参，所金反。后凡"曾参"之"参"，仿此。中，陟仲反。夫音扶。

"美功不伐①，贵位不善②，不侮不佚③，不傲无告④，是颛孙师之行也⑤。孔子言之曰：'其不伐，则犹可能也，其不弊百姓，则仁也⑥。'《诗》云：'恺悌君子，民之父母⑦。'夫子以其仁为大。

①【增】孔安国曰："自功曰伐。"

②【增】善，犹嘉也。

③ 侮，佚，贪功慕势之貌。【增】《大戴礼》作"不侮可侮，不佚可佚"。

④ 鳏寡孤独，此四者，天民之穷而无告者也。子张之行，不傲此四者。○【增】告，古笃反。

⑤【增】颛音专。

⑥ 不弊愚百姓，即所谓不傲之也。【增】弊，与"敝"通。

⑦ 恺悌，乐易也。乐以强教之，易以悦安之，民皆有父之尊，母之亲也。[2]【增】《诗》，《大雅·泂酌》篇。○【增】恺，苦亥反。悌，大计反。

---

[1] "大"，黄鲁曾本作"太"。

[2] "恺悌，乐易也"，黄鲁曾本、宽永本(一)作"恺，乐；悌，易也"。"悦"，黄鲁曾本作"说"；"有"，黄鲁曾本此下有"是"字。末"也"字，宽永本无。

"学之深[①]，送迎必敬[②]，上交下接若截焉，是卜商之行也。孔子说之以《诗》曰：'式夷式已，无小人殆[③]。'若商也，其可谓不险矣[④]。

① 学而能入其深义也。

② 送迎宾客，常能敬也。

③ 式，用。夷，平也。言用平则已也。殆，危也，无以小人至于危也。【增】《诗》，《小雅·节南山》篇。○【增】已音以。

④ 险，危也。言子夏常厉以断之，近小人斯不危。

"贵之不喜，贱之不怒，苟利于民矣，廉于行己，其事上也，以佑其下[①]，是澹台灭明之行也[②]。孔子曰：'独贵独富，君子耻[1]之，夫也中之矣[③]。'

① 言所以事上，乃欲佑助其下也。

② 【增】澹，徒甘反。

③ 夫，谓灭明。中，犹当也。○中，陟仲反。【增】夫音扶。

"先成其虑，及事而用之，故动则不妄，是言偃之行也。孔子曰：'欲能则学，欲知则问，欲善则详[①]，欲给则豫[②]，当是而行，偃也得之矣。'

① 欲善其事，当详慎也。

② 事欲给而不碍，则莫若于豫。

---

[1] "耻"，黄鲁曾本作"助"。

“独居思仁，公言仁义，其于《诗》也，则一日三覆‘白圭之玷①’，是[南]宫縚之行也②。孔子信其能仁，以为异士③。

① 玷，缺也。《诗》曰：“白圭之玷，尚可磨也。斯言之玷，不可为也。”一日三覆[1]，慎之至也。【增】“白圭之玷”，《大雅·抑》篇之辞。○【增】三，息暂反，又如字。玷，丁簟反，又丁念反。

② 【增】《大戴礼》作“南宫縚”，是也。○【增】縚，吐刀反。

③ 殊异之士也。《大戴》引之曰：“以为异姓，婚姻也，以兄之女妻之[2]也。”

“自见孔子，出入于户，未尝越礼①；往来过之，足不履影②；启蛰不杀③，方长不折④；执亲之丧，未尝见齿，是高柴之行也⑤。孔子曰：‘柴于亲丧，则难能也；启蛰不杀，则顺人道⑥；方长不折，则恕仁也。成汤恭而以恕，是以日跻⑦[3]。’凡此诸子，赐之所亲睹者也。吾子有命而讯赐⑧，赐也固，不足以知贤。”

① 【增】一本“礼”作“履”，《大戴礼》作“屦”。

② 言其[4]往来常迹，故迹不履影也。【增】《大戴礼》“之”作“人”。注云：“不越人之屦，不履人之影，谦慎之至也。”案，本注“其言”字倒，“常迹”之“迹”，一本作“正”。

③ 春分当发，蛰虫启户咸出，于此时不杀生也。○【增】蛰，直立反。

---

[1] “覆”，黄鲁曾本此下有“之”字。

[2] “之”，黄鲁曾本此下有“者”字。

[3] “跻”，黄鲁曾本作“隮”。下注同。

[4] “言其”，底本作“其言”，据黄鲁曾本改。

④ 春夏生长养时，草木不折。○【增】长，竹丈反。折，食列反。

⑤【增】见，贤遍反。

⑥【增】《大戴礼》“人”作“天”。

⑦ 跻，升也。成汤行恭而能恕，出见搏鸟焉，四面施[1]网，乃去其三面。《诗》曰：“汤降不迟，圣敬日跻。”言汤疾行下人之道，其圣敬之德，日升闻也。【增】日跻，《商颂·长发》篇之辞。○【增】跻，子兮反。

⑧ 讯，问。○【增】讯音信。

文子曰：“吾闻之也，国有道，则贤人兴焉，中人用焉①，乃百姓归之。若吾子之论，既富茂矣。壹诸侯之相也②，抑世未有明君，所以不遇③[2]。”

① 中庸之人，为时用也。

② 壹，皆。○相，息亮反。

③【增】抑，发语辞。

子贡既与卫将军文子言，适鲁，见孔子曰：“卫将军文子问二三子之于赐①，不壹而三焉②。赐也辞不获命，以所见者对矣，未知中否③，请以告。”孔子曰：“言之乎④。”子贡以其辞状告孔子。子闻而笑曰：“赐，汝次为人矣⑤。”子贡对曰：“赐也何敢知人，此以赐之所睹也。”孔子曰：“然，吾亦语汝，耳之所未闻，目之所未见者，岂思之所不至，智之所未及哉⑥？”子贡曰：“赐愿得闻之。”

---

[1]“施”，黄鲁曾本作“绝”，误。

[2]“遇”，黄鲁曾本此下有“也”字。

① 【增】《大戴礼》"之"下有"行"字。

② 【增】三,息暂反。

③ 中,陟仲反。

④ 【增】《大戴礼》无"乎"字。

⑤ 言为知人之次。【增】一本"人"上有"知"字。

⑥ 【增】《大戴礼》"不"作"未"。○【增】语,鱼据反。思,息嗣反。

孔子曰:"不克不忌,不念旧怨,盖伯夷、叔齐之行也①。思天而敬人②,服义而行信,孝于父母,恭于兄弟,从善而不教道[1]③,〈盖〉[2]赵文子之行也④。其事君也,不敢爱其死⑤,然亦不敢忘其身,谋其身,不遗其友,君陈,则进而用之⑥,不陈,则行而退,盖随武子之行也⑦。其为人之渊源也,多闻而难诞⑧,内植足以没其世⑨,国家有道,其言足以治,无道,其默足以容[3],盖铜鞮[4]伯华之行也⑩。外宽而内正,自极于隐栝[5]之中⑪,直己而不直人,汲汲于仁⑫,以善自终,盖蘧伯玉之行也⑬。孝恭慈仁,允德图义⑭,约货去怨⑮,轻财不匮⑯,盖柳下惠之行也。其言曰:君虽不量于其身⑰,臣不可以不忠于其君。是故,君择臣而任之,臣亦择君而事之。有道顺命⑱,无道衡命⑲,盖晏平仲之行也⑳。蹈忠而行信,终日言不在尤之内㉑,国无道,处贱不闷㉒,贫而

[1] "道",黄鲁曾本无。

[2] "盖",宽永本无,当为衍文。

[3] "容",黄鲁曾本作"生"。

[4] "鞮",黄鲁曾本作"鍉"。

[5] "栝",黄鲁曾本、宽永本作"括",下注同。

能乐㉓，盖老莱子[1]之行也㉔。易行以俟天命㉕，居下不援其上㉖，其亲观于四方也㉗，不忘其亲，不尽其乐㉘，以不能则学，不为己终身之忧㉙，盖介子山之行也㉚。”

①【增】《大戴礼》注曰：“克，好胜人。忌，有恶于人也。”

②【增】《大戴礼》“思”作“畏”，是也。

③【增】不教道，一本作“教不道”，《大戴礼》作“敎往”二字。

④【增】本阙“盖”字，今据《大戴礼》补之。赵文子，晋大夫，名武。

⑤【增】爱，惜也。

⑥ 陈，谓陈列于君，为君之使用也。

⑦【增】随武子，士会，亦晋大夫也。食邑于随。

⑧ 诞，欺。○【增】为，如字。诞音但。

⑨【增】植，立也。○【增】植音值。

⑩【增】铜鞮伯华，亦晋大夫，羊舌氏，名赤。铜鞮，邑名，一曰官名。○【增】鞮，丁兮反。

⑪ 隐栝，所以自极。○【增】栝，古活反。

⑫【增】汲汲，不休息貌。○【增】汲音急。

⑬【增】蘧伯玉，卫大夫，名瑗。○【增】蘧，其居反。

⑭ 允，信也。图，谋也。

⑮ 夫利，怨之所聚，故约省其货，以远去其怨。○【增】去，起吕反。

⑯【增】匮，竭也。○【增】匮，其位反。

⑰ 谓不量度其臣之德器也。

⑱ 君有道，则顺从其命。

⑲ 衡，横也。谓不受其命而[2]隐居者也。○【增】衡，胡盲反。

---

[1] “老莱子”，黄鲁曾本作“老子”，宽永本作“老来子”。

[2] “而”，黄鲁曾本作“之”。

⑳【增】晏平仲，齐大夫，名婴。

㉑ 尤，过。

㉒ 闷，忧。○【增】处，昌吕反。闷，门遁反。

㉓【增】乐音洛。

㉔【增】《大戴礼》注曰："楚人，隐者也。"

㉕ 易，治。○【增】易，以豉反。行，下孟反。

㉖ 虽在下位，不攀援其上以求进。

㉗【增】一本无"亲"字为是。

㉘ 虽有观四方之乐，常念其亲，不尽而归也[1]。○【增】乐音洛。

㉙ 凡忧，忧所知。不能则学，何忧之有？【增】《大戴礼》作"以不能学为已终身之忧"。

㉚【增】介子山，《大戴礼》作"介山子推"，《注》云："晋大夫介子推也。"《史记》作"介子推"，《弟子传》作"介山子然"。

子贡曰："敢问夫子之所知者，盖尽于此而已乎？"孔子曰："何谓其然？亦略举耳目之所及而已[2]矣。昔晋平公问祁奚曰：'羊舌大夫，晋之良大夫也。其行如何①？'祁奚辞以不知。公曰：'吾闻子少长乎其所②，今子掩之，何也？'祁奚对曰：'其少也恭而顺，心有耻而不使其过宿③；其为大夫，悉善而谦，其端④；其为舆尉也，信而好直，其功⑤；至于其为容也，温良而好礼，博闻而时出，其志⑥。'公曰：'曩者问子，子奚曰不知也⑦？'祁奚曰：'每位改变，未知所止，是以不敢得知也。'又[3]羊舌大夫之行也。"子贡跪曰："请退而记之。"

［1］"而"，黄鲁曾本、宽永本作"其"；"也"，黄鲁曾本、宽永本作"之"。
［2］"已"，黄鲁曾本无。
［3］"又"，黄鲁曾本此前有"此"字。

①【增】晋平公,名彪。祁奚,晋大夫。羊舌大夫,名职,铜鞮伯华之父也。○【增】行,下孟反。

② 于其所长。○长,丁丈反。【增】少,诗照反,下同。

③ 心常有所耻恶,及其有过,不令更宿,辄改。

④ 尽善道而谦让[1],是其正也。【增】《大戴礼》“其端”及下文“其功”、“其志”下,皆有“也”字。

⑤ 言其功直。[2]【增】舆尉,《大戴礼》作“公车尉”三字。《注》云:“公车尉,公行也。《诗》云‘殊异于公行’也。”李善《文选注》引此文并《注》,“功”字皆作“切”。○【增】好,呼报反,下同。

⑥ 时出,以时出之,悔未及之,是其志也。[3]

⑦【增】奚,何也。○【增】曩,奴党反。

贤君第十三①

①【增】凡十一章。

哀公问于孔子曰:“当今之君,孰为最贤?”孔子对曰:“丘未之见也,抑有卫灵公乎①?”公曰:“吾闻其闺门之内无别,而子次之贤,何也②?”孔子曰:“臣语其朝廷行事,不论其私家之际也③。”

---

[1] “让”,宽永本作“谦”。

[2] 此注,黄鲁曾本误为正文。

[3] “以时”,黄鲁曾本、宽永本作“以其”;“悔”,黄鲁曾本、宽永本(一)作“诲”。

公曰："其事何如?"孔子对曰："灵公之弟曰公子渠牟[1]，其智足以治千乘④，其信足以守之。灵公爱而任之。又有士林国者⑤，见贤必进之，而退与分其禄，是以灵公无游放之士。灵公贤而尊之。又有士曰庆足者，卫国有大事，则必起而治之⑥；国无事，则退而容贤⑦。灵公悦而敬之。又有大夫史鳍⑧，以道去卫，而灵公郊舍三日，琴瑟不御，必待史鳍之入而后敢入。臣以此取之，虽次之贤，不亦可乎?"

① 【增】卫灵公，名元。

② 【增】别，彼列反。

③ 【增】朝，直遥反。

④ 【增】《说苑》有"之国"二字。○【增】乘，绳证反。

⑤ 【增】《说苑》"士"下有"曰王"二字。

⑥ 【增】李善《文选注》"起"作"赴"。

⑦ 言其所以退者，欲以容贤于朝也[2]。

⑧ 【增】史鳍，字子鱼。○鳍，此由反。

子贡问于孔子曰："今之人臣，孰为贤?"子曰："吾未识也。往者齐有鲍叔，郑有子皮，则贤者矣①。"

子贡曰："齐无管仲，郑无子产乎②[3]?"子曰："赐，汝徒知其一，未知其二也。汝闻用力为贤乎？进贤为贤乎?"子贡曰："进贤贤哉!"子曰："然。吾闻鲍叔达管仲，子皮达子

---

[1] "灵公之弟曰公子渠牟"九字，黄鲁曾本作"灵公之弟曰灵公弟子渠牟"，衍"灵"、"弟"二字。

[2] "也"，黄鲁曾本、宽永本无。

[3] "乎"，黄鲁曾本无、宽永本。

产，未闻二子之达贤已之才者也[3]。”

①【增】鲍叔，齐大夫，名牙。子皮，郑大夫，罕氏，名虎。《说苑》无“则”字，“矣”作“也”。〇【增】鲍，步卯反。

②【增】旧本阙“乎”字。

③【增】三“达”字，《说苑》皆作“进”。

哀公问于孔子曰：“寡人闻忘之甚者，徙而忘其妻，有诸？”孔子对曰：“此犹未甚者也，甚者乃忘其身。”

公曰：“可得而闻乎？”孔子曰：“昔者夏桀，贵为天子，富有四海，忘其圣祖之道，坏其典法，废其世祀，荒于淫乐，耽湎于酒[1]；佞臣谄谀，窥导其心；忠士折口，逃罪不言[2]。天下诛桀而有其国，此谓忘其身之甚矣。”

①【增】《说文》曰：“湎，沉于酒也。”此二句，《说苑》作“荒淫于乐，沉酗于酒”。〇【增】夏，户雅反。坏音怪。湎，面善反。

② 折口，杜口。

颜渊将西游于宋，问于孔子曰：“何以为身[1]？”子曰：“恭敬忠信而已矣。恭则远于患[2]，敬则人爱之，忠则和于众，信则人任之。勤斯四者，可以政国[3]，岂特一身者哉[4]？故夫不比于数而比于疏，不亦远乎[5]？不修其中而修外者，不亦反乎？虑不先定，临事而谋，不亦晚乎？”

①【增】为，治也。

②【增】远，于万反。

③【增】一本"政"作"正"，是也。

④ 特，但。

⑤ 不比亲数，近疏远也。○比，毗志反，下同。数，色角反。【增】夫音扶。

孔子读《诗》，于《正月》六章，惕焉如惧①，曰："彼不达之君子，岂不殆哉！从上依世则道废，违上离俗则身危。时不兴善②，己独由之，则曰非妖即妄也。故贤也既不遇天，恐不终其命焉③。桀杀龙逄[1]，纣杀比干，皆是类[2]也④。《诗》曰：'谓天盖高，不敢不局。谓地盖厚，不敢不蹐⑤。'此言上下畏罪，无所自容也。"

①【增】《说苑》"于"上有"至"字。《正月》，《小雅》篇名。○【增】惕，他历反。

②【增】《说苑》作"世不与善"。○【增】离，力智反。

③【增】"故贤"以下十三字，《说苑》作"故贤者不遇时，常恐不终焉"十一字。

④【增】逄，白江反。

⑤ 此《正月》六章之辞也。局，曲也。言天至高，己不敢不曲身危行，恐上触[3]忌讳也。蹐，累足也。言地至厚，己不敢不累足，惧[4]陷累在位之罗网也[5]。○【增】局，其欲反。蹐，井亦反。

---

[1] "逄"，黄鲁曾本、宽永本、标笺本作"逢"。下注同。

[2] "是类"，黄鲁曾本作"类是"。

[3] "触"，黄鲁曾本作"干"、宽永本作"军"。

[4] "惧"，黄鲁曾本作"恐"。

[5] "也"，黄鲁曾本、宽永本(一)无。

子路问于孔子曰："贤君治国，所先者何？"孔子曰："在于尊贤而贱不肖。"子路曰："由闻晋中行氏尊贤而贱不肖矣，其亡何也①？"孔子曰："中行氏尊贤而不能用，贱不肖而不能去②。贤者知其不用而怨之，不肖者知其必己贱而雠之③。怨雠并存于国，邻敌构兵于郊，中行氏虽欲无亡，岂可得乎？"

①【增】《说苑》"中行"上有"范"字，下同。○行，户刚反。

②【增】去，起吕反。

③【增】《说苑》"不用"作"不已用"，无"必"字，"己贱"作"贱己"。

孔子閒处，喟然而叹①，曰："向使铜鞮伯华无死，则天下其有定矣②。"

子路曰："由愿闻其人也。"子曰："其幼也，敏而好学；其壮也，有勇而不屈；其老也，有道而能下人。有此三者，以定天下也，何难乎哉③？"

子路曰："幼而好学，壮而有勇，则可也。若夫有道下人，又谁下哉④？"子曰："由不知，吾闻以众攻寡，无不克[1]也⑤；以贵下贱，无不得也。昔者周公居冢宰之尊，制天下之[2]政⑥，而犹下白屋之士⑦，日见百七十人。斯岂以无道也？欲得士之用也。恶有有[3]道而无下天下[4]君子哉⑧？"

[1] "克"，黄鲁曾本、宽永本作"尅"。

[2] "之"，标笺本无。

[3] "有有"，黄鲁曾本作"有"。

[4] "下"，宽永本此下有"居"字，衍。或曰："居，当作'士'。"

① 【增】閒音闲。处，昌吕反。喟，苦位反。

② 【增】鞮，丁兮反。

③ 【增】好，呼报反。下，遐嫁反，其下并同。

④ 【增】夫音扶。

⑤ 【增】《说苑》“不知”下有“也”字。克，胜也。

⑥ 【增】《尚书·周官》曰：“冢宰，掌邦治，统百官，均四海。”

⑦ 草屋也。

⑧ 恶，汪胡反。[1]

齐景公来适鲁，舍于公馆，使晏婴迎孔子。孔子至，景公问政焉。孔子答曰：“政在节财。”

公悦，又问曰：“秦穆公国小处僻而霸，何也①？”孔子曰：“其国虽小，其志大；处虽僻，而其政中[2]；其举也果，其谋也和，法无私而令不愉②。首拔五羖，爵之大夫③，与语三日而授之以政。此取之④，虽王可，其霸少矣⑤。”景公曰：“善哉！”

① 【增】秦穆公，名任好。○【增】处，昌吕反，下同。

② 愉，宜为“偷”。偷，苟且也。○愉，容朱反。

③ 首，宜为“身”。五羖大夫，百里奚也。【增】首，始也。拔，擢也。○【增】羖音古。

④ 【增】一本此上更有“以”字，《说苑》作“与语三日而授之政，以此取之”。

⑤ 【增】《说苑》“少”作“小”。○【增】王，于放反。

---

[1] “汪”，标笺本作“注”。此注，黄鲁曾本无。

[2] “其政”，黄鲁曾本作“政其”，似误。

哀公问政于孔子。孔子对曰："政之急者，莫大乎使民富且寿也。"公曰："为之奈何？"孔子曰："省力役，薄赋敛，则民富矣；敦礼教，远罪疾，则民寿矣①。"公曰："寡人欲行夫子之言，恐吾国贫矣。"孔子曰："《诗》云：'恺悌君子，民之父母②。'未有子富而父母贫者也。"

①【增】疾，当为"戾"，字之误也。○【增】远，于万反。

②【增】解见《弟子行》篇。

卫灵公问于孔子曰："有语寡人：'有国家者，计之于庙堂之上，则政治矣。'何如①？"孔子曰："其可也。爱人者，则人爱之；恶人者，则人恶之②。知得之己者，则知得之人。所谓'不出环堵之室而知天下'者，知及[1]己之谓也③。"

①【增】《说苑》"计"作"谨"。○【增】语，鱼据反。治，直吏反。

②【增】恶，乌故反，下同。

③【增】一本"及"作"反"，《说苑》作"知反之己者也"。

孔子见宋君①。君问孔子曰："吾欲使长有国而列都得之②，吾欲使民无惑，吾欲使士竭力，吾欲使日月当时③，吾欲使圣人自来，吾欲使官府治理④，为之奈何？"孔子对曰："千乘之君，问丘者多矣⑤，而未有若主君之问，问之悉也。然主君所欲者，尽可得也。丘闻之，邻国相亲，则长有国；

---

[1] "及"，黄鲁曾本作"反"。宽永本(二)眉批："'及'当作'反'。"

君惠臣忠，则列都得之；不杀无辜，无释罪人，则民不惑；士益之禄，则皆竭力；尊天敬鬼，则日月当时；崇道贵德，则圣人自来；任能黜否，则官府治理⑥。”宋君曰：“善哉！岂不然乎！寡人不佞，不足以致之也。”孔子曰：“此事非难，唯欲行之云耳。”

①【增】《说苑》“宋”作“梁”，非也。

② 国之列都，皆得其道。

③【增】当，丁浪反。

④【增】治，直吏反。

⑤【增】乘，绳证反。

⑥【增】“任能黜否”，《说苑》作“尚贤使能”。

辩政第十四①

①【增】凡九章。

【原文】

子贡问于孔子曰：“昔者齐君问政于夫子，夫子曰‘政在节财①’；鲁君问政于夫子，夫[1]子曰‘政在谕臣②’；叶公

[1] “夫”，黄鲁曾本无。

问政于夫子③,夫子曰'政在悦近而来远[1]'。三者之问一也,而夫子应之不同。然政在异端乎④?"孔子曰:"各因其事也。齐君为国,奢乎[2]台榭,淫乎[3]苑囿⑤,五官伎乐,不懈[4]于时⑥,一旦而赐人以千乘之家者三⑦,故曰'政在节财'。鲁君有臣三人⑧,内比周以愚其君⑨,外距诸侯之宾,以蔽其明,故曰'政在谕臣'。夫荆之地广而都狭⑩,民有离心,莫安其居,故曰'政在悦近而来远'。此三者,所以为政殊矣。《诗》云:'丧乱蔑资,曾不惠我师⑪!'此伤奢侈不节以为乱者也;又曰:'匪其止共,惟王之邛⑫[5]。'此伤奸臣蔽主以为乱者[6]也⑬;又曰:'乱罹[7]瘼矣,奚其适归⑭?'此伤离散以为乱者也。察此三者,政之所欲,岂同乎哉?"

①【增】《说苑》"财"作"用"。

②【增】《韩子》"谕臣"作"选贤"。

③【增】叶公,楚叶县尹,沈诸梁,字子高,僭称公也。○【增】叶,舒涉反。

④【增】异端,犹云多端也。《说苑》作"然则政有异乎"。

⑤【增】《尔雅》曰:"阇谓之台,有木者谓之榭。"《说文》曰:"苑,所以养禽兽也。""囿,苑有垣也。"○【增】榭音谢。

⑥【增】五官,未详。伎,与"妓"同。

---

[1] "来远",黄鲁曾本作"远来",误。

[2] "乎",标笺本无。

[3] "乎",黄鲁曾本、宽永本作"于"。

[4] "懈",黄鲁曾本作"解"。

[5] "邛",宽永本作"卬",讹,下注同。

[6] "者",黄鲁曾本、宽永本无。

[7] "罹",黄鲁曾本作"离",下注同。

⑦【增】千乘,《说苑》作“百乘”,是也。《韩子》作“三百乘”。○【增】乘,绳证反。

⑧ 孟孙、叔孙、季孙,三人[1]。

⑨【增】杜预曰:“比,近也。周,密也。”○【增】比,毗志反。

⑩【增】荆,楚之本号也。《春秋左氏传》曰:“凡邑,有宗庙先君之主曰都。”“夫荆”以下,《韩子》作“叶都大而国小”。○【增】夫音扶。

⑪ 蔑,无也。资,财也。师,众也。夫为亡乱之政,重赋厚敛,民无资财,曾莫肯爱我众。【增】《诗》,《大雅·板》篇,“不”作“莫”。○丧,息浪反。

⑫ 止,息[2]也。邛,病也。谗人不共所止息,故惟王之病。【增】此《小雅·巧言》之辞也。本注“惟”字当作“为”。○共音恭。【增】邛,其恭反。

⑬【增】旧本阙“者”字。

⑭ 罹,忧也;瘼,病也。言离散以成忧,忆祸乱于斯,归于祸乱者也。【增】此《小雅·四月》之辞也,“罹”作“离”,“奚”作“爰”。毛苌曰:“适,之也。”○【增】罹,力知反。瘼音莫。

孔子曰:“忠臣之谏君,有五义焉:一曰谲谏①,二曰戆谏②,三曰降谏③,四曰直谏,五曰讽[3]谏④。唯度主而行之⑤,吾从其讽谏乎⑥!”

① 正其事以骤[4]谏其君。【增】《说文》曰:“谲,权诈也。”纯案,谲谏者,如后章令尹子西谏楚王,是也。○【增】谲,古穴反。

② 戆谏,无文饰也。○【增】戆,陟降反。

---

[1] “人”,黄鲁曾本、宽永本(一)作“也”,误。
[2] “息”,黄鲁曾本、宽永本作“止息”,“止”字衍。
[3] “讽”,黄鲁曾本作“风”。下同。
[4] “骤”,黄鲁曾本作“谲”,宽永本(二)作“厥”。

③ 卑降其体，所以谏也。

④【增】讽，福凤反。

⑤【增】度，待洛反。

⑥ 讽诵[1]依违，远罪避害者也。

子曰："夫道不可不贵也①，中行文子倍道失义以亡其国，而能礼贤以活其身②。圣人转祸为福，此谓是与③！"

①【增】夫音扶。

② 此说倍义失道[2]，不宜说得道之意，而云礼贤，不与上相次[3]配。又文子无礼贤之事。中行文子得罪于晋，出亡至边。从者曰："谓此啬夫者，君子也。"故休马待骏者。文子曰："吾好音，此[4]子遗吾琴；好珮，子遗吾玉。是以不振吾过，自容于我者也。吾恐[5]其以我求容也。"遂不入。车人问文子之所在，执而不杀之[6]。孔子闻之，曰："文子倍[7]道失义，以亡其国，然得之由活[8]其身，而能礼贤以为宜，以然后得也[9]。"【增】中行文子，晋大夫荀寅也。自高祖林父将中军，世袭其职，故称中行氏也。此章事实未详。本注"骏"当为"后(後)"，"由"与"犹"通。其他文亦多不可晓，疑有误也。案《韩子・说林》云："晋中行文子出亡，过于县邑，从者曰：'此啬

[1] "讽诵"，黄鲁曾本、宽永本作"风谏"。

[2] "倍义失道"，黄鲁曾本作"陪道失义"，"陪"字显为"倍"字之讹。

[3] "相"，宽永本无。

[4] "此"，黄鲁曾本、宽永本(一)作"以"。

[5] "恐"，黄鲁曾本作"怨"。

[6] "车"，黄鲁曾本属上读。"在"，黄鲁曾本作"右"。此二句宽永本(一)作"车人问文子之所右，执而不杀之"，宽永本(二)作"后者至，果问文子所在而杀之"。

[7] "倍"，黄鲁曾本作"陪"，误。

[8] "由"，宽永本无，宽永本(二)作"犹"。"活"，宽永本(一)无。

[9] "而能礼贤以为宜，以然后得也"，宽永本(一)作"而能贤以为宜，一然后得也"，宽永本(二)作"而能礼贤，宜为然后得也"。

夫，公之故人，公奚不休舍，且待后车？'文子曰：'吾尝好音，此人遗我鸣琴；吾好佩，此人遗我玉环；是振我过者也，以求容于我者。吾恐其以我求容于人也。乃去之。果收文子后车二乘，而献之其君矣。"本注所引，盖即此事而文异耳。然亦不足以征正义夫子之言。阙之可矣。○【增】行，户刚反。倍音佩。

③ 若入将死，不入得活，故曰转祸为福。○【增】与，羊诸反。

楚王将游荆台①，司马子祺谏②，王怒之。令尹子西贺于殿下，谏曰③："今荆台之观，不可失也④。"王喜，拊子西之背，曰："与子共乐之矣⑤。"

子西步马十里，引辔而止，曰："臣愿言有道之主[1]，肯听之乎？"王曰："子其言之。"子西曰："臣闻为人臣而忠其君者，爵禄不足以赏也；谀其君者，刑罚不足以诛也。夫子祺者，忠臣也；而臣者，谀臣也。愿王赏忠而诛谀焉⑥。"王曰："今我[2]听司马之谏，是独能禁我耳。若后世游之何也⑦？"子西曰："禁后世易耳⑧。大王万岁之后，起山陵于荆台之[3]上，则子孙必不忍游于父祖[4]之墓以为欢乐也。"王曰："善！"乃还⑨。孔子闻之，曰："至哉，子西之谏也！入之于十[5]里之上，抑之于百世之后者也。"

① 【增】楚王，《说苑》以为昭王。

[1] "主"，黄鲁曾本作"王"，属下读。
[2] "今我"，黄鲁曾本作"我今"。
[3] "之"，标笺本无。
[4] "祖"，宽永本作"母"。
[5] "于"，标笺本无。"十"，黄鲁曾本作"千"，误。

②【增】司马，官名。子祺，楚大夫鬭成然。“祺”字，《春秋传》作“旗”，《说苑》作“綦”，其音皆同。

③【增】令尹，楚官名。子西，平王子，名申。“贺于殿下谏”，《说苑》作“驾安车四马径于殿下”。

④【增】观，古玩反。

⑤【增】拊音抚。乐音洛，下同。

⑥【增】夫音扶。

⑦【增】一本无“也”字为是。

⑧【增】易，以豉反。

⑨ 还音旋。

子贡问[1]于孔子曰：“夫子之于子产、晏子，可为至矣①。敢问二大夫之所自为[2]，夫子之所以与之者？”孔子曰：“夫子产于民为惠主②，于学为博物。晏子于君为忠臣，于[3]行为恭敏③。故吾皆以兄事之而加爱敬。”

①【增】一本“为”作“谓”是也。

②【增】夫音扶。

③【增】一本“恭”作“敬”。○【增】行，下孟反。

齐有一足之鸟，飞集于公[4]朝，下止于殿前，舒翅而跳①。齐侯大怪之，使使聘鲁，问孔子②。孔子曰：“此鸟名曰[5]

---

[1] “问”，黄鲁曾本作“闻”。

[2] “自为”，黄鲁曾本作“为目”，“目”属下读。

[3] “于”，黄鲁曾本、宽永本作“而”。

[4] “集”，宽永本作“习”。“公”，黄鲁曾本作“宫”，误。

[5] “曰”，宽永本无。

商羊，水祥也。昔童儿有屈其一脚，振讯两肩[1]而跳③，且谣曰：'天将大雨，商羊鼓舞④。'今齐有之，其应至矣。急告民趋治沟渠，修堤[2]防，将有大水为灾⑤。"

顷之，大霖雨，水溢泛诸国，伤害民人，唯齐有备，不败⑥。景公曰："圣人之言，信而有[3]征矣。"

①【增】翅，翼也。跳，跃也。○【增】朝，直遥反。下，遐嫁反。翅，施智反。跳，徒彫反。

②【增】使使，上如字，下色吏反。

③【增】孔颖达曰："振讯，整理也。"○【增】讯音信。

④【增】《说苑》"鼓"作"起"。

⑤【增】趋音促。

⑥【增】泛，与"氾"通，滥也。○【增】泛，孚剑反。

孔子谓宓子贱曰："子治单父，众悦，子何施而得之也？子语丘所以为之者①。"对曰："不齐之治也，父恤其子，其子恤[4]诸孤，而哀丧纪②。"孔子曰："善！小节也，小民附矣，犹未足也。"曰："不齐所父事者三人，所兄事者五人，所友事者十一人。"孔子曰："父事三人，可以教孝矣；兄事五人，可以教悌矣；友事十一人，可以举善矣③。中节也，中人附矣，犹未足也④。"曰："此地，民有贤于不齐者五人，不齐事

[1] "肩"，黄鲁曾本作"眉"，误。

[2] "堤"，黄鲁曾本、宽永本作"隄"，二字同。

[3] "有"，黄鲁曾本无。

[4] "恤"，黄鲁曾本作"邮"，误。

之而禀度焉，皆教不齐所以治人[1]之道⑤。”孔子叹曰：“其大者乃于此乎有矣⑥！昔尧舜听天下，务求贤以自辅。夫贤者，百福之宗也⑦，神明之主也。惜乎不齐之〈以〉所治者小也⑧。”

①【增】单父，鲁邑。○【增】单音善。父音甫。语，鱼据反。

②【增】“父恤”以下六字，《说苑》作“父其父，子其子”。

③【增】“举善”，《说苑》作“教学”。

④【增】《说苑》“人”作“民”。

⑤【增】禀，受也。旧本阙“所以治人”四字。《说苑》无“人”字，“道”作“术”。○【增】禀，彼锦反。

⑥【增】《说苑》“有”作“在”。

⑦【增】《说苑》“夫”下有“举”字。○【增】夫音扶。

⑧【增】“以”字衍文。《说苑》云：“不齐之所治者小也。不齐所治者大，其与尧舜继矣。”

子贡为信阳宰①，将行，辞于孔子。孔子曰：“勤之慎之，奉天子之时②，无夺无伐，无暴无盗。”子贡曰：“赐也少而事君子，岂以盗为累哉③？”

孔子曰：“汝未之详也。夫以贤代贤，是谓之夺；以不肖代贤，是谓之伐④；缓令急诛，是谓之暴；取善自与，是[2]谓之盗⑤。盗非窃财之谓也。吾闻之：知为吏者，奉法以利民；不知为吏者，枉法以侵民。此怨之所由也⑥。治官莫若

---

[1]“所以治人”，黄鲁曾本、宽永本、汲古阁本均无。

[2]“是”，黄鲁曾本、宽永本(一)无。

平⑦,临财莫若[1]廉。廉平之守,不可改也。匿人之善,斯谓蔽贤⑧;扬人之恶,斯为小人。内不相训而[2]外相谤,非亲睦也。言人之善,若己有之;言人之恶,若己受之。故君子无所不慎焉。”

①【增】信阳,楚邑。

②【增】一本作“奉天之时”。《说苑》“勤”作“力”,“慎”作“顺”,“奉天”二字作“因”字。

③【增】少,诗照反。累,力伪反。

④【增】《说苑》作“夫以不肖伐贤,是谓夺也;以贤伐不肖,是谓伐也”。○【增】夫音扶。

⑤【增】《说苑》作“取人善以自为己,是谓盗也”。

⑥【增】一本“由”下有“生”字,《说苑》同。

⑦【增】一本“官”作“民”,《说苑》“治”作“临”。

⑧【增】匿,女力反。

子路治蒲三年,孔子过之①。入其境,曰:“善哉!由也,恭敬以信矣。”入其邑,曰:“善哉!由也,忠信以[3]宽矣。”至其庭[4],曰:“善哉!由也,明察以断矣②。”

子贡执辔而问曰:“夫子未见由之政,而三称其善,〈其善〉可得闻乎③?”孔子曰:“吾见其政矣。入其境,田畴尽易,草莱甚辟,沟洫深治④,此其恭敬以信,故其民尽力也;入其

[1] “若”,黄鲁曾本、宽永本作“如”。

[2] “而”,标笺本无。

[3] “以”,黄鲁曾本、宽永本作“而”。

[4] “其庭”,黄鲁曾本、宽永本作“廷”。

邑，墙屋完固，树木甚茂[⑤]，此其忠信以宽，故其民不偷也[⑥]；至其庭，庭甚清闲，诸下用命，此其言明察以断，故其政不扰也[⑦]。以此观之，虽三称其善，庸尽其美乎？”

①【增】过音戈。

②【增】旧本阙“其”字。〇【增】断，丁乱反。

③【增】子贡时为夫子御车，故执辔而问也。“其善可得闻乎”，《韩诗外传》无“其善”二字为是。盖子贡之问，问夫子之所以称善耳，非问其善也。〇【增】三，息暂反，又如字。

④【增】《说文》曰：“畴，耕治之田也。”蔡邕曰：“谷田曰田，麻田曰畴。”易，治也。〇【增】畴，直留反。易，以豉反。辟，婢亦反。洫，呼域反。治，直吏反。

⑤【增】完，全也。

⑥【增】偷，苟且也。〇【增】偷，他侯反。

⑦【增】扰，乱也。〇【增】閒音闲。

孔子家语卷第四

六本第十五①

①【增】凡二十一章。

孔子曰："行己有六本焉，然后为君子也[1]。立身有义矣，而孝为本；丧纪有礼矣，而哀为本；战陈有列矣，而勇为本①；治政有埋矣，而农为本；居国有道矣，而嗣为本②；生财有时矣，而力为本。置本不固，无务农桑③；亲戚不悦，无务外交；事不终始，无务多业；记闻而言，无务多说④；比近不安，无务求远⑤。是故，反本修迩[2]，君子之道也。⑥"

①【增】陈，直刃反。

② 继嗣不立，则乱之萌。

③【增】"农桑"，一本作"丰末"，《说苑》同。今当从之。

④ 但记所闻而言，言不出记中，故不可以务多说。[3]

⑤【增】《说苑》"安"作"说"，"求"作"修"。○【增】比，毗志反[4]。

⑥【增】一本"迹"作"迩"，是也。《说苑》同。

---

[1] "也"，宽永本无。

[2] "迩"，底本作"迹"，据黄鲁曾本改。

[3] 此句二"记"字，黄鲁曾本、宽永本(一)均作"说"。宽永本(二)仅后"记"字作"说"。

[4] "反"，标笺本无。

孔子曰："良药苦于口而利于病，忠言逆于耳而利于行。汤武以谔谔而昌，桀纣以唯唯而亡。君无争臣，父无争子，兄无争弟，士无争友，无其过者，未之有也①。故曰：君失之，臣得之；父失之，子得之；兄失之，弟得之；己失之，友得之。是以国无危亡之兆，家无悖乱之恶，父子兄弟无失，而交友无绝也②。"

①【增】颜师古曰："谔谔，直言也。"○【增】行，下孟反。谔，五各反。唯，维癸反。争，侧迸反。

②【增】悖，补对反。

孔子见齐景公，公悦焉，请置禀[1]丘之邑以为养。孔子辞而不受。入谓弟子曰："吾闻君子当[2]功受赏。今吾言于齐君，君未之有行而赐吾邑，其不知丘亦甚矣。"于是遂行。

孔子在齐，舍于外馆，景公造焉①。宾主之辞既接，而左右白曰："周使适至，言先王庙灾②。"景公复[3]问："灾何王之庙也？"③孔子曰："此必釐王之庙④。"

公曰："何以知之？"孔子曰："《诗》云：'皇皇上天，其命不忒。天之以善，必报其德⑤。'祸亦如之。夫釐王变文武之制，而作玄黄华丽之饰，宫室崇峻，舆马奢侈，而弗可振

[1] "禀"，黄鲁曾本作"廪"。

[2] "当"，黄鲁曾本作"赏"，恐非。

[3] "复"，黄鲁曾本作"覆"。

也⑥，故天殃所宜加其庙焉⑦。以是占之为然。"公曰："天何不[1]殃其身而加罚其庙也？"孔子曰："盖以文、武故也。若殃其身，则文、武之嗣，无乃殄[2]乎⑧？故当殃其庙以彰其过。"

俄顷，左右报曰："所灾者釐王庙也⑨。"景公惊，起[3]再拜，曰："善哉圣人[4]之智！过人远矣⑩。"

① 【增】造，至也。〇【增】造，千到反。

② 【增】《春秋左氏传》曰："天火曰灾。"〇【增】使，色吏反。

③ 【增】复，扶又反。

④ 【增】釐，与"僖"通。釐王，名胡齐。

⑤ 此逸诗也。皇皇，美貌也。忒，差也。【增】《说苑》"上天"作"上帝"，"以善"作"与人"，"其德"作"有德"。〇【增】忒，他得反。

⑥ 振，救。【增】峻，高也。〇【增】夫音扶。峻，私俊反。

⑦ 【增】殃，於良反。

⑧ 【增】《尔雅》曰："殄，绝也。"《说苑》"嗣"作"祀"，"殄"作"绝"。〇【增】殄，徒典反。

⑨ 【增】俄顷，犹须臾也。〇【增】俄，五何反。

⑩ 【增】"圣人之智"，旧本阙"人"字。

子夏[5]三年之丧毕，见于孔子①。孔子[6]与之琴，使

---

[1] "不"，宽永本无。

[2] "殄"，宽永本作"珍"，误。

[3] "起"，黄鲁曾本属上读。

[4] "人"，宽永本无。

[5] "子夏"，黄鲁曾本作"子贡"，误。

[6] "孔子"，黄鲁曾本作"子曰"，则"与之琴，使之弦"为"子曰"内容。

之弦。侃侃而乐②，作而曰："先王制礼，不敢不及③。"子曰："君子也！"

闵子三年之丧毕，见于孔子。孔子与之琴，使之弦。切切而悲，作而曰："先王制礼，弗敢过也[1]。"子曰："君子也！"

子贡曰④："闵子哀未尽，夫子曰'君子也'；子夏哀已尽，又曰'君子也'。二者殊情，而俱曰君子，赐也惑[2]，敢问之。"孔子曰："闵子哀未忘，能断之以礼⑤；子夏哀已尽，能引之及礼。虽均之君子，不亦可乎⑥？"

①【增】见，贤遍反，下同。

②【增】孔安国曰："侃侃，和乐之貌。"纯案，"侃侃"，毛苌《诗传》作"衎衎"，《说苑》同。○【增】侃，苦旦反。乐音洛。

③【增】作，起也。

④【增】《诗传》"贡"作"路"。

⑤【增】断音短。

⑥【增】案《礼·檀弓》亦载此事，曰："子夏既除丧而见，予之琴，和之而不和，弹之而[3]不成声。作而曰：'哀未忘也。先王制礼而弗敢过也。'子张既除丧而见，予之琴，和之而和，弹之而成声。作而[4]曰：'先王制礼，不敢不至焉。'"二书所载，盖一事而所记不同，意者传闻之异耳。今亦未可详其孰是云。

---

[1] "弗敢过也"，此上黄鲁曾本脱"'不敢不及。'子曰：'君子也！'闵子三年之丧毕，见于孔子。孔子与之琴，使之弦。切切而悲，作而曰：'先王制礼。'"三十九字。

[2] "惑"，黄鲁曾本作"或"。

[3][4] "而"，标笺本无。

孔子曰："无体之礼，敬也；无服之丧，哀也；无声之乐，欢也。不言而信，不动而威，不施而仁[①]。〈志〉[②]夫钟之音[③]，怒而击之则武，忧而击之则悲。其志变者，声亦随之。故志诚感之，通于金石，而况人乎？"

①【增】施，始豉反。

②【增】此字衍文，或欲连下文"夫"字为一句，非也。

③【增】夫音扶。

孔子见罗雀者所得，皆黄口小雀。夫子问之曰："大雀独不得，何也？"罗者曰："大雀善惊而难得，黄口贪食而易得[①]。黄口从大雀则不得，大雀从黄口亦不得[②]。"

孔子顾谓弟子曰："善惊以远害[③]，利食而忘患，自其心矣，而独[1]以所从为祸福。故君子慎其所从。以长者之虑，则有全身之阶[④]；随小者之戆，而有危亡之败也[⑤]。"

①【增】易，以豉反。

②【增】《说苑》作"大雀从黄口者可得"，是也。

③【增】远，于万反。

④【增】长，竹丈反。

⑤【增】戆，陟降反。

孔子读《易》，至于《损》、《益》，喟然而叹[①]。子夏避席

[1] "独"，黄鲁曾本无。

问曰："夫子何叹焉？"孔子曰："夫自损者，必有益之；自益者，必有决之②，吾是以叹也。"

子夏[1]曰："然则学者不可以益乎？"子曰："非。③道益之谓也，道弥益而身弥损。夫学者损其自多，以虚受人，故能成其满。博也[2]天道④，成而必变。凡持满而能久者，未尝有也。故曰：'自贤者，天下之善言，不得闻于耳矣。'昔尧治天下之位⑤，犹允恭以持之，克让以接下⑥，是以千岁而益盛，迄今而逾彰⑦。夏桀、昆吾⑧，自满而无[3]极，亢意而不节⑨，斩刈黎民，如草芥焉⑩。天下讨之，如诛匹夫，是以千载而恶著，迄今而不灭，满也[4]。如在舆，遇三人则下之，遇二人则式之。调其盈虚，不令自满，所以能久也⑪。"

子夏曰："商请志之，而终身奉行焉⑫。"

① 【增】兑下艮上，《损》；震下巽上，《益》。〇【增】喟，苦位反。

② 《易》，《损》卦次得《益》，《益》次《夬》。夬，决也。损而不已，必益，故受之以《益》；益而不已，必决，故受之以《夬》。【增】本注"损而"以下，《周易·序卦》之辞。〇【增】夫自音扶，下同。

③ 【增】句。

④ 【增】一本作"博哉天道"。

⑤ 【增】一本"治"作"居"，是矣。《说苑》"治"作"履"，"下"作"子"。

⑥ 允，信也。克，能也。【增】"允恭克让"，《尚书·尧典》之辞。

⑦ 【增】迄，至也。〇【增】迄，许乞反。

[1] "子夏"，黄鲁曾本无"夏"字。

[2] "也"，黄鲁曾本作"哉"。

[3] "无"，黄鲁曾本无。

[4] "满也"，黄鲁曾本作"观此，如行则让长，不疾先"。

⑧ 昆吾国，与夏桀作乱。○【增】夏，户雅反。

⑨【增】亢，极也。○【增】亢，苦浪反。

⑩【增】《尔雅》曰："黎，众也。"○【增】刈，鱼废反。芥，居拜反。

⑪【增】令，力呈反。

⑫【增】志，记也。案，《淮南子·人间训》云："孔子读《易》，至《损》《益》，未尝不愤然而叹曰：'《益》、《损》者，其王者之事与？事或欲以利之，适足以害之；或欲害之，乃反以利之。利害之反，祸福之门户。不可不察也。'"此亦一事而所记异耳。

子路问于孔子曰："请释古之道，而行由之意，可乎？"子曰："不可。昔东夷之子，慕诸夏之礼，有女而寡，为内私婿[1]，终身不嫁。不[2]嫁则不嫁矣，亦非清节[3]之义也①。苍梧娆娶妻而美②，让与其兄，让则让矣，然非礼之让也[4]。不慎其初，而悔其后，何嗟及矣③。今汝欲舍古之道，行子之意④，庸知子意不以是为非，以非为是乎？后虽欲悔，难哉！"

①【增】《说苑》"礼"作"义"，"为"下有"之"字，"清"作"贞"。○【增】夏，户雅反。为，于伪反。内音纳。

②【增】苍梧娆，盖楚人姓名也，《淮南子》作"苍梧绕"，《说苑》作"苍梧之弟"，徐幹《中论》作"仓梧丙"。○【增】娆字多音，不知此当从何音。

③ 言事至而后悔，吁嗟又何及矣。

---

[1] "婿"，黄鲁曾本、宽永本作"壻"。二字同。

[2] "不"，黄鲁曾本无。

[3] "非清节"，黄鲁曾本作"有贞节"，"有"字误。

[4] "也"，黄鲁曾本作"矣"。

④【增】舍音捨。

曾子耘瓜，误斩其根。曾皙怒，建大杖以击其背①。曾子仆地而不知人久之②。有顷乃苏③，欣然而起④，进于曾皙曰："向也参得罪于大人⑤，大人用力教参，得无疾乎？"退而就房，援琴而歌，欲令曾皙而闻之，知其体康也⑥。孔子闻之而怒，告门弟子曰："参来，勿内⑦。"

曾参自以为无罪，使人请于孔子。子曰："汝不闻乎，昔瞽叟[1]有子曰舜⑧。舜之事瞽叟，欲使之，未尝不在于侧；索而杀之，未尝可得⑨。小棰则待过⑩，大杖则逃走，故瞽叟不犯不父之罪，而舜不失烝烝之孝⑪。今参事父，委身以待暴怒，殪而不避⑫。既身死而陷父于不义，其不孝孰大焉？汝非天子之民也⑬？杀天子之民，其罪奚若？"

曾参闻之，曰："参罪大矣。"遂造孔子而谢过⑭。

①【增】先儒以为"建"，当为"揵"，举也，音渠焉反，《说苑》作"援"，《韩诗外传》云："曾子有过，曾皙引杖击之。"

②【增】孙炎曰："前覆曰仆。"○【增】仆音赴。

③【增】苏，息也。

④【增】《说苑》"欣"作"蹷"。

⑤【增】参，所金反。

⑥【增】令，力呈反。

⑦【增】内音纳，又如字。

⑧【增】瞽音古。

[1]"叟"，黄鲁曾本作"瞍"。下同。

⑨【增】索，所白反。

⑩【增】“棰”字，《韩诗外传》、《说苑》皆作“箠”，音义同。○【增】棰，之蕊反。

⑪【增】《尧典》云：“克谐以孝，烝烝乂，不格奸。”孔安国曰：“烝，进也。”○【增】烝，之承反。

⑫ 殪，死。○【增】殪，於计反。

⑬【增】一本“也”作“邪”，是也。《说苑》同。

⑭【增】造，千到反。

荆公子行年十五而摄相[1]事①。孔子闻之，使人往观其为政焉。使者反曰：“视其朝，清净而少事②，其堂上有五老焉，其堂[2]下有二十壮士焉③。”孔子曰：“合两二十五[3]之智④，以治天下，其固免矣，况荆乎？”

①【增】荆，楚之本号也。公子不详其名。《说苑》云：“介子推行年十五而相荆。”○【增】相，息亮反。

②【增】净，当为“静”。○【增】使者，色吏反。朝，直遥反。

③【增】堂下，一本作“廊下”，《说苑》同。

④【增】一本无“两”字，“五”下有“人”字。

子夏问于孔子曰：“颜回之为人奚若？”子曰：“回之信贤于丘①。”曰：“子贡之为人奚若？”子曰：“赐之敏贤于丘②。”曰：“子路之为人奚若？”子曰：“由之勇贤于丘。”曰：

[1] “相”，黄鲁曾本此上有“荆”字。

[2] “堂”，黄鲁曾本作“廊”。

[3] “合两二十五”，黄鲁曾本作“合二十五人”。

“子张之为人奚若?”子曰:“师之庄贤于丘。”

子夏避席而问曰:“然则四子何为事先生③?”子曰:“居,吾语汝④。夫回能信而不能反⑤,赐能敏而不能诎⑥,由能勇而不能怯⑦,师能庄而不能同⑧。兼四子者之有以易,吾弗与也⑨。此其所以事吾而弗贰也。”

①【增】《列子》“信”作“仁”,下同。

②【增】《列子》“敏”作“辩”,下同。

③【增】《列子》“四子”下有“者”字,“先生”作“夫子”。

④【增】语,鱼据反。

⑤ 反,谓反信也。君子言不必信,唯义所在耳。○【增】夫音扶。

⑥ 言人虽辩[1]敏,亦宜有屈折时也。【增】诎,与“屈”通。《列子》作“讷”,《颜子》同。案,“诎”字又与“讷”通。《史记·曹相国世家》“木诎于文辞”,《李斯传》“辩于心而诎于口”。○【增】诎,丘勿反,又奴忽反。

⑦【增】《说文》曰:“怯,多畏也。”○【增】怯,去业反。

⑧ 言人虽矜庄,亦当有和同时也。

⑨【增】《列子》作“兼四子之有以易吾,吾弗许也”,《颜子》同,《说苑》作“兼此四子者,丘不为也”。

孔子游于泰山,见荣声期①行乎郕之野②,鹿裘带索,鼓琴[2]而歌③。孔子问曰:“先生所以为乐者,何也④?”期对曰⑤:“吾乐甚多,而至者三。天生万物,唯人为贵。吾既得为人,是一乐也;男女之别⑥,男尊女卑,故人以男为贵。吾

---

[1] “辩”,黄鲁曾本作“辨”。

[2] “鼓琴”,黄鲁曾本作“瑟瑟”,误。

既得为男，是二乐也；人生有不见日月，不免襁褓者⑦，吾既以行年九十五矣⑧，是三乐也。贫者，士之常；死者，人之终。处常得终⑨，当何忧哉？”孔子曰：“善哉！能自宽者也。”

① 聲，宜为啓。或曰荣益期也。【增】荣聲期，人姓名也。《列子》、《淮南子》、《说苑》皆作“荣啓期”。

② 【增】郕，国名。见《春秋·隐五年》。〇【增】郕音成。

③ 【增】《说苑》“琴”作“瑟”。

④ 【增】乐音洛，下同。

⑤ 【增】疑“期”上脱“启”字。盖此人名启期也。《列子》、《说苑》及高诱《淮南子》注，并无“期”字。

⑥ 【增】别，彼列反。

⑦ 【增】襁褓，负儿衣也。〇【增】襁，居丈反。褓音保。

⑧ 【增】《列子》“以”作“已”，无“五”字。《淮南子》注同。

⑨ 得，宜为“待”。【增】《说苑》“得”作“待”。〇【增】处，昌吕反。

孔子曰：“回有君子之道四焉：强于行义①，弱于受谏，怵于待禄②，慎于治身③[1]。史鳍有君子[2]之道三焉：不仕而敬上，不祀而敬鬼，直己而曲于[3]人④。”曾子侍，曰：“参昔者常闻夫子之三言⑤[4]，而未之能行也。夫子见人之一善，而忘其百非，是夫子之易事也⑥；见人之有善，若己有

[1] “慎于治身”，标笺本无。
[2] “君子”，黄鲁曾本作“男子”，误。
[3] “于”，黄鲁曾本无。
[4] “参昔者常闻诸夫子之三言”，黄鲁曾本无“者”、“之”二字。

之，是夫子之不争也；闻善必躬行之，然后导之，是夫子之能劳也。学夫子之三言而未能行，以自知终不及[1]二子者也⑦。”

① 【增】《说苑》“义”作“己”，《颜子》同。

② 怵，怵惕也。待，宜为“得[2]”。【增】《颜子》“怵”作“怵”。○【增】怵音黜。

③ 【增】《说苑》“治”作“持”，《颜子》同。

④ 【增】《说苑》作“直能曲于人”。

⑤ 【增】一本“常”作“尝”。

⑥ 【增】易，以豉反。

⑦ 二子，颜回、史鳝也。【增】一本“以”上有“是”字。

孔子曰：“吾死之后，则商也日益，赐也日损。”曾子曰：“何谓也？”子曰：“商也好与贤己者处①，赐也好悦不若己者处②[3]。不知其子，视其父；不知其人，视其友；不知其君，视其所使；不知其地，视其草木。故曰：与善人居，如入芝兰之室，久而不闻其香，即与之化矣；与不善人居，如入鲍鱼之肆③，久而不闻其臭，亦与之化矣。丹之所藏者赤，漆之所藏者黑。是以君子必慎其所与处者焉。”

① 【增】好，呼报反，下同。处，昌吕反，下同。

---

[1] “及”，宽永本脱。
[2] “得”，宽永本作“持”。
[3] “悦”，黄鲁曾本、宽永本作“说”。“处”，黄鲁曾本无。

②【增】悦，当为“与”。一本无“好”字，一本无“处”字。

③【增】《说文》曰：“鲍，饐鱼也。”《周礼·笾人》注云：“鲍者，于煏室中糗干之，出于江淮也。”○【增】鲍，步卯反。

曾子从孔子于[1]齐，齐景公以下卿之礼聘曾子，曾子固辞。将行，晏子送之，曰：“吾闻之，君子遗人以财，不若善言①。今夫兰[2]本，三年湛之以鹿醢②[3]，既成，噉之，则易之匹马③。非兰之本性也，所以湛者美矣。愿子详其所湛者。夫君子居必择处，游必择方，仕必择君。择君，所以求仕；择方，所以修道。迁风移俗[4]，嗜欲移性，可不慎乎④？”

孔子闻之，曰：“晏子之言，君子哉！依贤者固不困，依富者固不穷。马蚿斩足而复行，何也⑤？以其辅之者众也⑥[5]。”

①【增】《说苑》“遗”作“赠”，“善”作“以”。○【增】遗，唯季反。

②【增】郑玄曰：“湛，渍也。”“鹿醢”，一本作“漉酭”。○【增】夫音扶，下同。湛，子潜反。醢音海。

③【增】噉，食也。《晏子春秋》云：“今夫兰本，三年而成，湛之苦酒，则君子不近，庶人不佩；湛之糜醢，而贾匹马矣。”《荀子》云：“兰茝稿本，渐于蜜醴，一佩易之。”○【增】噉，徒滥反。

[1] “于”，黄鲁曾本作“之”。

[2] “兰”，宽永本此下有“之”，衍。

[3] “鹿醢”，黄鲁曾本、宽永本作“漉酭”。

[4] “俗”，黄鲁曾本、宽永本此下衍“者”字。

[5] “也”，黄鲁曾本、宽永本无。

④【增】《晏子春秋》云："婴闻之，君子居必择居，游必就士。择居，所以求士；求士，所以辟患也。婴闻汩常移质，习俗移性，不可不慎也。"《说苑》云："吾闻君子居必择处，游必择士。居必择处，所以求士也。游必择士，所以修道也。吾闻反常移性者，欲也。故不可不慎也。"

⑤【增】马蚿，虫，百足也。《说苑》云："马趼折而复行者何？"○【增】蚿音弦。复，扶又反。

⑥【增】旧本阙"也"字。

孔子曰："以[1]富贵而下人①，何人不尊？以富贵而爱人，何人不亲？发言不逆，可谓知言矣；言而众向之，可谓知时矣。是故，以富而能富人者，欲贫不可得也；以贵而能贵人者，欲贱不可得也；以达而能达人者，欲穷不可得也。"

①【增】下，遐嫁反。

孔子曰："中人之情也，有馀则侈，不足则俭，无禁则淫，无度则逸，从欲则败①。是故，鞭扑[2]之子，不从父之教②；刑戮之民，不从君之令。此言疾之难忍，急之难行也。故君子不急断③，不急制④，使饮食有量⑤，衣服有节，宫室有度，畜积有数⑥，车器有限，所以防乱之原也。夫度量不可不[3]明，是中人所由之令⑦。"

---

[1] "以"，黄鲁曾本、宽永本作"与"，误。

[2] "扑"，黄鲁曾本作"朴"。

[3] "不"，黄鲁曾本无。

① 【增】《说苑》"从"作"纵"。○【增】从,子用反。

② 【增】《舜典》云:"鞭作官刑,扑作教刑。"孔安国曰:"扑,榎楚也。"○【增】扑,普卜反。

③ 【增】断,丁乱反。

④ 【增】急制,《说苑》作"意使"。

⑤ 【增】量音亮,下同。

⑥ 【增】《说苑》"积"作"聚"。○【增】畜,敕六反。积,子赐反。

⑦ 教令之令。○【增】夫音扶。

孔子曰:"巧而好度,必攻①;勇而好问,必胜②;智而好谋,必成③。〈以〉愚者反之④。是以非其人,告之弗听;非其地,树之弗生。得其人,如聚沙[1]而雨之⑤;非其人,如会聋而鼓之。夫处重擅宠,专事妒贤,愚者之情也⑥,位高则危,任重则崩⑦,可立而待也⑧[2]。"

① 攻,坚。【增】《荀子》"攻"作"节",《说苑》作"工"。○【增】好,呼报反,下同。

② 【增】《荀子》"问"作"同",《说苑》同。

③ 【增】《荀子》"谋"作"谦","成"作"贤"。

④ 【增】《荀子》无"以"字,"之"作"是",《说苑》同。此衍"以"字。

⑤ 言立入也。

⑥ 【增】《荀子》"宠"作"权"。○【增】夫音扶。处,昌吕反。擅,市战反。妒,丁故反。

⑦ 【增】《荀子》"高"作"尊","崩"作"废"。

---

[1] "沙",黄鲁曾本、宽永本作"砂"。

[2] "也",黄鲁曾本、宽永本无。

⑧【增】旧本阙“也”字。

孔子曰：“舟非水不行，水入舟则没；君非民不治，民犯上则倾。是故，君子不可不严也，小人不可不整[1]也①。”

①【增】一本“整”下有“一”字，《说苑》“整”作“闭”。

齐高庭问于孔子曰：“庭不旷山，不直地①，衣穰而提贽②，精气以问事君子之道③，愿夫子告之。”孔子曰：“贞以干之④，敬以辅之，施仁无倦⑤；见君子则举之，见小人则退之；去汝恶心，而忠与之⑥；效其行⑦，修其礼，千里之外，亲如兄弟。行不效，礼不修，则对门不汝通矣。夫终日言不遗己之忧⑧；终日行不遗己之患，唯智者能之⑨。故自修者，必恐惧以除患，恭俭以避难者也⑩。终身为善，一言〈则〉败之，可不慎乎⑪！”

① 庭，高庭名也。旷，隔也。不以山为隔，逾山而来。直，宜为“植”，不根于地，不[2]远来也。【增】本注“高庭”二字衍。“不远来也”，“不”当为“而”。

② 穰，蒿草衣。提，持也。贽，所执以为礼也。[3]【增】《说苑》“穰”作“蓑”。〇【增】衣，於既反。

③【增】《说苑》无“子”字。

---

[1] “整”，黄鲁曾本此下有“一”字。

[2] “不”，黄鲁曾本作“而”，是也。

[3] “持也”，黄鲁曾本、宽永本作“持”。“所执以为礼也”，黄鲁曾本、宽永本作“所以执为礼也”。

④ 贞[1]正以为干植。

⑤【增】施仁,《说苑》作“待人”。

⑥【增】去,起吕反。

⑦【增】效,效力也。《说苑》作“敏”,下同。○【增】行,下孟反。下“行不效”,同。

⑧【增】夫音扶。

⑨【增】遗,唯季反。

⑩【增】《说苑》“俭”作“敬”,“避”作“越”。○【增】恐,匡勇反。难,乃旦反。

⑪【增】《说苑》无“则”字,此盖衍文。○【增】败,必迈反。

辩物第十六①

①【增】凡十章。

季桓子穿井,获如土缶[2],其中有羊焉①。使使问于[3]孔子曰:“吾穿井于费,而于井中得一狗,何也②?”孔子曰:“丘之所闻者,羊也。丘闻之,木石之怪,夔、蝄蜽③;水之怪,龙、罔象④;土之怪,羵羊也⑤。”

---

[1] “贞”,黄鲁曾本作“真”,误。

[2] “土”,黄鲁曾本、宽永本(一)作“玉”。

[3] “于”,黄鲁曾本、宽永本无。

①【增】韦昭曰："或云：得土如瓦缶状，中有土羊。昭谓：羊，生羊也，故谓之怪。"○【增】缶，府九反。

②【增】获羊而言狗者，以孔子博物测之也。○【增】使使，上如字，下色吏反。费音秘。

③【增】韦昭曰："木石，谓山也。或云：夔一足，越人谓之山缫，或作猱，富阳有之，人面猴身，能言。或云独足。蝄蜽，山精，好斆人声而迷惑人也。"○【增】夔，求龟反。蝄，亡丈反。蜽，良奖反。

④【增】韦昭曰："龙，神兽也，非所常见，故曰怪。或云：罔象，食人。一名沐肿。"

⑤【增】《国语》"羵"作"坟"，韦昭曰："唐固云：坟羊，雌雄不成者。"○【增】羵，符云反。

吴伐越，隳会稽①，获巨骨一节，专车焉。吴子使来聘于鲁，且问之孔子，命使者曰："无以吾命也②。"宾既将事③，乃发币于大夫，及孔子④，孔子爵之⑤。

既彻俎而燕，客执骨而问⑥，曰："敢问骨何如为大？"孔子曰："丘闻之，昔禹致群臣于会稽之山⑦，防风后至⑧，禹杀而戮之⑨，其骨专车焉⑩，此为大矣。"

客曰："敢问谁守为神？"孔子曰："山川之灵，足以纪纲天下者，其守为神⑪。社[1]稷之守为公侯⑫，山川之祀者为诸侯⑬，皆属于王⑭。"

客曰："防风何守⑮？"孔子曰："汪芒氏之君，守封嵎山者⑯，为漆姓⑰，在虞夏商为汪芒氏⑱，于周为长翟[2]氏⑲，今

[1] "社"，黄鲁曾本此上有"诸侯"二字。疑衍。

[2] "翟"，黄鲁曾本作"瞿"。

曰大人[20]。”

〈有〉客曰：“人长之极几何[21]？”孔子曰：“焦侥氏长三尺，短之至也[22]。长者不过十[23]，数之极也[24]。”

① 吴王夫差败越王勾践。栖于会稽，吴又隳之会稽山也。隳，毁[1]也。【增】韦昭曰：“在鲁哀元年。”〇【增】隳，火规反。会，占外反。

② 【增】吴王敕使者可以其私问，无以君命也。〇【增】使者，色吏反。

③ 【增】宾，谓使者也。将，行也。

④ 赐大夫，及孔子。

⑤ 饮酒。

⑥ 【增】韦昭曰：“因折俎之骨，执以问之。”〇【增】彻，直列反。

⑦ 【增】《国语》“臣”作“神”，韦昭曰：“群神，谓土山川之君，为群神之主，故谓之神。”

⑧ 【增】《国语》“防风”下有“氏”字，《说苑》同。韦昭曰：“防风，汪芒氏之君名也。”

⑨ 【增】韦昭曰：“陈尸[2]为戮。”

⑩ 【增】《国语》“骨”下有“节”字，《说苑》同。

⑪ 守山川之祀者为神诸侯[3]。【增】韦昭曰：“山川之守主，为山川设者也。足以纪纲天下，谓名山大川，能兴云致雨以利天下也。”

⑫ 但守社稷，无山川之祀者，直为公侯而已。【增】韦昭曰：“封国立社稷而令守之，是谓公侯也。”

⑬ 【增】《国语》无此句。

⑭ 神与公侯之属也。

⑮ 【增】《国语》“防风”下有“氏”字，《说苑》同。

---

[1] 黄鲁曾本此下有“若”字，疑衍。

[2] “尸”，标笺本讹为“户”。

[3] “诸侯”，二字疑衍。黄鲁曾本误为正文，属下读。亦误。

⑯ 汪芒，国名。封、嵎，山名。【增】《国语》“嵎”作“隅”，下有“之”字。韦昭曰：“汪芒，长翟之国名。封，封山；隅，隅山。在今吴郡永安县。”〇【增】嵎音隅。

⑰【增】《说苑》“漆”作“釐”。

⑱【增】《说苑》“在虞夏”下有“为防风氏”四字。〇【增】夏，户雅反。

⑲【增】韦昭曰：“周世，其国北迁为长翟也。”纯案，《说苑》“翟”作“狄”。

⑳ 周之初，及当孔子之时，其名异也。

㉑【增】《国语》无“有”字。客，即使者。《说苑》作“使者”，此衍“有”字。

㉒【增】《国语》“焦”作“僬”，韦昭曰：“僬侥，西南蛮之别名。”〇【增】侥音哓。长，直亮反。

㉓【增】《国语》有“之”字。

㉔【增】韦昭曰：“十之三[1]丈，则防风氏也。”

孔子在陈，陈惠公宾之于上馆①。时有隼集于[2]陈侯之庭而死②，楛矢贯之，石砮③，其长尺有咫④。

惠公使人持隼，如孔子馆而问焉。孔子曰：“隼之来远矣，此肃慎氏之矢也⑤[3]。昔武王克商，通道于九夷百蛮⑥，使各以其方贿来贡，而无忘职业⑦。于是肃慎氏贡楛矢、石砮，其长尺有咫。先王欲昭其令德之致远物也⑧，以示后人，使永鉴焉⑨，故铭其栝曰：‘肃慎氏贡楛矢⑩’，以分太[4]姬，配虞[5]胡公，而封诸陈⑪。古者分同姓以珍玉，所以展

[1]“三”，标笺本作“二”。

[2]“于”，黄鲁曾本无。

[3]“也”，黄鲁曾本、宽永本无。

[4]“太”，黄鲁曾本、宽永本作“大”。下注同。

[5]“虞”，黄鲁曾本、宽永本无。

亲亲也⑫；分异姓以远方之职贡，所以无忘服也。故分陈以肃慎氏贡焉。君若使有司求诸故府，其可得也。”

公使人求，得之金牍，如之⑬。

① 【增】惠公，名吴。《史记·孔子世家》以为湣公，《陈世家》云：“湣公六年，孔子适陈。”

② 隼，鸟也。始集庭便死。【增】韦昭曰：“隼，鸷鸟。今之鹗也。”○【增】隼，荀尹反。

③ 楛，木名；砮，箭镞。○【增】楛音苦。砮音奴，又音努。

④ 咫，八寸也。○【增】长，直亮反。有音又。咫，掌氏反。

⑤ 肃慎，北夷国名也。[1]【增】旧本阙“也”字。

⑥ 九夷，东方九种。百蛮，夷狄百种。

⑦ 【增】韦昭曰：“方贿，各以所居之方所出货贿为贡也。”○【增】贿，呼罪反。

⑧ 【增】《国语》无“物”字。

⑨ 【增】《国语》“鉴”作“监”，同。

⑩ 栝[2]，箭栝也。【增】《国语》作“肃慎氏之贡矢”。○栝，古活反。

⑪ 太姬[3]，武王女。胡公，舜之后。【增】韦昭曰：“分，予也。太姬，武王元女。胡公，舜后，虞遏父之子，胡满也。诸，之也。”

⑫ 【增】《国语》无一“亲”字，《说苑》同。韦昭曰：“展，重也。”

⑬ 牍，匮也。【增】《国语》“牍”作“椟”，是也，注同。字亦作“匵”，此误。

郯子朝鲁①，鲁人问曰：“少昊氏以鸟名官，何也②？”对

[1] 本注，黄鲁曾本、宽永本(一)作“肃慎氏之矢也”，误。宽永本(二)作“肃慎氏，北夷也”。

[2] “栝”，黄鲁曾本作“楛”，误。本注下“栝”字，黄鲁曾本亦误作“楛”。

[3] “太姬”，标笺本无。

曰:“吾祖也,我知之。昔黄帝以云纪官,故为云师而云名③。炎帝以火④,共工以水⑤,太[1]昊以龙⑥,其义一也⑦。我高祖少昊挚之立也,凤鸟适至⑧,是以纪之于鸟,故为鸟师而鸟名⑨。自颛顼氏以来,不能纪远,乃纪于近,为民师而命以民事,则不能故也⑩[2]。”

孔子闻之,遂见郯子而学焉⑪。既而告人曰:“吾闻之:‘天子失官,学在四夷。’犹信⑫。”

① 【增】郯子,郯君。子,爵也。《春秋·昭公十七年》:“秋,郯子来朝。”详见《左氏传》。○郯,徒甘反。【增】朝,直遥反。

② 鲁人,叔孙昭子。少昊,金天氏也。【增】《左氏传》曰:“秋,郯子来朝。公与之宴。昭子问焉。”杜预曰:“少昊,金天氏,黄帝之子,己姓之祖也。”○【增】少,诗照反。昊,胡老反。

③ 黄帝,轩辕氏。师,长也。云,纪其官长而为官名者也。【增】杜预曰:“黄帝,轩辕氏,姬姓之祖也。黄帝受命有云瑞,故以云纪事,百官师长,皆以云为名号。缙云氏盖其一官也。”

④ 神农氏也。【增】杜预曰:“炎帝,神农氏。姜姓之祖也。亦有火瑞,以火纪事,名百官。”

⑤ 共工,霸九州也。【增】杜预曰:“共工,以诸侯霸有九州者。在神农前、太昊后,亦受水瑞,以水名官。”○共,居容反。

⑥ 包牺氏也。【增】杜预曰:“太昊,伏牺氏。风姓之祖也。有龙瑞,故以龙命官。”

⑦ 火师而火[3]名也,龙师而龙名也。

---

[1] “太”,黄鲁曾本作“大”。
[2] “也”,宽永本无。
[3] “火”,宽永本作“水”,误。

⑧【增】挚，少昊之名。○【增】挚音至。

⑨【增】《左氏传》此下云："凤鸟氏，历正也；玄鸟氏，司分者也；伯赵氏，司至者也；青鸟氏，司启者也；丹鸟氏，司闭者也；祝鸠氏，司徒也；鴡鸠氏，司马也；鸤鸠氏，司空也；爽鸠氏，司寇也；鹘鸠氏，司事也；五鸠，鸠民者也。五雉，为五工正[1]，利器用，正度量，夷民者也；九扈，为九农正；扈民无淫者也。"

⑩ 言不能纪远方。【增】杜预曰："颛顼氏，代少昊者。德不能致远瑞，而以民事命官。"○【增】颛音专。顼，许玉反。

⑪【增】《左氏传》"见"下有"于"字。○【增】见，贤遍反。

⑫ 郯，小国也。故吴伐郯，季文子叹曰："中国不振旅，蛮夷入[2]伐，吾亡无日矣。"孔子称"官学在四夷"，疾时之废学也。郯，少昊之后，以其世则远矣，以其国则小矣；鲁，周[3]公之后，以其世则近[4]矣，以其国则大矣，然其知礼不若郯子，故孔子发此言，疾时之不学者[5]也。【增】本注所云吴伐郯，事在《春秋·成公七年》。季文子之言，见《左氏传》。

邾隐公朝于鲁①，子贡观焉②。邾子执玉高，其容仰。定公受玉卑，其容俯③。子贡曰："以礼观之，二君者将有死亡焉④。夫礼，生死存亡之体⑤。将左右周旋、进退俯仰，于是乎取之；朝祀丧戎，于是乎观之。今正月相朝而皆不度⑥，心以亡矣⑦。嘉事不体⑧，何以能久？高仰，骄也；卑俯，替也⑨[6]。骄近乱，替近疾。君[7]为主，其先亡乎？"

---

[1] "正"，标笺属下读，误。
[2] "入"，黄鲁曾本、宽永本作"之"。
[3] "周"，黄鲁曾本、宽永本无。
[4] "近"，黄鲁曾本作"远"，误。
[5] "者"，黄鲁曾本无。
[6] "骄也"、"替也"二"也"字，黄鲁曾本无。
[7] "君"，黄鲁曾本作"若"。

夏，五月，公薨⑩，又邾子出奔⑪。孔子曰："赐不幸而言中，是赐多言⑫。"

①【增】邾，小国名。隐公名益。《春秋·定公十五年》："春，王正月，邾子来朝。"详见《左氏传》。○【增】邾音诛。朝，直遥反，下同。

② 子贡时为鲁大夫也。

③ 玉，所以聘于王[1]。【增】杜预曰："玉，朝者之贽。"

④【增】《左氏传》"将"作"皆"。

⑤【增】《左氏传》有"也"字。○【增】夫音扶。

⑥ 不得其法度也。

⑦【增】《左氏传》"以"作"已"。

⑧ 朝聘亦嘉事也。不体，不得其体。

⑨【增】替，废也。○【增】替，他计反。

⑩【增】此年五月壬申，定公薨。

⑪【增】《春秋·哀公七年》："秋，公伐邾。八月，己酉，入邾。以邾子益来。八年，夏，归邾子益于邾。十年，春，王二月，邾子益来奔。"《左氏传》云："邾隐公来奔。齐甥也，故遂奔齐。"

⑫【增】《左氏传》云："夏五月，壬申，公薨。仲尼曰：'赐，不幸言而中，是使赐多言者也。'"据《左氏》所记，夫子之言，发于定公薨时也。○【增】中，陟仲反。

孔子在陈，陈侯就之燕焉①。子游[2]行路之人云②："鲁司铎灾③，及宗庙④。"以告孔子。子曰："所及者，其桓、僖之庙⑤。"陈侯曰："何以知之？"子曰："礼，祖有功而宗有德，

---

[1] "于王"，黄鲁曾本作"子玉"，形近而讹。

[2] "子游"，黄鲁曾本无，冢田虎本此二字在"以告"上，或此后脱"闻"字。

故不毁其庙焉。今桓、僖之亲尽矣,又功德不足以存其庙,而鲁不毁,是以天灾加之⑥。"

三日,鲁使至⑦,问焉,则桓、僖也。陈侯谓子贡曰:"吾乃今知圣人之可贵。"对曰:"君今[1]知之可矣⑧,未若专其道而行其化之善也⑨。"

①【增】陈侯名越,谥闵公。

②【增】"子游"下当有"曰"[2]字。

③ 司铎,官名[3]。○【增】铎,待洛反。

④【增】《春秋·哀公三年》:"五月,辛卯,桓宫、僖宫灾。"《左氏传》云:"司铎火,火逾公宫,桓、僖灾。"

⑤ 桓公、僖公。

⑥【增】孔颖达曰:"礼,诸侯亲庙四焉。高祖之父,即当毁其庙。计桓之于哀,八世祖也。僖,六世祖也。亲尽而庙不毁,言其宜为天所灾也。"所以不毁者,服虔云:"季氏出桓公,又为僖公所立。故不毁其庙。"其意或然。

⑦【增】使,色吏反。

⑧【增】一本"今"作"之"。

⑨【增】专,当为"尊",字之误也。

阳虎既奔齐①,自齐奔晋,适赵氏②。孔子闻之,谓子路曰:"赵氏其世有乱乎③!"子路曰:"权不在焉,岂能[4]为乱?"孔子曰:"非汝所知。夫阳虎亲富而不亲仁④,有宠于

[1] "今",黄鲁曾本作"之"。
[2] 林按:"曰",恐不若"闻"字义胜。
[3] "官名",底本作"宫名",据黄鲁曾本、宽永本改。
[4] "能",黄鲁曾本作"不",误。

季孙，又将杀之[⑤]，不克而奔[⑥]。求容于齐，齐人囚之，乃亡归晋。是齐、鲁二国，已去其疾[⑦]。赵简子好利而多信，必溺其说而从其谋。祸败所终，非一世可知也[⑧]。"

①【增】阳虎，字货，鲁大夫季氏家臣也。定公八年作乱。九年出奔齐。事见《春秋传》。

②【增】赵氏，晋大夫。

③【增】杜预曰："受乱人故。"

④【增】"亲富不亲仁"，齐鲍文子讥阳虎亦云，见《左氏传》。○【增】夫音扶。

⑤【增】阳虎谋杀季桓子，事在定公八年冬。

⑥【增】阳虎出奔，在九年夏。

⑦【增】去，起吕反。

⑧【增】赵简子，名鞅，此时未死。夫子不当称谥，记者误耳。○【增】好，呼报反。

季康子问于孔子曰[①]："今周十二月，夏之十月，而犹有螽，何也[②]？"孔子对曰："丘闻之，火伏而后蛰者毕[③]。今火犹西流，司历过也[④]。"季康子曰："所失者，几月也？"孔子曰："于夏十月，火既没矣。今火见，再失闰也[⑤]。"

①【增】季康子，鲁大夫，桓子之子，名肥。

②【增】《说文》曰："螽，蝗也。"杜预曰："蚣、蝑之属。"《春秋·哀公十二年》："冬，十有二月，螽。"○【增】夏，户雅反，下同。螽音终。

③ 火，大火，心星也。蛰，蛰虫也。【增】杜预曰："火伏在今十月。"○【增】蛰，直立反。

④【增】杜预曰："犹西流，言未尽没也。"

⑤【增】见，贤遍反。

吴王夫差将与哀公见晋侯①。子服景伯对使者②，曰："王合诸侯，则伯率侯牧以见于王③；伯合诸侯，则侯率子男以见于伯④。今诸侯会，而君与寡君见晋君，则晋成为伯矣[1]。且执事以伯召诸侯，而以侯终之，何利之有焉？"吴人乃止。既而悔之，遂囚景伯⑤。

景[2]伯谓太[3]宰嚭⑥，曰："鲁将以十月上辛有事于上帝、先王，季辛而毕⑦。何也世有职焉⑧，自襄以[4]来，未之改也⑨[5]。若其不会，则祝宗将曰'吴实然⑩'。"嚭言于夫差，归之。

子贡闻之，见于孔子曰："子服氏之子，拙于说矣，以实获囚，以诈得免。"孔子曰："吴子为夷德，可欺而不可以实。是听者之蔽，非说者之拙也。"

① 吴子，鲁哀公十三[6]年，与晋侯会于黄池。【增】吴王，吴子僭称王。夫差，名也。晋侯，名午，谥定公。案，《左氏传》："夏，公会单平公、晋定公、吴夫差于黄池。秋，七月，辛丑，盟。吴晋争先。既而先晋人，吴人将以公见晋侯。"○【增】夫音扶。差，初佳反。

---

[1] "矣"，黄鲁曾本作"也"。

[2] "景"，黄鲁曾本无。

[3] "太"，黄鲁曾本作"大"。

[4] "以"，黄鲁曾本、宽永本作"已"。

[5] "也"，黄鲁曾本作"之"。

[6] "三"，黄鲁曾本、宽永本(一)作"二"，误。

② 【增】子服景伯，鲁大夫，名何。○【增】使，色吏反。

③ 伯，王官伯。侯牧，方伯。[1]○【增】见，贤遍反。下“以见”、“见于”同。

④ 伯，侯牧也。

⑤ 【增】《左氏传》“遂”作“将”。

⑥ 【增】《尚书·周官》曰：“冢宰掌邦治，统百官，均四海。”太宰，即冢宰也。吴太宰，名嚭，字子馀。○【增】嚭，普鄙反。

⑦ 有事，祭。所以欺吴也。

⑧ 何，景伯名。

⑨ 襄，鲁襄公是也。

⑩ 【增】杜预曰：“祝，太祝[2]。宗，宗人。言鲁祝宗将告神云：‘景伯不会，坐为吴所囚。’吴人信鬼，故以是恐之。”

叔孙氏之车士曰子鉏商①，采薪于大野②，获麟焉③，折其前左足④，载以归。叔孙以为不祥，弃之于郭外⑤，使人告孔子曰：“有麇而角者，何也⑥？”孔子往观之，曰：“麟也。胡为来哉？胡为来哉？”反袂拭面，涕泣沾衿⑦。叔孙闻之，然后取之。

子贡问曰：“夫子何泣尔？”孔子曰：“麟之至，为明王也⑧。出非其时而见[3]害，吾是以伤焉。”

① 车士，将[4]车者。子，姓也。鉏商，名也。【增】《春秋左氏传》无“士

[1] 黄鲁曾本、宽永本作“伯，王官。侯牧，方伯名”。

[2] “祝”，标笺本作“祀”，下“祝”同，均误。

[3] “见”，黄鲁曾本无。

[4] “将”，黄鲁曾本、宽永本作“持”。

曰”二字。杜预曰:“车子,微者。”《孔丛子》作“叔孙氏之车子曰鉏商”。○【增】鉏,仕居反。

②《春秋经·鲁哀公十四年》:“西狩获麟。”《传》曰:“西狩于[1]大野。”今此曰“采薪于大野”,时实自狩,鉏商非狩者,采薪而获麟也[2]。麟,瑞物,时见狩获。故《经》书“西狩获麟”也[3]。【增】杜预曰:“大野,在高平巨野县东北,大泽是也。”《孔丛子》作“樵于野”。

③【增】杜预曰:“麟者,仁兽,圣王之嘉瑞也。”○【增】麟,力珍反。

④【增】折,食列反。

⑤《传》曰:“以赐虞人。”弃之郭外,将以赐虞人也。

⑥【增】《说文》曰:“麇,獐也。”字亦作麕、麏,同。○【增】麏,俱伦反。

⑦【增】袂,袖也。衿,与“襟”同,交领也。○【增】袂,面世反。拭音式。沾,与“霑”通,之廉反。

⑧【增】为,于伪反。

哀公问政第十七①

①【增】此篇分二章。前章见《礼记·中庸》篇,文小异且略。后章见《祭义》篇,文颇不同。

---

[1] “于”,黄鲁曾本、宽永本无。

[2] “时实自狩,鉏商非狩者,采薪而获麟也”十五字,黄鲁曾本作“若车士子鉏商非狩者,采薪获麟”,讹误殊甚。宽永本(一)作“时实自狩,鉏商非狩者,采薪西狩获麟也”,宽永本(二)作“时实自狩,鉏商非狩者,采薪而狩获麟也”。

[3] “也”,宽永本无。

哀公问政于孔子。孔子对曰："文武之政，布在方策①。其人存，则其政举；其人亡，则其政息②。天道敏生③，人道敏政，地道敏树④。夫政也者[1]，犹蒲卢也⑤，待化以成⑥，故为政在于得人⑦。取人以身⑧，修道以仁。仁者，人也，亲亲为大⑨；义者，宜也，尊贤为大。亲亲之教⑩[2]，尊贤之等，礼所以生也。礼者，政之本也⑪。是以君子不可以不修身；思修身，不可以不事亲；思事亲，不可以不知人；思知人，不可以不知天⑫。天下之达道有五，其所以行之者三。曰：君臣也，父子也，夫妇也，昆弟也，朋友也⑬。五者，天下之达道⑭。智、仁、勇三者，天下之达德也。所以行之者一也。或生而知之，或学而知之，或困而知之，及其知之一也⑮。或安而行之，或利而行之，或勉强而行之，及其成功一也⑯。"

公曰："子之言美矣，至矣！寡人实固，不足以成之也⑰。"孔子曰："好学近乎智，力行近乎仁，知耻近乎勇⑱。知斯三者，则知所以修身；知所以修身，则知所以治人；知所以治人，则能成天下国家者矣⑲。"

① 方，板。【增】郑玄曰："策，简也。"〇【增】策，初革反。

② 【增】郑玄曰："息，犹灭也。"

③ 【增】《礼记》阙此句。

---

[1] "也者"，黄鲁曾本作"者"，宽永本作"者也"。

[2] "教"，黄鲁曾本作"杀"。

④【增】郑玄曰:“敏,犹勉也。树,谓殖草木也。敏,或为‘谋’。”

⑤ 蒲卢,蜾蠃[1]也,谓土蜂也。取螟蛉而化之以为[2]子,为政化百姓亦如之[3]也。○【增】夫音扶。

⑥【增】《礼记》阙此句。

⑦【增】《礼记》阙“于得”二字。

⑧【增】郑玄曰:“言明君乃能得人。”《礼记》此下有“修身以道”一句。

⑨【增】郑玄曰:“人也,读如“相人偶”之“人”。以人意相存问之言。”

⑩【增】《礼记》“教”作“杀”。

⑪【增】《礼记》阙此六字。

⑫【增】郑玄曰:“言修身乃知孝,知孝乃知人,知人乃知贤不肖,知贤不肖,乃知天命所保佑。”

⑬【增】《礼记》“朋友”下有“之交”二字。

⑭【增】《礼记》有“也”字。

⑮【增】郑玄曰:“困而知之,谓长而见礼义之事,已临之而有不足,乃始学而知之。”

⑯【增】郑玄曰:“利,谓贪荣名也。勉强,耻不若人。”○【增】强,其两反。

⑰【增】固,陋也。《礼记》阙此十九字。

⑱【增】好,呼报反。

⑲【增】“者矣”,一本无“者”字。“则能”以下,《礼记》作“则知所以治天下国家矣”。

公曰:“政其尽此而已乎?”孔子曰①:“凡为天下国家有

---

[1] “蜾蠃”,黄鲁曾本作“蜾螺”,宽永本作“果蜾”。

[2] “为”,黄鲁曾本作“君”,“以君子”属下读。

[3] “之”,黄鲁曾本下有“者”字。

九经，曰：修身也，尊贤也，亲亲也，敬大臣也，体群臣也，重[1]庶民也②，来百工也，柔远人也，怀诸侯也。夫修身则道立③，尊贤则不惑，亲亲则诸父、兄弟不怨④，敬大臣则不眩⑤，体群臣则士之报礼重，重庶民则百姓劝，来百工则财用足，柔远人则四方归之，怀诸侯则天下畏之。”

公曰：“为之奈何？”孔子曰⑥：“齐明[2]盛服，非礼不动，所以修身也⑦；去谗远色，贱财而贵德，所以尊贤也⑧；爵其能，重其禄，同其好恶，所以笃亲亲也⑨；官盛任使，所以劝[3]大臣也⑩；忠信重禄，所以劝士也⑪；时使薄敛，所以子百姓也⑫；日省月考，饩[4]廪称事，所以来百工也⑬；送往迎来，嘉善而矜不能，所以绥远人也⑭；继绝世，举废邦⑮，治乱持危，朝聘以时，厚往而薄来，所以怀诸侯也⑯。治天下国家有九经，其所以行之者一也⑰。凡事豫则立，不豫则废，言前定则不跲⑱，事前定则不困，行前定则不疚⑲，道前定则不穷。在下位不获乎[5]上，民弗可得而治矣⑳。获乎上有道，不信乎友，不获乎上矣㉑；信乎友有道，不顺乎亲，不信乎友矣；顺乎亲有道，反诸身不诚，不顺乎亲矣；诚身有道，不明乎善，不诚乎身矣。诚者，天之道[6]也；诚之者，人之

[1] “重”，黄鲁曾本作“子”。下同。

[2] “明”，黄鲁曾本作“洁”。

[3] “劝”，黄鲁曾本作“敬”。

[4] “饩”，黄鲁曾本、宽永本作“既”。

[5] 自“在下位不获乎上”至“信乎友有道”之“乎”，黄鲁曾本、宽永本作“于”。此下“乎”字，黄鲁曾本亦皆作“于”。

[6] “道”，黄鲁曾本上有“至”字。

道也㉒。夫诚,不[1]勉而中,不思而得,从容中道,圣人之所以定体[2]也;诚之者,择善而固执之者也㉓。"

公曰:"子之教寡人备矣。敢问行之所始㉔。"孔子曰㉕:"立爱自亲始,教民睦也;立敬自长始,教民顺也㉖。教之慈睦,而民贵有亲㉗;教以敬,而民贵用命㉘。民既孝于亲㉙,又顺以听命㉚,措诸天下,无所不可㉛。"公曰:"寡人既得闻此言也,惧不能果行而获罪咎㉜。"

① 【增】《礼记》无此十二字。

② 【增】《礼记》"重"作"子",下同。

③ 【增】夫音扶。

④ 【增】一本"兄"作"昆",《礼记》同。

⑤ 【增】郑玄曰:"不惑,谋者良也。不眩,所任明也。"〇【增】眩,玄遍反。

⑥ 【增】《礼记》无此九字。

⑦ 【增】齐,侧皆反。

⑧ 【增】《礼记》"财"作"货","尊"作"劝"。一本"财"作"利",非也。〇【增】去,起吕反。远,于万反。

⑨ 【增】《礼记》"爵"作"尊","能"作"位","笃"作"劝"。〇【增】好,呼报反。恶,乌故反。

⑩ 盛其官,委任使之也。【增】郑玄曰:"大臣皆有属官所任使,不亲小事也。"

⑪ 忠信者,与之重禄也。

⑫ 【增】《礼记》"子"作"劝"。郑玄曰:"时使,使之以时。"〇【增】敛,力验反。

⑬ 饩廪,食之多寡,称其事也。【增】《礼记》"考"作"试","来"作"劝"。

[1] "不",黄鲁曾本作"弗"。

[2] "定体",黄鲁曾本作"体定"。

郑玄曰："饩廪，稍食也。《槁人职》曰：'乘其事，考其弓弩，以下上其食。'"○【增】省，悉井反。饩，许气反。廪，力锦反。称，尺证反。

⑭【增】《礼记》"绥"作"柔"。

⑮【增】《礼记》"邦"作"国"。

⑯【增】朝，直遥反。

⑰【增】《礼记》"治"上有"凡"字，"治"作"为"。郑玄曰："一，谓当豫也。"

⑱ 跲，踬。○跲，讫洽反。

⑲【增】疚，病也。○【增】行，下孟反。疚，久又反。

⑳【增】郑玄曰："获，得也。言臣不得于君，则不得居位治民。"

㉑【增】《礼记》"友"上有"朋"字，下同。

㉒【增】郑玄曰："言诚者，天性也；诚之者，学而成之者也。"

㉓【增】《礼记》"夫诚"作"诚者"，无"之所以定体"五字。○【增】夫音扶。中，陟仲反，下同。从，七容反。

㉔【增】《礼记》无此十五字。

㉕【增】此下至"无所不可"见《祭义》。

㉖【增】长，竹丈反。

㉗【增】《礼记》"之"作"以"。

㉘【增】《礼记》"敬"下有"长"字。郑玄曰："尊长，出教令者。"

㉙【增】《礼记》作"孝以事亲"。

㉚【增】《礼记》无"又"字。

㉛【增】《礼记》"可"作"行"。

㉜【增】《礼记》无此十九字。

宰我问于孔子曰："吾闻鬼神之名，而不知所谓，敢问焉。"孔子曰："人生有气有魂①。气者，神[1]之盛也②。众[2]

---

[1] "神"，黄鲁曾本作"人"。

[2] "众"，黄鲁曾本、宽永本作"夫"。

生必死，死必归土，此谓鬼；魂气归天，此谓神，合鬼与神而享之，教之至也③。骨肉弊[1]于下，化为野土④，其气发扬于上[2]，此神之著也。圣人因物之精，制为之极⑤，明命鬼神，以为民之则⑥，而犹以是为未足也，故筑为宫室，设为宗祧⑦，春秋祭祀，以别亲疏⑧，教民反古复始，不敢忘其所由生也。众之[3]服自此，故[4]听且速焉⑨。教以二端，二端既立，报以二礼⑩：建设朝事⑪，燔燎膻芗，所以报气也⑫；荐黍稷⑬，脩肺肝⑭，加以郁鬯[5]，所以报魄也⑮。此教民修本反古，复始[6]崇爱，上下用情，礼之至也⑯。君子反古复始，不忘其所由生，是以致其敬，发其情，竭力从事，不敢不自尽也，此之谓大教。昔者，文王之祭也，事死如事生，思死而不欲生⑰，忌日则必哀，称讳则如见亲，祀之忠也。思之深，如见亲之所爱。祭欲见亲之[7]颜色者，其唯文王与⑱！《诗》云：'明发不寐，有怀二人⑲。'则文王之谓与⑳！祭之明日，明发不寐，有怀二人[8]，敬而致之，又从而思之。祭之日，乐与哀半，飨之必乐，已至必哀㉑[9]，孝子之情也。文王为能得之矣。"

---

[1] "弊"，黄鲁曾本作"弊"。

[2] "上"，黄鲁曾本此下有"者"字。

[3] "之"，黄鲁曾本、宽永本作"人"。

[4] "故"，黄鲁曾本、宽永本无。

[5] "所以报气也；荐黍稷，脩肺肝，加以郁鬯"，此十五字并王肃注，黄鲁曾本无。

[6] "反古，复始"，黄鲁曾本作"反始"。

[7] "之"，黄鲁曾本无。

[8] "则文王之谓与！祭之明日，明发不寐，有怀二人"十八字，宽永本无。

[9] "飨之必乐，已至必哀"，宽永本(一)作"飨之必乐已，至必哀已"，宽永本(二)作"飨之必乐，已至必哀已"，皆误将注文"已至"之"已"窜入正文，故致句读生误。

①【增】一本有“有魄，气魂魄会谓之生”九字。

② 精气者，人神之盛也。【增】一本有“魄者，鬼之盛也”六字。

③ 合神鬼而事之者，孝道之至。孝者，教之所由生也。

④【增】《礼记》“化”作“阴”。○【增】獘，婢世反。

⑤ 极，中。制为中法。

⑥ 明命，犹尊名，使民事其祖祢也。

⑦ 宗，宗庙也。祧，远庙也。天子特有二祧，诸侯谓始祖为祧也[1]。○【增】祧，他彫反。

⑧【增】别，彼列反。

⑨ 听，谓慎教令也。【增】郑玄曰：“自，由也。言人由此服于圣人之教也。听，谓顺教令也。速，疾也。”

⑩ 二端，谓[2]气与魄也。二礼，谓朝事与[3]荐黍稷也。

⑪ 荐腥时也。

⑫ 谓取萧祭脂以合羶香也。○【增】燔音烦。燎，力召反。羶，失然反。芗音香。

⑬ 所谓馈食。

⑭【增】《礼记》“脩”作“羞”。

⑮ 郁，香草。鬯，樽也。○【增】鬯，丑亮反。魄，普伯反。

⑯ 民能不忘其所由生，然后能相爱也，上下，谓尊卑。用情，谓亲也。

⑰【增】而，如也，《礼记》作“如”。

⑱【增】与，羊诸反。下“谓与”同。

⑲【增】《诗》，《小雅·小宛》篇。毛苌曰：“明发，发夕至明。”

⑳ 假此诗以喻文王。二人，谓父母也。

---

[1] “谓”，宽永本作“以”。“也”，宽永本此上有“者”字。

[2] “谓”，黄鲁曾本、宽永本无。

[3] “朝事与”三字，黄鲁曾本、宽永本无。

㉑ 已至，谓祭事已毕[1]。不知亲飨否，故哀。【增】郑玄曰："明发不寐，谓夜至旦也。祭之明日，谓绎日也。言绎之夜不寐也。"纯案，先儒以为"祭之明日"以下二十一字，当在此下，得之。○【增】乐音洛，下同。

---

[1] "已至"，宽永本作"至"，误将"已"窜入正文。"已毕"，黄鲁曾本作"以毕"，误。

孔子家语卷第五

颜回第十八①

①【增】凡十三章。

鲁定公问于颜回曰："子亦闻东野毕之善御乎①？"对曰："善则善矣，虽然，其马将必佚②。"定公色不悦，谓左右曰："君子固有诬人也③？"颜回退。

后三日，牧来诉之④，曰："东野毕之马佚，两骖曳两服入于厩⑤。"公闻之，越席而起，促驾召颜回。回至，公曰："前日寡人问吾子以东野毕之善[1]御，而子曰：'善则善矣，其马将佚。'不识吾子奚以知之？"颜回对曰："以政知之⑥。昔者，帝舜巧于使民⑦，造父巧于使马⑧。舜不穷其民力，造父不穷其马力，是以舜无佚民，造父无佚马。今东野毕之御也，升马执辔，衔体正矣⑨；步骤驰骋，朝礼毕矣⑩；历险致远，马力尽矣，然而犹乃求马不已。臣以此知之。"

公曰："善！诚若吾子之言也⑪。吾子之言，其义大矣，愿少进乎？"颜回曰："臣闻之：鸟穷则啄，兽穷则攫⑫，人穷则诈，马穷则佚⑬。自古及今，未有穷其下而能无危者也。"

---

[1] "善"，黄鲁曾本无。

公悦,遂以告孔子。孔子对曰:“夫其所以为颜回者,此之类也,岂足多哉⑭?”

①【增】东野,复姓。毕,名也。杨倞以为“东野民”,未知是否。《庄子》“定公”作“庄公”,“颜回”作“颜阖”,“东野毕”作“东野稷”,《吕氏春秋》同。

②【增】佚,与“逸”同。

③【增】《荀子》“诬”作“谗”,《新序》同,《韩诗外传》作“谮”。

④【增】《周礼·地官》:“牧人,掌牧六牲。”诉,告也。《荀子》“牧”作“校”,“诉”作“谒”。杨倞曰:“校人,掌养马之官也。”《韩诗外传》云:“俄而,厩人以东野毕马败闻矣。”

⑤【增】郑玄曰:“在旁曰骖。两服,中央夹辕者。”《荀子》“曳”作“列”,杨倞曰:“列,与‘裂’同。”○【增】骖,七南反。

⑥【增】《荀子》此句首有“臣”字,《韩诗外传》、《新序》同。

⑦【增】《韩诗外传》“巧”作“工”,下同,《新序》同。

⑧【增】造父,周穆王时人。○【增】造,千到反。父音甫。

⑨ 马,一[1]为车。【增】升马,《荀子》、《韩诗外传》、《新序》皆作“上车”。“衔”字,《新序》作“御”。○【增】辔,悲位反。衔音咸。

⑩ 马步骤驰骋,尽礼之仪也。【增】“步骤驰骋”,《韩诗外传》、《新序》皆作“周旋步骤”。○【增】骤,仕救反。骋,敕景反。朝,直遥反。

⑪【增】一本“诚”作“哉”。

⑫【增】《韩诗外传》作“兽穷则啮,鸟穷则喙”,《新序》作“兽穷则触,鸟穷则喙”。○【增】啄,陟角反。攫,俱缚反。

⑬【增】《荀子》、《韩诗外传》、《新序》皆阙此一句。

⑭【增】夫音扶。

---

[1] “一”,黄鲁曾本、宽永本(一)作“非”,宽永本(二)作“宜”。当以作“宜”为是。

孔子在卫，昧旦晨兴，颜回侍侧，闻哭者之声甚哀。子曰："回，汝知此何所哭乎？"对曰："回以此哭声，非但为死者而已①，又有生离别者也。"子曰："何以知之？"对曰："回闻桓山之鸟，生四子焉②，羽翼既成，将分于四海，其母悲鸣而送之，哀声有似于此，谓其往而不返也③。回窃以音类而[1]知之。"孔子使人问哭者，果曰："父死家贫④，卖子以葬，与子长决⑤。"子曰："回也善于识音矣。"

①【增】为，于伪反。

②【增】桓山，未详所在。《战国策》云："昔者，燕齐战于桓之曲。"《注》云："《家语》所谓桓山。盖在齐鲁之间。"《说苑》作"完山"，李善《文选注》同。案，《大明一统志》："山东东昌府丸山，在临朐县东北四十里。"疑即桓山。盖桓、完、丸三字音同而转换耳。《颜子》"桓"作"恒"。

③【增】《文选注》"谓"作"为"。

④【增】《文选注》"父"作"夫"。

⑤【增】决，与"诀"通，别也。

颜回问于孔子曰："成人之行若何①？"子曰："达于情性之理，通于物类之变，知幽明之故，睹游气之原，若此可谓成人矣。既能成人，而又加之以仁义礼乐，成人之行也。若乃穷神知礼，德之盛也②。"

①【增】行，下孟反。

② 礼，宜为"化"。

---

[1] "而"，黄鲁曾本无。

颜回问于孔子曰："臧文仲、武仲孰贤？"孔子曰："武仲贤哉！"颜回曰："武仲世称圣人，而身不免于罪，是智不足称也①；好言兵讨而挫锐于邾，是智不足名也②。夫文仲，其身虽殁而言不朽，恶有未贤③？"孔子曰："身殁言立，所以为文仲也。然犹有不仁者三，不智者三，是则不及武仲也。"

回曰："可得闻乎？"孔子曰："下展禽④，置六关⑤，妾织席⑥[1]，三不仁⑦；设虚器⑧，纵逆祀⑨，祠海鸟⑩，三不智⑪。武仲在齐，齐将有祸，不受其田，以避其难⑫，是智之难也。夫臧武[2]仲之智而不容于鲁，抑有由焉。作而不顺，施而不恕也夫⑬？《夏书》曰：'念兹在兹，顺事恕施⑭。'"

① 武仲，为季氏废適立庶，为孟氏所谮，出奔于齐。【增】武仲出奔，事在鲁襄公二十三年，详见《春秋左氏传》。

② 武仲与邾战而败绩，国人颂之曰："我君小子，侏儒是使，侏儒侏儒[3]，使我败于邾[4]。"【增】《左氏传·襄公四年》："冬，十月，邾人莒人伐鄫，臧纥救鄫侵邾，败于狐骀。"一本"讨"作"计"，《颜子》同。挫，摧也。锐，利也。○【增】好，呼报反。挫，作卧反。锐音睿。

③ 立不朽之言，故以为贤。【增】案，晋范宣子与鲁叔孙穆子论不朽。穆子曰："鲁有先大夫曰臧文仲，既没，其言立，其是之谓乎！"详见襄二十四年《左氏传》。颜渊所谓言不朽，盖亦谓此耳。○【增】夫音扶，下同。恶，汪胡反。

［1］"席"，黄鲁曾本、宽永本作"蒲"。

［2］"武"，黄鲁曾本作"文"，误。

［3］"侏儒侏儒"，宽永本作"侏儒"。

［4］"我君小子，侏儒是使，侏儒侏儒，使我败于邾"十七字，黄鲁曾本作"我君小子侏儒，使我败于邾"。

④ 展禽,柳下惠。知其贤而使在下位,不与立于朝也。

⑤ 六关,关名。鲁本无此关,文仲置之以税行者,故为不仁。《传》曰:“废六关。”非也。【增】本注所称《传》,谓《左氏传》也。孔子此言,见《文公二年》。

⑥《传》曰“织蒲”。蒲,席也。言文仲为国为家,在于贪利也。【增】旧本“席”作“蒲”,则与《左氏传》同。案,孔颖达疏云:“《家语》说此事,作‘妾织席’,知织蒲是为席以贩卖也。”由此观之,《家语》本作“织席”,而后人误写作“织蒲”也。王注云:“《传》曰‘织蒲’。”其意亦可见矣。纯今谨正之,览者详诸。

⑦【增】《左氏传》有“也”字。

⑧ 居蔡。蔡,天子之守龟,非文仲所有,故曰虚器也。【增】杜预曰:“有其器而无其位,故曰虚。”

⑨ 夏父弗忌为宗伯[1],跻僖公于闵公之上,文仲纵而不禁也。【增】《左氏传》曰:“秋,八月,丁卯,大事于太庙,跻僖公,逆祀也。”杜预曰:“僖是闵兄,不得为父子。尝为臣,位应在下。令居闵上,故曰逆祀。”

⑩ 海鸟止于鲁东门之上,文仲不知[2],而令国人祠之。是不智[3]也。【增】《左氏传》作“祀爰居”,杜预曰:“海鸟曰爰居。”

⑪【增】《左氏传》有“也”字。

⑫ 武仲在齐,齐庄公将与之田[4],武仲知庄公将有难,辞而不受也。【增】此事亦在鲁襄公二十三年。详见《左氏传》。○难,乃旦反。

⑬ 不顺、不恕,谓[5]废適立庶,武仲之所以然,欲为施于季氏也。○【增】施,依王注读,音始豉反,不若读如字。

---

[1] “父”,宽永本作“公”,误。“宗伯”,黄鲁曾本、宽永本作“宋人”。林按,“宋”显系“宗”之讹。

[2] “不知”,宽永本脱。

[3] “智”,黄鲁曾本、宽永本(一)作“知”。

[4] “在”,黄鲁曾本、宽永本作“奔”。“将”,宽永本无。

[5] “谓”,黄鲁曾本、宽永本作“为”。

⑭ 念此在此[1]，当顺其事，恕其施也。【增】《夏书》，今《虞书·大禹谟》之辞。杜预曰："念此事在此身，言行事当常念如在己身也。"《左氏传》"顺事恕施"下有"也"字。○【增】夏，户雅反。

颜回问[2]君子。孔子曰："爱近仁，度近智①，为己不重，为人不轻，君子也夫②。"回曰："敢问其次。"子曰："弗学而行，弗思而得。小子勉之。"

① 度事而行，近于智也。○【增】度，达各反。

② 不重为人。○【增】为，于伪反。夫音扶。

仲孙何忌问于颜回曰："仁者一言而必有益于仁智，可得闻乎①？"回曰②："一言而有益于智，莫如豫[3]；一言而有益于仁，莫如恕。夫知其所不可由，斯知其[4]所由矣③。"

① 【增】仲孙何忌，鲁大夫，孟懿子。

② 【增】疑"回"上阙"颜"字。

③ 【增】由，犹行也。旧本阙二"其"字，今据《颜子》补之。○【增】夫音扶。

颜回问小人，孔子曰："毁人之善以为辩，狡讦怀诈以为智①，幸人之有过，耻学而羞不能，小人也。"

---

[1] "念"，黄鲁曾本讹作"今"。"此"，黄鲁曾本、宽永本作"常"。

[2] "问"，黄鲁曾本、宽永本下衍"于"字。

[3] "豫"，黄鲁曾本、宽永本作"预"。

[4] "其"，黄鲁曾本、宽永本无。

①【增】狡，猾也。包咸曰："讦，谓攻发人之阴私也。"○【增】狡，古卯反。讦，居谒反。

颜回谓[1]子路曰："力猛于德而得其死者鲜矣，盍慎诸焉①？"

①【增】鲜，罕也。盍，何不也。○【增】鲜，仙善反。盍，户腊反。

孔子谓颜回曰："人莫不知此道之美，而莫之御也①，莫之为也。何居②？为闻道[2]者，盍日思也夫③？"

① 御，犹待也。

②【增】郑玄曰："居，读为'姬姓'之'姬'。齐鲁之间语助也。"○【增】居音姬。

③ 为闻道者，日有闻而后言者也[3]。【增】旧本阙"道"字，今据《颜子》补之。盍，何不也。○【增】盍，户腊反。夫音扶。

颜回问于孔子曰："小人之言，有同乎君子者，不可不[4]察也。"孔子曰："君子以行言①，小人以舌言。故君子于[5]为义之上②相疾也③，退而相爱；小人于为乱之上相爱

---

[1] "谓"，黄鲁曾本作"问"。

[2] "道"，宽永本脱，下注同。

[3] 本注，宽永本(一)作"为闻，盍日有闻而后言者"，宽永本(二)作"为闻者，日有闻而后思者"。

[4] "不"，宽永本无。

[5] "故君子于"，黄鲁曾本无"于"字，宽永本(一)作"于君子"，宽永本(二)作"君子于"。

也，退而相恶④。”

① 【增】行，下孟反。

② 【增】先儒皆以“上”与“尚”通。

③ 相疾[1]，急欲相劝令为仁义。

④ 乐并为乱，是以相爱。小人之情，不能久亲也。○【增】恶，乌故反。

颜回问：“朋友之际如何①？”孔子曰：“君子之于朋友也，心必有非焉，而弗能谓②，吾不知其仁人也。不忘久德，不思久怨，仁矣夫③。”

① 【增】际，交际也。

② 【增】谓，如《诗》“遐不谓矣”之“谓”。

③ 【增】夫音扶。

叔孙武叔见①，未仕于颜回②，回曰：“宾之③。”武叔多称人之过，而己评论之④，颜回曰：“固子之来辱也，宜有得于回焉⑤。吾闻[2]诸孔子曰：‘言人之恶，非所以美己；言人之枉，非所以正己。’故君子攻其恶，无攻人之[3]恶。”

① 【增】叔孙武叔，鲁大夫，名州仇。○【增】见，贤遍反。

② 【增】先儒以为“仕”当作“侍”。一本无“未仕”二字，属上为一句。

③ 【增】一本无此句。

---

[1] “疾”，黄鲁曾本、宽永本(一)作“病”。

[2] “闻”，黄鲁曾本下衍“知”字。

[3] “之”，黄鲁曾本无。

④【增】己音纪，下同。

⑤【增】一本无“固子”以下十二字，《颜子》同。

颜回谓子贡曰：“吾闻诸夫子：‘身不用礼而望礼于人，身不用德而望德于人，乱也。’夫子之言，不可不思也。”

子路初见第十九①

①【增】凡十一章。

子路初[1]见孔子。子曰：“汝何好乐①？”对曰：“好长剑。”孔子曰：“吾非此之问也，徒谓以子之所能，而加之以学问，岂可及乎？”

子路曰：“学岂益也哉②[2]？”孔子曰：“夫人君而无谏臣则失正，士而无教友则失听③。御狂马不释策④，操弓不反檠⑤。木受绳则直，人受谏则圣⑥。受学重问，孰不顺哉⑦？毁仁恶士[3]，必近于刑⑧。君子不可不学⑨。”

子路曰：“南山有竹，不揉[4]自直⑩，斩而用之，达于犀

[1] “初”，黄鲁曾本无。

[2] “也哉”，黄鲁曾本作“哉也”。

[3] “士”，黄鲁曾本作“仕”。

[4] “揉”，黄鲁曾本作“柔”。

革。以此言之，何学之有？"孔子曰："括[1]而羽之，镞而砺之，其入之不亦深乎⑪？"

子路再拜，曰："敬而受教。"

①【增】好，呼报反，下同。乐，五教反。

②【增】一本"岂"下有"有"字，《说苑》作"学亦有益乎"。

③【增】《说苑》"正"作"政"，"听（聽）"作"德"。案，此二句与下文协韵，作"听"为是。○【增】夫音扶。

④ 御狂马者，不得释箠策也。

⑤ 弓不反于檠，然后可持也。【增】贾公彦曰："檠，谓弓匣。"○【增】操，七刀反。檠音景。

⑥【增】《说命》曰："惟木从绳则正，后从谏则圣。"

⑦【增】一本"哉"作"成"，《说苑》同。○【增】重，直用反。

⑧ 谤毁仁者，憎怨士人，必主于刑也。【增】本注"主"字可疑。○【增】恶，乌故反。

⑨【增】一本有"也"字。

⑩【增】揉，如九反。

⑪【增】《说苑》"亦"作"益"。○【增】括，古活反。镞，子木反。

子路将行，辞于孔子。子曰："予[2]赠汝以车乎[3]？赠汝以言乎①？"子路曰："请以言。"孔子曰："不强不达②，不劳无功，不忠无亲，不信无复③，不恭失礼。慎此五者

[1] "括"，黄鲁曾本、宽永本作"栝"。
[2] "予"，黄鲁曾本无。
[3] "乎"，宽永本(一)无。

而已[1]。”

子路曰:“由请终身奉之。敢问亲交取亲若何④?言寡可行若何?长为善事[2]而无犯若何⑤?”孔子曰:“汝所问,包[3]在五者中矣。亲交取亲,其忠也⑥;言寡可行,其信也[4];长为善事[5]而无犯,其[6]礼也。”

①【增】一本无“予”字。

② 人不以强力,则不能自达。【增】《说苑》“达”作“远”。〇【增】强,其两反。

③ 信近于义,言可复也。今而不信,则无可复。

④【增】亲交,《说苑》作“新交”,下同。

⑤【增】一本“事”作“士”,下同,《说苑》同。

⑥【增】《说苑》“也”作“乎”,下同。

孔子为鲁司寇,见季康子,康子不悦①。孔子又见之。宰予进曰:“昔予也尝[7]闻诸夫子曰:‘王公不我聘,则弗动。’今夫子之于司寇也日少②,而屈节数矣③,不可以已乎?”孔子曰:“然。鲁国以众相陵、以兵相暴之日久矣,而有司不治,则将乱也。其聘我者,孰大于是哉④?”

鲁人闻之,曰:“圣人将治,何不先自远刑罚⑤?”自此之

[1] “已”,黄鲁曾本作“矣”。

[2] “事”,黄鲁曾本作“士”。

[3] “包”,黄鲁曾本作“苞”。

[4] “也”,黄鲁曾本作“乎”。

[5] “事”,黄鲁曾本作“士”。

[6] “其”,黄鲁曾本作“于”,误。

[7] “尝”,黄鲁曾本作“常”。

后，国无争者。

① 当为桓子，非康子也。【增】《说苑》“不”作“未”。

② 谓在司寇官少日浅。

③ 谓屈节数见于季孙。○【增】数，色角反。

④ 言聘我使在官，其为治岂复有[1]大于此者也。

⑤【增】远，于万反。

孔子谓宰予①曰：“违山十里，蟪蛄之声，犹在于耳，故政事莫如应之②。”

①【增】宰予，《说苑》作“弟子”。

② 违，去也。蟪蛄，蛁蟟也。蛁蟟之声，去山十里，犹在于耳，以其鸣而不已，言政事须慎听之，然后行之者也。【增】《说苑》“应”作“膺”。○【增】蟪，胡桂反。蛄，古胡反。

孔子兄子有孔蔑[2]者①，与宓子贱偕仕②。孔子往过孔蔑③，而问之曰：“自汝之仕，何得何亡④[3]？”对曰：“未有所得，而所亡者三。王事若龙⑤，学焉得习⑥，是学不得明也；俸禄少，饘粥不及亲戚⑦，是[4]骨肉益疏也；公事多急，不得吊死问疾，是朋友之道阙也。其所亡者三，即谓此也。”孔子不悦。

---

[1] “有”，黄鲁曾本作“可”。

[2] “蔑”，黄鲁曾本、宽永本作“篾”，下同。

[3] “亡”，宽永本作“忘”，下同。

[4] “是”，黄鲁曾本、宽永本此下有“以”字。

往过子贱，问如孔蔑。对曰："自来仕[1]，无所亡，其有所得者三。始诵之，今得而行之⑧，是学益明也；俸禄所供，被及亲戚⑨，是骨肉益亲也；虽有公事，而兼以吊死问疾，是朋友笃也。"

孔子喟然谓子贱曰："君子哉若人⑩！鲁无君子者，则子贱焉取此⑪。"

① 【增】《说苑》"兄"作"弟"。○【增】蔑，莫结反。

② 【增】一本"偕"作"皆"，《说苑》同。

③ 【增】过音戈，下同。

④ 【增】一本"亡"作"忘"，下同。

⑤ 龙，宜为"袭"，言[2]前后相因也。【增】《说苑》"龙"作"袭"。

⑥ 言不得习学也。○【增】焉，於虔反，下同。

⑦ 【增】厚曰饘，希曰粥。○【增】俸，扶用反。饘，之然反。

⑧ 【增】《说苑》作"今履而行之"。

⑨ 【增】被，皮义反。

⑩ 若人，犹言是人者也。○【增】喟，苦位反。

⑪ 如鲁无君子者，此人安得而学之。言鲁有君子也。

孔子侍坐于哀公①，赐之桃与黍焉。哀公曰："请用[3]。"孔子先食黍而后食桃，左右皆掩口而笑。公曰："黍者所以雪桃②，非为食之也③。"孔子对曰："丘知之矣。然夫

---

[1] "仕"，黄鲁曾本、宽永本此下有"者"字。

[2] "袭"、"言"二字，黄鲁曾本、宽永本讹为"詟"。

[3] "用"，黄鲁曾本作"食"。

黍者，五谷之长，郊祀[1]宗庙，以为上盛④[2]。果属有六，而桃为下，祭祀不用，不登郊庙。丘闻之，君子以贱雪贵，不闻以贵雪贱。今以五谷之长，雪果之下者，是从上雪下。臣以为妨于教、害于义，故不敢。”公曰：“善哉！”

① 【增】坐，才卧反。

② 雪，拭。

③ 【增】为，于伪反。

④ 【增】夫音扶。长，竹丈反。盛音成。

子贡曰：“陈灵公宣淫于朝①，泄冶[3]正谏②，而杀之。是与[4]比干谏而死同，可谓仁乎？”子曰：“比干于纣，亲则诸父，官则少师③，忠报之心，在于宗庙而已，固必以死争之④，冀身死之后，纣将悔悟[5]，其本志情在于仁者也。泄冶之于灵公，位在大夫，无骨肉之亲，怀宠不去，仕于乱朝，以区区之一身，欲正一国之淫昏，死而无益，可谓捐矣⑤。《诗》云：‘民之多僻[6]，无自立辟⑥。’其泄冶之谓乎？”

① 灵公与卿共淫夏姬。【增】陈灵公，名平国。《春秋左氏传·宣公九年》：“陈灵公与孔宁、仪行父通于夏姬，皆衷其衵服，以戏于朝。洩冶谏曰：

---

[1] “祀”，黄鲁曾本作“礼”。

[2] “盛”，黄鲁曾本属下读，误。

[3] “冶”，黄鲁曾本、宽永本(二)作“治”。此下“冶”字，黄鲁曾本皆作“治”。

[4] “与”，宽永本作“以”。

[5] “悟”，黄鲁曾本作“寤”。

[6] “僻”，黄鲁曾本作“辟”，误。

‘公卿宣淫，民无效焉。且闻不令，君其纳之。’公曰：‘吾能改矣。’公告二子，二子请杀之。公弗禁，遂杀洩冶。”杜预曰：“夏姬，郑穆公女，陈大夫御叔妻。衷，怀也。衵服，近身衣。宣，示也。”〇【增】朝，直遥反，下同。

② 【增】《春秋·宣公九年》：“陈杀其大夫洩冶。”〇【增】泄、洩同，音息列反。冶音也。

③ 【增】少，诗照反。

④ 【增】争，侧迸反。

⑤ 【增】捐，弃也。

⑥ 僻，邪。辟，法[1]。【增】《诗》，《大雅·板》篇。“多僻”，《诗》作“多辟”。〇【增】僻，匹亦反。辟，婢亦反。

孔子相鲁①。齐人患其将霸，欲败其政②，乃选好女子八十人，衣以文饰，而舞容玑③，及文马四十驷④，以遗鲁君⑤。陈女乐、列文马于鲁城南高门外。季桓子微服往观之再三⑥，将受焉，告鲁君为周道游观，观之终日⑦，怠于政事。子路言于孔子曰：“夫子可以行矣。”孔子曰：“鲁今且郊，若致膰于大夫⑧，是则未废其常⑨，吾犹可以止也。”

桓子既受女乐，君臣淫荒三日，不听国政，郊又不致膰俎。孔子遂行，宿于郭屯⑩。师己[2]送⑪，曰：“夫子非罪也。”孔子曰：“吾歌可乎？”歌曰：“彼妇人之口，可以出走⑫；彼妇人之谒[3]，可以死败⑬。优哉游哉，聊以卒岁⑭。”

① 【增】《孔子世家》曰：“定公十四年，孔子年五十六，由大司寇，行摄相

[1] “法”，黄鲁曾本脱。

[2] “己”，黄鲁曾本、宽永本作“以”。

[3] “谒”，黄鲁曾本作“请”。

事。"○【增】相,息亮反。

②【增】败,必迈反。

③ 容玑,舞曲。【增】容玑,《史记》作"康乐"。○【增】衣,於既反。

④ 驷,四马也。【增】《史记》"四"作"三"。

⑤【增】遗,唯季反。

⑥【增】三,息暂反。

⑦【增】周道,周遍道路也。○【增】游观,古玩反。

⑧ 膰,祭肉也。○【增】膰音烦。

⑨【增】是则,一本作"则是"。

⑩【增】《史记》作"宿乎屯",《注》:"屯在鲁之南也。"《索隐》曰:"屯,地名。"

⑪【增】师己,盖乐师名己也。一本"己"作"以"。○【增】己音以,又音纪。

⑫【增】《史记》无"人"字,下同。

⑬ 言妇人口请谒,足以使人死败,故可以出走也[1]。

⑭ 言仕不遇,故且优游以终岁也。[2]【增】郑玄曰:"聊,且略之辞。"《史记》"优"上有"盖"字,"聊"作"维"。

澹台子羽有君子之容,而行不胜其貌①。宰我有文雅之辞,而智不充其辩。孔子曰:"里语云:'相马以舆,相士以居②'弗可废矣。以容取人,则失之子羽;以辞取人,则失之宰予。"

①【增】行,下孟反。

②【增】相,息亮反。

[1] "以""也",黄鲁曾本、宽永本无。

[2] "仕",黄鲁曾本、宽永本作"士"。"故且",黄鲁曾本、宽永本无。

孔子曰:"君子以其所不能畏人,小人以其所不能不信人。故君子长人之才①,小人抑人而取胜焉。"

①【增】长,竹丈反。

孔蔑[1]问行己之道。子曰:"知而弗为,莫如勿知;亲而弗信,莫如勿亲。乐之方至,乐而勿骄①;患之将至,思而勿忧。"孔蔑曰:"行己乎?"子曰:"攻其所不能,补其所不足②[2]。毋以其所不能疑人,毋以其所能骄人。终日言无遗己[3]忧③;终日行不遗己患,唯智者有之④。"

①【增】乐音洛。

②【增】一本"补"作"备",一本"足"作"备"。

③【增】一本"己"下有"之"字,下同。○【增】遗,唯季反,下同。

④【增】一本"有"作"能"。

在厄第二十①

①【增】凡四章。

---

[1] "蔑",黄鲁曾本、宽永本作"篾"。下同。

[2] "足",黄鲁曾本作"备"。

[3] "己",黄鲁曾本、宽永本此下衍"之"字。

楚昭王聘孔子，孔子往拜礼焉，路出于陈、蔡。陈、蔡大夫相与谋曰："孔子圣贤①，其所刺讥，皆中诸侯之病②。若用于楚，则陈、蔡危矣。"遂使徒兵距孔子。

孔子[1]不得行，绝粮七日，外无所通，藜羹不充③，从者皆病④。孔子愈慷慨讲诵[2]，弦歌不衰。乃召子路而问焉，曰："《诗》云：'匪兕匪虎，率彼旷野⑤。'吾道非乎，奚为至于此？"子路愠，作色而对曰⑥："君子无所困。意者夫子未仁与⑦，人之弗吾信也⑧？意者夫子未智与，人之弗吾行也⑨？且由也昔者闻诸夫子曰[3]：'为善者，天报之以福；为不善者，天报之以祸。'今夫子积德怀义，行之久矣，奚居之穷也？"子曰："由未之识也，吾语汝⑩：汝以仁者为必信也，则伯夷、叔齐不饿死首阳⑪；汝以智者为必用也，则王子比干不见剖心⑫；汝以忠者为必报也，则关龙逢[4]不见刑⑬；汝以谏者为必听也，则伍[5]子胥不见杀⑭。夫遇不遇者，时也⑮；贤不肖者，才也。君子博学深谋而不遇时者众矣，何独丘哉！且芝兰生于深林，不以无人而不芳。君子修道立德，不为[6]穷困而改节⑯。为之者，人也；生死者，命也。是以晋重耳之有霸心，生于曹、卫⑰；越王句[7]践之有霸心，生于会稽⑱。故居下而无忧者，则思不远；处身而常逸者，则志

[1] "孔子"，宽永本脱。
[2] "诵"，黄鲁曾本、宽永本(一)脱。
[3] "曰"，黄鲁曾本脱。
[4] "逢"，标笺本、宽永本作"逄"。
[5] "伍"，标笺本无。
[6] "为"，黄鲁曾本作"谓"。
[7] "句"，黄鲁曾本、宽永本作"勾"。

不广。庸知其终始乎⑲？"子路出。

召子贡，告如子路。子贡曰："夫子之道至大，故天下莫能容⑳，夫子盍少贬焉㉑？"子曰："赐，良农能稼，不必能穑㉒；良工能巧，不能为顺㉓。君子能修[1]其道，纲而纪之，不必其能容。今不修其道而求其容。赐，尔志不广矣，思不远矣！"子贡出。

颜回入，问亦如之。颜回曰："夫子之道至大，天下莫[2]能容，虽然，夫子推而行之，世不我用，有国者之丑也。夫子何病焉？不容然后见君子。"孔子欣然叹曰㉔："有是哉，颜氏之子。使[3]尔多财，吾为尔宰㉕。"

① 【增】圣贤，《史记》作"贤者"，李善《文选注》作"贤圣"。

② 【增】《史记》"病"作"疾"。〇【增】中，陟仲反。

③ 【增】《荀子》"充"作"糂"，"糂"与"糁"同，《韩诗外传》作"糁"，《说苑》同。

④ 【增】从，才用反。

⑤ 率，循[4]也。言非兕虎，而循旷野也。【增】《诗》，《小雅·何草不黄》篇，毛苌曰："兕、虎，野兽也。旷，空也。"〇【增】兕，徐履反。

⑥ 【增】愠，纡问反。

⑦ 【增】与音馀，下同。

⑧ 言人不信吾，岂以未仁乎？[5]

---

[1] "能"，标笺本无。

[2] "莫"，宽永本此下衍"不"字。

[3] "使"，黄鲁曾本、宽永本上有"吾亦"二字。

[4] "循"，黄鲁曾本作"修"，下同。

[5] 此句，黄鲁曾本、宽永本作"言人不信，岂以未仁故也"。

⑨ 言人不使通行而困穷者，岂以吾未智乎[1]？

⑩【增】语，鱼据反。

⑪【增】伯夷、叔齐，孤竹君之二子也。兄弟让国而逃，及武王伐纣，伯夷、叔齐耻之，义不食周粟，隐于首阳山，采薇而食之，遂饿而死。马融曰："首阳山，在河东蒲坂县，华山之北，河曲之中。"

⑫【增】王子比干，纣之亲戚也，见箕子谏不听而为奴，则曰："君有过而不以死争，则百姓何辜？"乃直言谏纣，纣怒曰："吾闻圣人之心有七窍，信有诸乎？"乃遂杀王子比干，刳视其心。○【增】剖，普口反。

⑬【增】关龙逄，夏桀时忠臣，谏桀而被杀。○【增】逄，白江反。

⑭【增】伍子胥，楚人，名员，去楚之吴，事王阖庐及夫差。夫差后用太宰嚭而疏子胥，嚭因谮子胥，夫差赐子胥属镂之剑，曰："子以此死。"子胥乃自刭死。

⑮【增】夫音扶。

⑯【增】为，于伪反。

⑰ 重耳，晋文公也。为公子时，出奔，困于曹、卫。【增】晋公子重耳出亡，处狄十二年而行，过卫，卫文公不礼焉。及曹，曹共公闻其骈胁，欲观其裸。浴，薄而观之。重耳后入于晋，杀怀公而立为君，是为文公，遂霸诸侯。详见《春秋左氏传》。○【增】重，直龙反。

⑱ 言越王之有霸心，乃生困于会稽之时也。【增】吴王夫差败越于夫椒，遂入越。越王句践以甲楯五千保于会稽，使大夫种行成。后越反伐吴而灭之，遂霸诸侯。详见《春秋左氏传》及《国语》。会稽，山名。○【增】句，古侯反。会，古外反。

⑲ 庸，用也。汝何用知其终始，或者若[2]文公、越王之时也。○【增】思，息嗣反。处，昌吕反。

⑳【增】一本更有"夫子"二字，盖衍文。

---

[1] "乎"，黄鲁曾本、宽永本作"也"。

[2] "若"，黄鲁曾本作"晋"。

㉑【增】盍，何不也。○【增】盍，户腊反。

㉒ 种之为稼，敛之为穑。言良农能善种之，未必能敛获之也[1]。

㉓ 言良工能巧，不能每顺人意也。

㉔【增】一本“叹”作“笑”，《颜子》同。

㉕ 宰，主财者也。为汝主财，言志意同也。[2]【增】旧本“使”上衍“吾亦”二字。

子路问于孔子曰：“君子亦有忧乎？”子曰：“无也。君子之修行也①，其未得之，则乐其意②；既得之，又乐其治③。是以有终身之乐，无一日之忧。小人则不然，其未得也，患弗得之④；既得之，又恐失之。是以有终身之忧，无一日之乐也。”

①【增】行，下孟反。

②【增】乐音洛，下同。

③【增】《说苑》“治”作“知”。○【增】治，直吏反。

④【增】《荀子》“患”作“忧”，《说苑》同。

曾子敝[3]衣而耕于鲁，鲁君闻之而致邑焉。曾子固辞不受。或曰：“非子之求，君自致之，奚固辞也？”曾子曰：“吾闻受人施者，常畏人①；与人者，常骄人。纵君有赐，不我骄也，吾岂能勿畏乎？”孔子闻之，曰：“参之言，足以全其节也。”

---

[1] “言”，黄鲁曾本无。“善”，黄鲁曾本作“盖”，宽永本作“既”。“也”，黄鲁曾本、宽永本下有“哉”字。

[2] “首”“也”字，黄鲁曾本无。“言”，黄鲁曾本无。“志意”，黄鲁曾本作“意志”。

[3] “敝”，黄鲁曾本、宽永本作“弊”。

①【增】施，始豉反。

孔子厄于陈、蔡，从者七日不食①。子贡以所赍货，窃犯围而出②，告籴于野人，得米一石焉③。颜回、仲由炊之于坏屋之下，有埃墨堕饭中，颜回取而食之。

子贡自井望见之，不悦，以为窃食也。入问孔子曰："仁人廉士，穷改节乎？"孔子曰："改节，即何称于仁廉哉？"子贡曰："若回也，其不改节乎？"子曰："然。"子贡以所饭告孔子④。子曰："吾信回之为仁久矣，虽汝有云，弗以疑也，其或者[1]必有故乎？汝止，吾将问之。"召颜回曰："畴昔予梦见先人⑤，岂或启佑我哉？子炊而进饭，吾将进焉。"对曰："向有埃墨堕饭中，欲置之则不洁；欲弃之则可惜，回即食之。不可祭也。"孔子曰："然乎，吾亦食之。"

颜回出，孔子顾谓二三子曰："吾之信回也，非待今日也。"二三子由此乃服之。

①【增】从，才用反。

②【增】赍，持也。○【增】赍，祖稽反。

③【增】籴，买谷也。○【增】籴，徒历反。

④【增】饭，扶晚反。

⑤【增】郑玄曰："畴，发声也。昔，犹前也。"○【增】畴，直留反。

---

[1] "者"，宽永本此下有"有"字，当为衍文。

入官第二十一①

①【增】此即《大戴礼・子张问入官》篇,文小异。凡一章。

子张问入官于孔子①。孔子曰:“安身取誉为难。”子张曰:“为之如何?”孔子曰:“己有善勿专②,教不能勿怠③,已过勿发④,失言勿掎⑤,不善勿遂⑥,行事勿留⑦,君子入官,自[1]此六者⑧,则身安誉至而政从矣⑨。且夫忿数者,官狱所由生也⑩;距谏者,虑之所以塞也;慢易者,礼之所以失也⑪;怠惰者,时之所以后也⑫;奢侈者,财之所以不足也;专独者,事之所以不成也。君子入官,除此六者,则身安誉至而政从矣。

① 入官,谓当官治民之职也。

② 虽有善,当与下共之,勿专以为己有也[2]。

③ 怠,懈。【增】《大戴礼》“怠”作“措”。

④ 言人已过误,无所伤害,勿发扬。○【增】已音以。

⑤ 有人失言,勿掎角之。【增】《春秋左氏传》曰:“譬如捕鹿,晋人角之,诸戎掎之。”杜预曰:“掎其足也。”《大戴礼》“掎”作“踦”。○【增】掎,居绮反。

⑥ 己有不善,不可遂行。

⑦ 宜行之事,勿令留滞。

⑧【增】《大戴礼》“自”下有“行”字,“六”下有“路”字。

[1] “自”,黄鲁曾本作“有”。

[2] “也”,宽永本此上衍“者”字。

⑨ 众从其政，无违教也。

⑩【增】一本无“官”字，狱下有“之”字，《大戴礼》同。○【增】夫音扶，下同。数，色角反。

⑪【增】易，以豉反，下同。

⑫【增】后，胡豆反。

“故君子南面临官，大域之中而公治之①，精智而略行之②，合是忠信，考是大伦，存是美恶，进是利而除是害，无求其报焉，而民之情可得也。夫临之无抗民之恶③，胜之无犯民之言④，量之无佼民之辞⑤，养之无扰于其时，爱之无宽于刑法⑥。若此，则身安誉至而民得也⑦。

① 大域，犹宰较也。【增】《大戴礼》“域”作“城”，无“之中”二字。

② 以精知之，略[1]举其要而行之。【增】《大戴礼》“智”作“知”。

③ 治民无抗扬之志也。

④ 以慎胜民，言不犯民。

⑤ 佼，犹周也。度量而施政，辞不周民也。【增】《大戴礼》“佼”作“狡”。○【增】佼，古卯反。

⑥ 言虽爱民，不可宽于刑法，威克其爱，故事无不成也。

⑦【增】《大戴礼》“民”下有“自”字。

“君子以临官①，所见则迩②，故明不可蔽③[2]；所求于迩④，故不劳而得也⑤。所以治者约，故不用众而誉立⑥。凡法象在内，故法不远而源泉不竭⑦，是以天下积而本不寡⑧。

---

[1] “精”，宽永本作“情”。“略”，黄鲁曾本此下有“行”字，疑衍。

[2] “蔽”，黄鲁曾本此下有“也”字。

短长得其量，人志治而不乱⑨。政[1]德贯乎心，藏乎志，形乎色，发乎声。若此，而身安誉至，民咸自治矣。是故，临官不治则乱，乱生则争之者至，争之至，又于乱⑩。明君必宽裕[2]以容其民，慈爱优柔之，而民自得矣。

①【增】“以”字，《大戴礼》作“南面”。

②【增】《大戴礼》无“则”字。

③ 所见迩，谓察于微也。

④【增】《大戴礼》无“于”字。

⑤ 所求者近，故不劳而得也。

⑥【增】《大戴礼》“立”作“至”。

⑦ 法象近在于内，故不远而源泉不竭尽。【增】“故法不远”，《大戴礼》无“法”字。

⑧ 言天下之事，皆积聚而成。如源泉之本，非徒不竭，乃不寡。

⑨【增】量音亮。治，直吏反。下“自治”同。

⑩ 小乱则争，争之甚者，又大乱至也[3]。【增】《大戴礼》“又”下有“反”字。

“行者，政之始也①。说者，情之导也②。善政，行易而民不怨③，言调说和，则民不变④。法在身，则民象之⑤[4]。明在己，则民显之。若乃供己而不节财[5]，则财利之生者微矣⑥；贪以不得，则善政必简矣⑦；苟以乱之，则善言必不

---

[1] “政”，黄鲁曾本属上读。

[2] “裕”，宽永本作“宥”。

[3] “也”，黄鲁曾本此上有“矣”字。

[4] “之”，黄鲁曾本脱。

[5] “财”，黄鲁曾本无。

听也；详以纳之，则规谏日至⑧。言之善者，在所日闻⑨；行之善者，在所能为⑩。故君上者，民之仪也；有司执政者，民之表也；迩臣便僻者，群仆之伦也⑪。故仪不正，则民失；表不端，则百姓乱；迩臣便辟[1]，则群臣污矣⑫。是以人主不可不敬乎三伦⑬。

① 行为政始，言民从行不从言也。○行，下孟反。

② 言说者但导达其情。

③ 言善政行简易而民无怨者也。

④ 调，适[2]也。言适于事，说和于民，则不变。

⑤ 言法度常[3]在身，则民法之。

⑥ 言自供不节于财，则不可供，生财之道微矣。

⑦ 言徒贪于不得财，善政则简略而不修也。

⑧ 纳善言也。

⑨ 日闻善言，可行于今日也。

⑩【增】行，下孟反。

⑪ 僻，宜为“辟”。便辟，执事在君之左右者。伦，纪也，为众之纪。【增】《大戴礼》“僻”作“辟”。纯谓本注“辟”字当为“嬖”。○【增】便，婢绵反。僻，依本注读为“辟”，则音婢亦反。

⑫【增】《大戴礼》“迩臣便辟”之下有“不正廉”三字，疑此阙文。

⑬【增】三伦，谓仪、表、伦也。

“君子修身，反道察理[4]，言而服之①，则身安誉至，终

[1] “辟”，黄鲁曾本、宽永本作“僻”。

[2] “适”，宽永本作“通”。

[3] “度常”，宽永本作“常度”，误。

[4] “理”，黄鲁曾本作“里”。

始在焉。故夫女子必自择丝麻，良工必自择完[1]材，贤君必自择左右。劳于取人，佚于治事。君子欲誉，则必谨其左右。为上者，譬如缘木焉，务高而畏下兹[2]甚②。六马之乖离，必于四达之交衢。万民之叛道，必于君上之失政。上者尊严而危，民者卑贱而神③。爱之则存，恶之则亡。长民者必明此之要④。故南面临官，贵而不骄，富而能供⑤，有本而能图末，修事而能建业⑥，久居而不滞，情近而知[3]远⑦，故[4]察一物而贯乎多⑧，治一物而万物不能乱者，以身本者也⑨。

① 服，行。

②【增】兹，与"滋"通，益也。《大戴礼》作"滋"。

③ 君有爱思之心感于民，故谓如神。

④【增】恶，乌故反。长，竹丈反。

⑤ 供，宜为"共"，古"恭"字也。

⑥ 既能修治旧事，又能建立[5]功业也。

⑦【增】一本"知"作"畅乎"二字。

⑧【增】一本无"故"字，《大戴礼》"贯"作"关"。

⑨【增】《大戴礼》"本"上有"为"字。

---

[1] "完"，黄鲁曾本作"貌"。

[2] "兹"，黄鲁曾本作"滋"。

[3] "知"，黄鲁曾本作"畅乎"。

[4] "故"，黄鲁曾本无。

[5] "能"，黄鲁曾本此上有"人君"二字，疑衍。"立"，黄鲁曾本作"乎"，宽永本此下衍"子"字。

“君子涖[1]民，不可以不知民之性而达诸民之情①。既知其性，又习其情，然后民乃从命矣。故世举则民亲之，政均则民无怨。故君子涖民，不临以高②，不导以远，不责民之所不为，不强民之所不能③。以明王之功，不因其情，则民严而不迎④；笃之以累年之业，不因其力，则民引而不从⑤。若责民所不为，强民所不能，则民疾，疾则僻矣⑥。

① 【增】涖音利，又音类。

② 不抗[2]扬也。

③ 【增】强，其两反，下同。

④ 迎，奉也，民严畏其上，而不奉迎[3]其教。

⑤ 引，弦也。苟教之以非其力之所堪，则民引弦而不从其教也。[4]

⑥ 民疾其上，即邪僻之心生。

“古者圣主冕而前旒，所以蔽明也①；纮紞充耳，所以掩聪也②。水至清即[5]无鱼③，人至察则无徒。枉而直之，使自得之；优而柔之，使自求之④；揆而度之，使自索之⑤。民有小罪，必求其善，以赦其过；民有大罪，必原其故，以仁辅化；如有死罪，其使之生则善也。是以上下亲而不离，道化

---

[1] “涖”，黄鲁曾本作“蒞”。下同。

[2] “抗”，黄鲁曾本作“亢”。

[3] “迎”，宽永本作“迒”，误。

[4] “弦”，黄鲁曾本作“弜”，同“弘”。“苟”，黄鲁曾本无。末“也”字，黄鲁曾本作“矣”。

[5] “即”，黄鲁曾本作“则”。

流而不蕴⑥。故德者,政之始也。政不和,则民不从其教矣⑦;不从教,则民不习;不习,则不可得而使也。

①【增】旒,垂玉也。○【增】冕音免。旒,力求反。

②【增】杜预曰:"纮,缨从下而上者。紞,冠之垂者。"毛苌曰:"充耳,谓之瑱。"《大戴礼》"充"作"塞"。○【增】纮,为萌反。紞,丁敢反。

③【增】一本"即"作"则",《大戴礼》同。

④ 优,宽也。柔,和也。使自求其宜也。

⑤ 揆度其法以开示之,使自索得之也。○【增】度,达各反。索,所白反。

⑥ 蕴,滞积也。○【增】蕴,纡粉反。

⑦【增】《大戴礼》"德"作"惠","和"作"正"。

"君子欲言之见信也,莫善乎先虚其内①;欲政之速行也,莫善乎以身先之;欲民之速服也,莫善乎以道御之。故虽服必强②,自非忠信,则无可以取亲于百姓者矣③。内外不相应,则无可以[1]取信于庶民者矣。此治民之至道矣,入官之大统矣。"

子张既闻孔子斯言,遂退而记之。

① 虚其内,谓直道而行,无情欲[2]也。

② 言民虽服,必以威强之,非心服也[3]。【增】《大戴礼》"故"下有"不先以身,虽行必邻也。不以道御之"十四字。此似阙文。

---

[1] "可以",黄鲁曾本作"已",误。

[2] "欲",黄鲁曾本、宽永本(一)作"故"。

[3] "也",黄鲁曾本此下有"哉"字。

③【增】《大戴礼》"自"作"故"。

困誓第二十二①

①【增】凡十章。

子贡问于孔子曰："赐倦于学，困于道矣，愿息而[1]事君，可乎？"孔子曰："《诗》云：'温恭朝夕，执事有恪①。'事君之难也，焉可以[2]息哉②！"

曰："然则赐愿息而事亲。"孔子曰："《诗》云：'孝子不匮，永锡尔类③。'事亲之难也，焉可以息哉！"

曰："然则[3]赐愿[4]息于妻子。"孔子曰："《诗》云：'刑于寡妻，至于兄弟，以御于家邦④。'妻子之难也，焉可以息哉！"

曰："然则[5]赐愿息于朋友。"孔子曰："《诗》云：'朋友攸摄，摄以威仪。'朋友之难也⑤，焉可以息哉！"

曰："然则赐愿息于耕矣⑥。"孔子曰："《诗》云：'昼尔于

[1] "而"，黄鲁曾本作"于"。

[2] "以"，黄鲁曾本无。

[3] "则"，黄鲁曾本无。

[4] "愿"，黄鲁曾本、宽永本此上有"请"字。

[5] "则"，黄鲁曾本无。

茅[1]，宵尔索绹，亟其乘屋，其始播百谷⑦。’耕之难也，焉可以息哉！”

曰：“然则赐将无所息者也⑧？”孔子曰：“有焉。自望其广，则皋[2]如也⑨；视其高，则填如也⑩；察其从，则隔如也⑪。此其所以息也矣⑫。”

子贡曰：“大哉乎死也！君子息焉，小人休焉⑬，大哉乎死也！”

① 敬也。【增】《诗》，《商颂·那》篇。○【增】恪，苦洛反。

② 焉，於虔[3]反。下“焉可”皆同。

③ 匮，竭也。类，善也。孝子之道不匮竭者，能以类相传，长锡尔以善道也。【增】《诗》，《大雅·既醉》篇。○【增】匮，其位反。

④ 刑，法也。寡，适也。御，正也。文王以正法接其寡妻，至于同姓兄弟，以正治天下之国家者矣。【增】《诗》，《大雅·思齐》篇。

⑤【增】《诗》，《既醉》篇。毛苌曰：“言相摄佐者以威仪也。”

⑥【增】《荀子》无“矣”字。

⑦ 宵，夜。绹，绞也。当以时治屋也。亟，疾也。当亟乘尔屋以善治之也。其复当修农播百谷，言无懈怠。【增】《诗》，《豳·七月》篇。毛苌曰：“尔，汝也。乘，升也。”○【增】绹，徒刀反。亟，纪力反。

⑧【增】《荀子》作“者乎”。

⑨ 广，宜为“圹”。皋，高貌也。圹而高，冢是也。[4]【增】《列子》“自”作“耳”，属上句，是也。《荀子》无“有焉自”三字，“皋”一作“睾”，同。○广，古

[1] “茅”，宽永本作“第”，误。

[2] “皋”，黄鲁曾本作“睪”。下注同。

[3] “虔”，宽永本作“处”，误。

[4] “宜”，黄鲁曾本作“反”，误。上“也”字，黄鲁曾本无。后“圹”字，黄鲁曾本作“墉”。

旷反。

⑩ 填，塞实貌也，冢虽高而塞实也。

⑪ 言其隔而不得复相从也。【增】“视其高”以下，《列子》作“宰如也，坟如也，鬲如也”九字，《荀子》作“嵮如也，鬲如也”六字。○【增】从，才用反。

⑫【增】一本“矣”作“已”。

⑬【增】《列子》“休”作“伏”。

孔子自卫将入晋，至河，闻赵简子杀窦犨鸣犊及舜华①，乃临河而叹曰：“美哉水，洋洋乎！丘之不济此，命也夫②！”子贡趋而进曰：“敢问何谓也③？”孔子曰：“窦犨鸣犊、舜华，晋之贤人夫也。赵简子未得志之时，须此二人而后从政。及其已得志也而杀之④。丘闻之，刳胎杀夭，则麒麟不至其郊⑤；竭泽而渔，则蛟龙不处其渊⑥；覆巢破卵，则凤皇[1]不翔其邑⑦。何则？君子违伤其类者也⑧。鸟兽之于不义，尚知避之，况于人乎？”遂还，息于邹⑨，作《槃操[2]》以哀之⑩。

① 【增】赵简子见《辩物》篇。《孔子世家》云：“至于河而闻窦鸣犊、舜华之死也。”《索隐》以为窦犨字鸣犊，是也。《孔丛子》云：“及河，闻鸣犊与窦犨之见杀也。”《说苑》云：“晋有泽鸣犊犨。”徐广云：“或作鸣铎窦犨”，诸说不同，要之声转字异，《索隐》近之。○【增】窦音豆。犨，尺由反。

②【增】夫音扶。

③【增】《说苑》“子贡”作“子路”。

[1] “皇”，黄鲁曾本作“凰”。

[2] “操”，黄鲁曾本、宽永本作“琴”。

④【增】赵简子当为赵孟。此时赵鞅未死，不当称谥，盖记者追书，失其义耳。

⑤【增】郑玄曰："少长曰夭。"《说文》曰："麒，仁兽也。"张揖曰："雄曰麒，雌曰麟。"〇【增】刳，口孤反。夭，乌老反。麒音其。麟，力珍反。

⑥【增】《说文》曰："蛟，龙之属也。"〇【增】蛟音交。处，昌吕反。

⑦【增】皇，与"凰"通。毛苌曰："凤凰，灵鸟，仁瑞也。雄曰凤，雌曰凰。"〇【增】覆，芳服反。卵，力管反。

⑧ 违，去也。违，或为"讳"也。

⑨【增】《世家》作"乃还息乎陬乡。"《索隐》曰："此陬乡非鲁之陬邑。"纯谓：《索隐》"陬邑"当为"鄹邑"。《孔丛子》云："回舆而旋之卫，息鄹。"鄹，即"邹"字。〇【增】还音旋。

⑩《槃操》，琴曲名也。【增】《世家》"槃"作"陬"，《孔丛子》载孔子所作《操》曰："周道衰微，礼乐陵迟。文武既坠，吾将焉归。周游天下，靡邦可依。凤鸟不识，珍宝枭鸱。眷然顾之，惨然心悲。巾车命驾，将适唐都。黄河洋洋，攸攸之鱼。临津不济，还辕息鄹。伤予道穷，哀彼无辜。翱翔于卫，复我旧庐。从吾所好，其乐只且。"〇【增】槃，薄寒反。

子路问于孔子曰："有人于此，夙兴夜寐，耕耘[1]树艺，手足胼胝，以养其亲，然而名不称孝。何也①？"孔子曰："意者身不敬与？辞不顺与？色不悦与②？古之人有言曰：'人与，己与，不汝欺③。'""今尽力养亲而无三者之阙，何谓无孝之名乎？"孔子曰④："由，汝志之！吾语汝⑤：虽有国士之力，而不能自举其身，非力之少，势不可矣。夫内行不修，身之罪也⑥；行修而名不彰，友之罪也。行修而名自立，故

[1]"耘"，黄鲁曾本作"芸"。

君子入则笃行，出则交贤，何为[1]无孝名乎⑦？”

①【增】杨倞曰：“树，栽植。艺，播种。”《玉篇》曰：“胼胝，皮厚也。手胼足胝。”○【增】胼，步田反。胝，竹尸反。养，羊尚反，下同。

②【增】《荀子》“顺”作“逊”，“悦”作“顺”，《韩诗外传》同。○【增】与，羊诸反，下同。

③ 言人与己，事实相通，不相欺也。【增】“人与”以下，《荀子》作“衣与缪与，不女聊”，《韩诗外传》作“衣欤食欤，曾不尔即”。

④【增】一本无此三字。

⑤【增】语，鱼据反。

⑥【增】夫音扶。行，下孟反。下“行修”同。

⑦【增】笃行，《韩诗外传》作“笃孝”。《荀子》“交”作“友”，《韩诗外传》同。

孔子遭厄于陈、蔡之间，绝粮七日，弟子馁病，孔子弦歌。子路入见曰：“夫子之歌，礼乎①？”孔子弗应，曲终而曰：“由来！吾语汝：君子好乐，为无骄也；小人好乐，为无慑也②。其谁之子，不我知而从我者乎③？”子路悦，援戚而舞，三终而出④。

明日免于厄。子贡执辔曰：“二三子从夫子而遭此难也，其弗忘矣⑤！”孔子曰：“善！恶何也⑥？夫陈、蔡之间，丘之幸也⑦。二三子从丘者，皆幸也。吾闻之，君上[2]不困不成王，烈士不困行不彰⑧。庸知其非激愤厉志之始，于是

[1] “为”，黄鲁曾本作“谓”。

[2] “上”，黄鲁曾本无。

乎在?”

①【增】馁,乃罪反。见,贤遍反。

② 慑,惧。○慑,之涉反。【增】语,鱼据反。好,呼报反。为,于伪反。

③ 其谁之子,犹言以谁氏子,谓子路也[1],虽从我而不知我也。【增】《说苑》“谁”下有“知”字,“其谁知之”为句,“子”字连下读。○【增】从,才用反,下同。

④【增】毛苌曰:“戚,斧也。”

⑤【增】难,乃旦反。

⑥ 善子贡言也。恶何,犹言“是何”也。○【增】恶,汪胡反。

⑦【增】夫音扶。

⑧【增】《说苑》“君上”作“人君”,“行不彰”作“不成行”。

孔子之宋,匡人简子以甲士围之①。子路怒,奋戟,将与之[2]战。孔子止之,曰:“恶有修仁义而不免世俗之恶者乎②?夫《诗[3]》、《书》之不讲,礼、乐之不习,是丘之过也。若以述先王、好古法而为咎者,则非丘之罪也,命也夫③[4]。歌,予和汝。”子路弹琴而歌,孔子和之,曲三终,匡人解甲而罢。④

①【增】《韩诗外传》云:“孔子行。简子将杀阳虎,孔子似之,带甲以围孔子舍。”《说苑》云:“孔子之宋。匡简子将杀阳虎,孔子似之,甲士以围孔子之舍。”《孔子世家》云:“孔子去卫,将适陈,过匡,颜刻为仆,以其策指之

---

[1] “其谁之子,犹言以谁氏子,谓子路也”,“也”,黄鲁曾本作“曰”,误。宽永本(一)作“其谁之子,犹高以谁氏子,氏谓子路也”。误。

[2] “之”,黄鲁曾本无。

[3] “诗”,宽永本此下有“之谏”,当为衍文。

[4] “命也夫”,黄鲁曾本作“命之夫”,宽永本作“命之”。

曰：'昔吾入此，由彼缺也。'匡人闻之，以为鲁之阳虎。阳虎尝暴匡人，匡人于是遂止孔子。孔子状类阳虎，拘焉五日。"《索隐》曰："匡，宋邑也。"纯案，诸说不同。简子，未详，据本文及《说苑》，似是宋人。

② 【增】恶有，汪胡反。

③ 【增】夫音扶，下同。好，呼报反。

④ 【增】《史记索隐》引《家语》，"琴"作"剑"，"甲"作"围"。《世说》注引《家语》，亦作"弹剑"，疑此文误。○和，胡卧反，下同。

孔子曰："不观高崖，何以知颠坠之患？不临深泉，何以知没溺之患①？不观巨海，何以知风波之患？失之者，其不[1]在此乎②？士慎此三者，则无累于身矣。"

① 【增】《说苑》"崖"作"岸"，"泉"作"渊"。

② 不在此三者之域[2]也。

子贡问于孔子曰："赐既为人下矣，而未知为人下之道，敢问之。"子曰："为人下者，其犹土乎！汩之[3]深，则出泉①；树其壤，则百谷滋焉，草木植焉，禽兽育焉②，生则出焉，死则入焉③。多其功而无其[4]意④，恢[5]其志而无不容⑤，为人下者以此也。"

---

[1] "不"，黄鲁曾本无。

[2] "域"，黄鲁曾本作"或"，宽永本(一)作"惑"，皆误。

[3] "之"，黄鲁曾此下有"之"字，疑衍。

[4] "无其"，黄鲁曾本作"不"。

[5] "恢"，黄鲁曾本作"弘"。

① 汩,掘[1]。【增】《荀子》“汩”作“扫”,《韩诗外传》作“掘”,《说苑》同。○【增】汩音骨。

② 【增】《荀子》“滋”作“蓄”,“植”作“殖”。

③ 【增】《荀子》“出”作“立”,《韩诗外传》同,《说苑》作“生人立焉,死人入焉。”

④ 功虽多而无其[2]意也。

⑤ 为人下者,当恢弘其志[3],如地无所不容也。○【增】恢,苦回反。

孔子适郑,与弟子相失,独立东郭门外。或人谓子贡曰:“东门外有一人焉,其长九尺有六寸,河目隆颡①,其头似尧,其颈似皋陶②[4],其肩似子产,然自腰以[5]下,不及禹者三寸,儽[6]然如丧家之狗③。”子贡以告[7],孔子欣然而叹曰:“形状未[8]也,如丧家之狗,然乎哉!然乎哉④!”

① 河目,上下匡平而长。颡,额[9]也。○【增】长,直亮反。有音又。颡,素党反。

② 【增】《孔子世家》“头”作“颡”,“颈”作“项”。○【增】陶音遥。

③ 丧家之狗,主人哀荒,不见饮食,故儽然而不得意。孔子生于乱世,

---

[1] “掘”,黄鲁曾本作“渥”。
[2] “其”,黄鲁曾本作“所”。
[3] “恢弘其志”,黄鲁曾本作“弘志”。
[4] “陶”,黄鲁曾本作“繇”。
[5] “以”,黄鲁曾本、宽永本作“已”。
[6] “儽”,黄鲁曾本作“累”。下注同。
[7] “告”,宽永本作“闻”。
[8] “未”,黄鲁曾本作“末”。
[9] “额”,黄鲁曾本、宽永本作“颊”,误。

道不得行。故儽然，是不得意之貌也。[1]【增】《世家》“儽然”作“累累”，《白虎通》作“儡”字。○儽，伦追反。

④【增】《世家》“叹”作“笑”，“未”作“末”，《白虎通》作“喟然而笑”。

孔子适卫，路出于蒲，会公叔氏以蒲叛卫而止之①。孔子弟子有公良孺[2]者，为人贤，长有勇力②，以私车五乘从夫子行③，喟然曰：“昔吾从夫子遇难于匡，又伐树于宋④，今遇困于此，命也夫⑤！与其见夫子仍遇于难，宁我斗死。”挺剑而合众，将与之战⑥。蒲人惧⑦，曰：“苟无适卫，吾则出子。”乃[3]盟孔子，而出之东门。孔子遂适卫。子贡曰：“盟可负乎？”孔子曰：“要我以盟，非义也⑧。”

卫侯闻孔子之来，喜，而于郊迎之⑨，问伐蒲，对曰：“可哉！”公曰：“吾大夫以为蒲者，卫之所以待[4]晋楚也。伐之，无乃不可乎⑩？”孔子曰：“其男子有死之志⑪，[妇人有保西河之志]。⑫[5]吾之所伐者，不过四五人矣⑬。”公曰：“善！”卒不果伐。他日，灵公又与夫子语，见飞雁过而仰视之，色不悦⑭。孔子乃逝⑮。

①【增】《孔子世家》云：“蒲人止孔子。”

②【增】长，身长也。

---

[1] “饮”，黄鲁曾本、宽永本作“饭”。“之狗”，黄鲁曾本、宽永本作“狗”。“而”，黄鲁曾本、宽永本无。“是”，宽永本(二)作“有”。

[2] “孺”，黄鲁曾本、宽永本作“儒”。

[3] “乃”，黄鲁曾本、宽永本作“以”。

[4] “待”，黄鲁曾本作“恃”。

[5] “妇人有保西河之志”八字，黄鲁曾本、宽永本亦无。

③【增】乘，绳证反。从，才用反，下同。

④ 孔子与弟子行礼于大树之下，桓魋欲害之，故先伐其树焉。○难，乃且反。下同。

⑤【增】夫音扶。

⑥【增】仍，洊也。挺，拔也。○【增】挺，大顶反。

⑦【增】《世家》有"谓孔子"三字。

⑧【增】《世家》作"要盟也，神不听"。○【增】要，一遥反。

⑨【增】《世家》"卫侯"作"卫灵公"。

⑩【增】《世家》"以为"之下有"不可"二字。

⑪ 公叔氏欲以[1]蒲适他国，故男子欲死之，不乐适也。

⑫ 妇人恐惧，欲保西河，无战意也。【增】《世家》有此句及王肃注。盖《家语》本有此句，而王肃注之。以文理观之，上言其男子，则下宜有此句。今《家语》无之，阙文也。兹据《世家》补之，以复其旧云。

⑬ 本与公叔同叛者也。[2]

⑭【增】《世家》作"色不在孔子"。○【增】过音戈。

⑮ 逝，行。

卫蘧[3]伯玉贤，而灵公不用；弥子瑕不肖，反任之。史鱼骤谏而不从①。史鱼病将卒，命其子曰："吾在卫朝②，不能进蘧伯玉，退弥子瑕，是吾为臣不能正其[4]君也。生而不能正其君，则死无以成礼。我死，汝置尸牖下，于我毕矣③。"其子从之。灵公吊焉，怪而问焉。其子以其父言告公。公愕然失容④，曰："是寡人之过也。"于是命之殡于客

[1] "以"，黄鲁曾本无。

[2] "公叔"，黄鲁曾本作"叔孙"，误。"判"，黄鲁曾本作"伴"，宽永本作"畔"。

[3] "蘧"，黄鲁曾本作"籧"，下同。

[4] 此及下"其"字，黄鲁曾本无。

位⑤，进蘧伯玉而用之，退弥子瑕而远之⑥。

孔子闻之，曰："古之烈谏[1]者，死则已矣。未有若史鱼死而尸谏，忠感其君者也，可不[2]谓直乎？"

① 【增】骤，仕救反。

② 【增】朝，直遥反。

③ 礼，饭[3]于牖下，小敛于户内，大敛于阼，殡于客位也。【增】牖下，贾谊《新书》、刘向《新序》皆作"北堂"。○【增】牖，以九反。

④ 【增】《新书》作"戚然易容而寤"，《新序》作"蹴然易容，寤然失位"。○【增】愕，五各反。

⑤ 【增】殡，必刃反。

⑥ 【增】《蒙求注》"过也"之下，有"史鱼生恒欲进贤而退不肖，及其死又以尸谏，可谓至忠矣"二十三字，无"于是"二字，"而用之"作"为上卿"。○【增】远，于万反。

五帝德第二十三①

① 【增】此即《大戴礼·五帝德》篇，文小异，凡一章。

宰我问于孔子曰："昔者吾闻诸荣伊曰①：'黄帝三百

[1] "烈"，黄鲁曾本作"列"。"谏"，黄鲁曾本、宽永本此下有"之"字。

[2] "可不"，黄鲁曾本、宽永本作"不可"。

[3] "饭"，黄鲁曾本作"饼含"。

年。'请问黄帝者，人也，抑非人也②？何以能至三百年乎？"孔子曰："禹、汤、文、武、周公，不可胜以观也③，而上世黄帝之问，将谓先生难言之故乎④？"

宰我曰："上世之传，隐微之说，卒采之辩⑤，暗忽之意⑥，非君子之道者，则予之问也固矣⑦。"孔子曰："可也。吾略闻其说。黄帝者，少典[1]之子⑧，曰轩辕⑨。生而神灵，弱而能言⑩，哲睿齐庄[2]，敦敏诚信，长聪明⑪。治五气⑫，设五量⑬，抚万民，度四方⑭。服牛乘马，扰驯猛兽⑮，以与炎帝战于阪泉之野⑯，三战而后克之⑰。始垂衣裳，作为黼黻⑱；治民以顺天地之纪，知幽明之故，达死生[3]存亡之说；播时百谷⑲，尝味草木，仁厚及于鸟兽昆虫；考日月星辰，劳耳目，勤心力，用水火财[4]物以生民。民赖其利，百年而死；民畏其神，百年而亡；民用其教，百年而移。故曰'黄帝三百年'。"

① 【增】《大戴礼》"吾"作"予"，"荣伊"下有"令"字，无"曰"字。

② 【增】两"也"字，《大戴礼》皆作"邪"。

③ 【增】一本无"以"字，《大戴礼》作"可胜观邪"。〇【增】胜音升。

④ 言禹汤以下，不可胜观，乃问上世黄帝，将谓先生长老难言之，故问。[5]【增】"将谓"以下，《大戴礼》作"女何以为先生难言之"。〇【增】难，乃旦反。

---

[1] "典"，黄鲁曾本作"昊"，误。

[2] "哲睿齐庄"，黄鲁曾本作"幼齐睿庄"。

[3] "死生"，黄鲁曾本作"生死"。

[4] "财"，宽永本作"则"，误。

[5] "以"，黄鲁曾本、宽永本作"已"。"谓"，黄鲁曾本、宽永本作"为"。

⑤ 采，事也。辩，说也。卒，终也。终[1]其事之说也。【增】《大戴礼》“采”作“业”。

⑥ 暗忽，久[2]远不明。

⑦ 固陋不得其问。

⑧【增】《史记索隐》曰：“少典者，诸侯国号，非人名也。”○【增】少，诗照反。

⑨【增】《史记·五帝本纪》曰：“姓公孙，名曰轩辕。”皇甫谧曰：“黄帝生于寿丘，长于姬水，因以为姓。居轩辕之丘，因以为名，又以为号。”

⑩【增】《索隐》曰：“弱谓幼弱时也。盖未合能言之时而黄帝即言，所以为神异也。”

⑪【增】《大戴礼》作“幼而彗齐，长而敦敏，成而聪明。”《本纪》“彗”作“徇”，馀与《大戴礼》同。○齐，侧皆反。【增】长，竹丈反。

⑫ 五行之气。

⑬ 五量：权衡、升斛、尺丈、里步、十百。○量，力让反。

⑭ 商度四方而抚安之[3]。○【增】度，达各反。

⑮【增】扰，顺也。

⑯ 炎帝，神农氏之后也。【增】服虔曰：“阪泉，地名。”《大戴礼》“阪”作“版”。

⑰【增】克，胜也。

⑱ 白与黑谓之黼，若斧文。黑与青谓之黻，若两己相戾。○【增】黼音甫。黻音弗。

⑲ 时，是。

宰我曰：“请问帝颛顼①。”孔子曰：“五帝用说，三王有

[1]“终”，黄鲁曾本、宽永本无。

[2]“久”，黄鲁曾本作“友”，宽永本作“反”，讹。

[3]“商”，宽永本作“南”，误。“抚安之”，黄鲁曾本作“无安定”，误。

度[②]，汝欲一日遍闻远古之说，躁哉予也[③]！"

宰我曰："昔予也闻诸夫子曰：'小子毋或宿。'故敢问[④]。"孔子曰："颛顼，黄帝之孙，昌意之子，曰高阳[⑤]。渊而有谋[⑥]，疏通以知远[⑦][1]，养财以任地[⑧]，履时以象天[⑨]，依鬼神而制义[⑩]，治气性以教众[⑪]，洁诚以祭祀[⑫]，巡四海以宁民。北至幽陵[⑬]，南暨交趾[⑭]，西抵流沙[⑮]，东极蟠木[⑯]，动静之生[2]，小大之物[⑰]，日月所照，莫不底属[⑱]。"

①【增】颛音专。顼，许玉反。

② 五帝久远，故用说也。三王迩，则有成法度。【增】《大戴礼》"说"作"记"。

③【增】郑玄曰："躁，不安静也。"○【增】躁，早报反。

④ 有所问，当问，勿令更宿也。

⑤【增】《本纪》曰："黄帝居轩辕之丘，而娶于西陵之女，是为嫘祖。嫘祖为黄帝正妃，生二子，其后皆有天下：一曰玄嚣，是为青阳。青阳降居江水；其二曰昌意，降居若水。昌意娶蜀山氏女，曰昌仆，生高阳。"

⑥【增】《大戴礼》"渊"上有"洪"字，《本纪》作"静"。

⑦【增】《大戴礼》"远"作"事"，《本纪》同。

⑧【增】《本纪》"财"作"材"。

⑨【增】《本纪》"履"作"戴"。

⑩【增】《大戴礼》"而"作"以"，《本纪》同。

⑪【增】《大戴礼》、《本纪》皆阙"性"字。

⑫【增】《大戴礼》"诚"作"清"。

⑬【增】《史记正义》曰："幽州也。"

---

[1] "知远"，宽永本作"智"。

[2] "生"，黄鲁曾本作"神"。

⑭【增】暨，及也。〇【增】暨，其记反。趾音止。

⑮【增】抵，至也。〇【增】抵音旨。

⑯【增】蟠木在海外。〇【增】蟠，蒲官反。

⑰【增】一本"生"作"类"，《大戴礼》"生"作"物"，"物"作"神"。

⑱ 底，平也[1]。四远皆平而来服属之也。【增】底属，《大戴礼》作"砥砺"，《本纪》作"砥属"。〇【增】底音旨。属音烛。

宰我曰："请问帝喾①。"孔子曰："玄枵之孙②，乔极之子③，曰高辛④。生而神异，自言其名，博施厚利，不于其身⑤。聪以知远，明以察微，仁而[2]威，惠而信，以顺天地之义；知民所急，修身而天下服；取地之财而节用之[3]，抚教万民而诲利之，历日月之生朔而迎送之⑥，明鬼神而敬事之；其色也和，其德也重，其动也时，其服也衷⑦[4]；春夏秋冬，育护天下，日月所照，风雨所至，莫不从化。"

①【增】喾，古毒反。

②【增】《大戴礼》"枵"作"嚣"，《本纪》同。〇枵，虚骄反。

③【增】《大戴礼》"乔"作"蟜"，《本纪》同。

④【增】张晏曰："少昊之前，天下之号象其德。颛顼以来，天下之号因其名。高阳、高辛，皆所兴之地名。颛顼与喾，皆以字为号。上古质故也。"

⑤【增】《大戴礼》"异"作"灵"，"厚利"作"利物"，《本纪》同。〇【增】施，始豉反。

⑥【增】《大戴礼》无"之生朔"三字，《本纪》同。

[1]"也"，黄鲁曾本无。

[2]"而"，黄鲁曾本、宽永本作"以"。

[3]"之"，黄鲁曾本、宽永本作"焉"。

[4]"衷"，黄鲁曾本作"哀"。

⑦【增】杜预曰："衷，犹适也。"《大戴礼》"也和"作"郁郁"，"也重"作"嶷嶷"，"衷"作"士"，《本纪》同。○【增】衷音中。

宰我曰："请问帝尧①。"孔子曰："高辛氏之子，曰陶唐②。其仁如天，其智如神，就之如日，望之如云，富而不骄，贵而能降。伯夷典礼，夔、龙典乐③，舜时而仕，趋视四时，务先[1]民始之④，流四凶而天下服⑤。其言不忒，其德不回。四海之内，舟轝[2]所及，莫不夷说⑥。"

①【增】《本纪》曰："帝喾娶陈锋氏女，生放勋；娶娵訾氏女，生挚。帝喾崩而挚代立。帝挚立，不善，崩而弟放勋立，是为帝尧。"

②【增】孔安国曰："陶唐，帝尧氏。"《大戴礼》作"放勋"。

③ 舜时，夔典乐，龙作纳言。然则尧时龙亦典乐者也。【增】曰伯夷，曰夔，曰龙，皆臣名。○【增】夔，求龟反。

④ 务先民事以为始也。【增】此十三字不成文理，疑有误。《大戴礼》作"举舜、彭祖而任之，四时先民治之"。

⑤【增】《大戴礼》作"流共工于幽州，以变北狄；放驩兜于崇山，以变南蛮；杀三苗于三危，以变西戎；殛鲧于羽山，以变东夷"。

⑥ 夷，平也[3]。说，古通以为"悦"字。【增】《大戴礼》"忒"作"贰"，"轝"作"舆"，"及"作"至"，"夷说"作"说夷"。○【增】忒，他得反。轝音馀。说音悦。

宰我曰："请问帝舜。"孔子曰："乔牛之孙，瞽瞍之子

[1] "先"，黄鲁曾本作"元"，误。
[2] "轝"，黄鲁曾本作"舆"。二字同。
[3] "也"，黄鲁曾本、宽永本作"心"，误。

也[①]，曰有虞[②]。舜孝友闻于四方[③]，陶渔事亲[④]；宽裕而温良，敦敏而知时，畏天而爱民，恤远而亲近，承受大命，依于二女[⑤]；睿明智通，为天下帝，命二十二臣，率尧旧职，躬己而已[⑥]。天平地成[⑦]，巡狩四海，五载一始[⑧]。三十年在位，嗣帝五十载，陟方岳，死于苍梧之野，而葬焉[⑨]。"

①【增】《大戴礼》"乔"作"蟜"，"瞍"作"叟"，《本纪》曰："虞舜者，名曰重华，重华父曰瞽叟，瞽叟父曰桥牛，桥牛父曰句望，句望父曰敬康，敬康父曰穷蝉，穷蝉父曰帝颛顼，颛顼父曰昌意。以至舜七世矣。"《正义》曰："孔安国云：无目曰瞽。舜父有目，不能分别好恶，故时人谓之瞽，配字曰叟。叟，无目之称也。"○【增】瞍，先后反。

②【增】孔安国曰："虞，氏也。"《史记索隐》曰："虞，国名。"《大戴礼》作"曰重华"。

③【增】郑玄曰："善于父母为孝，善于兄弟为友。"

④ 为陶器，躬捕鱼，以养父母。

⑤ 尧妻舜以二女，舜动静谋之于二女。【增】《大戴礼》"二女"作"倪皇"，盖二女名也。

⑥【增】《舜典》曰："帝曰：咨！汝二十有二人，钦哉！"孔安国曰："禹、垂、益、伯夷、夔、龙六人，新命有职。四岳、十二牧，凡二十二人，特敕命之。"一说："四岳，官名，一人为之。加弃、契、皋陶，为二十二人。"一本"躬"作"恭"，是也，声近误耳。○【增】躬己音纪。

⑦【增】当作"地平天成"，乃《大禹谟》之辞也。孔安国云："水土治曰平，五行叙曰成。"

⑧【增】《舜典》曰："五载一巡守。"

⑨【增】《舜典》曰："舜生三十征庸，三十在位，五十载，陟方乃死。"孔安国曰："方，道也。舜即位五十年，升道南方巡守，死于苍梧之野，而葬焉。"

宰我曰："请问禹。"孔子曰："高阳之孙，鲧之子也，曰夏后①，敏给克齐，其德不爽②，其仁可亲，其言可信；声为律，身为度③，亹亹穆穆④，为纪为纲⑤。其功为百神之主⑥，其惠为民父母；左准绳，右规矩⑦，履四时⑧，据四海。任皋陶[1]、伯益，以赞其治⑨，兴六师以征不庭[2]，四极之民，莫敢不服。"

① 【增】《本纪》曰："自黄帝至舜、禹，皆同姓而异其国号，以章明德。故黄帝为有熊，帝颛顼为高阳，帝喾为高辛，帝尧为陶唐，帝舜为有虞，帝禹为夏后。"《正义》曰："夏者，帝禹封国号也。"《大戴礼》"夏后"作"文命"。○【增】鲧，古本反。夏，户雅反。

② 爽，忒。【增】《大戴礼》"齐"作"济"，"爽"作"回"，《本纪》"齐"作"勤"，"爽"作"违"。

③ 以身为法度也。

④ 【增】毛苌曰："亹亹，勉也。穆穆，美也。"○【增】亹音尾。

⑤ 【增】郑玄曰："谓立法度以理治之也。"

⑥ 禹治水，天下既平，然后百神得其所。

⑦ 左、右，言常[3]用也。【增】准，所以为平；绳，所以为直；规，所以为圆；矩，所以为方；皆法度之器也。言动中法度也。

⑧ 所行不违四时之宜。

⑨ 【增】赞，佐也。○【增】陶音遥。

孔子曰："予！大者如天，小者如言，民悦至矣①。予也非其人也②。"宰我曰："予也不足以戒，敬承矣③。"

---

[1] "陶"，黄鲁曾本作"繇"。

[2] "庭"，黄鲁曾本、宽永本作"序"。

[3] "常"，宽永本、冈白驹本作"帝"。

他日，宰我以语子贡④，子贡以复孔子。子曰："吾欲以颜状取人也，则于灭明改之[1]矣；吾欲以辞言[2]取人也，则于宰我改之矣；吾欲以容貌取人也，则于子张改之矣⑤。"宰我闻之，惧，弗敢见焉⑥。

①【增】"孔子曰"之下文义不可晓也。《大戴礼》作"予，大者如说，民说至矣"。

② 言不足以明五帝之德也。

③【增】《大戴礼》"承"下有"命"字，是也。

④【增】语，鱼据反。

⑤【增】宰我、子张称字，记者之辞，非孔子之言也。《大戴礼》"宰我"作"予"，"子张"作"师"，是也。

⑥【增】见，贤遍反。

---

[1] "之"，黄鲁曾本无。

[2] "辞言"，黄鲁曾本作"言辞"。

孔子家语卷第六

五帝第二十四①

①【增】凡一章。

季康子问于孔子曰："旧闻五帝之名，而不知其实，请问何谓五帝？"孔子曰："昔丘也闻诸老聃曰：'天有五行：水、火、金、木、土，分时化育，以成万物①，其神谓之五帝②。'古之王者，易代而改号，取法五行。五行更王，终始相生，亦象其义③。故其生[1]为明王者，死而[2]配五行④。是以太皞配木，炎帝配火，黄帝配土，少皞配金，颛顼配水⑤。"

① 一岁三百六十日，五行各主七十二日也。化生长育，一岁之功，万物莫敢不成。

② 五帝，五行之神，佐天[3]生物者。后世[4]谶纬皆为之名字，亦为妖怪妄言。

③ 法五行更王，终始相生，始以木德王天下，其次以生之行转相承。而诸说乃谓五精之帝下生王者，其为蔽惑，无可言者也[5]。○更，古衡反。

---

[1] "生"，黄鲁曾本、宽永本无。

[2] "死而"，黄鲁曾本、宽永本作"而死"。

[3] "天"，黄鲁曾本、宽永本无。

[4] "后世"，黄鲁曾本、宽永本作"而"。

[5] "其为蔽惑，无可言者也"，黄鲁曾本、宽永本(一)作"其为帝，或无可言"，宽永本(二)作"其为蔽惑，无可言"。

王音旺。

④【增】旧本阙“生”字，“死而”作“而死”，误。

⑤【增】太皞，伏羲氏。炎帝，神农氏。黄帝，轩辕氏。少皞，金天氏。颛顼，高阳氏。○【增】皞，与“昊”通，胡老反。少，诗照反。

康子曰：“太皞氏其始之木，何如？”孔子曰：“五行用事，先起于木。木，东方，万物之初皆出焉。是故，王者则之，而首以木德王天下，其次则以所生之行转相承也①。”

① 木生火、火生土之属。○王天下，音旺。

康子曰：“吾闻句[1]芒为木正，祝融为火正，蓐收为金正，玄冥为水正，后土为土正①，此五行之主而不乱称曰帝者，何也？”孔子曰：“凡五正者，五行之官名。五行佐成上帝而称五帝。太皞之属配焉，亦云帝，从其号②。昔少皞氏之子有四叔，曰重、曰该、曰修、曰熙③，实能金、木及水，使重为句芒，该为蓐收，修及熙为玄冥；颛顼氏之子曰黎，为祝融④；共工氏之子曰句龙，为后土⑤。此五者，各以其所能业为官职⑥，生为上公，死为贵神，别称五祀，不得同帝⑦。”

①【增】《月令》：“春，其神句芒。夏，其神祝融。秋，其神蓐收。冬，其神玄冥。中央，其神后土。”○【增】句，古侯反。下“句龙”，同。芒音亡。蓐音辱。

［1］“句”，黄鲁曾本、宽永本作“勾”，下同。

② 天至尊，物不可以同其号。亦兼称上帝，上得包下[1]。五行佐成天事，谓之五帝。以地有五行，而其精神在上，故亦谓之上帝[2]。黄帝之属，故亦称帝，盖[3]从天五帝之号。故王者虽号称帝，而不得称[4]天帝，而曰天子者。而天子与父，其尊卑相去远矣。曰天王者，言乃天下之王也。

③【增】重，直龙反。该，古来反。

④【增】《春秋左氏传》“黎”作“犁”。

⑤【增】共，居容反。

⑥ 各以一行之官为职业之事。

⑦ 五祀，上公之神，故不得称帝也[5]。其序则[6]五正不及五帝，五帝不及天地。而不识[7]者以祭社为祭地，不亦失之远矣？且土与水火[8]俱为五行，是地之子也。以子为母，不亦颠倒失尊卑之序也？

康子曰：“如此之言，帝王改号，于五行之德，各有所统，则其所以相变者，皆主何事①？”孔子曰：“所尚则各从其所王之德次焉②。夏后氏以金德王，色尚黑，大事敛用昏③，戎事乘骊④，牲用玄；殷人以[9]水德王，色尚白⑤，大事敛用日中⑥，戎事乘翰⑦，牲用白；周人以木德王，色尚赤，大事敛用日出⑧，戎事乘騵⑨，牲用骍⑩。此三代之所以不同。”康子曰：“唐、虞二帝，其所尚者何色？”孔子曰：“尧以火德王，色

[1] “上得包下”，黄鲁曾本作“上天以其”，属下读。

[2] “谓之上帝”，黄鲁曾本作“为帝五帝”，宽永本“谓”作“为”。

[3] “盖”，黄鲁曾本作“亦”。

[4] “得称”，黄鲁曾本作“或曰”。

[5] “也”，宽永本作“地”。

[6] “其序则”，黄鲁曾本、宽永本作“正史者”。

[7] “识”，黄鲁曾本、宽永本(一)作“设”，恐非。标笺本作“职”，亦非。

[8] “水火”，黄鲁曾本、宽永本作“火水”。

[9] “以”，黄鲁曾本、宽永本作“用”。

尚黄。舜以土德王,色尚青⑪。"

① 在木家而尚赤,所以问也。

② 木次火,而木家尚赤者,以木德义之著,修其母,兼其子。○【增】王音旺,下同。

③ 大事,丧。昏,时亦黑也。○【增】夏,户雅反。

④ 黑马也。○【增】骊,力知反。

⑤ 水家宜[1]尚青而尚白者,避土家之尚青。

⑥ 日中,白也。

⑦ 翰,白色马。

⑧ 日出时,亦赤也。

⑨ 騵,騮[2]马白腹。○【增】騵音原。

⑩ 骍,赤色也。○【增】骍,息营反。

⑪ 土家宜尚白。土者,四行之主,王于四季。五行用事,先起于木[3],色青,是以水家避土,土家尚白。【增】本注"是以"之下,似有误。当云:"是以土家尚青,水家避土。"

康子曰:"陶唐、有虞、夏后、殷、周独不得[4]配五帝,意者德不及上古邪[5]? 将有限乎①?"孔子曰:"古之平治水土,及播殖百谷者众矣,唯句[6]龙氏兼食于社②,而弃为稷神,易代奉之③,无敢益者,明不可与等。故自太皞以降,逮

[1] "宜",黄鲁曾本、宽永本无。

[2] "騮",黄鲁曾本、宽永本无。

[3] "木",黄鲁曾本、宽永本作"水"。

[4] "得",黄鲁曾本无。

[5] "邪",黄鲁曾本、宽永本作"耶"。

[6] "句",黄鲁曾本作"勾"。

于颛顼[④]，其应五行而王，数非徒五而配五帝，是其德不可以多也[⑤]。”

①【增】邪音耶。

② 兼，犹配也。

③【增】弃，帝喾之子，尧时为后稷。

④【增】逮音代，又大计反。

⑤【增】多，犹加也。

执辔第二十五[①]

①【增】凡二章。前章“夫德法者”以下，见《大戴礼·盛德》篇，后章“易之”以下见《易本命》篇，文皆颇异。

【原文】

闵子骞为费宰，问政于孔子[①]。子曰：“以德以法。夫德、法者，御民之具，犹御马之有衔、勒也[②]。君者，人也；吏者，辔也；刑者，策也[③]。夫人君之政，执其辔策而已。”

①【增】费，鲁季氏邑。《论语》称：“季氏使闵子骞为费宰。闵子骞曰：‘善为我辞焉，如有复我者，则吾必在汶上矣。’”此云“闵子骞为费宰问政”，与《论语》不合，故先儒皆据《论语》疑此文有误。纯谓：闵子既辞季氏之召，季子更致敬尽礼以请，而闵子亦不得已而折节焉邪？抑将闵子先仕季氏，

不久去之。而季氏欲复之，故闵子拒之如《论语》之云也？观其言“如有复我者”，盖可见矣。姑书所见，以俟知者。○【增】费音秘。

②【增】夫音扶，下同。衔音咸。勒，郎得反。

③【增】辔，悲位反。

子骞曰：“敢问古之为政。”孔子曰：“古者天子以内史为左右手①，以德法为衔勒，以百官为辔，以刑罚[1]为策②，以万民为马，故御天下数百年而不失③。善御马者[2]，正衔勒，齐辔策，均马力，和马心，故口无声而马应辔[3]，策不举而极千里；善御民者[4]，壹其德法，正其百官，以均齐民力，和安民心，故令不再而民顺从，刑不用而天下治④。是以天地德之⑤，而兆民怀之⑥。夫天地之所德，兆民之所怀，其政美，其民而众称之⑦。今人言五帝三王者，其盛无偶，威察若存⑧，其故何也？其法盛，其德厚，故思其德，必称其人，朝夕祝之，升闻于天，上帝俱歆，用永厥世，而丰其年。

① 内史，掌王八柄及叙事之法，受纳访，以诏王听治。命孤卿大夫则策命之。四方之事书，则读之。王制禄，则赞为之。赏赐亦如之，故王以为左右手。[5]【增】本注“如之”以上，《周礼·春官·内史》之略文也。

②【增】《大戴礼》有“以人为手”四字。

---

[1] “罚”，标笺本作“罪”。

[2] “者”，黄鲁曾本无。

[3] “辔”，原属下读，今从黄鲁曾本，改属上读。

[4] “者”，黄鲁曾本无。

[5] “受纳访”，黄鲁曾本、宽永本作“纳”。“策命之”，黄鲁曾本、宽永本(一)“之”字作“以”字，宽永本(二)作“凡”，皆属下读。“赏赐”，黄鲁曾本、宽永本(一)作“赏则”。黄鲁曾本、宽永本“左右手”下有“费，芳未反”四字。

③【增】数，色主反，下同。

④【增】治，直吏反。

⑤ 天地以为有[1]德。

⑥ 怀，归。

⑦ 其民为众所称誉[2]也。【增】疑"其民"之下有阙文，旧本阙"众"字。

⑧ 其威与明察，常若存。[3]

"不能御民者，弃其德法，专用刑辟①，譬犹御马，弃其衔勒，而专用箠策，其不制也可必矣②。夫无衔勒而用箠策，马必伤，车必败；无德法而用刑，民必流，国必亡。治国而无德法，则民无修；民无修，则迷惑失道。如此，上帝必以其为乱天道也③。苟乱天道，则刑罚暴，上下相谀④，莫知念忠，俱无道故也。今人言恶者，必比之于桀、纣，其故何也？其法不听，其德不厚，故民恶其残虐，莫不吁嗟，朝夕祝之，升闻于天。上帝不蠲，降之以祸罚，灾害并生，用殄厥世⑤。故曰，德法者，御民之本⑥。

①【增】辟，法也。○【增】歆，虚音反。辟，婢亦反。

②【增】箠，止蕊反。

③【增】一本无"其"字，是也。《大戴礼》作"上必以为乱无道"。

④ 谄谀。

⑤【增】蠲，洁也。殄，绝也。《大戴礼》"蠲"作"歆"。○【增】恶其，乌故反。吁，况于反。祝，之又反。蠲，古玄反。殄，徒典反。

---

[1] "为有"，黄鲁曾本作"有为"。

[2] "誉"，黄鲁曾本、宽永本作"举"。

[3] "威与"，黄鲁曾本、宽永本作"盛以"。"常"，宽永本(一)作"帝"。

⑥【增】《大戴礼》有“也”字。

“古之御天下者，以六官总治焉：冢宰之官以成道①，司徒之官以成德②，宗伯之官以成仁③，司马之官以成圣④，司寇之官以成义⑤，司空之官以成礼⑥。六官在手以为辔，司会[1]均仁以为纳⑦，故曰：御四马者，执六辔；御天下者，正六官。是故，善御马者，正身以总辔，均马力，齐马心，回旋曲折，唯其所之，故可以取长道，可以[2]赴急疾。此圣人所以御天地与人事之法则也。天子以内史为左右手，以六官为辔，己[3]与三公为执六官，均五教，齐五法⑧，故亦唯其所引，无不如志，以之道则国治⑨，以之德则国安⑩，以之仁则国和，以之圣则国平⑪，以之礼则国定⑫[4]，以之义则国成⑬[5]，此御政之术⑭。

① 治官，所以成道。【增】冢宰，天官卿，即大宰也。

② 教官，所以成德。【增】司徒，地官卿。

③ 礼[6]官，所以成仁。【增】宗伯，春官卿。

④ 政官，所以成圣。圣，通也。[7] 征伐，所以通天下也。【增】司马，夏官卿。

⑤ 刑官，所以成义。【增】司寇，秋官卿。

---

[1] “司会”，黄鲁曾本、宽永本为小字，似注文，恐係雕版有脱误，挖补而成。

[2] “以”，黄鲁曾本、宽永本无。

[3] “己”，黄鲁曾本、宽永本此下衍“而”字。

[4] “定”，黄鲁曾本作“安”，误。

[5] “成”，黄鲁曾本、宽永本作“义”，误。

[6] “礼”，黄鲁曾本、宽永本(一)作“祀”，误。

[7] “政”，黄鲁曾本、宽永本作“治”。“通也”，黄鲁曾本、宽永本作“通”。

⑥ 事官,所以成礼。礼,非事不立也。【增】司空,冬官卿。

⑦ 纳,骖马内辔,系轼前者。司会,掌邦之六典、八法之贰,以周知四方之治,冢宰之副也。故不在其六辔,止当纳位。[1]【增】司会,天官之属。郑玄曰:"会,大计也。司会主天下之大计。计官之长,若今尚书。"《大戴礼》"纳"作"軜",同。○【增】会,古外反。

⑧ 仁、义、礼、智、信之法也。【增】王说非也。五教,即《舜典》"五教"。一云"五典",孔安国以为父义、母慈、兄友、弟恭、子孝,是也。五法,即"五典"也,所以教为人父、为人母、为人兄、为人弟、为人子者也。故谓之五教。《大戴礼》"教"作"政",《注》云:"五政,谓天子、公、卿、大夫、士。"

⑨ 冢宰,治官。【增】之,往也。《大戴礼》"引"下有"而之"二字。○【增】治,直吏反。

⑩ 礼[2]教成以之仁,则国和。礼之用,和为贵,则国安。

⑪ 通治远近,则国平也。

⑫ 事物以礼则国定也。

⑬ 成[3],平也。刑罚当罪则国平。

⑭【增】一本有"也"字。《大戴礼》"术"作"体"。

"过失,人之[4]情莫不有焉,过而改之,是为不过。故官属不理,分职不明,法政不一,百事失纪,曰乱,乱则饬冢宰①。地而不殖②,财物不蓄,万民饥寒,教训不行③,风俗淫僻,人民流散,曰危,危则饬司徒。父子不亲,长幼失序④,君臣上下,乖离异志,曰不和⑤,不和则饬宗伯。贤能而失官爵,功劳而失赏禄⑥,士卒疾怨,兵弱不用,曰不平,不平

[1] "内",黄鲁曾本、宽永本作"辔",下"辔"字属下读。"贰",黄鲁曾本、宽永本作"戒"。"也",黄鲁曾本、宽永本无。"止",黄鲁曾本、宽永本作"至"。

[2] "礼",黄鲁曾本、宽永本作"德"。

[3] "成",黄鲁曾本、宽永本作"义"。

[4] "之",黄鲁曾本、宽永本无。

则饬司马。刑罚暴乱，奸邪不胜，曰不义⑦，不义则饬司寇。度量不审，举事失理⑧，都鄙不修，财物失所⑨，曰贫，贫则饬司空。故御者同是车马，或以取千里，或不及数百里，以其所为[1]进退缓急异也；夫治者同是官法，或以致平，或以致乱者，亦以其所[2]为进退缓急异也。

① 饬，谓整摄之[3]也。〇【增】饬音敕。

②【增】《大戴礼》"而"作"宜"。

③【增】《大戴礼》"不行"作"失道"。

④【增】长，竹丈反。

⑤【增】乖，古怀反。

⑥ 司勋之职，属大[4]司马。

⑦【增】《大戴礼》"刑罚"之下有"不中"二字，"暴乱"连下句，"义"作"成"，下同。〇【增】胜音升。

⑧【增】《大戴礼》"度量"作"百度"，"举"作"立"。〇【增】量，力让反。

⑨【增】《大戴礼》无此八字。

"古者，天子常以季冬考德正法，以观治乱①。德盛者治也，德薄者乱也。故天子考德，则天下之治乱，可坐庙堂之上而知之。夫德盛则法修，德不盛则饬法与政，咸德而不衰②。故曰，王者又以孟春论吏[5]之德及功能。能[理]

[1] "以其所为"，黄鲁曾本、宽永本作"其所谓"。

[2] "亦以其所"，黄鲁曾本、宽永本作"亦其所以"。

[3] "之"，黄鲁曾本、宽永本(一)作"人"。

[4] "大"，黄鲁曾本作"之"。

[5] "吏"，黄鲁曾本无。

德法者为有德③，能行德法者为有行④，能成德法者为有功，能治德法者为有智。故天子论吏而德法行，事治而功成。夫季冬正法，孟春论吏，治国之要⑤。”

① 【增】治，直吏反，下“治也”、“治乱”、“事治”同。

② 法与政皆合于德，则不杀。

③ 【增】《大戴礼》作“能理德法者为有能”，此盖阙文。

④ 【增】有行，下孟反。[1]

⑤ 【增】《大戴礼》有“也”字。

子夏问于孔子曰：“商闻：易之生人及万物、鸟兽、昆虫，各有奇偶[2]，气分不同①。而凡人莫知其情，唯达道[3]德者，能原其本焉。天一、地二、人三，三三[4]如九。九九八十一，一主日，日数十②，故人十月而生；八九七十二，偶以从奇③，奇主辰④，辰为月⑤，月主马，故马十二月而生；七九六十三，三主斗⑥，斗主狗，故狗三月而生；六九五十四，四主时⑦，时主豕，故豕四月而生；五九四十五，五为音⑧，音主猿，故猿五月而生[5]；四九三十六，六为律⑨，律主鹿，故鹿六月而生；三九二十七，七主星⑩，星主虎，故虎七月而生；二九一十八，八主风⑪，风为虫⑫，故虫八月而生。其馀

[1] 黄鲁曾本、宽永本有音释：“行，下孟反。”

[2] “偶”，黄鲁曾本作“耦”。

[3] “道”，黄鲁曾本、宽永本无。

[4] “三三”，黄鲁曾本作“三”。

[5] “五九四十五，五为音，音主猿，故猿五月而生”十七字，黄鲁曾本无。

各从其类矣。鸟、鱼生于[1]阴而属于阳，故皆卵生⑬；鱼游于水，鸟游于云，故立冬则燕雀入海，化为蛤⑭；蚕食而不饮，蝉饮而不食，蜉蝣不饮不食⑮，万物之所以不同。介鳞夏食而冬蛰⑯，龁吞者八窍而卵生⑰，龃龠者九窍而胎生⑱，四足者无羽翼，戴角者无上齿，无角无前齿者膏，有角无后齿者脂⑲[2]。昼生者类父，夜生者似母，是以至阴主牝，至阳主牡⑳。敢问其然乎？”孔子曰：“然，吾昔闻诸[3]老聃，亦如汝之言。”

① 易主天地以生万物，言受气各有分数，不齐同。【增】《大戴礼》“子夏”以下几字作“子曰”二字，以此为孔子之言也。○奇，居宜反，下同。分，扶问反。

② 一主日，日从一而生，日者阳，从奇数。日数十，从甲至癸也。[4]【增】《淮南子》有“日主人”三字。

③【增】《大戴礼》“从”作“承”，《淮南子》同。

④ 偶以承奇，阴以承阳。辰数十二，从子至亥也。[5]【增】《大戴礼》注曰：“辰，方面各三也。”

⑤【增】《大戴礼》“为”作“主”，《淮南子》同。

⑥ 斗次日月，故三主斗。[6]【增】或曰：三，谓北斗：魁、衡、杓。

⑦ 时以次斗。【增】时，谓春、夏、秋、冬。

---

[1] “于”，黄鲁曾本、宽永本无。

[2] “有”，黄鲁曾本、宽永本作“无”。“后”，黄鲁曾本、宽永本无。

[3] “诸”，黄鲁曾本、宽永本无。

[4] 本注，黄鲁曾本、宽永本在“十月而生”下。“日从一”，黄鲁曾本、宽永本无“日”字。“日数”之“数”，宽永本(一)在“癸也”之下，宽永本(二)无。

[5] 本注，黄鲁曾本、宽永本在“十二月而生”下。黄鲁曾本、宽永本此下有“奇，居宜反”四字。

[6] 本注，黄鲁曾本、宽永本在“三月而生”下。“三”，黄鲁曾本作“以”，误。

⑧ 音不过五,故五为音。[1]【增】音,谓宫、商、角、徵、羽。《大戴礼》“为”作“主”,《淮南子》同。

⑨【增】律,阴阳各六,黄钟、太蔟、姑洗、蕤宾、夷则、无射为阳,大吕、夹钟、仲吕、林钟、南吕、应钟,为阴。《大戴礼》“为”作“主”,《淮南子》同。

⑩ 星,二十八宿为四方,方有七,故七主星也。[2]【增】角、亢、氐、房、心、尾、箕,为苍龙七宿;斗、牛、女、虚、危、室、壁,为玄武七宿;奎、娄、胃、昴、毕、觜、参,为白虎七宿;井、鬼、柳、星、张、翼、轸,为朱鸟七宿。

⑪【增】八风,东北曰条风,东曰明庶风,东南曰清明风,南曰景风,西南曰凉风,西曰阊阖风,西北曰不周风,北曰广莫风。

⑫ 风之数,尽于八。凡虫为风,风为虫也。[3]【增】《大戴礼》“为”作“主”,《淮南子》同。

⑬【增】卵,力管反。

⑭【增】蛤,古合反。

⑮【增】《尔雅》曰:“蜉蝣,渠略。”〇【增】蜉音浮。蝣音游。

⑯ 介,甲虫也。〇【增】蛰,直立反。

⑰ 八窍,鸟属。【增】龁,啮也。〇龁,下没反。【增】窍,口吊反。

⑱ 九窍,人及兽属。【增】龃龉,一作“咀嚼”,《淮南子》作“嚼咽”。〇龃,壮所反。龉,疾雀反。

⑲《淮南》取此义曰:无角者,膏而无前。有角者,脂而无后。膏,豕[4]属;而脂,羊属。无前后,皆谓其锐小也[5]。【增】高诱《淮南子》注曰:“无前,肥从前起也。无后,肥从后起也。”《大戴礼》本文作“无角者膏而无前齿,有羽者脂而无后齿”,《注》曰:“凝者为膏,释者为脂。”

⑳【增】《大戴礼》作“生牝生牡”。〇【增】牝,频忍反。牡,茂后反。

---

[1] 本注,黄鲁曾本、宽永本在“四月而生”下。

[2] 本注,黄鲁曾本、宽永本在“七月而生”下。故,黄鲁曾本作“度”,属上读。

[3] 本注,黄鲁曾本、宽永本在“八月而生”下。

[4] “豕”,黄鲁曾本作“豚”。

[5] “也”,黄鲁曾本此前有“者”字,宽永本作“者”。

子夏曰："商闻《山书》曰①：地，东西为纬，南北为经②；山为积德，川为积刑③；高者为生，下者为死；丘陵为牡，溪谷为牝；蚌蛤龟珠，与〈日〉月而盛虚④。是故，坚土之人刚，弱土之人柔，墟土之人大⑤，沙土之人细，息土之人美，垞土之人丑⑥。食水者，善游而耐寒⑦；食土者，无心而不息⑧；食木者，多力而不治⑨；食草者，善走而愚⑩；食桑者，有绪而蛾⑪；食肉者，勇毅而捍⑫；食气者，神明而寿⑬；食谷者，智慧[1]而巧⑭；不食者，不死而神。故曰，羽虫三百有六十，而凤为之长⑮；毛虫三百有六十，而麟为之长；甲虫三百有六十，而龟为之长；鳞虫三百有六十，而龙为之长，倮虫三百有六十，而人为之长⑯。此乾坤之美也⑰，殊形异类之数⑱。王者动必以道，静必顺理⑲[2]，以奉天地之性，而不害其所主⑳，谓之仁圣焉。"

子夏言终而出，子贡进曰："商之论也，何如？"孔子曰："汝谓何也？"对曰："微则微矣，然则非治世之待也㉑。"孔子曰："然，各其所能㉒。"

①【增】先儒以为《山书》如今《山海经》之类，是也。一说，"山书"，人姓名，恐非。《大戴礼》无"敢问"以下二十八字。

②【增】横曰纬，纵曰经。

③【增】《大戴礼》注曰："山积阳，川积阴，阳为德，阴为刑。"

---

[1] "慧"，黄鲁曾本、宽永本作"惠"。

[2] "动必以道，静必顺理"，黄鲁曾本、宽永本作"动必以道动，静必以道静，必顺理"，"必顺理"属下读。

④ 月盛，则蚌蛤之属满，月亏则虚也[1]。【增】蚌，一作“蚌”。“日”字衍。一本“盛”作“盈”。《大戴礼》作“与月盛虚”，《注》云：“月者，太阴之精，故龟蛤之属，因之以盛亏。”○【增】蚌，步项反。

⑤【增】《大戴礼》“墟”作“虚”，是也。○【增】墟，丘鱼反，当读为虚。

⑥ 秏，“耗”字也。息土，细致；秏土，粗疏者也。【增】《大戴礼》“秏”作“耗”。○【增】秏，呼报反。

⑦【增】《大戴礼》注曰：“鱼鳖之属。”○【增】耐，奴代反。

⑧ 蚓属，不气息也。

⑨ 血气不治。《淮南子》曰：“多力而弗戾，亦不治之貌者也。”【增】《大戴礼》“不治”作“拂”字，《注》云：“熊犀之属。拂，戾也。”今《淮南子》作“奰”，无“弗戾”二字，高诱《注》云：“熊罴之属。奰，烦肠黄理也。奰音闭。”《博物志》有“食石者，肥泽而不老”八字。○【增】治，直吏反。

⑩【增】《大戴礼》、《淮南子》注皆云：“麋鹿之属。”

⑪【增】《大戴礼》“绪”作“丝”，《淮南子》同，“桑”作“叶”。○【增】蛾，牛何反。

⑫【增】一本“捍”作“悍”，是也，《博物志》同。悍，勇也，急也。《大戴礼》“毅”作“敢”，《淮南子》同，《注》云：“虎豹鹰鹯之属。”○【增】捍、悍并音旱。

⑬【增】谓龟属也。《大戴》、《淮南》注，皆谓“王乔、赤松之属”，非也。

⑭【增】《大戴礼》此句在上句之前，《淮南子》同，“巧”作“夭”，《博物志》同。

⑮【增】有音又，下同。长，竹丈反，下同。

⑯【增】倮，赤体也。○【增】倮，力果反。

⑰ 乾，天。坤[2]，地。

⑱【增】《大戴礼》作“此乾坤之美，类禽兽万物之数也”。

---

[1] “也”，黄鲁曾本、宽永本无。

[2] “坤”，黄鲁曾本作“巛”。

⑲【增】《大戴礼》“顺”作“以”。

⑳【增】主，当为“生”，字之误也。

㉑【增】一本“然”下无“则”字，是也。

㉒孔子曰，然子贡治世不待此事〈此事〉之急，然亦各其所知能也。[1]【增】《大戴礼》无“以奉”以下六十二字，本注“此事”二字似衍。

本命解第二十六①

①【增】此即《大戴礼·本命》篇，文多不同。凡二章。

鲁哀公问于孔子曰：“人之命与性，何谓也？”孔子对曰①：“分于道，谓之命②；形于一，谓之性③；化于阴阳，象形而发，谓之生；化穷数尽，谓之死。故命者，性之始也；死者，生之终也。有始则必有终矣。人始生而有不具者五焉：目无见，不能食，不能行，不能言，不能化；及生三月而微煦④[2]，然后有见；八月生齿，然后能食⑤；三年顋[3]合，然后能[4]言⑥；十有六而精通⑦，然后能化。阴穷反阳，故阴以阳变；阳穷反阴，故阳以阴化。是以男子八月生齿，八岁

[1] 本注二“此”字，黄鲁曾本、宽永本皆作“世”。

[2] “煦”，黄鲁曾本、宽永本作“眗”。下注同。

[3] “顋”，黄鲁曾本、宽永本作“题”。

[4] “能”，标笺本无。

而齓⑧；女子七月生齿，七岁而齓，十有四而化。一阳一[1]阴⑨，奇偶相配⑩，然后道合化成。性命之端，形于此也。”

①【增】《大戴礼》无此上二十字。

② 分于道，谓始得为人，故下句云性命之始。

③ 人各受阴阳，以为[2]刚柔之性，故曰形于一也。

④ 煦，睛转也。[3]【增】《大戴礼》“煦”作“昫[4]”，《注》云：“昫，精也。转视貌。”〇煦，吁[5]句反。【增】昫，徒千反。

⑤【增】《大戴礼》有“期而生膑，然后能行”八字，疑此阙文。

⑥【增】顖，与“囟”同。《说文》曰：“囟，头会脑盖也。”一曰顶门。旧本“顖”误作“顋”。〇【增】顖音信。

⑦【增】有音又。下“十有四”同。

⑧【增】齓，毁齿也。〇【增】齓，初覲反。

⑨【增】一本作“一阴一阳”，《大戴礼》同。

⑩ 阳数奇；阴数偶。[6]〇奇[7]，居宜反。

公曰：“男子十六精通，女子十四而化，是则可以生民矣。而礼，男子三十而有室，女子二十而有夫也①，岂不晚哉？”孔子曰：“夫礼言其极不是过也②。男子二十而冠③，有为人父之端；女子十五许嫁，有适人之道。于此而往，则自

---

[1] “一”，宽永本(一)作“二”。

[2] “为”，黄鲁曾本、宽永本无。

[3] “转”，黄鲁曾本作“人”，误。

[4] “昫”，标笺本作“眗”，误。

[5] “吁”，黄鲁曾本、宽永本作“子”。

[6] 此句，黄鲁曾本作“阳，奇数；阴，偶数。”

[7] “奇”，黄鲁曾本、宽永本此上有“顋，桑才反。齓，初覲反”八字。

婚矣。群生闭藏乎阴，而为化育之始④。故圣人因时以合偶男女[1]，穷天数也⑤[2]。霜降而妇功成，嫁娶者行焉⑥；冰泮而农桑起，婚礼而杀于此⑦。男子者，任天道而长万物者也⑧。知可为，知不可为；知可言，知不可言；知可行，知不可行者也[3]。是故，审其伦而明其别⑨，谓之知，所以效匹夫之听也⑩。女子者，顺男子之教而长其理者也⑪。是故，无专制之义，而有三从之道：幼从父兄，既嫁从夫，夫死从子。言无再醮之端⑫，教令不出于闺门，事在供酒食而已⑬；无阃外之非仪[4]也⑭，不越境而奔丧⑮。事无擅为⑯，行无独成⑰，参知而后动，可验而后言，昼不游庭，夜行以火，所以效匹妇之德也⑱。”

① 【增】一本作“男必三十，女必二十”。

② 【增】夫音扶。

③ 【增】冠，古乱反。

④ 阴为冬也，冬藏物而为化育始。

⑤ 穷，极也。

⑥ 季秋霜降，嫁娶者始于此。《诗》云：“将子无怒，秋以为期[5]。”

⑦ 泮，散也。正月农事起，蚕者采桑，婚礼始杀，言未止[6]也。至二月，农事始起，会男女之无夫家者，奔者期尽此月故也。《诗》云：“士如归

[1] “女”，黄鲁曾本、宽永本作“子”，误。

[2] “也”，黄鲁曾本、宽永本此下有“极”字，宽永本“极”字为小字，当是注文。黄鲁曾本为大字，误。

[3] “也”，黄鲁曾本无。

[4] “仪”，宽永本作“义”。

[5] “期”，黄鲁曾本此下有“也”字。

[6] “止”，黄鲁曾本作“正”。

妻,迨冰未泮。"言如欲使妻归,当及冰未泮散之盛时也。"【增】《周礼·地官·媒氏》:"掌万民之判,令男三十而娶,女二十而嫁。中春之月,令会男女。于是时也,奔者不禁。司男女之无大家者而会之。"〇杀,所戒反。【增】泮,普半反。

⑧【增】《大戴礼》此句上有"男者,任也。子者,孳也"八字,下有"故谓之丈夫。丈者,长也。夫者,扶也。言长万物也"十八字。〇【增】长,竹丈反,下同。

⑨【增】别,彼列反。

⑩ 听,宜为"德"。【增】《大戴礼》"听"作"德"。

⑪ 为男女长养其理分[1]。【增】《大戴礼》此句上有"女者,如也。子者,孳也"八字,下有"故谓之妇人。妇人,伏于人也"十一字。

⑫ 始嫁言醮。礼无再醮之端绪,言不改事人也。【增】郑玄曰:"酌而无酬酢曰醮。"《大戴礼》末句作"无所敢自遂也"六字。文义较胜。〇醮,子肖反。

⑬【增】《大戴礼》作"事在馈食之间而已矣"。

⑭ 阃,门限也。妇人以贞专,无阃外之非仪。[2]《诗》云:"无非无仪,酒食是议[3]。"〇阃,苦本反。

⑮【增】越境,《大戴礼》作"百里"。

⑯【增】擅,专也。〇【增】擅,市战反。

⑰ 行,下孟反。

⑱【增】《大戴礼》作"所以正妇德也"。

孔子遂言曰:"女有五不取①:逆家子者②,乱家子者③,

---

[1] "女",黄鲁曾本、宽永本(二)作"子"。"分",黄鲁曾本作"也"。

[2] "也",黄鲁曾本、宽永本无。"贞",黄鲁曾本作"自"。"外",宽永本(二)阙。"非",黄鲁曾本、宽永本作"威"。

[3] "议",宽永本作"义",误。

世有刑人子者④，有恶疾子者⑤，丧父长子者⑥[1]。妇有七出、三不去⑦。七出者⑧：不顺父母者⑨[2]，无子者⑩，淫僻者⑪，嫉妒者⑫，恶疾者⑬，多口舌者⑭，窃盗者⑮。三不去者：谓有所取、无所归，一也[3]；与共更三年之丧，二也⑯[4]；先贫贱、后富贵，三也[5]。凡此，圣人所以顺男女之际，重婚姻之始也。"

① 逆家子也，乱家子也，世有刑人子也，世有恶疾子也，丧父长子也，此五者皆不取也。○【增】取，七住反，又如字，下同。

② 为[6]其逆德。

③ 为其乱伦。

④ 为其弃于人也。

⑤ 为其弃于天也。

⑥ 为其无受命也。

⑦【增】出，如字，又尺遂反，下同。去，起吕反，下同。

⑧ 不顺父母，出；无子，出；淫僻，出；嫉妒，出；恶疾，出；多口舌，出；窃盗，出。[7]

⑨ 为[8]其逆德也。

⑩ 为其绝世也。

---

[1] "者"，黄鲁曾本无。

[2] "者"，黄鲁曾本、宽永本此上衍"出"字。

[3] "一也"，黄鲁曾本、宽永本为注文。

[4] "二也"，黄鲁曾本、宽永本为注文。

[5] "三也"，黄鲁曾本、宽永本为注文。

[6] "为"，黄鲁曾本、宽永本作"谓"。下注③—⑥、⑨—⑮同。

[7] "嫉妒"，黄鲁曾本作"恶疾"，宽永本(一)作"疾恶"，宽永本(二)作"疾妬"。"恶疾"，黄鲁曾本作"姑疾"，宽永本(一)作"妬疾"，宽永本(二)作"恶疾"。

[8] "为"，宽永本脱。

⑪ 为其乱族[1]。

⑫ 为其乱家。○【增】妒，丁故反。

⑬ 为其不可供粢盛也。

⑭ 为其离亲。

⑮ 为其反义。

⑯【增】更，古衡反。

孔子曰："礼之所以象五行也①，其义四时也，故丧礼有举焉，有恩有义，有节有权②。其恩厚者，其服重，故为父母斩衰三年，以恩制者也③。门内之治恩掩义，门外之治义掩恩④。资于事父以事君而敬同⑤。贵贵尊尊[2]，义之大也⑥。故为君亦服衰三年⑦，以义制者也。三日而食，三月而沐，期而练⑧，毁不灭性，不以死伤生⑨；丧不过三年，苴[3]衰不补⑩，坟墓不修；除服之日鼓素琴，示民有终也，凡此以节制者也。资于事父以事母而爱同。天无二日，国无二君，家无二尊，以治之⑪。故父在为母齐衰期者，见无二尊也⑫。百官备，百物具，不言而事行者，扶而起⑬；言而后事行者，杖而起⑭；身自执事行者，面垢而已⑮，此以权制者也。亲始死，三日不怠，三月不懈，期悲号，三年忧⑯，哀之杀也。圣人因杀以制节也⑰。"

① 服之制，有五等。

[1] "族"，黄鲁曾本下有"也"字。下注⑫、⑭、⑮皆同。

[2] "贵贵尊尊"，黄鲁曾本作"尊尊贵贵"，宽永本作"贵尊贵尊"。

[3] "苴"，黄鲁曾本、宽永本作"齐"。

② 所以举象四时。【增】“有恩”以下，又见《礼记·丧服四制》篇，比此为详，“义”作“理”。

③【增】为，于伪反，下同。衰，七雷反，下同。

④【增】《大戴礼》作“断恩”，《礼记》同。

⑤【增】郑玄曰：“资，犹操也。”

⑥【增】《大戴礼》“大”下有“者”字，《礼记》同。

⑦【增】一本“服”作“斩”，是也，《礼记》同，《大戴礼》作“服斩衰”。

⑧【增】期音基。一本作“朞”，下同。

⑨【增】《礼记》有“也”字。

⑩【增】苴，麻之有子者。《礼·间传》云：“斩衰何以服苴？苴，恶貌也。”又云：“斩衰，貌若苴。”一本“苴”作“齐”。○【增】苴，七馀反。

⑪【增】《礼记》作“以一治之也”。

⑫【增】齐音咨。见，贤遍反。

⑬ 谓大子、诸侯也。

⑭ 谓[1]大夫、士也。

⑮ 谓庶人也。【增】《大戴礼》“执事”之下有“而后事”三字，《礼记》有“而后”二字。○【增】垢音苟。

⑯【增】号，户刀反。

⑰ 杀，所戒反。

论礼第二十七①

①【增】凡二章。前章即《礼记·仲尼燕居》篇，后章即《孔子闲居》篇

---

[1] “谓”，黄鲁曾本、宽永本作“卿”。

也。此比彼文略。

孔子閒居①，子张、子贡、言游侍，论及于礼。孔子曰："居！汝三人者，吾语汝以礼周流无不遍也②。"子贡越席而对曰："敢问如何？"子曰："敬而不中礼，谓之野③；恭而不中礼，谓之给；勇而不中礼，谓之逆。"子曰："给夺慈仁④。"子贡曰："敢问将何以为此中礼者⑤？"子曰："礼乎！夫礼，所以制中也⑥。"子贡退。

①【增】郑玄曰："退燕避人曰闲居。"○【增】閒音闲。

②【增】语，鱼据反。

③ 中，陟仲反，下同。[1]

④ 巧言足恭，捷[2]给之人，似仁非仁，故曰[3]给夺慈仁。【增】郑玄曰："夺，犹乱也。"

⑤【增】一本无"此"字，《礼记》阙"礼"字。

⑥【增】夫音扶。中，如字。

言游进曰："敢问礼也，领恶而全好者与①？"子曰："然。"子贡问："何也？"子曰："郊社之礼，所以仁鬼神也；禘尝之礼，所以仁昭穆也②；馈奠之礼，所以仁死丧也；射乡[4]之礼，所以仁乡党也③；食飨之礼，所以仁宾客也④。明乎郊社之义、禘尝之礼，治国其如指诸掌而已。是故，居家有

---

[1] 本注，黄鲁曾本在注④，误。

[2] "捷"，标笺本作"捷"。

[3] "曰"，黄鲁曾本作"言"。

[4] "乡"，黄鲁曾本、宽永本作"飨"。

礼，故长幼辨⑤；以之闺门有礼，故三族和⑥；以之朝廷有礼，故官爵序⑦；以之田猎有礼，故戎事闲⑧；以之军旅有礼，故武功成⑨。是以宫室得其度，鼎俎得其象，物得其时，乐得其节，车得其轼⑩，鬼神得其享⑪，丧纪得其哀，辩说得其党⑫，百官得其体[1]，政事得其施⑬。加于身而措于前，凡众之动，得其宜也。”言游退。

① 领，理。【增】《礼记》“也”下有“者”字。○【增】恶，乌故反。好，呼报反。与，羊诸反。

② 【增】《尔雅》曰：“禘，大祭也。”《王制》曰：“天子、诸侯宗庙之祭，秋曰尝。”○【增】禘，大计反。

③ 【增】射，乡射。乡，乡饮酒。

④ 【增】食音嗣。

⑤ 【增】《礼记》“是故”之下有“以之”二字，“辨”下有“也”字。○【增】长，竹丈反。

⑥ 【增】郑玄曰：“三族，父、子、孙也。”《礼记》有“也”字。

⑦ 【增】《礼记》有“也”字。○【增】朝，直遥反。

⑧ 【增】闲，习也。《礼记》有“也”字。

⑨ 【增】《礼记》有“也”字。

⑩ 【增】《礼记》“轼”作“式”，下同。郑玄曰：“式，谓载也。所载有尊卑。”

⑪ 【增】《礼记》“享”作“飨”。

⑫ 党，类。

⑬ 各得其所党[2]，施行之。

[1] “体”，黄鲁曾本作“礼”。
[2] “党”，黄鲁曾本作“宜”。

子张进曰："敢问礼何谓也？"子曰："礼者，即事之治也，君子有其事，必有其治。治国而无礼，譬犹瞽之无相，伥伥乎何所之①？譬犹终夜有求于幽室之中，非烛何以见？故无礼，则手足无所措，耳目无所加，进退揖让无所制，是[1]以其居处长幼失其别②，闺门三族失其和，朝廷官爵失其序，田猎戎事失其策③，军旅武功失其势④，宫室失其度，鼎俎失其象，物失其时，乐失其节，车失其轼，鬼神失其飨[2]，丧纪失其哀，辩说失其党，百官失其体，政事失其施，加于身而措于前，凡众之动[3]失其宜。如此，则无以祖洽四海⑤。"

①【增】陆德明曰："伥伥，无见貌。""何所之"，《礼记》作"其何之"。○相，息亮反。伥，敕[4]良反。

②【增】"是以其"，一本作"是故以之"四字，《礼记》同。○【增】处，昌吕反。别，彼列反。

③【增】郑玄曰："策，谋也。"

④【增】《礼记》"势"作"制"。

⑤ 祖，始也。洽，合也。无礼则无以为众始，无以合聚众。[5]【增】"四海"，《礼记》作"于众"，下有"也"字。

---

[1] "是"，黄鲁曾本、宽永本此下有"故"字。

[2] "飨"，黄鲁曾本作"享"。

[3] "众之动"，黄鲁曾本、宽永本作"动之众"。

[4] "敕"，黄鲁曾本、宽永本作"三"。

[5] "始"，黄鲁曾本、宽永本作"法"。"合也"，黄鲁曾本、宽永本无"也"字。"众始"，黄鲁曾本、宽永本作"众法"。

子曰："慎听之，汝三人者！吾语汝，礼①，犹有九焉，大飨有四焉②。苟知此矣，虽在畎亩之中，事之圣人矣③。两君[1]相见，揖让而入门，入门而悬兴④；揖让而升堂，升堂而乐阕⑤；下管《象》舞，《夏》籥序兴⑥；陈其荐俎，序其礼乐，备其百官⑦。如此而后，君子知仁焉⑧。行中规⑨，旋中矩⑩，銮和中《采荠》⑪，客出以《雍》⑫，彻以《振羽》⑬。是故，君子无物而不在于礼焉。入门而金作，示情也⑭；升歌《清庙》，示德也⑮；下管《象》舞，示事也⑯。是故，古之君子，不必亲相与言也，以礼乐相示而已。夫礼者，理也；乐者，节也。无理不动，无节不作。不能《诗》，于礼谬⑰；不能乐，于礼素⑱；薄于德[2]，于礼虚⑲。"

① 语，鱼据反。[3]

② 语汝有九，其四大飨，所以待宾之礼，其五动静之威仪也。

③ 在畎亩之中，犹焉为圣人。【增】本注"焉"字可疑。"圣人矣"，《礼记》"矣"作"已"，郑玄曰："事之，谓立置于位也。圣人已者，是圣人也。"〇【增】畎，古犬反。

④ 兴，作乐，一也。

⑤ 二也。【增】阕，终也。〇【增】阕，苦穴反。

⑥ 下管，堂下吹管。《象》，武舞也。《夏》，文舞也。执籥，籥如笛，序以更作，三也。〇【增】夏，户雅反。籥音药。

⑦ 四也。所以大飨有四也。

[1] "君"，黄鲁曾本、宽永本作"军"，误。

[2] "薄于德"，黄鲁曾本、宽永本作"于德薄"。

[3] 本注，黄鲁曾本、宽永本在注②下，是也。

⑧【增】郑玄曰："知礼乐所存也。"

⑨ 五也。○中，陟仲反，下同。[1]

⑩ 六也。

⑪《采荠》，乐曲名，所以为和銮之节。七也。【增】銮、和，皆铃也。郑玄曰："銮，在衡。和，在式。"○【增】荠，在细、在私二反。

⑫《雍》，乐曲名，在《周颂》。八也。

⑬ 亦乐曲名。九也。【增】孔颖达曰："《振羽》，即《振鹭》诗。"纯案，《振鹭》，亦《周颂》篇名。○【增】彻，直列反。

⑭ 金既鸣，声终始若一，故以示情也。

⑮《清庙》，所以颂文王之德也。【增】《清庙》，亦《周颂》篇名。

⑯ 凡舞，象事也。[2]

⑰《诗》以言礼。【增】郑玄曰："谬，误也。"○【增】夫音扶，下"夫夔"同。

⑱ 素，质。

⑲ 苟非其人，礼不虚行。[3]

子贡作而问曰："然则夔其穷与①？"子曰："古之人与？上古之人也②。达于礼而不达于乐，谓之素；达于乐而不达于礼，谓之偏③。夫夔达于乐而不达于礼，是以传于此名也。古之人也④。凡制度在礼，文为在礼，行之其在人乎⑤！"三子者，既得闻此论于夫子也，焕若发矇焉⑥。

① 言达于乐而不达于礼也[4]。【增】作，起也。夔，尧时典乐。○【增】夔，求龟反。与，羊诸反，下同。

---

[1] "中"，黄鲁曾本、宽永本此上有"行，下孟反"四字，无"下同"二字。

[2] "象"，黄鲁曾本作"举"。"也"，黄鲁曾本、宽永本无。

[3] 本注，黄鲁曾本、宽永本作"非其人，则礼不虚行"。

[4] "也"，黄鲁曾本此上有"者"字，黄鲁曾本、宽永本此下有"与音余"三字。

②【增】《礼记》无“上”字。

③ 达，谓偏[1]有所达，非殊。【增】郑玄曰：“素与偏，俱不备耳。”

④ 言达于乐多，故遂传名乐。

⑤【增】郑玄曰：“文为，文章所为。”

⑥【增】焕，明也。郑玄曰：“乃晓礼乐不可废改之意也。”○【增】焕音唤。矇音蒙。

子夏侍坐于孔子，曰：“敢问《诗》云‘恺悌君子，民之父母’，何如斯可谓民之父母①？”孔子曰：“夫民之父母，必达于礼乐之源，以致五至而行三无，以横于天下。四方有败，必先知之。此之谓民之父母②。”

①【增】《诗》，《大雅·泂酌》篇，郑玄曰：“恺悌，乐易也。”○【增】坐，才卧反，又如字。恺，丘在反。悌，大计反。

②【增】《礼记》“源”作“原”，郑玄曰：“原，犹本也。横，充也。败，谓祸灾也。”○【增】夫音扶。

子夏曰：“敢问何谓五至？”孔子曰：“志之所至，诗亦至焉；诗之所至，礼亦至焉；礼之所至，乐亦至焉；乐之所至，哀亦至焉。诗礼相成，哀乐相生，是以正明目而视之，不可得而见；倾耳而听之，不可得而闻。志气塞于天地，行之充于四海。此之谓五至矣①。”

①【增】郑玄曰：“凡言志者，至于民也。志，谓恩意也。言君恩意至于

[1]“偏”，黄鲁曾本作“徧”。

民，则其诗亦至也。诗，谓好恶之情也。自此以下，皆谓民之父母者，善推其所有，以与民共之。人耳不能闻，目不能见，行之在胸心也。塞，满也。”○【增】哀乐音洛。

子夏曰：“敢问何谓三无？”孔子曰：“无声之乐，无体之礼，无服之丧，此之谓三无。”子夏曰：“敢问三无何《诗》近之？”孔子曰：“‘夙夜基命宥密’，无声之乐也①；‘威仪逮逮，不可选也’，无体之礼也②；‘凡民有丧，扶伏救之’，无服之丧也③。”

① 夙夜，恭也。基，始也。命，信也。宥，宽也。密，宁也。言己行与民信，五教在宽，民以安宁，故谓之无声之乐也。[1]【增】“夙夜基命宥密”，《周颂·昊天有成命》篇之辞也。

② 【增】“威仪逮逮，不可选也”，《邶·柏舟》篇之辞也。“逮逮”，《诗》作“棣棣”，郑玄曰：“逮逮，安和之貌也。言君子之威仪安和逮逮然，则民效之。”○【增】逮，大计反。选，宣面反。

③ 【增】“凡民有丧，扶伏救之”，《邶·谷风》篇之辞也。“扶伏”，《诗》作“匍匐”，《礼记》同。郑玄曰：“救之，赗恤之。言君于民有丧，有以赗恤之，则民效之。”○【增】扶音蒲，又如字。伏，蒲北反，又如字。

子夏曰：“言则美矣大矣！言尽于此而已乎[2]？”孔子曰：“何谓其然①？吾语汝其义②，犹有五起焉③。”子夏曰：“何如？”孔子曰：“无声之乐，气志不违；无体之礼，威仪迟迟[3]；无服之丧，内恕孔悲。无声之乐，气志既得；无体之

[1] “己”，黄鲁曾本作“以”。“五”，黄鲁曾本作“王”。

[2] “乎”，黄鲁曾本无。

[3] “迟迟”，宽永本作“逮逮”。

礼，威仪翼翼；无服之丧，施及四国。[1] 无声之乐，所愿必从；无体之礼，上下和同；无服之丧，施及万邦。无声之乐，日闻四方；无体之礼，日就月将；无服之丧，纯德孔明。无声之乐，气志既起；无体之礼，施及四海；无服之丧，施于孙子。④[2]既然，而又奉之以三无私而劳天下，此之谓五起⑤。"

①【增】《礼记》"谓"作"为"，"然"下有"也"字。

②【增】《礼记》无此五字，有"君子之服之也"六字。○语，鱼据反。

③【增】郑玄曰："服，犹习也。君子习读此诗，起此之义，其说有五也。"

④【增】旧本"内恕孔悲"之下，阙二十四字，"施及万邦"之下，阙四十八字，上云"犹有五起焉"，而此文阙其三起，盖脱简也，故今依《礼记》补之。"所愿必从"，《礼记》作"气志既从"；"施及万邦"，《礼记》作"以畜万邦"；郑玄曰："不违者，只不违君之气志也。孔，甚也。施，易也。从，顺也。畜，孝也。使万邦之民竞为孝也。就，成也。将，大也。使民之效礼，日有所成。至月则大矣。起，犹行也。"○【增】施，以豉反，下同。闻音问。

⑤【增】劳，力报反。

子夏曰："何谓三无私？"孔子曰："天无私覆，地无私载，日月无私照①。其在《诗》曰：'帝命不违，至于汤齐②[3]。汤降不迟，圣敬日跻③[4]。昭假迟迟，上帝是祗④[5]，帝命

[1] "无声之乐，气志既得；无体之礼，威仪翼翼；无服之丧，施及四国"二十四字，黄鲁曾本、宽永本皆无。

[2] "无声之乐，日闻四方；无体之礼，日就月将；无服之丧，纯德孔明。无声之乐，气志既起；无体之礼，施及四海；无服之丧，施于孙子"四十八字，黄鲁曾本、宽永本皆无。

[3] "齐"，宽永本作"隮"。下注同。

[4] "隮"，黄鲁曾本作"跻"。下注同。

[5] "祗"，黄鲁曾本、宽永本作"祇"。

式于九围⑤。'是汤之德也。"子夏蹶然而起,负墙而立,曰:"弟子敢不志之⑥!"

①【增】覆,芳又反。

② 至汤与天[1]心齐。【增】《诗》,《商颂·长发》篇。

③ 不迟,言疾。隮,升也。汤疾行下人之道,其圣敬之德日升闻也。【增】《诗》,"隮"作"跻",同。〇【增】隮,子兮反。

④ 汤之威德,昭明遍至,化行宽舒,迟迟然,故上帝敬其德。【增】郑玄曰:"昭,明也。假,至也。祗,敬也。"〇【增】假音格。祗,诸夷反。

⑤ 九围,九州也。天命用于九州,谓以为天下王。

⑥【增】志,记也。志之,《礼记》作"承之",郑玄曰:"起负墙者,所问竟,避后来者。"〇【增】蹶,居卫反。

---

[1] "与",黄鲁曾本、宽永本作"以"。"天",黄鲁曾本、宽永本作"大"。

孔子家语卷第七

观乡射第二十八①

①【增】凡三章。首章见《礼记·射义》及《郊特牲》篇，第二章见《乡饮酒义》，第三章见《杂记》，文皆小异。

【原文】

孔子观于乡射，喟然叹曰："射之以乐[1]也，何以射？何以听①？循声[2]而发，发[3]而不失正鹄者，其唯贤者乎②？若夫不肖之人，则将安能以求饮③？《诗》云：'发彼有的，以祈尔爵④。'祈，求也。求中[4]以辞爵⑤。酒者，所以养老⑥，所以养病也。求中以辞爵，辞其养也。是故，士使之射而弗能，则辞以病，悬弧之义也⑦[5]。"

于是退而与门人习射于矍相之圃，盖观者如堵墙焉⑧。射至于司马，使子路执弓矢，出列，延射[6]者，曰⑨："奔军之将，亡国之大夫，与为人后者，不得入⑩。其馀皆入。"盖去者半⑪。又使公罔之裘、序点扬觯而语曰⑫："幼壮孝悌，耆

[1] "乐"，黄鲁曾本作"礼乐"。

[2] "循声"，黄鲁曾本作"修身"，宽永本作"脩身"。

[3] "发"，黄鲁曾本、宽永本无。

[4] "中"，黄鲁曾本、宽永本此上有"所"字。

[5] "也"，黄鲁曾本、宽永本无。

[6] "射"，黄鲁曾本、宽永本作"谓射之"。

老好礼⑬,不从流俗,修身以俟死者,在此位。"盖去者半⑭。序点又[1]扬觯而语曰:"好学不倦,好礼不变,耄期称道而不乱者,在此位⑮。"盖仅有存焉⑯。射既阕⑰,子路进曰:"由与二三子者之为司马,何如?"孔子曰:"能用命矣。"

① 【增】郑玄曰:"何以,言其难也。多其射容与乐节相应也。"

② 正鹄,所射者也。【增】郑玄曰:"声,谓乐节也。画布曰正,栖皮曰鹄。正之言正也;鹄之言梏也。梏,直也,言人正直乃能中也。"○【增】正音征。鹄,古毒反。

③ 【增】求饮,《礼记》作"中"字。○【增】夫音扶。

④ 的,实也。祈,求也。言发中的以求饮尔爵也。胜者饮不胜者。【增】《诗》,《小雅·宾之初筵》篇。

⑤ 饮彼则己不饮,故曰"以辞爵"也。○中,陟仲反,下同。[2]

⑥ 【增】《礼记》有"也"字。

⑦ 弧,弓也。男子生,则悬弧于其门,明必有射事也。而今不能射,唯疾[3]可以为辞也。【增】《礼记》"病"作"疾"。○【增】弧音胡。

⑧ 【增】郑玄曰:"矍相,地名也。树菜蔬曰圃。"○【增】矍,俱缚反。相,息亮反。圃音补。堵,丁古反。

⑨ 子路为司马,故射至,使子路出延射。【增】郑玄曰:"延,进也。出进观者欲射者也。"

⑩ 人已有后而又为人后,故曰"与为人后"[4]。【增】《礼记》无"得"字。郑玄曰:"亡国,亡君之国者也。与,犹奇也。后人者,一人而已。既有为者而往奇之,是贪财也。"陆德明曰:"'不入',一本作'不得入者',非也。"

---

[1] "又",黄鲁曾本、宽永本无。

[2] "下同",黄鲁曾本、宽永本无。

[3] "疾",黄鲁曾本、宽永本作"病"。

[4] "后",黄鲁曾本此下有"世也"二字。

○【增】将，子匠反。与音预。

⑪【增】《礼记》有“入者半”三字。

⑫ 先行射乡饮酒，故二人扬觯。【增】公罔，姓。之，语助。裘，名也。序点，亦人姓名。《说文》曰：“觯，乡饮酒角也。”《礼记》“语”下更有“公罔之裘扬觯而语”八字，是也。郑玄曰：“之，发声也。射毕，又使此二人举觯者，古者于旅也语。语，谓说义理也。”纯谓：本注“射”字衍，不然“行射”二字倒。○觯，支义反[1]。

⑬ 好，呼报反，下同。[2]

⑭【增】《礼记》有“处者半”三字。

⑮ 八十九十曰耄。言虽老而不解，称道而不乱也。[3]【增】百年曰期。本注“不称解道”，疑有误。○【增】耄，莫报反。

⑯【增】仅，少也。《礼记》“焉”作“者”，是也。

⑰【增】阕，苦穴反。

孔子曰：“吾观于乡[4]而知王道之[5]易易也①。主人亲速宾及介，而众宾皆[6]从之②，至于正门之外，主人拜宾及介，而众宾自入，贵贱之义别矣③。三揖至于阶，三让以宾升；拜至，献酬辞让之节繁；及介升则省矣；至于众宾升而受爵，坐祭立饮，不酢而降，隆杀之义辨矣④[7]。工入，升

[1] “反”，黄鲁曾本作“切”。

[2] “报”，标笺本作“执”，误。“反”，黄鲁曾本作“切”。“下同”，黄鲁曾本、宽永本无。

[3] “而不”，黄鲁曾本作“而能”。“解称”，底本作“称解”，据宽永本改。“解”，同“懈”。

[4] “乡”，宽永本讹为“卿”。

[5] “之”，标笺本无。

[6] “皆”，黄鲁曾本、宽永本无。

[7] “隆”，黄鲁曾本、宽永本无。“辨”，黄鲁曾本、宽永本作“辩”。

歌三终，主人献宾⑤；笙入三终，主人又献之⑥；间歌三终⑦，合乐三阕⑧，工告乐备而遂出⑨。一人扬觯，乃立司正焉⑩，知其能和乐而不流也⑪[1]。宾酬主人，主人酬介，介酬众宾[2]，少长以齿⑫，终于沃洗者焉⑬，知其能悌[3]长而无遗矣⑭。降，脱屦升坐，修爵无算。饮酒之节，旰不废朝，暮不废夕⑮。宾出，主人迎送，节文终遂焉⑯，知其能安燕而不乱也。贵贱既明，隆杀既辨[4]，和乐而不流[5]，悌长而无遗，安燕而不乱。此五者，足以正身安国矣。彼国安而天下安矣。故曰，吾观于乡，而知王道之易易也[6]。"

①【增】郑玄曰："乡，乡饮酒也。易易，谓教化之本，尊贤尚齿而已。"○易，以豉反。

② 速，召。【增】郑玄曰："速，谓即家召之。"

③ 别，彼列反。

④【增】郑玄曰："繁，犹盛也。小减曰省。辨，犹别也。尊者礼隆，卑者礼杀，尊卑别也。"○杀，所戒反。【增】酢音昨。

⑤《记》曰："主人献之。"于义不得为"宾"也。下句"笙入三终，主人[7]又献之"，是也。歌《鹿鸣》、《四牡》、《皇皇者华》三篇终，主人乃献之，是也。【增】郑玄曰："工，谓乐正也。"

⑥ 吹《南陔》、《白华》、《华黍》三篇终，主人献也。○【增】笙音生。

[1] "也"，黄鲁曾本、宽永本无。

[2] "众"，宽永本无。"宾"，黄鲁曾本此下有"宾"字，属下读。

[3] "悌"，黄鲁曾本、宽永本作"弟"。下同。

[4] "隆杀既辨"，黄鲁曾本、宽永本作"降杀既辩"。

[5] "流"，底本作"乱"，据黄鲁曾本、宽永本改。

[6] 黄鲁曾本此处有音释："易，以豉反。"

[7] "人"，黄鲁曾本、宽永本(一)无。

⑦ 乃歌《鱼丽》、笙[1]《由庚》;歌《南有嘉鱼》,笙《崇丘》;歌《南山有台》,笙《由仪》也。[2] ○【增】间,古苋反。

⑧ 合笙声,同其音,歌《周南》、《召南》三篇也。【增】《礼记》“阕”作“终”。

⑨ 乐正既告备而降,言遂出,自此至去,不复升也。

⑩ 宾将欲去,故复使一人扬觯。乃立司正,主威仪,请安宾也。

⑪【增】郑玄曰:“流,犹失礼也。立司正以正礼,则礼不失可知。”○乐音洛。

⑫ 少,诗照反[3]。长,丁丈反,下同。[4]

⑬【增】沃,沃盥。洗,洗爵。○【增】沃,于木反。

⑭【增】郑玄曰:“遗,犹脱也,忘也。”

⑮ 旰晨饮,早晡罢[5]。【增】《礼记》“旰”作“朝”。○旰,古旦反。【增】朝,直遥反。

⑯【增】一本“迎”作“拜”,是也。《礼记》同。郑玄曰:“终遂,犹充备也。”

子贡观于蜡①。孔子曰:“赐也,乐乎②?”对曰:“一国之人皆若狂③,赐未知其为乐也。”孔子曰:“百日之劳,一日之乐,一日之泽,非尔所知也④。张而不弛,文武弗能;弛而不张,文武弗为。一张一弛,文武之道也⑤。”

① 蜡,索也。岁十有二月,索群神而祀之,今之腊也。○蜡,助驾反。

---

[1] “笙”,黄鲁曾本、宽永本(一)无。

[2] “仪”,宽永本(一)作“馀”。“也”,黄鲁曾本、宽永本此上有“者”字。

[3] “反”,黄鲁曾本作“切”。

[4] “长,丁长反,下同”,黄鲁曾本、宽永本在注⑭,无“下同”二字。

[5] “早晡罢”,黄鲁曾本作“早哺废罢”,“哺”字当为“晡”之讹。

② 乐音洛，下同[1]。

③ 言醉酒[2]也。

④ 言民皆勤苦稼穑，有百日之劳，喻久也。今一日使之饮酒，燕乐之，是君之恩泽也。[3]

⑤【增】郑玄曰："张弛，以弓弩喻人也。弓弩久张之则绝其力，久弛之则失其体。"○弛，施氏反。

郊问第二十九①

①【增】凡一章。见《礼记·郊特牲》篇，而无定公、孔子问对之言，其他文亦小异。章末一节，见《礼器》篇。

定公问于孔子曰："古之帝王，必郊祀其祖以配天，何也？"孔子对曰："万物本乎[4]天，人本乎祖。郊之祭也，大报本反始也，故以配上帝。天垂象，圣人则之。郊，所以明天道也①。"

①【增】郑玄曰："明，谓则之以示人也。"

---

[1] "下同"，黄鲁曾本、宽永本无。

[2] "酒"，黄鲁曾本作"乱"。

[3] "言"，黄鲁曾本、宽永本作"古"。"燕"，黄鲁曾本、宽永本作"焉"，属上读。

[4] "乎"，黄鲁曾本、宽永本作"于"。

公曰:“寡人闻郊而莫同,何也?”孔子曰:“郊之祭也,迎长日之至也①。大报天而主日②,配以月,故周之始郊,其月以日至,其日用上辛;至于启蛰之月,则又祈谷于上帝③。此二者,天子之礼也。鲁无冬至大郊之事,降杀于天子,是以不同也④。”

① 周人始以日至之月,冬日至而日长。

② 【增】郑玄曰:“天之神,日为尊。”

③ 祈,求也。为农祈谷于上帝。《月令》:“孟春之月,乃以元日祈谷于上帝。”鲁[1]无仲冬大郊之事,至于祈农,与天子同。故《春秋传》曰:“夫郊祀后稷,以祈农事也。是故,启蛰而郊,郊而后耕。”而说者[2]不知推经礼之指归,皮肤妄说,至乃颠倒神祇,变易时日,迁改兆位,良可痛心者也。【增】本注所引《春秋传》者,孟献子之言,见《左氏·襄七年》。○【增】蛰,直立反。

④ 【增】杀,所戒反。

公曰:“其言郊,何也?”孔子曰:“兆丘于南,所以就阳位也。于郊,故谓之郊焉①。”曰:“其牲器何如?”孔子曰:“上帝之牛角茧栗,必在涤三月③,后稷之牛唯具③,所以别事天神与人鬼也④。牲用骍,尚赤也⑤;用犊,贵诚也⑥。扫地而祭,于其质也⑦。器用陶匏,以象天地之性也⑧。万物无可以[3]称之者,故因其自然之体也⑨。”

[1] “鲁”,黄鲁曾本、宽永本(一)作“兼”,误。

[2] “者”,黄鲁曾本、宽永本此上有“学”字,恐衍。

[3] “以”,黄鲁曾本、宽永本无。

① 兆丘于南，谓之圆丘，兆之于南郊也。然[1]郊之名有三焉，筑为圆丘，以象天自然，故谓之圆丘；圆丘，人之[2]所造，故谓之泰坛。于南郊，在南也[3]。说者[4]谓南郊与圆丘异。若是，则《诗》、《易》、《尚书》谓之[5]圆丘也，又不通。泰坛之名，或乃谓《周官》圆丘，虚妄之言，皆不通典制也。【增】“兆丘于南”，《礼记》作“兆于南郊”。郑玄《周礼·小宗伯》注曰：“兆为坛之营域。”

② 涤，所以养牲[6]具。【增】郑玄曰：“涤，牢中所搜除处也。”○【增】茧，公典反。涤，徒历反。

③ 别祀稷时牲，亦刍之三月，配天之时献，故唯具之也。

④ 别，彼列反[7]。

⑤【增】郑玄曰：“尚赤者，周也。”○【增】骍，息营反。

⑥ 犊质悫，贵诚之美也。

⑦ 地，圜丘之地。扫焉而祭，贵其质也。

⑧ 人之作物，无可称之，故取天地之性以自然也。

⑨【增】称，尺证反。

公曰：“天子之郊，其礼仪可得闻乎？”孔子对曰：“臣闻天子卜郊，则受命于祖庙，而作龟于祢宫①，尊祖亲考之义也。卜之日，王亲立于泽宫，以听誓命，受教谏之义也②。既卜，献命库门之内，所以戒[8]百官也③。将郊，则天子皮

[1] “然”，黄鲁曾本、宽永本作“然则”。
[2] “人之”，黄鲁曾本作“之人”，误。
[3] “也”，黄鲁曾本、宽永本无。
[4] “者”，黄鲁曾本、宽永本此上有“学”字，疑衍。
[5] “之”，黄鲁曾本、宽永本作“不”，误。
[6] “牲”，黄鲁曾本、宽永本(一)作“生”。
[7] “反”，黄鲁曾本作“切”。
[8] “戒”，黄鲁曾本、宽永本作“诫”。

弁以听报，示民严上也④。郊之日，丧者不敢哭，凶服者不敢入国门，泛（氾）扫[1]清路，行者毕[2]止⑤，弗命而民听，敬之至也⑥。天子大裘以黼之，被衮象天⑦，乘素车，贵其质也。旂十有二旒，龙章而设以日月，所以法天也⑧。既至泰坛，王脱裘矣，服衮以临燔柴⑨，戴冕，璪十有二旒，则天数也⑩。臣闻之，诵《诗》三百，不足以一献⑪；一献之礼，不足以大飨⑫；大飨之礼，不足以大旅⑬；大旅具矣，不足以飨帝⑭。是以君子无敢轻议于礼者也。”

① 祢宫，父庙也。受祭天之命于祖，而作龟于父庙。【增】郑玄曰：“受命，谓告之，退而卜。”《周礼·春官·人卜》注：“郑司农云：‘作龟，谓凿龟令可爇也。’”

② 泽宫，宫也。誓命，祭天所行威仪也。王亲受之，故曰受教谏之义。【增】《礼记》无“宫”字，郑玄曰：“泽，泽宫也，所以择贤之宫也。既卜，必到泽宫，择可与祭祀[3]者，因誓敕之以礼也。”

③【增】郑玄曰：“王自泽宫而还，以誓命重相申敕也。库门在雉门之外，入库门则至庙门外矣。”《礼记》此下有“太庙之命，戒百姓也”八字。

④ 报，白也。王夙兴朝服以待白，祭事而后服衮。

⑤ 泛（氾），遍也。清路以新土，无复行之。【增】“清路”，《礼记》作“反道”，无“行者毕止”句，有“乡为田烛”四字。郑玄曰：“反道，刬令新土在上也。田烛，田首为烛也。”〇【增】氾，孚剑反，字亦作“汎[4]”。扫，素报反。

[1] “扫”，黄鲁曾本作“埽”。
[2] “毕”，黄鲁曾本、宽永本作“必”。
[3] “祀”，标笺本作“记”。
[4] “汎”，标笺本作“况”。

⑥ 以王恭敬事天，故民化之，不令而行之也。

⑦ 大[1]“裘”，为黼文也，言被之大裘，其有象天之文，故被之道路，至太[2]坛而脱之。【增】《周礼·天官·司裘》注：“郑司农云：‘大裘，黑羔裘，服以祀天，示质。’”纯谓：“大裘以黼之”并注，皆不可晓也。《礼记》“天子”作“王”，无“大裘以黼之”五字。〇【增】黼音甫。衮，古本反。

⑧【增】郑玄曰：“设日月，画于旂上。”〇【增】旂，巨依反。有音又。旒音留。

⑨【增】《礼记》无此十四字。〇【增】燔音烦。

⑩【增】《说文》曰：“璪，玉饰，如水藻之文。”字或作“藻”。郑玄曰：“天之大数，不过十二。”〇【增】璪音早。

⑪ 祭群小祀。【增】郑玄曰：“诵《诗》三百，喻习多言而不学礼也。”

⑫ 大飨，祫祭天王。【增】孔颖达曰：“大飨，谓祫祭宗庙也。”

⑬ 大旅，祭五帝也。

⑭ 飨帝，祭天。

五刑解第三十①

①【增】凡三章。首章见《大戴礼·盛德》篇，文颇不同。

冉有问于孔子曰：“古者三皇、五帝不用五刑，信乎？”孔子曰：“圣人之设防，贵其不犯也；制五刑而不用，所以为

[1] “大”，宽永本(一)作“天”。

[2] “太”，黄鲁曾本作“大”。

至治也①。凡民[1]之为奸邪、窃盗、靡法、妄行者,生于不足②,不足生于无度。无度则小者偷惰[2],大者侈靡③,各不知节。是以上有制度,则民知所止;民知所止,则不犯,故虽有奸邪、窃[3]盗、靡法、妄行之狱,而无陷刑之民。不孝者生于不仁。不仁者生于丧祭之礼不明[4]。丧祭之礼,所以教仁爱也。能致[5]仁爱,则服[6]丧思慕,祭祀不懈[7],人子馈养之道也④[8]。丧祭之礼明,则民孝矣。故虽有不孝之狱,而无陷刑之民。杀上者生于不义。义,所以别贵贱、明尊卑也⑤。贵贱有别,尊卑有序,则民莫不尊上而敬长⑥。朝聘之礼者,所以明义也⑦。义必明,则民不犯。故虽有杀上之狱,而无陷刑之民。斗变者生于相陵,相陵者生于长幼无序而遗敬让⑧。乡饮酒之礼者,所以明长幼之序而崇敬让也。长幼必序,民怀敬让,故虽有斗变[9]之狱,而无陷刑之民。淫乱者生于男女无别。男女无别,则夫妇失义。婚[10]礼聘享者,所以别男女、明夫妇之义也。男女既别,夫妇既明,故虽有淫乱之狱,而无陷刑之民。此五

[1] "民",黄鲁曾本、宽永本作"夫"。

[2] "惰",黄鲁曾本、宽永本作"盗"。

[3] "窃",黄鲁曾本、宽永本作"贼"。宽永本"贼盗"为小字,恐系雕版失误,挖改所致。

[4] "不",黄鲁曾本、宽永本无。"明",黄鲁曾本、宽永本属下读,误。

[5] "致",黄鲁曾本作"教"。

[6] "服",黄鲁曾本无。

[7] "懈",黄鲁曾本作"解"。下注同。

[8] "也",黄鲁曾本、宽永本无。

[9] "斗变",宽永本作"变斗"。

[10] "婚",黄鲁曾本无。

者，刑罚之所从[1]生，各有源焉。不豫塞其源，而辄绳之以刑，是谓为民设穽而陷之⑨。刑罚之源，生于嗜欲不节。夫礼度者，所以御民之嗜欲而明好恶，顺天之道⑩。礼度既陈，五教毕修⑪，而民犹或未化，尚必明其法典以申固之⑫。其犯奸邪、靡法、妄行之狱者，则饬制量之度⑬；有犯不孝之狱者，则饬丧祭之礼；有犯杀上之狱者，则饬朝觐之礼；有犯斗变之狱者，则饬乡饮酒之礼；有犯淫乱之狱者，则饬婚聘之礼。三皇五帝之所化民者如此，虽有五刑之不[2]用，不亦可乎？”

① 【增】治，直吏反。

② 【增】靡，无也。《大戴礼》作“历”。○【增】靡，眉彼反。

③ 【增】靡，淫靡也。

④ 言孝子奉祭祀不敢懈，与生时馈养之道同之也。○【增】馈，其位反。养，羊尚反。

⑤ 别，彼列反，下同。

⑥ 长，丁丈反，下同。

⑦ 【增】朝，直遥反，下同。

⑧ 遗，忘。

⑨ 【增】为，于伪反。穽，才性反，一作“阱”。

⑩ 【增】夫音扶。好，呼报反。恶，乌故反。

⑪ 【增】五教，解见《执辔》篇。

⑫ 尚，犹也。申令固其教也。

---

[1] “从”，黄鲁曾本作“以”。

[2] “不”，黄鲁曾本无。

⑬【增】疑其下阙"有"字，不然，"其"当为"有"。"奸邪"之下，当有"窃盗"二字。○【增】饬音敕。

孔子曰："大罪有五，而杀人为下。逆天地者，罪及五世；诬文武者，罪及四世①；逆人伦者，罪及三世；谋鬼神者，罪及二世；手杀人者，罪止[1]其身。故曰，大罪有五，而杀人为下矣。"

①【增】文王、武王，并周先圣王。

冉有问于孔子曰："先王制法，使刑不上于大夫，礼不下于庶人①。然则大夫犯罪，不可以加刑；庶人之行事，不可以治于礼乎？"孔子曰："不然。凡治君子，以礼御其心，所以属之以廉耻之节也②。故古之大夫，其有坐不廉污秽而退放之者，不谓之'不廉污秽而退放'，则曰'簠簋不饬③'；有坐淫乱男女无别者，不谓之'淫乱男女无别'，则曰'帷幕不修④'也；有坐罔上不忠者，不谓之'罔上不忠'，则曰'臣节未著⑤'；有坐罢软不胜任者，不谓之'罢软不胜任'，则曰'下官不职⑥'；有坐干国之纪者⑦，不谓之'干国之纪'，则曰'行事不请⑧'。此五者，大夫既自定有罪名矣，而犹不忍斥然正以呼之也。既而为之讳⑨，所以愧耻之。是故，大夫之罪，其在五刑之域者，闻而谴发⑩，则白冠氂[2]

[1] "止"，黄鲁曾本作"及"。
[2] "氂"，黄鲁曾本、宽永本作"釐"。

缨，盘水加剑，造乎阙而自请罪⑪，君不使有司执缚牵挈而加之也⑫；其有大罪者，闻命则北面再拜，跪而自裁⑬，君不使人捽引而刑杀之也⑭[1]，曰：‘子大夫自取之耳，吾遇子有礼矣。’以刑不上大夫，而大夫亦不失其罪者，教使然也。凡[2]所谓礼不下庶人者，以庶人遽其事而不能充礼，故不责之以备礼也⑮。”冉有跪然免席，曰：“言则美矣！求未之闻。”退而记之。

①【增】上，时掌反。下，遐嫁反。

②【增】属音烛。

③ 饬，整齐也。【增】贾谊《新书》“饬”作“饰”，《汉书·贾谊传》同。○【增】秽，於废反。簠音甫。簋音轨。饬音敕。

④【增】别，彼列反。

⑤【增】罔，无也。

⑥ 言其下官不称其[3]职，不斥其身也。○罢音皮。【增】软，人兖反。胜音升。

⑦【增】干，犯也。

⑧ 言不请而擅行。

⑨【增】《新书》云：“尚迁就而为之讳也。”○【增】为，于伪反。

⑩ 谴，谴让也。发，始发露。【增】“闻而谴发”，《新书》作“闻谴诃”，《汉书》同，“诃”作“何”。○【增】谴，弃战反。

⑪【增】《汉书》注：“郑氏曰：‘白冠，丧服也。氂缨，以毛作缨也’。如淳曰：‘水性平，若己有正罪，君以平法治之也。加剑，当以自刎也。’或曰：‘杀

[1] “之也”，黄鲁曾本无。

[2] “凡”，黄鲁曾本无。

[3] “其”，黄鲁曾本此上有“移”，属下读。宽永本此上有“务”字。

牲者,以盘水取颈血,故示若此也。'""造乎阙",《新书》作"造寝室",《汉书》作"造请室"。○造,千到反。【增】氂,力之反。

⑫【增】《新书》作"上弗使执缚系引而行也",其下又有"其有中罪者,闻命而自弛,上不使人颈戾而加也"十九字,《汉书》同。此盖阙文。○【增】掣,充世反,又昌列反。

⑬【增】自裁,谓自杀也。○【增】跪,求委反。

⑭【增】《说文》曰:"捽,持头发也。"《新书》"引"作"抑",《汉书》同。○捽,昨没反。

⑮【增】遽,其据反。

刑政第三十一①

①【增】此篇之语,散见《礼记·王制》,而无仲弓孔子问对之辞。凡一章。

仲弓问于孔子曰:"雍闻至刑无所用政,至政无所用刑。至刑无所用政,桀、纣之世是也;至政无所用刑,成、康之世是也。信乎?"孔子曰:"圣人之治化也,必刑政相参焉。太上以德教民,而以礼齐之;其次以政事[1]导民①,以刑禁之,刑不刑也。化之弗变,导之弗从,伤义以败俗,于

[1]"事",黄鲁曾本作"焉",宽永本作"言"。

是乎用刑矣②。剬[1]五刑，必即天伦③，行刑罚，则轻无赦④。刑，侀也；侀，成也，壹成而不可更，故君子尽心焉⑤。”

① 【增】旧本“事”作“言”，误。

② 【增】败，必迈反。

③ 即，就也。就天伦，谓合天意。【增】剬，古“制”字，旧本误作“颛”，《礼记》作“制”，郑玄曰：“制，断也。”

④ 行刑罚之官，虽轻，犹不得作威作福。【增】郑玄曰：“法虽轻，不赦之，为人易犯。”纯谓：王注非也。当从郑说。

⑤ 更，古衡反。[2]

仲弓曰：“古之听讼，尤罚丽于事，不以其心，可得闻乎①？”孔子曰：“凡听五刑之讼，必原父子之情，立君臣之义，以权之②；意论轻重之序，慎测浅深之量，以别之③；悉其聪明，正其忠爱，以尽之④。大司寇正刑明辟，以察狱⑤，狱必三讯焉⑥。有指无简，则不听也⑦；附从轻，赦从重⑧；疑狱，则泛与众共之，疑则赦之，皆以小大之比成之⑨[3]。是故，爵人必于朝，与众共之也⑩；刑人必于市，与众弃之也。古者公家不畜刑人，大夫弗养[4]，士遇之途，弗[5]与之言，屏诸四方，唯其所之，弗[6]及与政，弗欲生之也⑪。”

---

[1] “剬”，黄鲁曾本、宽永本作“颛”。

[2] “衡”，黄鲁曾本、宽永本作“行”。

[3] “之”，黄鲁曾本、宽永本作“也”。

[4] “养”，黄鲁曾本、宽永本此下有“也”字。

[5] “弗”，黄鲁曾本、宽永本此上有“以”字。

[6] “弗”，黄鲁曾本作“不”。

① 尤，过也。丽，附也。怪过人罚人，必以事相当，而不以其心也。[1]【增】郑玄曰："过人罚人，当各附于其事，不可假他以喜怒。"

② 【增】郑玄曰："权，平也。"

③ 【增】郑玄曰："意，思念也。浅深，谓俱有罪，本心有善恶。"〇别，彼列反。【增】量，力让反，下同。

④ 【增】《礼记》"正"作"致"。郑玄曰："尽其情。"

⑤ 【增】《礼记》作"以听狱讼"。郑玄曰："司寇，秋官卿，掌刑者。辟，罪也。"〇【增】辟，婢亦反。

⑥ 一曰讯群臣，二曰讯群吏，三曰讯万民也。【增】《礼记》"讯"作"刺"。本注即《周礼·小司寇》文也，郑玄曰："讯，言也。"〇【增】讯音信。

⑦ 简，诚也。有其[2]意，无其诚者，不论以为罪也。【增】《礼记》"指"作"旨"。

⑧ 附人之罪，以轻为比；赦人之罪，以重为比。

⑨ 【增】《礼记》"泛"作"氾"，并与"汎"通。〇比，毗志反。【增】泛，孚剑反。

⑩ 【增】朝，直遥反。

⑪ 【增】《礼记》作"不及以政，示弗故生也"，郑玄曰："屏，犹放去也。已施刑，则放之弃之，役赋不与，亦不授之以田，困乏又无赒饩也。《虞书》曰：'五流有宅，五宅三居。'是也。周则墨者使守门，劓者使守关，宫者使守内，刖者使守囿，髡者使守积。"

仲弓曰："听狱，狱之成，成何官？"孔子曰："成狱成于吏，吏以狱成告于正①。正既听之，乃告大司寇。大司寇[3]听之，乃奉于王。王命三公卿士，参听棘木之下②，然后乃

[1] "罚人"，黄鲁曾本、宽永本作"罚之"。"不以"，黄鲁曾本、宽永本作"不与"。
[2] "其"，黄鲁曾本、宽永本无。
[3] "大司寇"，黄鲁曾本、宽永本无。

以狱之成疑于王③。王三宥之以听命④，而制刑焉，所以重之也。”

① 吏，狱官吏。正，狱官长。【增】《礼记》“吏”作“史”。

② 外朝法：左九棘，孤卿大夫位焉。右九棘，公侯伯子男位焉。面三槐，三公位焉[1]。○【增】棘，纪力反。

③【增】疑，定也。○【增】疑，鱼陟反。

④ 君王尚宽，罪虽以定，犹三宥之，不可得轻，然后刑之者也。[2]【增】郑玄曰：“宥，宽也。一宥曰不识，再宥曰过失，三宥曰遗忘。”《礼记》无“以听命”三字。本注“以”当为“已”。

仲弓曰：“其禁何禁？”孔子曰：“巧言破律①，遁名改作②，执左道与乱政者，杀③；作淫声④，造异服⑤，设奇伎奇[3]器，以荡上心者，杀⑥；行伪而坚⑦，言诈而辩，学非而博，顺非而泽⑧，以惑众者，杀；假于鬼神、时日、卜筮，以疑众者，杀⑨。此四诛者，不以听⑩。”

① 巧卖法令者也。【增】《礼记》“巧”作“析”。

② 变言与物名也。【增】《礼记》“遁”作“乱”。

③ 左道，乱也。【增】《礼记》“与”作“以”。郑玄曰：“左道，若巫蛊及俗禁。”

④ 淫，浼[4]也。惑乱人之声。【增】郑玄曰：“淫声，郑卫之属也。”

---

[1] “位焉”，黄鲁曾本作“位”，宽永本作“立”。

[2] “宽”，黄鲁曾本此下有“宥”字。“虽”，黄鲁曾本作“孽”。

[3] “奇伎奇”，黄鲁曾本、宽永本作“伎奇”。

[4] “浼”，黄鲁曾本作“逆”，宽永本作“逸”。

⑤ 非人[1]所常见。【增】郑玄曰:“异服,若聚鹬冠、瑱弁也。”

⑥ 怪异之伎,可以眩曜人心之器。荡,动也[2]。【增】郑玄曰:“奇伎奇器,若公输般请以机窆。”○【增】荡,徒党反。

⑦ 行诈伪而守之坚也。○行,下孟反。

⑧ 顺其非而滑泽。

⑨【增】郑玄曰:“今时持丧葬、筑盖、嫁娶、卜数文书,使民倍礼违制。”

⑩ 不听棘木之下。

仲弓曰:“其禁尽于此而已①?”孔子曰:“此其急者,其馀禁者十有四焉②:命服命车,不粥于市③;珪璋璧琮,不粥于市④;宗庙之器,不粥于市⑤;兵车旍旗,不粥于市⑥;牺牲秬鬯,不粥于市⑦;戎器兵甲,不粥于市⑧;用器不中度,不粥于市⑨;布帛精粗不中数,广狭不中量,不粥于市⑩;奸色乱正色,不粥于市;文锦珠玉之器,雕饰靡丽,不粥于市⑪;衣服饮食,不粥于市⑫;果实不时,不粥于市⑬;五木不中伐,不粥于市⑭;鸟兽鱼鳖不中杀,不粥于市⑮。凡执此禁以齐众者,不赦过也⑯。”

①【增】疑阙“乎”字。

②【增】有音又。

③ 粥,卖。○粥,余六反。

④【增】珪,一作“圭”,瑞玉也。半玉为璋。《尔雅》曰:“肉倍好谓之璧,半璧为琮。”“珪璋璧琮”,《礼记》作“圭璧金璋”。○【增】璋,之羊反。琮,才

[1] “人”,黄鲁曾本、宽永本无。

[2] “也”,黄鲁曾本、宽永本无。

宗反。

⑤【增】"命服"以下,皆尊物也。郑玄曰:"尊物非民所宜有。"

⑥【增】旍与"旌"同。"旍旗",《礼记》作"不中度"三字。

⑦【增】色纯曰牺,卜得吉曰牲。秬,黑黍也。鬯,酿秬为酒。和以郁金草,芬香条畅,故谓之秬鬯。所灌以降神也。○【增】牺,虚宜反。牲音生。秬音巨。鬯,丑亮反。

⑧【增】《礼记》无"兵甲"二字。郑玄曰:"戎器,军器也。"

⑨ 中,陟仲反,下同。[1]

⑩【增】《礼记》"广狭"之上有"幅"字。郑玄曰:"凡以其不可用也。用器,弓矢、耒耜、饮食器也。度,丈尺也。数,升缕多少。"

⑪【增】《礼记》"之"作"成"。雕与"彫"通,画也。

⑫ 卖成衣服,非侈必伪,故禁之。禁卖熟食,所以厉啾[2]也。

⑬【增】《礼记》作"五谷不时,果实未熟,不粥于市。"郑玄曰:"物未成,不利人。"

⑭【增】"五木"未详。《礼记》无"五"字。郑玄曰:"伐之非时,不中用。《周礼》:'仲冬斩阳木,仲夏斩阴木。'"

⑮【增】郑玄曰:"杀之非时,不中用。《月令》:'季冬始渔。'《周礼》:'春献鳖蜃。'"

⑯【增】郑玄曰:"亦为人将易犯。"

礼运第三十二①

①【增】此即《礼记·礼运》篇,文小异,凡一章。

---

[1] 本注,黄鲁曾本在"中度"下。无"下同"二字。

[2] "啾",黄鲁曾本作"取"。

孔子为鲁司寇，与于蜡①。既宾事毕②，乃出游于观之上③，喟然而叹④。言偃侍，曰："夫子何叹也？"孔子曰："昔大道之行⑤，与三代之英⑥，吾未之逮也，而有记焉⑦。大道之行⑧，天下为公⑨，选贤与能，讲信修睦⑩。故人不独亲其亲，不独子其子⑪，老有所终，壮有所用⑫，矜寡孤疾⑬，皆有所养⑭。货恶其弃于地，不必藏于己；力恶其不出于身，不必为人⑮。是以奸谋闭[1]而不兴，盗窃乱贼不作⑯，故外户而不闭⑰。谓之大同⑱。

今大道既隐，天下为家⑲，各亲其亲，各子其子，货则为己，力则为人⑳，大人世及以为常㉑，城郭沟池以为固㉒。禹、汤、文、武、成王、周公，由此而选㉓，未有不谨于礼㉔。礼之所兴，与天地并㉕。如有不由礼而在位者，则以为殃㉖。"

①【增】蜡，解见《观乡射》篇。〇【增】与音预。蜡，助驾反。

② 毕宾客之事也。【增】《礼记》无"既"字，"宾"字属上为句。

③ 观，宫门外阙。《周礼》所谓"象魏"者也。〇【增】观，古玩反。

④【增】郑玄曰："孔子见鲁君于祭礼有不备，于此又睹象魏旧章之处，感而叹之。"〇【增】喟，苦位反。

⑤ 此谓三皇五帝时，大道行也。

⑥ 英，秀也[2]。谓禹、汤、文、武也。

⑦【增】《礼记》"记"作"志"。郑玄曰："逮，及也。言不及见。志，谓'识'古文。"〇【增】逮音代，又大计反。

⑧【增】《礼记》有"也"字。

[1] "闭"，宽永本作"闲"，讹。
[2] "也"，黄鲁曾本、宽永本无。

⑨【增】郑玄曰:"公,犹共也。禅位授圣,不家之。"

⑩ 讲,习也;修,行也;睦,亲也。

⑪ 所谓大道,天下为公。

⑫【增】《礼记》有"幼有所长"四字。

⑬【增】矜,与"鳏"通。老而无妻曰矜;老而无夫曰寡;幼而无父曰孤;疾,废疾也。《礼记》作"矜寡孤独废疾",此盖阙文。老而无子曰独。○【增】矜,古顽反。

⑭【增】郑玄曰:"无匮乏也。"

⑮ 言力恶其不出于身,不以为德惠也。【增】《礼记》"人"作"己"。○【增】恶,乌故反。为,于伪反。下"为己"、"为人"同。

⑯【增】郑玄曰:"尚辞让之故也。"

⑰【增】郑玄曰:"御风气而已。"

⑱【增】谓之,《礼记》作"是谓"。郑玄曰:"同,犹和也,平也。"

⑲【增】郑玄曰:"传位于子。"

⑳【增】此八字,《礼记》作"货力为己"四字。

㉑【增】郑玄曰:"大人,诸侯也。"孔颖达曰:"父子曰世,兄弟曰及。"《礼记》"常"作"礼"。

㉒【增】郑玄曰:"乱贼繁多,为此以服之也。"《礼记》此下有"礼义以为纪,以正君臣,以笃父子,以睦兄弟,以和夫妇,以设制度,以立田里,以贤勇知,以功为己,故谋用是作,而兵由此起"四十七字。

㉓ 言用礼义为之选也。【增】郑玄曰:"由,用也。"

㉔【增】《礼记》"未有"之上有"此六君子者"五字,"礼"下有"者也"二字。

㉕【增】《礼记》无此二句,有"以著其义,以考其信,著有过,刑仁讲让,示民有常"十九字。

㉖【增】《礼记》作"如有不由此者,在势者去,众以为殃",其下有"是谓小康"四字。

言偃复问曰："如此乎，礼之急也[①]？"孔子曰："夫礼，先王所以承天之道，以治人之情[②]，列其鬼神[③]，达于丧祭、乡射、冠婚、朝聘[④]。故圣人以礼示之，则天下国家可得而[1]正矣[⑤]。"

①【增】复，扶又反。

②【增】《礼记》有"故失之者死，得之者生。《诗》曰：'相鼠有体，人而无礼。人而无礼，胡不遄死。'是故夫礼，必本于天，殽于地"三十八字。○【增】夫音扶。

③【增】一本"其"作"于"，《礼记》同。

④【增】冠，古乱反。朝，直谣反。

⑤【增】《问礼》篇"言偃问"章四百馀字，本此篇脱简，误编在彼。《礼记》叙于此下，则"大同"、"小康"、"大祥"、"大嘉"，其语相次可见矣，故今当以《礼记》为正。

言偃曰："今之在位，莫知由礼，何也[①]？"孔子曰："呜呼哀哉！我观周道，幽、厉伤也[②]。吾舍鲁何适[③]？夫鲁之郊及禘，皆非礼[④]，周公其已衰矣[⑤]。杞之郊也禹[⑥]，宋之郊也契[⑦]，是天子之事守也[⑧]。天子以杞、宋二王之后。周公摄政致太平，而与天子同是礼也[⑨]。诸侯祭社稷宗庙[⑩]，上下皆奉其典，而祝嘏莫敢易其常法，是谓大嘉[⑪]。

①【增】《礼记》无此问。

② 幽厉二王者，皆伤周道也。【增】《礼记》"也"作"之"。

[1] "而"，黄鲁曾本、宽永本作"以礼"。

③ 鲁有圣人之风，犹胜于[1]诸国也。

④ 言失于礼而亡其义。【增】《礼记》有“也”字。○【增】夫音扶。禘，大计反。

⑤ 子孙不能行其礼义。【增】《礼记》无“已”字。

⑥ 杞，夏后，本郊鲧。周公以鲧非令德，故令杞郊禹。

⑦【增】契，息列反。

⑧【增】守，手又反。

⑨【增】此上二十四字，《礼记》作“故天子祭天地”六字。

⑩【增】《礼记》无“宗庙”二字。

⑪【增】《礼记》无“上下皆奉其典而”七字，“法”作“古”，“嘉”作“假”。祝嘏，解见《问礼》篇。○【增】嘏，加下反。

“今使祝嘏辞说，徒藏于宗祝巫史，非礼也①，是谓幽国②；醆斝及尸君，非礼也③，是谓僭[2]君④；冕弁兵车，藏于私家，非礼也⑤，是谓胁君⑥；大夫具官，祭器不假，声乐皆具，非礼也⑦，是谓[3]乱国⑧；故仕于公曰臣，仕于家曰仆。三年之丧，与新有婚者，期不使也。以衰裳[4]入朝，与家仆杂居齐齿，非礼也，是谓臣与君共国⑨；天子有田以处其子孙，诸侯有国以处其子孙，大夫有采以处其子孙，是谓制度⑩。天子适诸侯，必舍其宗庙，而不以[5]礼籍入⑪，是谓天子坏法乱纪⑫；诸侯非问疾吊[6]丧而入诸臣之家，是谓君臣

[1] “于”，黄鲁曾本、宽永本无。
[2] “僭”，宽永本作“偕”，下注同。
[3] “谓”，黄鲁曾本、宽永本作“为”。
[4] “裳”，黄鲁曾本作“尝”。
[5] “以”，黄鲁曾本脱。
[6] “吊”，宽永本此上有“弗”字。

为谑⑬。夫礼者，君之柄⑭，所以别嫌明微，傧鬼神，考制度，列仁义，立政教，安君臣上下也⑮。故政不正，则君位危；君位危，则大臣倍、小臣窃；刑肃而俗敝[1]，则法无常；法无常，则礼无别；礼无别，则士不仕、民不归，是谓疵国⑯。

① 言君臣皆当知辞说之意义[2]也。

② 幽蔽[3]于礼。

③ 夏曰醆，殷曰斝。非王者之后，则尸与君不得用。○【增】醆，侧眼反。斝，古雅反，又音嫁。

④ 僭偕之君。

⑤ 大夫称家。冕弁，大夫之服。孔子曰："天子、诸侯、大夫冕弁服归设奠复[4]。"此谓不得赐而藏之也。【增】《礼记》"年"作"革"，本注"孔子曰"以下十六字，不可晓也，疑有误。

⑥ 迫于其君。○【增】胁，许劫反。

⑦ 大夫无田者，不为祭器。今皆不假，故非礼。

⑧【增】郑玄曰："臣之奢富，拟于国君，败乱之国也。"

⑨【增】《礼记》"共"作"同"。郑玄曰："臣有丧婚之事而不归，反服其衰裳以入朝，或与仆相等辈而处，是谓君臣共国，无尊卑也。有丧婚不归，唯君耳。臣有丧婚，当致事而归，仆又不可与士齿。"○【增】朞，一作"期"，居其反。衰，七雷反。朝，直遥反。

⑩【增】郑玄曰："言今不然也。"○【增】处，昌吕反。采，七代反。

⑪ 所谓临诸侯，将舍宗庙，先告其鬼神，以将入止也。【增】《礼记》"宗"作"祖"，郑玄曰："以礼籍入，谓太史典礼，执简记，奉讳恶也。天子虽尊，舍人宗庙，犹有敬焉，自拱敕也。"

---

[1] "敝"，黄鲁曾本、宽永本作"弊"。

[2] "义"，黄鲁曾本、宽永本作"议"。

[3] "蔽"，黄鲁曾本、宽永本作"敝"。

[4] "复"，黄鲁曾本作"后"，宽永本(二)作"服"。

⑫【增】坏音怪。

⑬ 谑,戏。○【增】谑,许约反。

⑭ 柄,亦秉持。【增】《礼记》作"是故,礼者,君之大柄也。"郑玄曰:"柄,所操以治事。"○【增】夫音扶。柄,兵命反。

⑮【增】《礼记》"列"作"别"。○【增】别,彼列反。傧,必刃反。

⑯【增】郑玄曰:"肃,骏也。疵,病也。"《礼记》"别"作"列"。一本"仕"作"事",《礼记》同。○【增】倍,步内反。敝,婢世反,一作"弊"。别,彼列反。疵,才斯反。

"是故,夫政者,君之所以藏身也①,必本之天,效以降命②。命,降于社之谓效[1]地③,降于祖庙之谓仁义④,降于山川之谓兴作⑤,降于五祀之谓制度⑥。此圣人所以藏身固[2]也⑦。圣人参于天地,並于鬼神,以治政也⑧。处其所存,礼之序也;翫其所乐,民之治也⑨。天生时,地生财,人其父生而师教之。四者,君以政用之,所以立于无过之地⑩。

① 言所藏〈于〉身,不可以假人也。【增】本注"于"字衍。○【增】夫音扶。

② 效天以下教令,所谓则天之明。

③ 所谓因地之利。

④ 奉祖庙,弥近弥亲,弥远弥尊,仁义之道也。

⑤ 下命,所谓祭山川者,谓其兴造云雨,作生万物也。

⑥ 下命使事五祀者,以其能为人事之制度。

⑦ 藏身以此则固。【增】一本"身"下有"之"字,《礼记》同。

---

[1] "效",黄鲁曾本作"教"。

[2] "固",黄鲁曾本此上有"之"字。

⑧【增】郑玄曰："並，并也。谓比方之也。"

⑨ 言圣人常所存处者，礼之次序；常翫[1]乐者，民之治安也。【增】《礼记》"翫"作"玩"。○【增】处，昌吕反。乐音洛。治，直吏反。

⑩ 时及财，天地之所以生，而师以教之，君以政用之而已，故常立于无过之地也。【增】《礼记》"政"作"正"，"所以"二字作"故君者"三字，"地"下有"也"字。

"君者，人所明，非明人者也；人所养，非养人者也；人所事，非事人者也①。夫君者，明人则有过②，养[2]人则不足③，事人则失位。故百姓明君以自治，养君以自安，事君以自显，是以礼达而分定。人皆爱其死而患其生④，是故，用人之智，去其诈；用人之勇，去其怒；用人之仁，去其贪⑤。国有患，君死社稷，谓[3]之义；大夫死宗庙，谓[4]之变⑥。凡圣人能以天下为一家，以中国为一人，非意之⑦，必知其情，从于其义，明于其利，达于其患，然后为之⑧。

① 【增】郑玄曰："明，犹尊也。"

② 为君徒欲明人而已，则过谬也。【增】《礼记》"夫"作"故"，无"者"字。○【增】夫音扶。

③ 时君失政，不能为给[5]所养。

④ 人皆爱惜其死而患其生之无礼也。○【增】分，扶问反。

---

[1] "翫"，黄鲁曾本、宽永本作"玩"，黄鲁曾本此上有"所"字。

[2] "养"，黄鲁曾本、宽永本此上有"故"字。

[3][4] 二"谓"字，黄鲁曾本、宽永本皆作"为"。

[5] "给"，黄鲁曾本作"民"，宽永本作"治"。

⑤【增】郑玄曰:“用智者之谋,勇者之[1]断,仁者之施,足以成治矣。诈者害民信,怒者害民命,贪者害民财,三者乱之原。”○【增】去,起吕反。

⑥ 大夫有去就之义,未必常死宗庙[2]。其死宗庙者,以[3]权变为也。

⑦ 非以意贪之,必有数[4]之也。【增】《礼记》“非意之”下有“也”字。本注“必有数之”,不可晓也。郑玄曰:“意,心所无虑也。”

⑧【增】《礼记》“从”作“辟”,郑玄曰:“辟,开也。”

“何谓人情?喜、怒、哀、惧、爱、恶、欲,七者弗学而能①。何谓人义?父慈、子孝、兄良、弟悌、夫义、妇听、长惠、幼顺、君仁、臣忠,十者谓之人义②;讲信修睦,谓之人利;争夺相杀,谓之人患。圣人之所以治人七情,修十义,讲信修睦,尚辞让,去争夺,舍礼何以治之③?饮食男女,人之大欲存焉;死亡贫苦,人之大恶存焉。欲、恶者,人之大端④。人藏其心,不可测度,美、恶皆在其心,不见其色,欲一以穷之,舍礼何以哉⑤?

①【增】恶,乌故反。

②【增】长,竹丈反。

③【增】去,起吕反。舍音捨,又如字。

④【增】“人之大端”,《礼记》作“心之大端也”。○【增】恶,乌故反。

⑤【增】度,达各反。见,贤遍反。

---

[1] “之”,及上“之”字,标笺本无。

[2] “庙”,黄鲁曾本、宽永本此下有“者”字,衍。

[3] “以”,黄鲁曾本、宽永本无。

[4] “数”,黄鲁曾本作“致”。

“故人者，天地之德，阴阳之交，鬼神之会，五行之秀①。天秉阳，垂日星②；地秉阴，载于山川③。播五行于四时，和四气而后月生④。是以三五而盈，三五而缺⑤，五行之动，共相竭也⑥。五行、四气、十二月，还相为本⑦；五声、六[1]律、十二管，还相为宫⑧；五味、六和、十二食，还相为质⑨；五色、六章、十二衣，还相为主⑩。故人者，天地之心⑪，而五行之端⑫，食味、别声、被色而生者也⑬[2]。

① 【增】《礼记》有“气也”二字。

② 【增】郑玄曰：“秉，犹持也。”

③ 【增】《礼记》“载”作“窍”。郑玄曰：“窍，孔也。”

④ 月生而后四时行焉。布五行，和四时四气而后月生焉。【增】《礼记》无“四气”二字。○【增】播，彼佐反。

⑤ 月阴道，不常满，故十五日满，十五日缺也。

⑥ 竭，尽也。水用事尽，则木用事；五行用事，更相尽也。【增】《礼记》“共”作“迭”，是也。

⑦ 用事者为本也。○【增】还音旋。

⑧ 五声者，宫、商、角、徵、羽也。管，十二月也。月[3]一管，阳律阴吕，其用事者为宫也。[4]

⑨ 五味，酸、苦、咸、辛、甘。六和者，和之各有宜者，春多酸，秋多辛之属，是也。十二食者，十二月之食。质，本也。○【增】和，户卧反。

⑩ 五色者，青、赤、白、黑、黄。《学记》曰：‘水无当于五色，五色不得不

[1] “六”，黄鲁曾本作“五”，误。

[2] “也”，黄鲁曾本、宽永本无。

[3] “月”，黄鲁曾本上有“一”字。

[4] “者”，黄鲁曾本、宽永本无。“也”，黄鲁曾本、宽永本无。

章。'[1]五色待水而章也。【增】一本"主"作"质",《礼记》同。

⑪ 于天地之[2]间,如五藏之有心矣。人,有生最灵;心,五藏最圣也。

⑫ 端,始也。能用五行也。【增】《礼记》有"也"字。

⑬【增】别,彼列反。被,皮义反。

"圣人作则①,必以天地为本,以阴阳为端,以四时为柄,以日星为纪,月以为量,鬼神以为徒,五行以为质,礼义以为器,人情以为田,四灵以为畜②。以天地为本,故物可举③;以阴阳为端,故情可睹④;以四时为柄,故事可劝⑤;以日星为纪,故业可别⑥;月以为量,故功有艺⑦;鬼神以为徒,故事有守⑧;五行以为质,故事可复⑨[3];礼义以为器,故事行有考⑩;人情以为田,故人以为奥⑪[4];四灵以为畜,故饮食有由⑫[5]。

① 作,为。则,法。

②【增】郑玄曰:"天地以至于五行,其制作所取象也。礼义人情,其政治也。四灵者,其征报也。量,犹分也。鬼神,谓山川也。山川,助地通气之象也。器,所以操事。田,人所捊治也。礼之位,宾主象天地,介僎象阴阳,四面之位象四时,三宾象三光,夫妇象日月,亦是也。"○【增】量,力让反。畜,许又反。

③ 天地为本,则万物包[6]在于其中。

---

[1] "不得",《礼记》作"弗得"。"章",黄鲁曾本、宽永本作"彰"。

[2] "之",黄鲁曾本、宽永本无。

[3] "复",黄鲁曾本、宽永本此下有"也"字。

[4] "故人以为奥"五字,黄鲁曾本、宽永本无。

[5] "故饮食有由"五字,黄鲁曾本、宽永本无。

[6] "包",黄鲁曾本、宽永本(一)作"苞"。

④ 阴阳为情之[1]始。〇【增】睹，丁古反。

⑤ 四时各有事，故事可得而劝也。

⑥ 日以纪昼，星以纪夜，故事可得而分别也。【增】《礼记》"别"作"列"。〇【增】别，彼列反。

⑦ 有度量以成四时，犹功业各有分理也。艺，犹理也[2]。

⑧ 鬼神不相干，各有守。

⑨ 五行终则复始，故事可修复也。

⑩ 考，成。

⑪【增】郑玄曰："奥，犹主也。田无主则荒。"

⑫ 四灵，鸟兽之长。四灵为畜，则饮食可用。

"何谓四灵？麟、凤、龟、龙，谓之四灵。故龙以为畜，而鱼鲔不谂①；凤以为畜，而鸟不㺀[3]；麟以为畜，而兽不狘②；龟以为畜，而人情不失③。先王秉蓍龟，列祭祀，瘗缯，宣祝嘏辞说④[4]，设制度[5]，故国有礼，官有御⑤，事有职，礼有序[6]。

① 谂，潜藏也。【增】鲔，鱼名。谂，《礼记》作"淰"，音同。郑玄曰："淰之言闪也。"〇【增】鲔，于轨反。谂音审。

② 㺀，狘，飞走之貌也。【增】《礼记》"㺀"作"獝"，"狘"作"狘"。〇㺀，况必反。狘，况越反。

[1] "为情之"，黄鲁曾本、宽永本(一)作"之为情"。

[2] "也"，黄鲁曾本、宽永本无。

[3] "㺀"，黄鲁曾本、宽永本作"狘"。下同。

[4] "辞说"，黄鲁曾本、宽永本无。

[5] "度"，黄鲁曾本、宽永本此下有"祝嘏辞说"四字。

[6] "事有职，礼有序"，黄鲁曾本、宽永本作"职有序"。

③《易》曰:“定天下之吉凶,成天下之亹亹者,莫善于蓍龟。”故人情不失也。[1]

④ 瘗,谓祭祀之瘗。缯,谓若缯[2]封太山。宣,谓播宣扬之。【增】埋牲曰瘗,币帛曰缯。缯或作“赠”。○瘗,于例[3]反。缯,慈陵反。嘏,举下反。

⑤ 治也。

“先王患礼之不达于下,故飨帝于郊,所以定天位也①;祀社于国,所以列地利也;禘祖庙,所以本仁也;旅山川,所以傧鬼神也②;祭五祀,所以本事也③。故宗祝[4]在庙④,三公在朝⑤,三老在学⑥,王前巫而后史,卜筮瞽[5]侑,皆在左右,王中心无为也,以守至正⑦。是以礼行于郊,而百神受职;礼行于社,而百货可极;礼行于祖庙,而孝慈服焉⑧;礼行于五祀,而正法则焉。故郊社、祖[6]庙、山川、五祀,义之修而礼之藏⑨。

① 【增】《礼记》“飨”作“祭”。

② 【增】马融曰:“旅,祭名也。”

③ 【增】五祀,谓户、灶、门、行、中霤也。

④ 【增】郑玄曰:“宗,宗人也。”

⑤ 【增】朝,直遥反。

---

[1] “之”,宽永本无。“故”,黄鲁曾本、宽永本(一)无,宽永本(二)作“故曰”。

[2] “缯”,黄鲁曾本作“增”。

[3] “例”,黄鲁曾本作“列”。

[4] “祝”,宽永本作“祀”。

[5] “筮”,黄鲁曾本作“著”。“瞽”,宽永本作“鼓”。

[6] “祖”,黄鲁曾本作“宗”。

⑥ 王养三老在学。

⑦【增】郑玄曰:“瞽,乐人也。侑,四辅也。”〇【增】瞽音古。侑音又。

⑧ 孝慈之道,为远近所服焉。

⑨ 言礼之宝藏。【增】《礼记》有“也”字。

“夫礼,必本于太一①,分而为天地,转而为阴阳,变而为四时,列而为鬼神。其降曰命②,其官于天也③,协于分艺④,其居于人也曰养⑤;所以讲信修睦,而固人之肌肤之会、筋骸之束者⑥;所以养生送死、事鬼神之大端⑦;所以达天道、顺人情之大窦⑧。唯圣人为知礼之不可以已也,故破国、丧家、亡人,必先去其礼⑨。

① 太一者,元气也。〇【增】夫音扶。

② 即上所谓[1]命,降于天地祖庙也。

③ 官,谓[2]职分也。言礼职分皆从天下来也。【增】郑玄曰:“官,犹法也。此圣人所以法于天也。”《礼记》此下有“夫礼必本于天,动而之地,列而之事,变而从时”十八字。

④ 艺,理。

⑤ 言礼之于人身,所以养成人也。【增】《礼记》无“于”字。郑玄曰:“养当为‘义’,字之误也。”《礼记》此下有“其行之以货力、辞让、饮食、冠昏、丧祭、射御、朝聘。故礼义也者,人之大端也”二十八字。

⑥【增】一本“者”作“也”,《礼记》同。

⑦【增】《礼记》有“也”字。

⑧【增】郑玄曰:“窦,孔穴也。”《礼记》有“也”字。〇【增】窦音豆。

---

[1] “谓”,黄鲁曾本作“为”。

[2] “谓”,黄鲁曾本、宽永本作“为”。

⑨【增】丧，息浪反。去，起吕反。

“礼之于人，犹酒之有蘖也，君子以厚，小人以薄①。圣王[1]修义之柄、礼之序，以治人情②。人情者，圣王之田也，修礼以耕之，陈义以种之，讲学以耨之③，本仁以聚之，播乐以安之④。故礼者，义之实也，协诸义而协，则礼[2]虽先王未之[3]有，可以义起焉；义者，艺之分，仁之节⑤。协于艺，讲于仁，得之者强，失之者丧⑥；仁者，义之本，顺之体，得之者尊。故治国不以礼，犹无耜[4]而耕⑦；为礼而不本于义，犹耕[5]而弗种；为义[6]而[7]不讲于学，犹种而弗耨；讲之以学，而不合之[8]以仁，犹耨而不获⑧；合之以仁，而不安之以乐，犹获而弗食；安之以乐，而不达于顺，犹食而弗[9]肥。四体既正，肤革充盈，人之肥也；父子笃，兄弟睦，夫妇和，家之肥也；大臣法，小臣廉，官职相序，君臣相正⑨，国之肥也；天子以德为车，以乐为御，诸侯以礼相与，大夫以法相序，士以信相考⑩，百姓以睦相守，天下之肥也。是谓大顺。大[10]顺者，所以养生送死、事鬼神之常也⑪。故事大积焉而不苑⑫，

---

[1] “王”，黄鲁曾本作“人”。
[2] “则礼”，黄鲁曾本属上读。
[3] “之”，黄鲁曾本、宽永本无。
[4] “耜”，宽永本作“粔”，误。
[5] “耕”，黄鲁曾本此下有“之”字。
[6] “义”，黄鲁曾本无。
[7] “而”，标笺本无。
[8] “之”，黄鲁曾本无。
[9] “弗”，黄鲁曾本、宽永本作“不”。
[10] “大”，黄鲁曾本、宽永本无。

并行而不谬，细行而不失，深而通，茂而不间⑬[1]，连而不相及⑭，动而不相害，此顺之至也。明于顺，然后乃能守危⑮。

① 【增】郑玄曰："皆得以为美味，性善者醇耳。"○【增】蘖，鱼列反。

② 【增】郑玄曰："治者，去瑕秽，养菁华也。"

③ 耨，除秽也。○【增】耨，奴豆反。

④ 【增】郑玄曰："感动使之坚固。"

⑤ 艺，理。【增】郑玄曰："艺，犹才也。"《礼记》有"也"字。○【增】分，扶问反。

⑥ 【增】丧，息浪反。

⑦ 【增】耜音似。

⑧ 【增】获，户郭反。

⑨ 【增】谓若虞廷君臣，更相戒敕。

⑩ 【增】考，成也。

⑪ 【增】郑玄曰："常，谓皆有礼，用无匮乏也。"

⑫ 苑，滞积也。○【增】苑，于粉反。

⑬ 言有理也。【增】不间，《礼记》作"有间"。○【增】间，古苋反。

⑭ 言有叙也。

⑮ 高而不危，以长守危。【增】本注"守危"当为"守贵"。

"夫礼之不同、丰杀，所以持情而合危也①。山者不使居川，渚者不使居原②；用水火金木，饮食必时③；冬合男女，春颁爵位，必当年德，皆所谓[2]顺也④。用民必顺⑤。故无水旱昆虫之灾，民无凶饥妖孽之疾⑥。天不爱其道，地不爱

[1] "不间"，黄鲁曾本作"有间"。

[2] "谓"，黄鲁曾本、宽永本无。

其宝，人不爱其情，是以天降甘露，地出醴泉，山出器车⑦，河出马图⑧，凤凰麒麟，皆在郊棷⑨[1]，龟龙在宫沼⑩，其馀鸟兽及卵胎，皆可俯而窥也⑪。则是无故⑫，先王能循礼以达义⑬，体信以达顺。此顺之实也。”

① 合礼，安也。【增】“丰杀”，一本作“不丰不杀”，别为一句。《礼记》作“故礼之不同也，不丰也，不杀也。”郑玄曰：“丰杀，谓天子及士，名位不同，礼亦异数，所以拱持其情，合安其危。”○【增】夫音扶。杀，所戒反。

②【增】《礼记》“山者”之上有“故圣王所以顺”六字，“居原”之下，有“而弗敝也”四字。郑玄曰：“小洲曰渚。广平曰原。”○【增】渚，之汝反。

③ 用水，渔人以时入泽梁乃溉灌。用火，季春出火，季秋纳火也。用金，以时采铜铁。用木，斧斤以时入山林。饮食各随四时之道者也。[2]

④【增】颁音班。当，丁浪反。

⑤ 悦以使民。

⑥【增】《说文》曰：“衣服歌谣草木之怪，谓之妖。禽兽虫蝗之怪，谓之孽。”○【增】孽，鱼列反。

⑦ 出银瓮、丹灶之器及象车也。【增】本注“丹灶”，郑注作“丹甑”。○【增】醴音礼。

⑧ 龙似马，负图出。

⑨【增】郑玄曰：“棷，聚草也。”○麒音其。棷，素口反，一作“薮”。

⑩【增】郑玄曰：“沼，池也。”○【增】沼，之绍反。

⑪【增】《礼记》“及”作“之”。○【增】卵，力管反。胎，土才反。

⑫【增】郑玄曰：“非有他事使之然也。”

⑬【增】《礼记》“循”作“修”。

---

[1] “棷”，黄鲁曾本、宽永本作“掫”。

[2] “乃”，宽永本无。“道”，黄鲁曾本、宽永本(二)作“宜”。

孔子家语卷第八

冠颂第三十三[①]

①【增】篇中孔子之言，略见《仪礼·士冠礼·记》及《礼记·郊特牲》篇。凡一章。

邾隐公既即位[①]，将冠[②]，使大夫因孟懿子问礼于孔子[③]。子曰："其礼如世子之冠。冠于阼者，以著代也[④]，醮于客位，加其有成[⑤]，三加弥尊，导喻其志[⑥]。冠而字之，敬其名也。虽天子之元子，犹士也，其礼无变，天下无生而贵者故也。行冠事必于祖庙，以祼享之礼以将之[⑦]，以金石之乐节之[⑧]。所以自卑而尊先祖，示不敢擅也[⑨][1]。"

①【增】据《春秋传》，邾隐公即位在鲁定公四年。

②【增】冠，古乱反，下同。

③【增】孟懿子，鲁大夫仲孙何忌。懿子，谥也。

④ 阼，主人之阶，以明其代父。○【增】阼，才故反。

⑤ 冠于阼，若不醴[2]，则醮用酒于客位，敬而成之。户西为客位。【增】《礼记》有"也"字。○醮，子肖反。

---

[1] "也"，黄鲁曾本、宽永本无。

[2] "冠"，宽永本(一)作"观"。"阼"，黄鲁曾本作"阶"。"醴"，黄鲁曾本作"體"、宽永本作"礼"。

⑥ 喻其志，使加弥尊，宜敬式[1]，始缁布，次皮弁，次爵弁。【增】《礼记》有“也”字。

⑦ 裸，灌鬯也。灌鬯以享神。享，献。将，行也。○鬯，丑[2]亮反。【增】裸，古乱反。

⑧ 金石者，钟[3]磬也。

⑨【增】擅，市战反。

懿子曰：“天子未冠即位，长亦冠乎①[4]？”孔子曰：“古者王世子虽幼，其即位，则尊为人君。人君，治成人之事者，何冠之有？”懿子曰：“然则诸侯之冠，异天子与②？”孔子曰：“君薨而世子主丧，是亦冠也已。人君无所殊也③。”

懿子曰：“今邾君之冠，非礼也④？”孔子曰：“诸侯之有冠礼也，夏之末造也⑤，有自来矣，今无讥焉⑥。天子冠者，武王崩，成王年十有三而嗣立⑦。周公居冢宰，摄政以治天下。明年，夏，六月，既葬⑧，冠成王而朝于祖，以见诸侯，示[5]有君也⑨。周公命祝雍作颂⑩，曰：‘祝王达而未幼⑪。’祝雍辞曰：‘使王近于民⑫，远于年⑬，啬于时⑭，惠于财，亲贤而任能。’其颂曰：‘令月吉日，王始加元服⑮。去王幼志，服衮职⑯，钦若昊天⑰[6]，六合是式⑱。率尔祖考⑲，永永无极。’此周公之制也。”

---

[1] “式”，黄鲁曾本作“成”。

[2] “丑”，黄鲁曾本作“刃”，误。

[3] “钟”，宽永本作“锺”。

[4] “乎”，黄鲁曾本、宽永本作“也”。

[5] “示”，黄鲁曾本、宽永本(一)作“亦”。

[6] “天”，黄鲁曾本、宽永本作“命”。

①【增】长，竹丈反。

② 怪天子无冠礼，如诸侯之冠世子之冠，故问之。[1] ○【增】与，羊诸反。

③ 诸侯亦人君，与天子无异。

④ 懿子以[2]诸侯无冠，则邾君之冠非也。

⑤ 夏之末世，乃造诸侯冠礼。○【增】夏，户雅反。

⑥ 言有所从来，故今无所讥。

⑦【增】成王，名诵。○【增】有音又。

⑧《周书》亦曰："岁十有二[3]，武王崩。元年六月，葬。"与此若合符。而说者横为年纪，蹙促成年少，又命周公，武王崩后五月乃摄政，良可为冠与？痛哉！

⑨【增】朝，直遥反，下同。

⑩【增】祝雍者，祝名雍也。

⑪【增】"达而未幼"，《说苑》作"达而勿多也"，似是。

⑫ 常得民之心也。

⑬ 寿长。

⑭ 啬，爱也。于时不夺民时也。○【增】啬音色。

⑮【增】郑玄曰："令，吉，皆善也。元，首也。"

⑯ 衮职，盛服有礼文也。○【增】去，起吕反。衮，古本反。

⑰ 钦，敬；若，顺。【增】一本"天"作"命"。

⑱ 天地四方，谓之六合。言为之法式。

⑲【增】率，循也。祖考，谓文、武也。

懿子曰："诸侯之冠，其所以为宾主，何也？"孔子曰：

---

［1］"世子之冠"，黄鲁曾本、宽永本无。

［2］"以"，黄鲁曾本作"亦"。

［3］"二"，黄鲁曾本作"三"，宽永本(二)作"一"。

"公冠则以卿为宾,无介,公自为主,迎宾揖,升自阼,立于席北。其醴也则如士,飨之以三献之礼。既醴,降自阼阶。诸侯非公而自为主者,其所以异,皆降自西阶①,玄端与皮弁②。异朝服素韠③[1],公冠四④,加玄冕祭⑤。其酬币于宾,则束帛乘马⑥。王太子、庶子之冠拟焉⑦,皆天子自为主[2],其礼与士无变,飨食宾也皆同⑧。"

① 西阶,宾阶[3]。

② 玄端,缁布冠之服。皮弁,自服其服也。

③ 朝服而韠[4],示不忘古。【增】韠,蔽膝也。○【增】韠音必。

④ 公四加冠。○【增】冠如字,下"缁布之冠"、"冠布"、"三王之冠"同。

⑤ 加玄冕,着祭服。○【增】冕音免。

⑥ 已冠而飨,既飨与宾币,谓之币酬。[5]乘马,驷马也。○【增】乘,绳证反。

⑦ 王之太子、庶子皆拟诸侯冠礼也。

⑧【增】食音嗣。

懿子曰:"始冠必加缁布之冠,何也?"孔子曰:"示不忘古。太古冠布,齐[6]则缁之,其緌也,吾未之闻①。今则冠而敝[7]之可也②。"

---

[1] "韠",黄鲁曾本、宽永本作"毕"。下注同。
[2] "主",黄鲁曾本、宽永本(一)作"三"。
[3] "阶",黄鲁曾本、宽永本作"也"。
[4] "朝服",黄鲁曾本作"服朝"。
[5] 下"币"字,宽永本(一)讹作"弊"。"酬",黄鲁曾本作"人"。
[6] "齐",黄鲁曾本、宽永本作"斋"。
[7] "敝",黄鲁曾本作"幣",宽永本作"弊"。下同。

① 言今有緌，未闻之于古。古无緌也。緌，冠之饰也。【增】《礼记》有“也”字。○【增】齐，侧皆反。緌，耳佳反。

② 今不复冠布。敝之，不复着也。[1] ○【增】敝，婢世反。

懿子曰：“三王之冠，其异何也？”孔子曰：“周弁，殷冔[2]，夏收，一也①。三王共皮弁素绩[3]。委貌，周道也；章甫，殷道也；毋追，夏后氏之道也②。”

① 皆祭服也。○【增】冔，况甫反。夏，户雅反，下同。

② 常所服之冠也。○【增】毋音牟。追，多雷反。

庙制第三十四①

①【增】目录作“庙制解”，篇中孔子之言，多见《礼记·王制》、《祭法》二篇。凡一章。

【原文】

卫将军文子将立三君[4]之庙于其家①，使子羔访于孔

[1] “布”，黄鲁曾本宽永本(一)此上有“幣”字，宽永本(一)此上字作“弊”，宽永本(二)此上字作“缁”。“敝”，宽永本作“弊”。“著”，黄鲁曾本作“者”。

[2] “冔”，黄鲁曾本作“冔”。

[3] “绩”，黄鲁曾本、宽永本作“緌”。

[4] “君”，黄鲁曾本、宽永本作“军”。

子②。子曰："公庙设于私家，非古礼之所及，吾弗知。"

子羔曰："敢问尊卑上下立庙之制，可得而闻乎？"孔子曰："天下有王，分地建国，设祖宗③，乃为亲疏贵贱多少之数。是故，天子立七庙，三昭三穆，与太祖之庙而[1]七。太祖近庙，皆月祭之④。远庙为祧，有二祧焉⑤，享尝乃止⑥。诸侯立五庙⑦，二昭二穆，与太祖之庙而五，曰祖考庙⑧，享尝乃止⑨。大夫立三庙⑩，一昭一穆，与太祖之[2]庙而三，曰皇考庙⑪，享尝乃止⑫。士立一庙⑬，曰考庙。王考无庙，合而享尝乃止⑭。庶人无庙，四时祭于寝⑮。此自有虞以至于周之所不变也⑯。凡四代帝王之所谓郊者，皆以配天；其所谓禘者，皆五年大祭之所及也⑰。应为太祖者，则其庙不毁；不及太祖⑱，虽在禘郊，其庙则毁矣⑲。古者祖有功而宗有德，谓之祖宗者，其庙皆不毁⑳。"

① 文子，名弥牟[3]。【增】"三君"，一本作"先君"，一本作"三将军"，未详孰是。纯谓：当为"二君"，谓襄公、灵公也。盖文子，公子郢之子，则固当立郢之庙，而以郢，灵公子；灵公，襄公子，因欲并立二公之庙于其家，于义未安，是以为疑。旧本"君"作"军"，声之误耳。

② 【增】子羔仕卫故。

③ 祖有功，宗有德。

④ 近，谓高祖下。亲为近。【增】"太祖近庙"，未详其义。一本作"曰太庙，有一坛一墠，曰考庙，曰王考庙，曰皇考庙，曰显考庙，曰祖考庙"，与《祭

[1] "而"，黄鲁曾本、宽永本无。

[2] "祖之"二字，黄鲁曾本无。

[3] "牟"，黄鲁曾本作"牢"。

法》合。本注亦不可晓也。疑皆有误。

⑤ 祧，远意。亲尽为祧。二祧者，高祖之[1]父母祖是也。【增】郑玄曰："祧之言超也。超上去意也。"○祧，吐彫反。

⑥ 四时祭也。【增】一本有"去祧为坛，去坛为墠。坛墠有祷焉。祭之无祷乃止。去墠为鬼。"二十三字，与《祭法》合。

⑦ 降天子二也。

⑧ 始祖庙也。【增】一本有"有一坛一墠，曰考庙，曰王考庙，曰皇考庙，皆月祭之，显考庙，祖考庙"二十六字，与《祭法》合。此盖阙文。

⑨【增】[2]一本有"去祖为坛，去坛为墠，坛墠有祷焉，祭之无祷乃止。去墠为鬼。"二十三字，与《祭法》合。

⑩ 降诸侯二也。

⑪【增】一本有"有一坛，考庙，月祭，王考庙，皇考庙，为始祖庙"十七字，《祭法》云："大夫立三庙，二坛，曰考庙，曰王考庙，曰皇考庙。"

⑫【增】一本有"显考无庙，有祷焉，为坛祭之。去坛为鬼"十五字，《祭法》同，"显考"之下有"祖考"二字。

⑬ 降大夫二也。

⑭ 祖合于父庙中。【增】"士立"以下，一本作"適士二庙，曰王考庙，有一坛，曰考庙，曰王考庙，享尝乃止，皇考无庙，有祷焉，为坛祭之，去坛为鬼。官师一庙，曰考庙。王考无庙而祭之，去王考为鬼"。与《祭法》合。

⑮【增】《祭法》云："庶人无庙。死曰鬼。"

⑯ 自有虞以至于周，礼[3]不异，而说者以周有[4]庙，以有文武，故祧当迁者，而以为文武之[5]庙，或有甚矣。礼典皆有七庙之文，唯《丧服小

---

[1] "之"，黄鲁曾本、宽永本作"及"。

[2] 原本脱"增"字，据例补。

[3] "礼"，黄鲁曾本、宽永本(一)此字前衍"周"字。

[4] "有"，宽永本(二)此下有"七"字。

[5] "武之"二字，黄鲁曾本无。

记》云:“王者禘其祖之所自出[1],以其祖配之,而立四庙。”谓始王者未有始祖,故立四庙。今有虞亦始王者,而既[2]七庙矣,则《丧服小记》之言亦妄矣。

⑰ 殷周禘尝,五年大祭而及。○【增】禘,大计反。

⑱【增】及,当作“为”。

⑲ 诸禘享皆[3]无庙,郊亦无庙。后稷之所以有庙者[4],以太祖,故曰不为太祖,虽在禘郊,其庙则毁。据后稷而言,殷人[5]郊冥,以冥有大功。契既为太祖之庙,若复郊,则冥永不与于祀典,是以郊冥耳[6]。

⑳ 祖宗者,不毁其庙之名[7]。有功者谓之祖,至于周,文王是也;有德者谓之宗[8],武王是也[9]。二庙自有祖宗,乃谓之二祧,又以为配食明堂之名,亦可谓违圣指,失实[10]事也。

子羔问曰:“祭典云:‘昔有虞氏祖颛顼而宗尧①,夏后氏亦祖颛顼而宗禹②,殷人祖契而宗汤③,周人祖文王而宗武王。’此四祖四宗,或乃异代,或其考祖之有功德,其庙可也。若有虞宗尧,夏祖颛顼,皆异代之有功德者也,亦可以存其庙乎?”孔子曰:“善如汝所问[11]也。如殷周之祖宗,其庙可以不毁,其他祖宗者,功德不殊,虽在殊代,亦可以无

[1] “出”,黄鲁曾本、宽永本此上有“以其祖所”四字。
[2] “既”,黄鲁曾本此下有“立”字。
[3] “皆”,黄鲁曾本、宽永本(一)作“考”。
[4] “者”,黄鲁曾本、宽永本作“自”,属下读。
[5] “人”,黄鲁曾本、宽永本此下有“不”字,衍。
[6] “耳”,黄鲁曾本、宽永本作“者也”。
[7] “其庙之名”,黄鲁曾本、宽永本作“之名其庙”,“其庙”属下读。
[8] “宗”,黄鲁曾本作“周”,误。
[9] “也”,黄鲁曾本、宽永本无。
[10] “实”,黄鲁曾本、宽永本作“寔”。
[11] “问”,黄鲁曾本作“闻”。

疑矣。《诗》云:‘蔽芾甘棠,勿翦勿伐’,‘邵伯所憩④[1]’。周人之于邵公也,爱其人,犹敬其所舍之树,况祖宗其功德,而可以不尊奉其庙焉?”

①【增】颛音专。顼,许玉反。

②【增】夏,户雅反。

③【增】契,息列反。

④ 蔽芾,小貌。甘棠,杜也。憩,息也。【增】《诗》,《召南·甘棠》篇。○【增】蔽,必袂反。芾,非贵反。憩,起例反。

辩乐解第三十五①

①【增】凡三章。第三章见《礼记·乐记》篇。

孔子学琴于师襄子①。襄子曰:“吾虽以击磬为官,然能于琴。今子于琴已习,可以益矣。”孔子曰:“丘未得其数也。”有间,曰:“已习其数,可以益矣。”孔子曰:“丘未得其志也。”有间,曰:“已习其志,可以益矣。”孔子曰:“丘未得其为人也。”有间,〈曰〉[2]孔子有所缪然思焉②,有所睪然高

[1] “憩”,黄鲁曾本、宽永本作“憇”。

[2] “曰”,此字当为衍文。

望而远眺③，曰："丘迨得其为人矣④。黮[1]而黑⑤，颀然长⑥，旷如望羊⑦，奄有四方⑧，非文王，其孰能为此？"师襄子避席，垂拱而对曰⑨："君子，圣人也⑩，其传曰《文王操》⑪。"

① 【增】师，乐师。襄，名。子者，男子通称也。襄子，即《论语》所称"击磬襄"者，孔安国以为鲁哀公时人。

② 缪然，深思貌。【增】"有间曰孔子"，一本无"曰"字，似是。《孔子世家》无"孔子"二字，则"有所"以下二句为襄子之言矣。"缪"，《世家》作"穆"，古字通用。旧本作"谬"，误也。○【增】缪音穆。

③ 眺，见[2]。【增】《世家》"睪"作"怡"，"眺"作"志"，"志"下有"焉"字。○睪，羊益反。眺，他吊反。

④ 迨，近。【增】"迨"，当为"殆"，声之误也。本注同。

⑤ 黮，黑貌。【增】《世家》作"黯然而黑"。○黮，敕感反。

⑥ 颀，长貌。【增】《世家》作"几然而长"。○颀，渠希反。

⑦ 旷，用志广远。望羊，远视也。【增】《世家》"旷"作"眼"。

⑧ 奄，同也。文王之时，三分天下有其二。后同[3]有四方，文王之功也。【增】《世家》作"如王四国"。

⑨ 垂拱，两手薄其心也。【增】"垂拱而对"，《世家》作"再拜"二字。

⑩ 【增】一本无"君"字，盖衍文也。

⑪ 【增】操，曲名。

子路鼓瑟①[4]，孔子闻之，谓冉有曰："甚矣由之不才

[1] "黮"，黄鲁曾本此前有"近"字，当为注文"迨，近"之"迨"误删，而"近"字窜入正文。

[2] "见"，黄鲁曾本此下有"也"字。

[3] "同"，黄鲁曾本、宽永本作"周"。

[4] "瑟"，黄鲁曾本、宽永本作"琴"。

也！夫先王之制音也，奏中声以为节，流入于南，不归于北②。夫南者，生育之乡；北者，杀伐之域。故君子之音，温柔居中，以养生育之气。忧愁之感，不加于心[1]；暴厉之动，不在于体[2]。夫然者，乃所谓治安之风也③。小人之音则不然，亢厉[3]微末，以象杀伐之气④。中正[4]之感，不载于心⑤；温和之动，不存于体。夫然者，乃所谓乱亡之风也[5]。昔者舜弹五弦之琴，造《南风》之诗，其诗曰：'南风之熏兮，可以解吾民之愠兮⑥；南风之时兮，可以阜吾民之财兮⑦。'唯修此化，故其兴也勃焉⑧，德如泉流，至于今王公大人，述而弗忘。殷纣好为北鄙之声，其废也忽焉⑨，至于今王公大人，举以为诫。夫舜起布衣，积德含和，而终以帝。纣为天子，荒淫暴乱，而终以亡。非各所修之致乎？今由[6]也匹夫之徒，曾无意于先王之制，而习亡国之声，岂能保其六七尺之体哉⑩？"冉有以告子路，子路惧而自悔，静思不食，以至骨立。夫子曰："过而能改，其进矣乎！"

①【增】旧本"瑟"作"琴"，《说苑》如此，以《论语》证之，作"瑟"为是。

②【增】夫音扶，下同。唯"匹夫"如字。

③【增】治，直吏反。

④【增】《说苑》"亢"作"湫"。旧本"厉"作"丽"，误。

---

[1] "于心"，黄鲁曾本、宽永本作"于心也"。

[2] "体"，黄鲁曾本此下有"也"字。

[3] "厉"，黄鲁曾本、宽永本作"丽"。

[4] "正"，黄鲁曾本、宽永本作"和"。

[5] "谓乱亡之风也"，黄鲁曾本、宽永本作"以为乱之风"。

[6] "今由"，黄鲁曾本、宽永本作"由今"。

⑤【增】旧本“正”作“和”，非。

⑥【增】愠，纡问反。

⑦ 得其时。阜，盛也。

⑧【增】杜预曰：“勃，盛貌。”○【增】勃，蒲忽反。

⑨【增】杜预曰：“忽，速貌。”○【增】好，呼报反。

⑩【增】《说苑》无“六”字，“体”作“身”。

周宾牟贾侍坐于孔子①。孔子与之言及乐，曰：“夫《武》之备戒[1]之以久，何也②？”对曰：“病不得其众也③[2]。”“咏叹之，淫液之，何也④？”对曰：“恐不逮事也⑤[3]。”“发扬蹈厉之已蚤，何也⑥？”对曰：“及时事也⑦[4]。”“《武》坐致右而轩左，何也⑧？”对曰：“非《武》坐也⑨[5]。”“声淫及商，何也⑩？”对曰：“非《武》音也⑪。”孔子曰：“若非《武》音，则何音也？”对曰：“有司失其传也⑫。”孔子曰：“唯，丘闻诸苌弘，亦若[6]吾子之言，是也⑬。若非有司失其传，则武王之志荒矣⑭。”

①【增】宾牟，姓。贾，名。○【增】牟，亡侯反。坐，才卧反，又如字。

②《武》，谓周舞。备戒，击鼓警众也。[7]【增】《乐记》“以”作“已”，甚也。○【增】夫音扶，下同。

---

[1] “戒”，黄鲁曾本、宽永本作“诫”。

[2] “病”，黄鲁曾本、宽永本此下有“疾”字。“也”，黄鲁曾本、宽永本无。

[3] “也”，黄鲁曾本、宽永本无。

[4] “也”，黄鲁曾本、宽永本无。

[5] “也”，黄鲁曾本、宽永本无。

[6] “亦若”，黄鲁曾本、宽永本作“若非”。

[7] “舞”，黄鲁曾本作“武”。“戒”，黄鲁曾本、宽永本(一)作“诫”。

③ 病,忧也。忧恐不得其士众之心敬者也。

④ 淫液,歆淫滋味。【增】郑玄曰:“咏叹,淫液,歌迟之也。”○【增】液音亦。

⑤ 言汲汲欲及此安民和众事。○【增】逮音代,又大计反。

⑥ 厉,疾也[1]。备戒虽久,至其发作又疾。【增】已,亦甚也。○【增】蹈音悼。蚤音早。

⑦ 欲令事及其时。

⑧ 右膝至地,左膝不至地也。

⑨ 言《武》无[2]坐。

⑩ 言声歆淫贪商。

⑪ 武王之事,不得已为天下除残贼,非苟贪商。

⑫【增】郑玄曰:“有司,典乐者也。传,犹说也。”

⑬【增】郑玄曰:“苌弘,周大夫。”○【增】苌,直良反。

⑭【增】郑玄曰:“荒,老耄也。”纯案,《乐记》此十四字在上文“有司失其传也”之下,则为贾之言矣。今详文理,似是孔子之言,恐当以此书为正。

宾牟贾起,免席而请曰:“夫《武》之备戒[3]之以久,则既闻命矣。敢问迟矣,而又久立于缀,何也①?”子曰:“居,吾语尔②。夫乐者,象成者也③。总干而山立,武王之事也④。发扬蹈厉,太公之志也⑤。《武》乱皆坐,周、邵之治也⑥。且夫《武》,始成而北出,再成而灭商,三成而南反⑦,四成而南国是疆⑧,五成而分陕,周公左、邵公右⑨,六成而复缀,以崇其天子焉⑩。众夹振之[4]而四伐,所以盛威于中

[1] “疾也”,黄鲁曾本、宽永本作“病”。

[2] “武无”,黄鲁曾本作“无武”。

[3] “戒”,黄鲁曾本、宽永本作“诫”。

[4] “之”,黄鲁曾本、宽永本作“焉”。

国⑪；分郏[1]而进，所以事蚤济⑫；久立于缀，所以待诸侯之至也。

① 【增】郑玄曰："缀，谓酇舞者之位也。"○【增】缀，知劣反。

② 【增】《乐记》"尔"作"女"。○语，鱼据反。[2]

③ 象成功而为乐。

④ 总持干，若山立不动。【增】郑玄曰："总干，持盾也。山立，犹正立也。"

⑤ 志在鹰扬。

⑥ 《武》乱，《武》治，皆坐而以象安民无[3]事也。

⑦ 诛纣已而南也。【增】《乐记》无"反"字。

⑧ 言有南国以为疆界。○【增】疆，居良反。

⑨ 分东西而治也。【增】陕，地名。《乐记》无"陕"字。○【增】陕，失冉反。

⑩ 以象尊天子也。凡[4]成，谓舞之节解也。

⑪ 夹武王四面会，振威武。四伐者，伐四方与纣同恶也。【增】《乐记》上文"六成复缀以崇"六字为句。"天子"二字在此文首，而无"其焉众"三字。郑玄曰："崇，充也。凡六奏以充武乐也。夹振之者，王与大将夹舞者，振铎以为饰也。《武》舞，战象也。每奏四伐，一击、一刺为一伐。《牧誓》曰：'今日之事，不过四伐五伐。'"纯谓：正文此书似是。"四伐"，郑说近之。

⑫ 所以分郏[5]而蚤进者，欲事蚤成。【增】郏，周王城也。《乐记》作"夹"，似是。郑玄曰："分，犹部曲也。"○【增】郏，古洽反。

---

[1] "郏"，黄鲁曾本作"陕"。

[2] 此音释，黄鲁曾本在注③处。"反"，标笺本无。

[3] "无"，黄鲁曾本作"之"。

[4] "凡"，黄鲁曾本作"六"，似误。

[5] "郏"，黄鲁曾本作"陕"。

"今汝独未闻牧野之语乎①?武王克殷,而反商之政,未及下车,则封黄帝之后于蓟②,封帝尧之后于祝,封帝舜之后于陈;下车,又封夏后氏之后于杞③,封殷之后于宋④,封王子比干之墓⑤,释箕子之囚,使人行商容之旧,以复其位⑥,庶民施[1]政⑦,庶士倍禄。既济河西⑧,马散之华山之阳,而弗复乘⑨,牛散之桃林之野,而弗复服⑩,车甲则衅之而藏诸府库,以示弗复用⑪。倒载干戈,而包之以虎皮⑫;将率之士,使为诸侯,命之曰鞬櫜⑬[2],然后天下知武王之不复用兵也。散军而修郊射⑭,左射以《狸首》,右射以《驺虞》,而贯革之射息也⑮;裨冕搢笏,而虎贲之士脱剑⑯;郊祀后稷,而民知尊父焉;配明堂,而民知孝焉⑰;朝觐,然后诸侯知所以臣⑱;耕藉[3],然后民知所以敬亲⑲。六者,天下之大教也⑳。食三老五更于太学,天子袒而割牲,执酱而馈㉑,执爵而酳㉒,冕而总干㉓,所以教诸侯之悌[4]也。如此,则周道四达,礼乐交通。夫《武》之迟久,不亦宜乎?"

①【增】《乐记》"今"作"且",是矣。

②【增】《乐记》"则"作"而"。

③【增】《乐记》"又"作"而"。

---

[1] "施",黄鲁曾本作"驰",下注同。

[2] "櫜",黄鲁曾本、宽永本作"櫜"。下注同。

[3] "藉",黄鲁曾本、宽永本作"籍"。下注同。

[4] "悌",黄鲁曾本、宽永本作"弟"。

④ 武王伐殷，封其子禄父。武王崩，禄父叛，周公诛之，封微子于宋，以为殷后。禄父不成殷后，故成言之。【增】蓟、祝、陈、杞、宋，皆国名。○【增】蓟音计。祝，之六反。杞音起。

⑤【增】郑玄曰："积土为封。封比干墓，宗贤也。"

⑥ 商容，商之礼仪。其位，旧居也。传说多以商[1]为殷之贤人，或者[2]使箕子求商容乎！行，犹索也。【增】《乐记》"人"作"之"，无"之旧"二字，"以"作"而"。

⑦ [解其力役之事][3]。【增】《乐记》"施"作"弛"。○施，尸纸反。

⑧【增】《乐记》作"济河而西"。

⑨【增】山南曰阳。○华，胡化反。[4]【增】复，扶又反，下同。

⑩ 桃林，西方塞也。

⑪【增】衅，许靳反。

⑫【增】郑玄曰："包干戈以虎皮，明能以武服兵也。"

⑬ 言所以櫜[5]弓矢而不用者，将率之士力也，故鞬[6]以为诸侯，谓[7]之鞬櫜也。【增】《说文》曰："鞬，所以戢弓矢。"郑玄曰："兵甲之衣曰櫜。"纯谓："鞬"字本注不明。《乐记》作"建"，郑读为"键"，曰："键櫜，言闭藏兵甲也。"或谓王注"鞬"字当为"建"。○将，即亮反。率，徙对反，与"帅"同。鞬，居言反。【增】櫜音羔。

⑭ 郊有学宫[8]，可以习礼。

⑮ 左，东学。右，西学。《狸首》、《驺虞》所为节也。【增】郑玄曰："狸首，逸《诗》。"纯曰：《驺虞》，《诗·召南》篇名。○【增】左射，食亦反，"右射"

---

[1] "商"，黄鲁曾本、宽永本(二)此下有"容"字。

[2] "者"，黄鲁曾本、宽永本(二)无，宽永本(一)作"成"。

[3] "解其力役之事"，底本脱，据黄鲁曾本、宽永本补。

[4] 此音释，黄鲁曾本在注⑩。

[5] "櫜"，黄鲁曾本作"藏"。

[6] "鞬"，黄鲁曾本作"使"，宽永本(二)作"建"。

[7] "谓"，黄鲁曾本、宽永本作"为"。

[8] "宫"，黄鲁曾本、宽永本(一)作"官"。

同。狸,力之反。驺,侧由反。贯,古乱反。

⑯ 衮冕之属,通谓之裨冕。脱剑,解剑也。【增】郑玄曰:“搢,犹插也。贲,愤怒[1]也。”○贲,符分反。【增】裨,婢支反。搢音进。笏音忽。贲,陆氏音奔。

⑰【增】此十八字,《乐记》作“祀乎明堂而民知孝”。

⑱【增】朝,直遥反。

⑲ 亲耕藉田,所以奉祠祀之粢盛。【增】《乐记》“民”作“诸侯”,无“亲”字。

⑳【增】《乐记》“六”作“五”,无“郊祀后稷而民知尊父焉”一句故也。

㉑【增】郑玄曰:“三老,五更,互言之耳。皆老人更知三德五事者也。”○【增】食音嗣。更,古衡反。馈,其位反。

㉒ 食已饮酒,谓之酳也。○【增】酳[2]音胤。

㉓ 亲在舞位。

问玉第三十六①

①【增】凡三章。首章见《礼记·聘义》,次章见《经解》及《孔子闲居》篇,末章见《仲尼燕居》篇。

子贡问于孔子曰:“敢问君子贵玉而贱珉,何也?为玉

[1] “怒”,标笺本作“恕”,误。
[2] “酳”,标笺本无。

之寡而珉之[1]多欤①?”孔子曰:“非为玉之寡故贵之,珉之多故贱之。夫昔者君子比德于玉②:温润而泽,仁也;缜密以栗,智也③;廉而不刿,义也④;垂之如坠,礼也⑤;叩之其声清越而长,其终则诎然,乐也⑥[2];瑕不掩瑜,瑜不掩瑕,忠也⑦;孚尹旁达,信也⑧;气如白虹,天也;精神见于山川,地也⑨;珪璋特达,德也⑩;天下莫不贵者,道也。《诗》云:‘言念君子,温其如玉。’故君子贵之也⑪。”

① 珉,石似玉。○珉,眉巾反。【增】为,于伪反,下同。

②【增】夫音扶。

③ 缜密,致塞貌。栗,坚也。○缜,之忍反。[3]

④ 刿,割也。[4] 有廉隅而不割伤也。○刿,呼外反。【增】刿,陆氏音九卫反。

⑤ 礼尚谦卑。

⑥ 诎,断绝貌,似乐之息。【增】郑玄曰:“越,犹扬也。”○诎,曲勿反。

⑦ 瑜,其中[5]美者也。【增】郑玄曰:“瑕,玉之病也。”○【增】瑕音遐。瑜,羊朱反。

⑧ 孚尹,玉貌。旁达,似信[6]者无不通。【增】郑玄曰:“孚,读为浮。尹,读如竹箭之筠。浮筠,谓玉采色也。采色旁达,不有隐翳,似信也。”

⑨ 精神本出山川,是故象地[7]。○【增】虹音红。见,贤遍反。

---

[1] “之”,黄鲁曾本无。

[2] “也”,黄鲁曾本、宽永本作“矣”。

[3] 黄鲁曾本此下有“致,直利反”四字,衍。

[4] “刿,割也”,黄鲁曾本作“割而”,宽永本作“割也”。

[5] “中”,黄鲁曾本、宽永本(一)作“忠”。

[6] “似信”,黄鲁曾本作“言似”,宽永本作“信似”。

[7] “地”,黄鲁曾本、宽永本作“也”,误。

⑩【增】郑玄曰:“特达,谓以朝聘也。璧琮则有币,惟有德者,无所不达,不有须而成也。”

⑪【增】《诗》,《秦·小戎》篇。郑玄曰:“言,我也。”

孔子曰:“入其国,其教可知也①。其为人也,温柔敦厚,《诗》教也;疏通知远,《书》教也;广博易良,《乐》教也;洁静精微,《易》教也;恭俭庄敬,《礼》教也;属辞比事,《春秋》教也②。故《诗》之失,愚③;《书》之失,诬④;《乐》之失,奢;《易》之失,贼⑤;《礼》之失,烦;《春秋》之失,乱⑥。其为人也,温柔敦厚而不愚,则深于《诗》者矣⑦;疏通知远而不诬,则深于《书》者矣;广博易良而不奢,则深于《乐》者矣;洁静精微而不贼,则深于《易》者矣;恭俭庄敬而不烦,则深于《礼》者矣[1];属辞比事而不乱,则深于《春秋》者矣⑧。

天有四时[2],春夏秋冬,风雨霜露,无非教也。地载神气,吐纳雷霆,流形庶物⑨,无非教也。清明在躬,气志如神⑩,有物将至,其兆必先⑪。是故,天地之教,与圣人相参⑫。其在《诗》曰:‘嵩高惟岳,峻极于天。惟岳降神,生甫及申⑬。惟申及甫,惟周之翰⑭。四国于蕃,四方于宣⑮。’此文、武之德也⑯[3]。‘矢其文德,协此四国⑰。’此文王之德也⑱。凡三代之王,必先其令问。《诗》云:‘明明天子,令问不已。’三代之德也⑲。”

---

[1] “矣”,黄鲁曾本无。

[2] “时”,黄鲁曾本此下有“者”字。

[3] “也”,黄鲁曾本、宽永本无。

①【增】郑玄曰:“观其风俗,则知其所以教。”

②【增】郑玄曰:“属,犹合也。《春秋》多记诸侯朝聘会同,有相接之辞,罪辩之事。”○【增】易良,以豉反。属音烛。比,毗志反。

③ 敦厚之失[1]。【增】郑玄曰:“失,谓不能节其教者也。”

④ 知远之失。

⑤ 精微之失。

⑥ 属辞比事之失。

⑦【增】《礼记》“矣”作“也”,下同。

⑧【增】已上见《经解》,次下见《孔子闲居》篇。

⑨【增】“吐纳”以下八字,《礼记》作“神气风霆,风霆[2]流行,庶物露生”十二字。

⑩ 清明之德在身[3],则其气志如神也。

⑪ 物,事也。言有事将至,必先有兆应之者也。【增】《礼记》作“耆欲将至,有开必先”,其下有“天降时雨,山川出云”八字。

⑫【增】《礼记》无此十一字。

⑬ 岳降神灵,和气生申、甫之大功也。【增】《诗》,《大雅·嵩高》篇。“嵩”,《诗》作“崧”。毛苌曰:“峻,大。极,至也。”○【增】嵩,息忠反。

⑭ 翰,干。美其宗族世有大功于周。甫侯相穆王,制祥刑;申伯佐宣王,成德教。○【增】翰,胡旦反。

⑮ 言能藩屏四国,宣王德化于天下也。

⑯ 言文武圣德,笃佑周家,天为之生良佐,成中兴之功。[4]

⑰《毛诗》:“‘矢其文德。’矢,陈。协,和。”【增】此《大雅·江汉》诗辞也。

⑱【增】《礼记》无“此”字,“文”作“大”,“矢其”以下十四字,在“三代之

---

[1] “之失”,黄鲁曾本无。

[2] 下“风霆”二字,标笺本脱。

[3] “身”,黄鲁曾本、宽永本此下有“也”字。

[4] “佑”,黄鲁曾本、宽永本作“佐”。“天为之生”,黄鲁曾本作“正为先王”,似误。

德也”之下。

⑲【增】[1]《诗》,《江汉》篇。“问”,《诗》作“闻”。郑玄曰:“令,善也。”

子张问圣人之所以教①。孔子曰:“师乎,吾语汝。圣人明于礼乐,举而措之而已②。”子张又问。孔子曰:“师,尔以为必布几筵,揖让升降,酌献酬酢,然后谓之礼乎③?尔以为[2]必行缀兆,执羽籥,作钟鼓,然后谓之乐乎④?言而可履,礼也;行而可乐,乐也⑤。圣人力此二者,以躬己南面⑥。是故,天下太平,万民顺伏⑦,百官承事,上下有礼也。夫礼之所以兴,众之所以治也⑧;礼之所以废,众之所以乱也。目巧之室,则有隩阼⑨,席则有上下,车则有左右,行则并随,立则有列序,古之义也⑩。室而无隩阼,则乱于堂室矣;席而无上下,则乱于席次矣⑪;车而无左右,则乱于车上矣;行而无并随,则乱于阶途矣⑫;列而无次序,则乱于著矣⑬。昔者明王圣人⑭,辨[3]贵贱长幼,正男女内外,序亲疏远近,而莫敢相逾越者,皆由此途出也⑮。”

①【增】《礼记》作“子张问政”。

②【增】圣人,《礼记》作“君子”。郑玄曰:“措,犹施行也。”○【增】语,鱼据反。

③【增】《礼记》“布”作“铺”。○【增】酢,疾各反。

④【增】《礼记》“执”作“兴”。○缀,知劣反。[4]

---

[1] 此上黄鲁曾本、宽永本有音释“令,力正反。下同”六字。

[2] “为”,黄鲁曾本、宽永本无。

[3] “辨”,黄鲁曾本、宽永本作“辩”。

[4] 此音释,黄鲁曾本、宽永本在注⑤“乐乐”前。

⑤ 乐乐[1],上音洛,下音岳。

⑥【增】躬,当为"恭",声之误也。

⑦【增】伏,当为"服",声之误也。

⑧【增】夫音扶。治,直吏反。

⑨ 言目巧作室,必有隩阼之位。室西南隅谓之隩。阼,阼阶也。【增】《礼记》"隩"作"奥"。郑玄曰:"目巧,谓但用巧目善意作室,不由法度。犹有奥阼宾主之处也。"〇隩,于到反。【增】阼,才故反。

⑩【增】《礼记》"并"作"有",无"列"字。

⑪ 乱于席上之次第。

⑫ 升阶途无并随,则阶途乱。

⑬ 著,所立之位也。门屏之间谓之著也。【增】《礼记》"列"作"立","著"作"位"。〇【增】著,直吕反。

⑭【增】《礼记》作"昔圣帝明王诸侯"。

⑮【增】长,竹丈反。

屈节解第三十七①

①【增】凡四章。第四章见《礼记·檀弓》篇。

子路问于孔子曰:"由闻丈夫居世,富贵不能有益于物①,处贫贱之地②而不能屈节以求伸,则不足以论乎人之

[1] "乐乐",黄鲁曾本作"乐"。

域矣。”孔子曰：“君子之行己，期于必达。于己[1]可以屈则屈，可以伸则伸。故屈节者，所以有待③；求伸者，所以及时④。是以虽受屈而不毁其节，志达而不犯于义⑤。”

① 以道济物，不为身也。

② 【增】一本“地”作“中”。○【增】处，昌吕反。

③ 待知己[2]也。

④ 及良时也。

⑤ 合义乃行。[3]

孔子在卫，闻齐国田常将欲为乱①，而惮鲍、晏②，因欲移其兵以伐鲁。孔子会诸弟子而告之曰：“鲁，父母之国，不可不救，不忍视其受敌。今吾欲屈节于田常以救鲁，二三子谁为使③？”于是子路曰：“请往焉[4]。”孔子弗许。子张请往，又弗许。子石请往④，又弗许。三子退，谓子贡曰：“今夫子欲屈节以救父母之国，吾三人请使而不获往。此则吾子用辩之时也，吾子盍请行焉⑤？”子贡请使，夫子许之。

① 专齐，有无君之心也。【增】田常，即陈恒，齐大夫，谥成子。

② 鲍氏、晏氏，齐之卿大夫也。【增】《史记・仲尼弟子传》“惮”下有“高、国”二字。○【增】鲍，步卯反。

---

[1] “于己”，黄鲁曾本属上读。

[2] “己”，黄鲁曾本作“求”。

[3] “合义”，黄鲁曾本作“合于义也”。“乃”，宽永本作“及”。

[4] “焉”，黄鲁曾本作“齐”。

③【增】使,色吏反,下"请使"同。

④【增】子石,公孙龙也。

⑤【增】盍,何不也。〇【增】盍,户腊反。

遂如齐①,说田常曰②:"今子欲收功于鲁,实难,不若移兵于吴则易③。"田常不悦。子贡曰:"夫忧在内者攻强,忧在外者攻弱④。吾闻子三封而三不成⑤,是则大臣不听⑥。今[1]战胜以骄主,破国以尊臣⑦,而子之功不与焉⑧,则交日疏于主,而与大臣争。如此,则子之位危矣。"田常曰:"善!然兵业[2]已加鲁矣,不可更,如何⑨?"子贡曰:"缓师,吾请救[3]于吴,令救鲁而伐齐,子因以兵迎之⑩。"田常许诺。

①【增】如,往也。

②【增】说,输芮反。

③ 易,以豉反。

④【增】夫音扶。

⑤【增】先儒皆云,其事未闻。

⑥【增】《史记》作"大臣有不听者也"。

⑦ 鲍、晏等率师,若破国则臣尊矣[4]。

⑧【增】与音预。

⑨【增】已然曰业。《史记》"如"作"奈"。〇更音耕。[5]

---

[1] "今",黄鲁曾本、宽永本(一)作"令"。

[2] "业",黄鲁曾本、宽永本作"甲"。

[3] "救",黄鲁曾本无。

[4] "臣尊矣"三字,黄鲁曾本、宽永本(一)作"益尊者也"、宽永本(二)作"臣益尊也"。

[5] 此音释,黄鲁曾本、宽永本在正文"更"字下。

⑩【增】令,力呈反,下同。

子贡遂南,说吴王曰①:"王者不灭国,霸者无强敌。千钧之重,加铢两而移②。今以齐国而私千乘之鲁,与吴[1]争强[2],甚为王患之③。且夫救鲁以显名,以抚泗上诸侯④,诛暴齐以服晋⑤,利莫大焉。名存亡鲁,实困强齐,智者不疑。"吴王曰:"善!然吴常困越⑥,越王今苦身养士,有报吴之心。子待我伐[3]越,然后乃可。"子贡曰:"越之劲不过鲁,吴之强[4]不过齐,而王置齐而伐越,则齐必私鲁矣⑦。王方以存亡继绝之名,弃强[5]齐而伐小越,非勇也。勇者[6]不避难⑧,仁者不穷约,智者不失时,义者不绝世。今存越,示天下以仁,救鲁伐齐,威加晋国,诸侯必相率而朝,霸业成[7]矣⑨。且王必恶越⑩,臣请见越君⑪,令出兵以从⑫,此则实害越,而名从诸侯以伐齐。"吴王悦,乃遣子贡之越⑬。

①【增】说,输芮反。

②【增】钧,三十斤也。十黍为累,十累为铢,二十四铢为两。○【增】铢音殊。

---

[1] "吴",黄鲁曾本作"吾",误。

[2] "强",宽永本作"彊"。

[3] "伐",黄鲁曾本、宽永本作"先"。

[4] "强",宽永本作"彊"。

[5] "强",黄鲁曾本无。

[6] "者",黄鲁曾本、宽永本作"而",误。

[7] "成",黄鲁曾本、宽永本作"盛"。

③【增】"齐国",《史记》作"万乘之齐"。○【增】乘,绳证反。为,于伪反。

④ 泗,水名也。【增】夫音扶。泗音四。

⑤【增】《史记》"晋"上有"强"字。

⑥【增】吴常,《史记》作"吾尝",是也。"困越"作"与越战,栖之会稽"。

⑦【增】必私,《史记》作"已平"。

⑧ 难,乃旦反。

⑨【增】朝,直遥反。

⑩【增】恶,乌故反。

⑪【增】《史记》"君"作"王"。

⑫【增】从,才用反,下同。

⑬【增】之,往也。

越王郊迎,而自为子贡御①,曰:"此蛮夷之国,大夫何足俨然辱而临之②?"子贡曰:"今者吾说吴王以救鲁伐齐③,其志欲之而心畏越,曰:'待我伐越而后可。'则破越必矣。且无报人之志,而令人疑之,拙矣;有报人之意,而使人知之,殆矣[1];事未发而先闻者,危矣。三者,举事之患也[2]。"句[3]践顿首曰④:"孤尝不料力而兴吴难⑤,受困会稽⑥,痛于骨髓,日夜焦唇乾舌⑦,徒欲与吴王接踵而死,孤之愿也。今大夫幸告以利害。"子贡曰:"吴王为人猛暴,群臣不堪,国家疲敝⑧[4],百姓怨上,大臣内变,申胥以谏死⑨,

---

[1] "矣",黄鲁曾本、宽永本作"乎"。

[2] "也",黄鲁曾本作"矣"。

[3] "句",黄鲁曾本、宽永本作"勾"。

[4] "敝",黄鲁曾本、宽永本作"弊"。

大宰嚭用事⑩,此则报吴之时也。王诚能发卒,佐之以徼[1]其志⑪,而重宝以悦其心,卑辞以尊其礼,则其伐齐必矣。此圣人所谓屈节求其达者也。彼战不胜,王之福矣[2];若胜,则必以兵临晋。臣还,请北[3]见晋君,令共攻之,其弱吴必矣。锐兵尽于齐,重甲困于晋,而王制其弊焉⑫。"越王顿首许诺。

①【增】为,于伪反。

②【增】俨,鱼检反。

③ 说音税。

④【增】句,居侯反。

⑤ 难,乃旦反。

⑥【增】会,古外反。

⑦【增】《史记》"痛"下有"人"字。○【增】乾音干。

⑧【增】敝,婢世反。

⑨ 申胥,伍子胥也。【增】《史记》"申"作"子"。《索隐》云:"王劭案:《家语》、《越绝书》,并无此五字。是时子胥未死。"然则王劭所见《家语》本无此五字,今本不知何人所增。先儒皆以为不如删之,当从其说。

⑩ 嚭,吴王佞臣也。○嚭,普鄙反。

⑪ 徼,射其志。[4]【增】诚,犹苟也。○【增】徼,工尧反。

⑫【增】《史记》"锐兵"之上有"其"字,此下有"此灭吴必矣"五字。

---

[1] "徼",黄鲁曾本、宽永本作"邀",下有"射"字。恐系注文窜入正文之讹。

[2] "矣",黄鲁曾本、宽永本无。

[3] "请北",黄鲁曾本、宽永本作"北请",与"臣还"连读。

[4] "徼",黄鲁曾本、宽永本作"邀","射",黄鲁曾本、宽永本作"激",误。

子贡返，五日，越使大夫文种顿首言于吴王①，曰："越悉境内之士三千人以事吴。"吴王告子贡曰："越王欲身从寡人②，可乎？"子贡曰："悉人之众[1]，又从其君，非义也。"吴王乃受越王卒，谢留句[2]践。遂自发国内之兵以伐齐，败之③。子贡遂北见晋君，令承其弊。吴、晋遂遇于黄池④。越王袭吴之[3]国，吴王归，与越战，灭焉⑤。

孔子曰："夫其乱齐存鲁，吾之始愿⑥。若能强晋以敝[4]吴，使吴亡而越霸者，赐之说[5]也。美言伤信，慎言哉⑦！"

①【增】文，姓。种，名。〇【增】种，章勇反。

②【增】《史记》有"伐齐"二字。〇【增】从，才用反，下同。

③【增】败，必迈反。

④【增】黄池之会，在《春秋・哀公十三年》。

⑤【增】《春秋经》书于越入吴，是时吴未即灭，此盖终言之耳。

⑥【增】夫音扶。

⑦ 孔子以哀公十六年卒，吴以二十二年灭。时已知吴[6]将亡而言之也。【增】案，《史记》载此事，其文甚详。意者史迁修饰之辞。

孔子弟子有宓子贱者，仕于鲁，为单父宰①。恐鲁君听

---

[1] "众"，黄鲁曾本、宽永本此上有"率"字。

[2] "句"，黄鲁曾本、宽永本作"勾"。

[3] "之"，标笺本无。

[4] "敝"，黄鲁曾本、宽永本作"弊"。

[5] "说"，黄鲁曾本作此下有"之"字。

[6] "已知吴"，黄鲁曾本、宽永本作"吴知已"，误。

谗言，使己不得行其政②，于是辞行，故请君之近史二人，与之俱至官。宓子戒其邑吏，令二史书，方书辄掣其肘③，书不善，则从而怒之，二史患之，辞请归鲁。宓子曰："子之书甚不善，子勉而归矣④。"

① 宓音密。[1] 单音善。【增】父音甫。

② 【增】恐，匡勇反。

③ 【增】掣，挽也，刘向《新序》作"引"。《说文》曰："肘，臂节也。"〇【增】令，力呈反。掣，充世反，又昌列反。肘，竹九反。

④ 【增】高诱《吕氏春秋》注曰："勉，犹趣也。"一本"勉"作"免"。

二史归报于君曰："宓子使臣书而掣臣[2]肘，书恶而又怒臣，邑吏[3]皆笑之。此臣所以去之而来也。"鲁君以问孔子。子曰："宓不齐，君子也。其才任霸王之佐①，屈节治单父，将以自试也。意者以此为谏乎？"公寤，太息而叹曰："此寡人之不肖。寡人乱宓子之政，而责其善者数[4]矣②。微二史，寡人无以知其过③；微夫子，寡人无以自寤。"遽发所爱之使④，告宓子曰："自今以[5]往⑤，单父非吾有也，从子之制，有便于民者，子决为之。五年一言其要。"宓子敬奉诏，遂得行其政，于是单父治焉⑥。躬敦厚，明亲亲，尚笃敬，施至仁，加恳诚⑦，致忠信，百姓化之。

---

[1] 此音释，黄鲁曾本、宽永本在"宓子戒其邑吏"下。

[2] "臣"，黄鲁曾本无。

[3] "吏"，标笺本作"史"。

[4] "数"，黄鲁曾本作"非"。

[5] "以"，黄鲁曾本、宽永本作"已"。

①【增】任音壬。

②【增】数，色角反。

③【增】微，无也。

④【增】使，色吏反。

⑤【增】《吕氏春秋》"往"作"来"。

⑥【增】治，直吏反。

⑦【增】恳，口很反。

齐人攻鲁，道由单父。单父之老请曰："麦已熟矣，今齐寇至，不及人人自收其麦。请放民出，皆获傅郭之麦①，可以益粮，且不资于寇。"三请而宓子不听。俄而，齐寇逮于麦②。季孙闻之，怒，使人[1]让宓子曰③："民寒耕热耘，曾不得食，岂不哀哉？不知犹可，以告者三[2]而子不听④，非所以为民也⑤。"宓子蹴然⑥，曰："今兹无麦，明年可树⑦。若使不耕者获，是使民乐有寇⑧。且得单父一岁之麦，于鲁不加强，丧之不加弱⑨。若使民有自取之心，其创必数世不息⑩。"季孙闻之，赧然而愧⑪，曰："地若可入，吾岂忍见宓子哉！"

①【增】贾谊《新书》"傅"作"附"，同。

②【增】俄，牛何反。逮音代，又大计反。

③【增】让，责也。旧本"人"下衍"以"字。

④【增】"不知"以下，《新书》作"弗知犹可闻，或以告而夫子弗听"。

---

[1] "人"，黄鲁曾本、宽永本此下有"以"字。

[2] "告"，宽永本作"舍"，"不知犹可以舍者"为句。"三"，黄鲁曾本、宽永本无。

⑤【增】为，于伪反。

⑥【增】赵岐曰："蹴然，犹蹴踖也。"〇【增】蹴，子六反。

⑦【增】兹，年也。《新书》作"年"。

⑧ 乐音洛。

⑨ 丧，息[1]浪反。

⑩【增】创，伤也。《新书》"世"作"年"。〇【增】创，初良反。数，色主反。

⑪【增】赧，面惭而赤也。〇赧，乃版反。

三年，孔子使巫马期往[2]观政焉。巫马期阴免衣，衣敝[3]裘①，入单父界。见夜渔者得鱼辄舍之②。巫马期问焉曰："凡渔者，为得③，何以得鱼即舍之？"渔者曰："鱼之大者名为鲭，吾大夫爱之；其小者名为鱦④，吾大夫欲长之⑤。是以得二者辄舍之。"巫马期返，以告孔子曰："宓子之德至⑥，使民闇行⑦，若有严刑于旁⑧。敢问宓子何行而得于是？"孔子曰："吾尝与之言曰：'诚乎[4]此者刑乎彼⑨。'宓子行此术于单父也。"

① 衣衣，上如字，下於既反。

②【增】[5]舍，释也，《淮南子》作"释"。〇【增】舍，如字，旧音捨，非是。

③【增】《吕氏春秋》、《淮南子》皆有"也"字。〇【增】为，于伪反。

---

[1]"息"，黄鲁曾本作"身"，误。

[2]"往"，黄鲁曾本、宽永本(一)作"远"。

[3]"敝"，黄鲁曾本、宽永本作"弊"。

[4]"乎"，黄鲁曾本、宽永本作"于"。

[5] 黄鲁曾本、宽永本此处有音释："舍，音捨。"

④ 鲚,宜为“鳣”。《新序》作“鲙”。鲷[1],鱼之怀妊者也。【增】鲚,鱼名。本注云“《新序》作‘鲙’”,今《新序·杂事第二》篇,唯载宓子辞行时事而已,不见此事也。○鲷,弋证反。【增】鲚,直留反。依注作“鳣”,陟连反。鲷一作“鲟”。

⑤【增】长,竹丈反。

⑥【增】《吕览》、《淮南》皆有“矣”字。

⑦【增】闇,与“暗”同。

⑧【增】《淮南子》作“若有严刑在其侧者”。

⑨【增】刑,法也,“典刑”之刑。

孔子之旧曰原壤①,其母死,夫子将助之以沐椁②。子路曰:“由也昔者闻诸夫子曰:‘无友不如己者,过则勿惮改③。’夫子惮矣,姑已若何④?”孔子曰:“‘凡民有丧,匍匐救之⑤’。况故旧乎?非友也⑥。吾其往。”及为椁⑦,原壤登木曰:“久矣,予之不托于音也⑧。”遂歌曰:“狸首之斑[2]‘然’,执汝[3]手之卷然⑨。”夫子为之隐,佯不闻以过之⑩。子路曰:“夫子屈节而极于此,失其与矣,岂未可以已乎⑪?”孔子曰:“吾闻之,亲者不失其为亲也,故者不失其为故也⑫。”

①【增】《礼记》“旧”作“故人”二字。

②【增】郑玄曰:“沐,治也。”

③【增】惮,徒旦反。

④ 姑,且也。已,止也。

---

[1] “鲷”,黄鲁曾本、宽永本(一)作“鲍”。

[2] “斑”,黄鲁曾本、宽永本作“班”。

[3] “汝”,黄鲁曾本、宽永本作“女”,并有音释云:“女,音汝。”

⑤【增】已见《论礼》篇。

⑥【增】友，友之也。

⑦【增】“子路曰”以下至此五十五字，《礼记》无。

⑧【增】郑玄曰：“木，椁材也。托，寄也。谓叩木以作音。”

⑨【增】郑玄曰：“说人辞也。”○【增】狸，力知反。卷音权，一作“拳”。

⑩【增】为，于伪反。佯音羊。

⑪【增】《礼记》作“从者曰，子未可以已乎”。

⑫【增】《礼记》“不”作“毋”，下同。

孔子家语卷第九

七十二弟子解第三十八①

①【增】此篇名《七十二弟子解》，而所载则七十六人，其说未闻。孔安国《孝经序》云："门徒三千，而达者七十有二人也。"《史记·孔子世家》云："弟子盖三千焉，身通六艺者七十二人。"然则言七十二弟子者，当世所称，故今亦以名篇也。

颜回，鲁人，字子渊，少孔子三十岁①[1]。年二十九而发白，三十一早死②。孔子曰："自吾有回，门人日益亲③。"回以[2]德行著名④，孔子称其仁焉。

①【增】少，诗照反。后"少孔子"皆同。

② 此书久远，年数错误，未可详也。校其年，则颜回死时，孔子年六十一岁，然伯鱼五十，先孔子卒。卒时孔子且七十。此为颜回先伯鱼死。而《论语》云："颜回死，颜路请子之车以为之椁。子曰：'鲤也死，有棺而无椁。'"或以为误。

③ 颜回为孔子疏附之友，能使门人益亲夫子。

④【增】行，下孟反，下"德行"同。

---

[1] "少孔子三十岁"，黄鲁曾本无。

[2] "以"，黄鲁曾本作"之"。

闵损，鲁人，字子骞①，少孔子十五岁②[1]。以德行著名，孔子称其孝焉。

①【增】骞，起虔反。

②【增】疑“十”上阙“三”字，一本“十五”作“五十”，非。

冉耕，鲁人，字伯牛。以德行著名。有恶疾，孔子曰：“命也夫①！”

①【增】夫音扶。

冉雍，字仲弓，伯牛之宗族，少孔子二十九岁①[2]。生于不肖之父。以德行著名。

①【增】旧本阙此七字，今得之《史记索隐》。

宰予，字子我，鲁人。有口才，以言语[3]著名。仕齐为临菑大夫①，与田常为乱，夷其三族。孔子耻之，曰：“不在利病，其在宰予②[4]。”

①【增】临菑，齐国都。菑，当为“淄”。

② 言宰予为病利。【增】案，《吕氏春秋·慎势篇》亦言田常杀宰予。大

[1] “少孔子十五岁”，黄鲁曾本无。

[2] “少孔子二十九岁”，黄鲁曾本、宽永本无。

[3] “以言语”，黄鲁曾本无。

[4] 自“仕齐”以下二十九字，黄鲁曾本无。

可疑也。《史记索隐》曰:“左氏无宰我与田常作乱之文。然有阚止,字子我,田阚争宠,子我为陈恒所杀。恐字与宰予相涉,因误云然。”

端木赐,字子贡①,卫人,少孔子三十一岁[1]有口才著名[2]。孔子每诎其辩②。家富累千金,常结驷连骑以造原宪③。宪居蒿庐蓬户之中④,与之言先王之义。原宪衣敝[3]衣冠,并日蔬食⑤,衎然有自得之志⑥。子贡曰:“甚矣子[4]之病也。”原宪曰:“吾闻无财者,谓[5]之贫;学道不能行者,谓之病。吾贫[6]也,非病也。”子贡惭,终身耻其言之过。子贡好贩,与时转货⑦。历相鲁、卫,而终于齐⑧。[7]

① 【增】端木,姓。赐,名也。“贡”字一作“赣”。

② 【增】《史记》“诎”作“黜”,是也。

③ 【增】常,当为“尝”。〇【增】骑,巨义反。造,千到反。

④ 【增】《说文》曰:“蒿,菣也。蓬,蒿也。”〇【增】蒿,呼豪反。蓬,薄红反。

⑤ 既蔬食,并日而后食也。〇【增】衣敝,於既反。蔬,所居反。食音嗣。

⑥ 【增】衎,乐也。〇【增】衎,苦旦反。

⑦ 贩,废举,买贱卖贵,随时转化以殖其货者也。〇【增】好,呼报反。

---

[1] “少孔子三十一岁”,黄鲁曾本无。

[2] 疑此有脱文。依上下文例,当作“有口才,以言语著名”。

[3] “敝”,宽永本作“弊”。

[4] “子”,宽永本此下有“何如”二字。

[5] “谓”,宽永本作“为”,下同。

[6] “贫”,宽永本作讹作“贪”。

[7] 自“孔子每诎其辩”至“而终于齐”,黄鲁曾本无。

贩,方万反。

⑧【增】相,息亮反。

冉求,字子有,仲弓之宗[1]族,少孔子二十九岁[2]。有才艺,以政事著名。仕为季氏宰,进则理其官职,退则受教圣师。为性多谦退,故子曰:"求也退,故进之。"[3]

仲由,卞人①[4],字子路,一字季路,少孔子九岁。[5]有勇力才艺,以政事著名。为人果烈而刚直,性鄙而不达于变通。仕卫为大夫,遇蒯聩与其子辄争国②,子路遂死辄难③。孔子痛之曰:"自吾有由,而恶言不入于耳④。"[6]

①【增】卞,鲁邑。○【增】卞,皮彦反。

②【增】蒯聩,卫灵公世子,得罪出奔。灵公薨而辄立,是为出公。蒯聩将入,辄拒之。所谓父子争国也。○【增】蒯,苦怪反。聩,五怪反。

③【增】难,乃旦反。

④ 子路为[7]孔子御侮之友,恶言不入夫子之耳。

言偃,鲁人①,字子游,少孔子三十五岁②。特习于

[1] "宗",黄鲁曾本无。
[2] "少孔子二十九岁",黄鲁曾本无。
[3] 自"仕为季氏宰"至"故进之",黄鲁曾本无。
[4] "卞",黄鲁曾本作"弁"。宽永本"人"下有"也"字。
[5] "一字季路,少孔子九岁",黄鲁曾本无。
[6] 自"为人"至"不入于耳",黄鲁曾本无。
[7] "为",宽永本无。

礼[1],以文学著名。仕为武城宰③。尝从孔子适卫,与将军之子兰相善④,使之受学于夫子。[2]

① 【增】《史记》云:"吴人。"《索隐》曰:"《家语》云:'鲁人。'"案,偃仕鲁为武城宰耳。今吴郡有言偃冢,盖吴郡人为是也。

② 【增】《史记》"三"作"四"。

③ 【增】武城,鲁下邑。

④ 【增】将军之子兰,无考。○【增】从,才用反。

卜商,卫人,字子夏①,少孔子四十四岁。习于《诗》,能诵其义②,以文学著名。为人性不弘,好论精微③,时人[3]无以尚之④。尝返卫,见读史志者云:"晋师伐秦,三豕渡河。"子夏曰:"非也!'己亥'耳。"读史志者[4]问诸晋史,果曰"己亥"。于是卫以子夏为圣。孔子卒后,教于西河之上。魏文侯师事之,而谘国政焉⑤。

① 【增】夏,户雅反。

② 子夏所叙《诗》义,今之《毛诗序》是。

③ 【增】好,呼报反。

④ 【增】尚,犹加也。

⑤ 【增】魏文侯,名斯。

---

[1] "少孔子三十五岁。特习于礼",黄鲁曾本无。

[2] 自"仕为"至"夫子",黄鲁曾本无。

[3] 自"字子夏"至"时人",黄鲁曾本无。

[4] "者",黄鲁曾本、宽永本作"曰"。

颛孙师，陈人①，字子张，少孔子四十八岁。为人有容貌资质②，宽冲博接，从容自务③，居不务立于仁义之行④，孔子门人友之而弗敬。

① 【增】颛孙，姓。师，名。〇【增】颛音专。

② 【增】资，与“姿”通。

③ 【增】从，子容反。

④ 子张不侮鳏寡，性恺[1]悌宽冲，然[2]不务立仁义之行，故子贡激之以为未仁也。〇【增】行，下孟反。

曾参，南武城人①，字子舆，少孔子四十六岁。志存孝道，故孔子因之以作《孝经》。齐尝聘欲以[3]为卿而不就，曰：“吾父母老，食人之禄，则忧人之事，故吾不忍远亲而为人役②。”

参后母遇之无恩，而供养不衰③。及其妻以藜烝不熟，因出之。人曰：“非七出也④。”参曰：“藜烝，小物耳。吾欲使熟，而不用吾命，况大事乎？”遂出之，终身不娶[4]妻。其子元请焉，告其子曰：“高宗以后妻杀孝己⑤，尹吉甫以后妻放伯奇⑥。吾上不及高宗，中不比吉甫，庸知其得免于非乎？”

[1] “恺”，黄鲁曾本、宽永本作“凯”。

[2] “然”，黄鲁曾本、宽永本此上有“故子贡以为未仁”，衍。

[3] “以”，黄鲁曾本、宽永本作“与”，疑“聘欲”二字倒。

[4] “娶”，黄鲁曾本、宽永本作“取”。

①【增】《史记索隐》曰:“当时鲁更有北武城,故言南也。”〇【增】参,所金反。

②【增】远,于万反。

③【增】供,九用反。养,羊尚反。

④【增】七出,见《本命解》。

⑤【增】高宗,殷王武丁。〇【增】己音纪。

⑥【增】尹吉甫,周大夫。放,犹逐也。

澹台灭明,武城人①,字子羽,少孔子四十九岁②。有君子之姿,孔子尝以容貌望其才,其才不充孔子之望,然其为人公正无私,以取与去就,以诺为名③。仕鲁为大夫[1]。

①【增】澹台,姓。灭明,名。〇【增】澹,徒甘反。

②【增】《史记》“四”作“三”。

③【增】“以诺”二字,恐有误。《史记》云:“南游至江,从弟子三百人。设取予去就,名施乎诸侯。”或谓“以诺”当为“然诺”。

高柴,齐人,高氏之别族①,字子羔②,少孔子四十岁③。长不过六尺④,状貌甚恶。为人笃孝而有法正。少居鲁,见知[2]于孔子之门⑤。仕为武城宰⑥。

①【增】《史记》注:“郑玄曰:‘卫人。’”

②【增】他书或作“子皋”,《檀弓》云:“季子皋葬其妻。”郑玄曰:“季子皋,孔子弟子高柴。孟氏之邑成宰。或氏季。”

---

[1] “夫”,黄鲁曾本、宽永本此下有“也”字。

[2] “知”,黄鲁曾本此下有“名”字。

③【增】《史记》“四”作“三”。

④【增】《史记》云：“长不盈五尺。”〇【增】长，直亮反。

⑤【增】一本“知”下有“名”字。〇【增】少，诗照反。

⑥【增】案，子羔为费宰，见《论语》，为成宰见《檀弓》，而未见其为武城宰，疑此文有误。

宓不齐，鲁人①，字子贱，少孔子四十九岁。仕为单父宰②。有才智仁爱，百姓不忍欺。孔子大之③。

①【增】他书或作“虙不齐”。《史记正义》曰：“《颜氏家训》云：兖州永郡城，旧单父县地也。东有子贱碑，汉世所立，乃云：‘济南伏生，即子贱之后。’是‘虙’之与‘伏’古来通，字误为‘宓’，较可明矣。‘虙’字从‘虍’，音呼，‘宓’字从‘宀’，音绵，下俱为‘必’，世传写误也。”〇【增】宓音密。虙音伏。

②【增】单音善。父音甫。

③【增】一本“大”作“美”。

樊须，鲁人①，字子迟，少孔子四十六岁②。弱仕於季氏。

①【增】《史记》注：“郑玄曰：‘齐人。’”

②【增】《史记》“四”作“三”。

有若，鲁人，字子有①，少孔子三十六岁②。为人强识，好古道③[1]。

---

[1] “道”，黄鲁曾本、宽永本此下有“也”字。

①【增】一云“子若”。

②【增】《史记》作“少孔子十三岁”。《正义》引《家语》云：“字有，少孔子三十三岁。”

③【增】识音志。好，呼报反。

公西赤，鲁人①，字子华，少孔子四十二岁。束带立于[1]朝，闲宾主之仪②[2]。

①【增】公西，姓。赤，名。

②【增】闲，习也。〇【增】朝，直遥反。

原宪，宋人①，字子思，少孔子三十六岁。清静[3]守节，贫而乐道②。孔子为鲁司寇，原宪尝为孔子宰。孔子卒后，原宪退隐，居于卫。

①【增】《檀弓》载“仲宪言于曾子”，郑注：“仲宪，孔子弟子原宪。”《史记》注：“郑玄曰：‘鲁人。’”

②【增】乐音洛。

公冶长，鲁人①，字子长②。为人能忍耻。孔子以女妻之③。

①【增】公冶，姓。长，名也。《史记》云：“齐人。”〇【增】冶音也。

---

[1] “于”，黄鲁曾本无。
[2] “仪”，宽永本作“义”。
[3] “静”，黄鲁曾本作“净”。

②【增】陆德明《论语音义》曰:“姓公冶,名长。《家语》‘字子张’。范宁云‘名芝,字子长’。《史记》亦字‘子长’。”《史记索隐》曰“《家语》云‘鲁人,名苌’,范宁云:‘字子芝。’”

③【增】妻,七细反,下“妻之”同。

南宫韬,鲁人①,字子容②。以智自将③,世清不废,世浊不污。孔子以兄子妻之。

①【增】南宫韬,鲁大夫。孟僖子之长子。懿子之兄。居南宫,因氏焉。韬,《檀弓》作“縚”,音同。《论语》云“南宫适”,《史记》“适”作“括”,《正论解》云“南容说”,《春秋左氏传》云“阅”。○【增】韬,吐刀反。适、括,并古活反。说、阅,并音悦。

②【增】谥敬叔。

③【增】将,行也。

公皙[1]哀,齐人①,字季沈②。鄙天下多仕于大夫家者,是故未尝屈节人臣③。孔子特叹赏[2]之④。

①【增】公皙,姓。哀,名也。一本“皙”作“析”,“哀”作“克”。《史记》与此同。《索隐》曰:“《家语》作公皙克。”然则一本作“克”为是。唯《阙里志》定作“哀”。○【增】皙,星历反,下“子皙”同。

②【增】《史记》“沈”作“次”。

③【增】人臣,谓大夫也。《史记索隐》引《家语》“节”下有“为”字。

④【增】叹赏,《索隐》作“赏叹”,旧本“赏”作“贵”。

[1] “皙”,黄鲁曾本作“析”,宽永本作“折”,讹。

[2] “赏”,黄鲁曾本、宽永本作“贵”。

曾点，曾参父[①]，字子晳[②]。疾时礼教不行，欲修之。孔子善焉。《论语》所谓"浴乎沂，风乎舞雩之下[③]"。

①【增】《史记》"点"作"蒧"，音同。

②【增】《史记》云："字晳。"

③【增】沂，水名。○【增】沂，鱼依反。

颜由[①]，颜回父，字季路[②]。孔子始教学于阙里而受学[③]。少孔子六岁。

①【增】《史记》作"颜无繇"，《阙里志》依之。○【增】繇音由。

②【增】《史记》云："字路。"

③【增】阙里，里名。

商瞿，鲁人[①]，字子木，少孔子二十九岁。特好《易》[②]，孔子传之志焉[③]。

①【增】瞿，具俱反。

②【增】好，呼报反。

③【增】志，记也。《史记》云："孔子传《易》于瞿。"

漆雕开，蔡人，字子若[①]，少孔子十一岁。习《尚书》，不乐仕[②]。孔子曰："子之齿可以仕矣，时将过。"子若报其书曰："吾斯之未能信[③]。"孔子悦焉。

①【增】漆雕，姓。开，名。《史记》云："漆彫开，字子开。"注："郑玄曰：

‘鲁人。’”《阙里志》云：“一作凴，字子开。”未知是否。漆雕凴见《好生》篇。○【增】漆音七。雕、彫并丁条反，一作“凋”。

②【增】乐，五教反。

③ 言未能明信此书义[1]。

公良孺[2]，陈人①，字子正。贤而有勇，孔子周行，常以家车五乘从②。

①【增】公良，姓。孺，名。

②【增】乘，绳证反，下“参乘”“次乘”同。从，才用反。

秦商，鲁人①，字丕兹②[3]，少孔子四岁。其父堇父③，与孔子父叔梁纥俱以[4]力闻④。

①【增】《史记》注：“郑玄曰：‘楚人。’”

②【增】旧本作“不慈”，非也。《史记》作“子丕”，《阙里志》依之。○【增】丕，普悲反。兹，子狸反。

③ 音[5]甫。【增】堇音谨。

④【增】《春秋左氏传·襄公十年》：“晋荀偃、士匄伐偪阳，孟氏之臣秦堇父辇重如役。偪阳人启门，诸侯之士门焉。县门发，郰人纥抉之以出门者。”下云：“孟献子以秦堇父为右。生秦丕兹，事仲尼。”杜预曰：“言二父以力相尚，子事仲尼，以德相高。”

---

[1] “义”，黄鲁曾本、宽永本作“意”。

[2] “孺”，黄鲁曾本、宽永本作“儒”。

[3] “丕兹”，黄鲁曾本、宽永本作“不慈”。

[4] “以”，黄鲁曾本、宽永本无。

[5] “音”，黄鲁曾本作此上有“父”字。

颜刻，鲁人①，字子骄，少孔子五十[1]岁。孔子适卫，子骄为仆。卫灵公与夫人南子同车出，而令宦[2]者雍梁参乘②，使孔子为次乘，游过市③。孔子耻之。颜刻曰："夫子何耻之？"孔子曰："《诗》云：'觏尔新婚，以慰我心④。'"乃叹曰："吾未见好德如好色者也⑤。"

①【增】《史记》"刻"作"高"，《左氏传》云："颜高之弓六钧，皆取而传观之。"疑即此人。《阙里志》从《史记》。

②【增】宦者，阉人。○【增】令，力呈反。

③【增】过音戈。

④ 慰，安。【增】《诗》，《小雅·车舝》篇。觏，遇也。○【增】觏，古豆反。

⑤【增】好，呼报反，下同。

司马犁[3]耕，宋人①，字子牛。牛为性躁，好言语②。见兄桓魋行恶，牛常忧之③。

①【增】司马，官[4]族也。司马向魋之弟，故姓司马，犁耕，名也。一本无"犁"字，《史记》同，《阙里志》依之。○【增】犁，力兮反。

②【增】郑玄曰："躁，不安静也。"○【增】躁，早报反。

③【增】向魋之先出桓公，故称桓魋。○【增】魋，徒雷反。

---

[1] "五十"，揆诸史实，若刻少孔子五十岁，则为仆事不可能。《史记》未载年龄。疑此或为"十五"之讹。

[2] "宦"，宽永本作"官"。

[3] "犁"，黄鲁曾本、宽永本作"黎"。

[4] "官"，标笺本作"宦"。

巫马施[1],陈人①,字子期②,少孔子三十岁。孔子将近行,命从者皆持盖③。已而果雨。巫马期问曰:"旦无云,既日出,而夫子命持雨具。敢问何以知之?"孔子曰:"昨暮月宿于毕④[2]。《诗》不云乎:'月离于毕,俾滂沱矣⑤。'以此知之。"

①【增】巫马,姓。施,名。旧本"施"作"期",非也。《史记》注:"郑玄曰:'鲁人。'"

②【增】《史记》"期"作"祺"音同。

③【增】从,才用反。

④【增】毕,星名。

⑤【增】《诗》,《小雅·渐渐之石》篇。○【增】滂,普郎反。沱,徒何反。

梁鳣①,齐人,字叔鱼,少孔子三十九岁②。年三十未有子,欲出其妻。商瞿谓曰:"子未也。昔吾年三十八无子,吾母为吾更娶[3]室③。夫子使吾之齐,母欲请留吾。夫子曰:'无忧也。瞿过四十,当有五丈夫子[4]。'今果然。吾恐子自晚生耳,未必妻之过。"从之,二年而有子。

①【增】《史记》注云:"一作鲤。"○【增】鳣,陟连反。

②【增】《史记》"三"作"二"。

③【增】为,于伪反。更,古衡反。

[1] "施",黄鲁曾本、宽永本作"期"。

[2] "暮",宽永本作"莫";"于",黄鲁曾本、宽永本无。

[3] "娶",黄鲁曾本、宽永本作"取"。

[4] "五丈夫子",黄鲁曾本作"五丈夫",宽永本作"五大夫"。

琴牢，卫人，字子开，一字子[1]张①。与宗鲁友②。闻宗鲁死，欲往吊焉。孔子弗许，曰："非义也③。"

①【增】一本无"子"字。

②【增】宗鲁，亦卫人。

③【增】宗鲁事，见《左氏春秋·昭公二十年传》。

冉孺[2]，鲁人，字子鲁①[3]，少孔子五十岁。

①【增】《史记》注云："一作曾。"旧本"孺"作"儒"，"鲁"作"鱼"，非。

颜辛，鲁人①，字子柳，少孔子四十六岁。

①【增】一本"辛"作"幸"，《史记》同。

伯虔，字子哲①[4]，少孔子五十岁。

①【增】旧本"哲"作"楷"，《史记》作"析"，《阙里志》依之。

公孙龙[5]，卫人①，字子石，少孔子五十三岁。

---

[1] "子"，黄鲁曾本、宽永本无。

[2] "孺"，黄鲁曾本、宽永本作"儒"。

[3] "鲁"，黄鲁曾本、宽永本作"鱼"。

[4] "子哲"，黄鲁曾本作"楷"、宽永本作"揩"。

[5] "龙"，黄鲁曾本、宽永本作"宠"。

①【增】公孙，姓。龙，名。旧本“龙”作“宠”，非也。《史记》注：“郑玄曰：‘楚人。’”

曹卹[①]，少孔子五十岁。

①【增】《史记》云：“字子循。”○【增】卹，思律反。

陈亢，陈人，字子亢[①]，一字子禽，少孔子四十岁。

①【增】亢音刚，又苦浪反。

叔仲会，鲁人[①]，字子期，少孔子五十岁[②]。与孔琁年相比[③]。每孺子之执笔记事于夫子，二人迭侍左右[④]。孟武伯见孔子而问曰[⑤]：“此二孺子之幼也，于学岂能识于壮哉？”孔子曰：“然！少成则若性也，习惯若自然也[⑥]。”

①【增】叔仲，姓。会，名。《史记》注：“郑玄曰：‘晋人。’”《阙里志》“会”作“哙”。

②【增】《史记》作“五十四岁”。

③【增】琁，一作“璇”，《史记索隐》作“族”。○【增】琁音旋。

④【增】“每孺子”以下，《索隐》作“二孺子俱执笔迭侍于夫子”。○【增】迭，徒结反。

⑤【增】孟武伯，鲁大夫。孟懿子之子，仲孙彘。

⑥【增】少，诗照反。

秦祖，字子南[①]。

①【增】《史记》注:“郑玄曰:‘秦人。’”

奚蒧,字子楷[1]①。

①【增】一本“楷”作“偕”,《史记》作“奚容蒧,字子晳。”则奚容似复姓。一说姓奚名容蒧,未详孰是。《阙里志》从《史记》,盖“蒧”与“点”同,曾点亦作“蒧”,则字“子晳”为是。“晳”,误为“楷”,“楷”又误为“偕”耳。《史记正义》曰:“卫人。”〇【增】蒧音点。楷,口骇反。

公祖兹,字子之①。

①【增】公祖,姓。兹,名。《史记》作“公祖句兹”,《阙里志》依之。〇【增】句音钩。

廉絜[2],字子曹①。

① 一本“絜”作“洁”。《史记》作“字庸”,《注》:“郑玄曰:‘卫人。’”

公西与,字子上①。

①【增】《史记》作“公西舆如”,《阙里志》依之。

宰父黑,字子黑①。

---

[1] “楷”,黄鲁曾本、宽永本作“偕”。
[2] “絜”,黄鲁曾本作“洁”。

①【增】宰父,姓。黑,名。一本作“字子索”。《史记》作“罕父黑,字子索”,《阙里志》依之。〇【增】父音甫。罕,呼旱反。

公西葴[1],字子尚①。

①【增】旧本“葴”作“减”,非也。《史记》“尚”作“上”,《注》:“郑玄曰:‘鲁人。’”〇【增】葴音点。

穰驷赤,字子从①。

①【增】穰驷,姓。赤,名。《史记》“穰”作“壤”,“从”作“徒”,《注》:“郑玄曰:‘秦人。’”《阙里志》从《史记》。〇【增】穰,如羊反。

冉季,字子产①。

①【增】《史记》注:“郑玄曰:‘鲁人。’”

薛邦,字子从①。

①【增】《史记》作“郑国,字子徒。”《正义》曰:“作‘国’者,避高祖讳。‘薛’字与‘郑’字误耳。”《阙里志》从《史记》。

石处,字里之①。

[1] “葴”,黄鲁曾本、宽永本作“减”。

①【增】《史记》作“后处，字子里”，《注》：“郑玄曰：‘齐人。’”《阙里志》从《史记》。〇【增】处，昌吕反。

县[1]亶，字子象①。

①【增】旧本“县”作“悬”，非也。王应麟曰：“《礼记·檀弓》言县子，岂其人欤？”〇【增】县音玄。

左郢，字子行①。

①【增】《史记》作“左人郢，字行”，《注》：“郑玄曰：‘鲁人。’”《通志略》云：“左人，以官为姓也。”《阙里志》从《史记》。

狄黑，字晳[2]之①。

①【增】旧本“晳”作“哲”，非也。《史记》无“之”字。

商泽，字子秀①。

①【增】《史记》无字，《注》引《家语》曰“字子秀”。

任不齐，字子选①。

---

[1]“县”，黄鲁曾本、宽永本作“悬”。
[2]“晳”，黄鲁曾本、宽永本作“哲”。

①【增】《史记》无“子”字。《注》:“郑玄曰:‘楚人。’”○【增】任音壬。

荣祈,字子祺①。

①【增】《史记》“祈”作“旂”,《阙里志》依之。

颜哙,字子声①。

①【增】《史记》注:“郑玄曰:‘鲁人。’”○【增】哙,苦夬反。

原抗,字子籍①。[1]

①【增】旧本“抗”作“桃”,盖字误也。《史记》作“原亢籍”,《注》引《家语》曰:“名亢,字籍。”《正义》曰:“亢,作冗,仁勇反。”《阙里志》作“原亢,字籍。”○【增】抗,苦浪反。

公肩定[2],字子仲①。

①【增】公肩,姓。定,名也。旧本阙“定”字,一本“肩”作“宾”,一本作“有”,《史记》作“公坚定,字子中”,《注》:“郑玄曰:‘鲁人。’或曰:‘晋人。’”《阙里志》作“公肩定,字子中。”

秦非,字子之①。

---

[1] “抗”,黄鲁曾本、宽永本作“桃”。“籍”,宽永本作“藉”。
[2] “定”,黄鲁曾本、宽永本无。

①【增】《史记》注:“郑玄曰:‘鲁人。’”

漆雕從,字子文①。

①【增】《史记》作“漆雕徒父”,无字。《阙里志》作“漆雕徒父,字子有”。○【增】父音甫。

燕伋[1],字子思①。

①【增】旧本“伋”作“级”,《史记》作“字思”。○【增】燕,乌田反。伋、级并音急。

公夏守,字子乘①。

①【增】公夏,姓。守,名。《史记》作“公夏首,字乘。”《注》:“郑玄曰:‘鲁人。’”《阙里志》从《史记》。○【增】夏,户雅反。

句井疆①[2]。

①【增】《史记》注:“郑玄曰:‘卫人。’”○【增】句音钩。疆,居良反。

步叔乘,字子车①。

---

[1] “伋”,黄鲁曾本、宽永本作“级”。

[2] “句”,黄鲁曾本、宽永本作“勾”。“疆”,宽永本作“彊”,黄鲁曾本作此下有“字子疆”三字。

①【增】步叔，姓。乘，名。《史记》注："郑玄曰：'齐人。'"

石作[1]蜀，字子明①。

①【增】石作，姓。蜀，名也。纯谓："蜀"无义，据字"子明"，恐当为"燭"。

邽選，字子斂①[2]。

①【增】《史记》"選"作"巽"，《注》："郑玄曰：'鲁人。'"《索隐》曰："《家语》作'選，字子斂'。"《文翁图》作"国選"，盖亦避汉讳改之。刘氏作"邽巽"，邽音圭。所见各异。纯谓：如《索隐》之云：则知"邽"本"邦"字矣。《阙里志》从《史记》。

施之常①[3]。

①【增】之，助声也。《史记》云："字子恒。"

申续[4]，字子周①。

①【增】旧本"续"误作"绩"。《史记》作"申党，字周"，《正义》曰："鲁人。"纯案，先儒说此即《论语》所称"申枨"也。陆氏《释文》："郑玄云：'盖孔子弟子申续。'《史记》云：'申棠，字周。'《家语》云：'申续，字周也。'"今《史记》"棠"作"党"，亦误也。《阙里志》作"申枨，字子周。"

[1]"作"，黄鲁曾本作"子"。
[2]"斂"，黄鲁曾本、宽永本作"饮"。
[3]黄鲁曾本作此下有"字子常"三字。
[4]"续"，黄鲁曾本、宽永本作"绩"。

乐欣，字子声①。

①【增】《史记》"欣"作"欬"，《正义》曰："鲁人。"《阙里志》从《史记》。○【增】欬，苦代反。

颜之仆，字子叔①。

①【增】之，亦助声。《史记》作"字叔"，《注》："郑玄曰：'鲁人。'"

孔弗，字子蔑，孔子兄之子①。[1]

①【增】《史记》"弗"作"忠"，无字。《注》引《家语》曰："忠，字子蔑。孔子兄之子。"《阙里志》作"孔忠，字子蔑。"

漆雕侈，字子敛①。

①【增】《史记》"侈"作"哆"，《注》："郑玄曰：'鲁人。'"《阙里志》从《史记》。○【增】哆，赤者反。

县[2]成，字子横①。

①【增】《史记》作"字子祺"，《注》："郑玄曰：'鲁人。'"○【增】县音玄。

---

[1] "孔子兄之子"，黄鲁曾本、宽永本无。然"蔑"下有注："孔子兄弟。"弟，当作"(之)子"。

[2] "县"，黄鲁曾本、宽永本作"悬"。

颜相，字子襄①。

①【增】《史记》作“颜祖，字襄”，《正义》曰：“鲁人。”《阙里志》作“颜祖，字子襄。”〇【增】相，息亮反。

右[1]夫子弟子七十二人①[2]，皆升堂入室者②。

①【增】二，当为六。

②【增】案，《史记·弟子传》：“孔子曰：‘受业身通者，七十有七人。’”《汉书·地理志》曰：“孔子闵王道将废，乃修六经，以述唐虞三代之道，弟子受业而通者七十有七人。”今此篇所载凡七十六人，其七十三人与《史记》同。所异者，《史记》无琴牢、陈亢、县亶，而有公伯寮、秦冉、鄡单、颜何。先儒疑鄡单即县亶，盖亶字子象，单字子家，“亶”、“单”声相近，而子“象”、子“家”字相类故也。公伯寮字子周。《正义》曰：“《家语》有申缭，子周。”颜何字冉。《索隐》曰：“《家语》字称。”由此观之，《家语》本有申缭，颜何，而后失之也。秦冉字开。《正义》曰：“《家语》无此人。”然则《家语》本有七十八人，其与《史记》互有出入者，不知何说。《阙里志》兼取《家语》与《史记》，而不录曾点、颜由、公伯寮、秦冉、县亶、颜何，所录凡七十四人。

本姓解第三十九①

①【增】本姓者，本孔氏之所出也。凡二章。

---

[1] “右”，黄鲁曾本、宽永本作此下有“件”字，衍。
[2] “弟子七十二人”，黄鲁曾本、宽永本作“七十二人弟子”。

孔子之先，宋之后也。微子启，帝乙之元子，纣之庶兄①。以圻内诸侯，入为王卿士②。微，国名；子，爵。初，武王克殷，封纣之子武庚于朝歌，使奉汤祀。武王崩，而与管、蔡、霍三叔作难③。周公相成王④，东征之。二年，罪人斯得⑤，乃命微子于殷后，作《微子之命》申[1]之⑥，与国于宋⑦，徙[2]殷之子孙。唯微子先往仕周，故封之贤[3]。其弟曰仲思，名衍，或名泄，嗣微子[4]后，故号微仲⑧，生宋公稽。胄子虽迁爵易位，而班级不及其故者，得以故官为称⑨。故二微虽为宋公，而犹以微之号自终，至于稽乃称公焉。宋公生丁公申，申[5]生缗公共及襄公熙⑩，熙生弗父何及厉公方祀⑪。方祀以下，世为宋卿⑫。

①【增】《史记索隐》曰："《吕氏春秋》云：生微子时，母犹为妾。及为妃而生纣。故微子为纣同母庶兄。"

②【增】圻，与"畿"同。

③【增】管、蔡，见《始诛》篇。霍叔，名处，蔡叔之弟也。〇【增】难，乃旦反。

④【增】成王，名诵，武王子。〇【增】相，息亮反。

⑤【增】事见《尚书·金縢》篇。

⑥【增】《微子之命》，《周书》篇名。申，重也。《史记·宋世家》"申"上有"以"字。

---

[1] "申"，黄鲁曾本、宽永本作"由"，"由之"属下读。

[2] "徙"，宽永本作"后(後)"。

[3] "贤"，原本属下读，今改从黄鲁曾本、宽永本(二)。

[4] "子"，黄鲁曾本、宽永本作"之"。

[5] "申"，黄鲁曾本、宽永本此下有"公"字，衍。

⑦【增】《史记》无“与”字。

⑧【增】《史记》注引《礼记》曰：“微子舍其孙腯而立衍也。”郑玄曰：“微子適子死，立其弟衍，殷礼也。”

⑨【增】《史记索隐》引《家语》“及”作“过”。

⑩【增】申生，旧本“申”下衍“公”字。《史记》“缗”作“湣”，“襄”作“炀”。○【增】缗、湣，并音闵。共音恭。

⑪【增】弗父，字。何，名也。“方祀”，《史记》作“鲋祀”，徐广曰：“鲋，一作‘鲂’。”《索隐》曰：“谯周亦作‘鲂祀’，据《左氏》即湣公庶子也，弑炀公，欲立太子弗父何，何让不受。”○【增】父音甫。下“宋父”、“孔父”、“金父”同。

⑫【增】方祀，当为“弗父何”。

弗父何生宋父周①，周生世子胜，胜生正考甫，考甫生孔父嘉②。五世亲尽，别为公族③，故后以孔为氏焉。一曰孔父者，生时所赐号也，是以子孙遂以氏族。孔父生子木金父，金父生睾[1]夷④，睾夷生防叔，避华氏之祸而奔鲁⑤。防[2]叔生伯夏，伯夏生叔梁纥⑥。曰：“虽有九女，是无子⑦。”其妾生孟皮，孟皮一字伯尼，有足病。于是乃求婚于颜氏。颜氏有三女，其小曰徵在。颜父问三女曰：“陬大夫，虽父祖为士，然其先圣王之裔⑧。今其人身长十尺，武力绝伦⑨，吾甚贪之，虽年大[3]性严⑩，不足为疑。三子孰能为之妻？”二女莫对，徵在进曰：“从父所制，将何问焉？”父曰：“即尔能矣。”遂以妻之⑪。

---

[1] “睾”，黄鲁曾本、宽永本作“睪”。下同。

[2] “防”，黄鲁曾本作“方”，误。

[3] “大”，黄鲁曾本作“长”，宽永本(一)无。

征在既往，庙见⑫。以夫之年大，惧不时有男[1]，而私祷尼丘之山以祈焉。生孔子，故名丘，字仲尼。孔子三岁而叔梁纥卒，葬于防。至十九，娶于宋之幵[2]官氏⑬。一岁而生伯鱼。鱼之生也，鲁昭公以鲤鱼赐孔子。荣君之贶⑭，故因以名曰鲤，而字伯鱼。鱼年五十，先孔子卒⑮。

①【增】宋父，字。周，名也。一本“宋”作“送”。

②【增】孔父，字。嘉，名。

③【增】孔父嘉，襄公玄孙之子。

④【增】睾，与“皋”同。

⑤【增】华氏，宋戴公孙，华父督也。华氏之祸，谓大夫南宫长万弑闵公，因杀华父督也。事在《春秋·庄公十二年》，详见《左氏传》。〇【增】华，户化反。

⑥【增】叔梁，字。纥，名。〇【增】纥，下没反。

⑦【增】一本“是”作“而”。

⑧【增】陬，与“鄹”、“邹”通。裔，馀制反。

⑨【增】事见《春秋传》。〇长，直亮反。

⑩【增】一本“大”作“长”。

⑪【增】妻，七细反。

⑫【增】见，贤遍反。

⑬【增】一本“幵[3]”作“上”。〇【增】幵，口坚反。

⑭【增】贶，赐也。〇【增】贶，虚放反。

⑮【增】先，悉荐反。

---

[1] “男”，黄鲁曾本作“勇”，误。

[2] “幵”，黄鲁曾本作“并”，宽永本作“开”。

[3] “幵”，底本原作“开”，形近而讹。据标笺本改。

齐太史子与适鲁，见孔子。孔子与之言道。子与悦，曰："吾鄙人也，闻子之名，不睹子之形久矣，而未[1]知之宝贵也①。乃今而后知泰山之为高，渊海之为大。惜乎夫子之不逢明王，道德不加于民，而将垂宝以贻后世②。"

遂退而谓南宫敬叔曰："今孔子，先圣之嗣，自弗父何以来，世有德让，天所祚也③。成汤以武德王天下④，其配在文。殷宗以下，未始有也。孔子生于衰周，先王典籍，错乱无纪，而乃论百家之遗记，考正其义，祖述尧舜，宪章文武，删《诗》述《书》，定《礼》理《乐》，制作《春秋》，赞明《易》道，垂训后嗣，以为法式，其文德著矣。然凡所教诲，束脩已上，三千馀人⑤。或者大将欲与素王之乎⑥？夫何其盛也⑦！"敬叔曰："殆如吾子之言，夫物莫能两大。吾闻圣人之后，而非继世之统，其必有兴者焉。今夫子之道至矣，乃将施之无穷。虽欲辞天之祚，故未得耳⑧。"

子贡闻之，以二子之言告孔子。子曰："岂若是哉？乱而治之，滞而起之，自吾志，天何与焉⑨？"

①【增】"之宝贵"，恐当为"其宝贵"。

②【增】贻，遗也。○【增】贻，以支反。

③【增】祚，才故反。

④【增】王，于放反，下"素王"同。

⑤【增】上，时掌反。

⑥【增】先儒以为"与"当为"兴"。

[1]"未"，黄鲁曾本作"求"。

⑦【增】夫音扶，下“夫物”同。

⑧【增】故，与“固”通。

⑨【增】与音预。

终记解第四十①

①【增】终记者，记孔子之终也。事又见《檀弓》及《左氏传》。凡一章。

孔子蚤晨作①，负手曳杖，逍遥于门而歌曰：“泰山其颓乎②！梁木其坏乎③！喆人其萎乎④！”既歌而入，当户而坐。

子贡闻之，曰：“泰山其颓，则吾将安仰？梁木其坏，则[1]吾将安仗⑤[2]？喆人其萎，则[3]吾将安放⑥？夫子殆将病也。”遂趋而入。夫子叹而言曰：“赐，汝来何迟？予畴昔梦坐奠于两楹之间⑦。夏后氏殡于东阶之上，则犹在阼⑧；殷人殡于两楹之间，则[4]与宾主夹之⑨；周人[5]殡于西阶之上，则犹宾之，而丘也即殷人也[6]。夫明王不兴，则

[1] “则”，黄鲁曾本、宽永本无。

[2] “仗”，黄鲁曾本、宽永本作“杖”。

[3] “则”，黄鲁曾本、宽永本无。

[4] “则”，黄鲁曾本作“即”。

[5] “周人”，黄鲁曾本、宽永本无。

[6] “也”，黄鲁曾本、宽永本无。

天下其孰能宗余⑩？余殆[1]将死。”遂寝病七日而终，时年七十三[2]矣⑪。

哀公诔曰⑫：“旻天不吊[3]！不慭遗一老⑬，俾屏余一人以在位⑭，茕茕余在疚⑮，於乎哀哉⑯，尼父！无自律⑰。”子贡曰：“公其不没于鲁乎⑱！夫子有言曰：‘礼失则昏，名失则愆⑲。失志为昏，失所为愆。’生不能用，死而诔之，非礼也；称一人，非名也⑳[4]。君两失之矣。”

① 作，起。〇【增】蚤音早。

② 【增】颓，徒回反。

③ 梁木，木主为梁者。

④ 萎，顿。【增】《礼记》“喆”作“哲”，同。郑玄曰：“萎，病也。《诗》云：‘无木不萎。’”〇【增】萎，一作“委”，纡危反。

⑤ 【增】仗，倚也。〇【增】仗，直两反。

⑥ 放，法。[5] 〇【增】放，方往反。

⑦ 畴昔，犹近昨夜。两楹之间，殷人所殡。梦[6]而具奠于殡处，故自知死也。〇【增】畴，直留反。楹音盈。

⑧ 【增】夏，户雅反，下“夏也”、“夏屋”同。阼，才故反。

⑨ 【增】夹，古洽反。

⑩ 言天下无明王[7]，莫能宗己道。临终其有命，伤道之不行也。【增】

[1] “殆”，黄鲁曾本、宽永本作“逮”。

[2] “三”，黄鲁曾本、宽永本作“二”。

[3] “旻”，黄鲁曾本作“昊”。

[4] “也”，黄鲁曾本、宽永本无。

[5] “法”，黄鲁曾本此下有“放，去声”三字，宽永本作“放，上声”。

[6] “梦”，黄鲁曾本作“处”字。

[7] “王”，黄鲁曾本作“主”。

郑玄曰:“宗,尊也。”○【增】夫音扶。

⑪【增】孔子生卒,《左氏》、《公羊》、《穀梁》及汉太史公,诸说不同。且据《世家》之言,以鲁襄公二十二年庚戌十一月庚子生,以哀公十六年壬戌四月己丑卒,年七十三,是为定说云。

⑫【增】郑玄曰:“诔其行以为谥也。”○【增】诔,力轨反。

⑬ 吊,善也。慭,且也。一老,孔子也。[1]【增】旧本“旻”作“昊”,非也。杜预曰:“仁覆闵下,故称旻天。”○慭,鱼仅反。

⑭【增】杜预曰:“俾,使也。屏,蔽也。”○【增】屏,必领反。

⑮ 疚,病。【增】毛苌曰:“茕茕,无所依也。”○【增】茕,求营反。疚,久又反。

⑯【增】於音乌。乎音呼。

⑰ 父,丈夫之显称。律,法。言无以自为法。○【增】父音甫。

⑱【增】《左氏传》“公”作“君”。

⑲【增】僁,与“愆”同,起虔反。

⑳ 一人,天子之称也。

既卒,门人疑所[2]服夫子者。子贡曰:“昔夫子之丧颜回也,若丧其子而无服①,丧子路亦然。今请丧夫子如丧父而无服。”于是,弟子皆吊服而加麻②,出有所之则由绖③。子夏曰:“入宜绖可也[3],出则不绖。”子游曰:“吾闻诸夫子:丧朋友,居则绖,出则否;丧所尊,虽绖而出,可也。”

孔子之丧,公西赤[4]掌殡葬焉。含[5]以蔬[6]米三

[1]“且也”,黄鲁曾本、宽永本作“愿且”。“老”,宽永本(一)作“者”。

[2]“疑所”,黄鲁曾本作“所以”,误。

[3]“也”,黄鲁曾本、宽永本作“居”。

[4]“赤”,黄鲁曾本、宽永本无。

[5]“含”,黄鲁曾本作“唅”。

[6]“蔬”,黄鲁曾本、宽永本作“疏”。下注同。

贝④，袭衣十有一称，加朝服一⑤，冠章甫之冠⑥，珮象环，径五寸而綦组绶⑦，桐棺四寸，柏棺五寸，饰墙[1]置翣⑧。设披，周也；设崇，殷也；绸练、设旐，夏也⑨。兼用三王礼，所以尊师且备古也。

葬于鲁城北泗水上⑩，藏入地不及泉。而封为偃斧之形，高四尺，树松柏为志焉。弟子皆家于墓，行心丧之礼。既葬，有自燕来观者⑪，舍于子夏氏。子贡谓之曰⑫："吾亦人之葬圣人，非圣人之葬人。子奚观焉？昔夫子言曰：'吾见[2]封若夏屋者⑬，见若斧矣⑭。'从若斧者也⑮，马鬣[3]封之谓也⑯。今徒一日三斩板而以封⑰，尚行夫子之志而已⑱。何观乎哉！"

二三子三年丧毕，或留或去，惟子贡庐于墓六年。自后群弟子及鲁人处于墓，如家者百有馀家⑲，因名其居曰孔里焉。

① 【增】《礼记》"回"作"渊"，无"其"字，是。

② 【增】士吊服布上素下，所谓疑衰也。麻，谓绖与带也。

③ 【增】由，与"犹"通。〇绖，徒结反。[4]

④ 蔬，稉[5]米。《礼记》曰："稻曰嘉蔬。"〇【增】含，户暗反。

⑤ 【增】衣单複具曰称。〇【增】袭音习。有音又。称，尺证反。朝，直遥反。

⑥ 【增】冠章甫，古乱反。

---

[1] "饰墙"，黄鲁曾本、宽永本作"饬庙"。

[2] "吾见"，黄鲁曾本、宽永本作"见吾"。

[3] "鬣"，黄鲁曾本、宽永本作"鬛"。

[4] 此音释，黄鲁曾本在注④"嘉蔬"后。

[5] "稉"，黄鲁曾本、宽永本作"粳"。

⑦ 綦，杂色。组绶，所以系象环。〇綦，巨箕反。组，则古反。

⑧【增】《礼记》"饰"下有"棺"字。郑玄曰："墙，柳衣。翣，以布衣木如褶与？"〇翣，色甲反。[1]

⑨ 披，柩行夹引棺者。崇，崇牙，旌旗饰也[2]。绸练，以练绸旌之杠，此旌[3]，葬乘车所建也。旌之旒缁布[4]，广充幅长寻曰旐[5]。〇绸，直留反。【增】披，彼义反。旐，直小反。

⑩【增】泗音四。

⑪【增】燕，乌田反。

⑫【增】子贡，《礼记》作"子夏"。

⑬ 夏屋，今之殿，形中高而四方下也。

⑭【增】"吾见"以下，《礼记》作"吾见封之若堂者矣，见若坊者矣，见若覆夏屋者矣，见若斧者矣。"郑玄曰："斧形旁杀，刃上而长。"

⑮ 上难登，狭又易为功。

⑯ 俗间之名。〇鬣，力叶反。[6]

⑰ 板盖广二尺，长六尺。斩板，谓斩其缩，三斩上旁杀[7]，盖高四尺也。【增】《礼记》"以"作"已"。

⑱ 尚，庶。

⑲【增】处，昌吕反。

---

[1] 此音释，黄鲁曾本、宽永本在注⑨"绸，直留反"下。

[2] "也"，黄鲁曾本、宽永本无。

[3] "以练绸旌之杠，此旌"，黄鲁曾本作"以旌之杠于"，属下读，宽永本作"以旌之杠于"，"于"属下读。

[4] "旌之旒缁布"，黄鲁曾本、宽永本作"疏练"。

[5] "旐"，黄鲁曾本、宽永本此下有"也"字。

[6] "鬣，力叶反"，黄鲁曾本作"鬛，力叶反。又作鬣"。

[7] "三"，黄鲁曾本作"缩"。"旁"，黄鲁曾本、宽永本作"傍"。

正论解第四十一①

①【增】凡二十七章。其事多见《春秋传》者。

孔子在齐，齐侯出田①，招虞人以旌，不进②，公使执之。对曰："昔先君之田也，旌以招大夫，弓以招士③，皮冠以招虞人。臣不见皮冠，故不敢进。"乃舍之。孔子闻之，曰："善哉！守道不如守官④。君子韪之⑤。"

① 田，猎。【增】《春秋左氏传・昭公二十年》："十二月，齐侯田于沛。"《孟子》曰："昔齐景公田。"

② 虞人，掌山泽之官也。【增】《左氏传》"旌"作"弓"。

③【增】《左氏传》"旌"作"旃"，《孟子》曰："庶人以旃，士以旂，大夫以旌。"

④ 道，谓[1]恭敬之道，见君召便往。守官，非召[2]不往也。

⑤ 韪，是。○【增】韪，韦鬼反。

齐国书[3]伐鲁①，季康子使冉求率左师御之，樊迟为右。师不逾沟，樊迟曰②[4]："非不能也，不信子③。请三刻而逾之④。"如之，众从之。师入齐军，齐军遁⑤。冉有用戈，故能入焉⑥。孔子闻之，曰："义也⑦。"

[1] "谓"，黄鲁曾本、宽永本作"为"。
[2] "召"，黄鲁曾本、宽永本此上有"守"字。
[3] "书"，黄鲁曾本、宽永本作"师"，下注同。
[4] "师不逾沟，樊迟曰"，黄鲁曾本、宽永本无。

既战，季孙谓冉有曰："子之于战，学之乎？性达之乎？"对曰："学之。"季孙曰："从事孔子，恶乎学[⑧]？"冉有曰："即学之孔子也。夫孔子者，大圣无不该[⑨]，文武并用兼通。求也适闻其战法，犹未之详也。"季孙悦。樊迟以告孔子。孔子曰："季孙于是乎可谓悦人之有能矣。"

① 国书，齐卿。【增】事在哀公十一年。

②【增】旧本阙此七字。

③ 言季孙德不素著，为民所信也。【增】《左氏传》"子"下有"也"字。

④ 与众要信，三刻而逾沟[1]也。

⑤ 遁，逃。

⑥【增】《左氏传》"戈"作"矛"。

⑦ 在[2]军能却敌，合于义。

⑧【增】恶，汪胡反。

⑨ 该，包。○【增】夫音扶。该，古来反。

南容说[①]、仲孙何忌既除丧[②]，而昭公在外[③]，未之命也[④]。定公即位乃命之。辞曰："先臣有遗命焉[⑤]，曰：'夫礼，人之干也[⑥]，非礼则无以立。'属[3]家老使命二臣，必事孔子而学礼，以定其位[⑦]。"公许之。二子学于孔子。孔子曰："能补过者，君子也。《诗》云：'君子是则是效[⑧]。'孟僖子可则效矣。惩己所病，以诲其嗣。《大雅》所谓'诒厥孙

[1]"沟"，黄鲁曾本、宽永本作"蒲"，误。

[2]"在"，标笺本作"左"。

[3]"属"，黄鲁曾本、宽永本作"嘱"。

谋，以燕翼子'，是类也夫⑨。"

①【增】说音悦。

② 除父僖[1]子之丧。

③ 时为季孙所逐。

④ 未命二人为卿大夫。

⑤ 僖子病不知礼，及其将死而属其二子，使事孔子。【增】事见《左氏传·昭公七年》。

⑥【增】夫音扶，下同。

⑦【增】属音烛，一作"嘱"。

⑧【增】《诗》，《小雅·鹿鸣》篇。

⑨ 诒，遗也。燕，安也。翼，敬也。言遗其子孙嘉[2]谋，学安敬之道也。【增】《大雅》，《文王有声》篇。诒，与"贻"通。○【增】诒，以支反。

卫孙文子得罪于献公，居戚①。公卒，未葬，文子击钟[3]焉。延陵季子②适晋③，过戚，闻之④，曰："异哉！夫子之在此，犹燕子巢于幕也⑤，惧犹未也，又何乐焉？君又在殡，可乎？"文子于是终身不听琴瑟。孔子闻之，曰："季子能以义正人，文子能克己服义⑥，可谓善改矣。"

① 文子，卫卿林父。得罪，以戚叛也。【增】献公，卫君，名衎。戚，文子之邑。

② 吴公子札。

[1] "僖"，黄鲁曾本作"禧"，误。
[2] "嘉"，黄鲁曾本作"加"。
[3] "钟"，宽永本作"锺"。

③【增】事见《左氏传·襄公二十九年》。

④【增】过音戈。

⑤ 燕巢于幕，言至危也。【增】燕子，《左氏传》作“燕之”。

⑥【增】马融曰：“克己，约身也。”

孔子览《晋志》①，晋赵穿杀灵公②，赵盾亡，未及山而还③。史书：“赵盾弑君④。”盾曰：“不然。”史曰：“子为正卿，亡不出境，返不讨贼，非子而谁？”盾曰：“呜呼！‘我之怀矣，自诒伊戚’，其我之谓乎⑤！”孔子叹曰：“董狐，古之良史也，书法不隐。赵宣子，古之良大夫也，为法受恶⑥。惜也，越境乃免⑦。”

① 晋之史记。

② 穿，赵盾从弟也。【增】事见《左氏传·宣公二年》，杜预曰：“穿，赵盾之从父昆弟子。”纯曰：赵穿，晋大夫。杀，与“弑”通。灵公，晋君，名夷皋。

③ 山，晋之境。【增】赵盾，亦晋大夫，谥宣子。〇【增】盾，徒本反。

④【增】《左氏传》“史”上有“太”字，“弑”下有“其”字。

⑤【增】诒，与“贻”通。杜预曰：“逸《诗》也。言人多所怀恋，则自遗忧。”

⑥【增】为，于伪反。

⑦ 惜盾不越境以免于讥，而受弑君之责也。【增】杜预曰：“越境则君臣之义绝，可以不讨贼。”

郑伐陈，入之，使子产献捷于晋①。晋人问陈之罪焉，子产对曰：“陈亡周之大德②，豕[1]恃楚众③，冯陵敝[2]邑④，

[1]“豕”，黄鲁曾本作“介”。下注同。

[2]“敝”，黄鲁曾本、宽永本作“弊”，下同。

是以有往年之告⑤。未获命⑥，则又有东门之役⑦。当陈隧者，井堙[1]木刊⑧，敝邑大惧。天诱其衷⑨，启敝邑心，陈[2]知其罪，授[3]首于我⑩，用敢献功。”晋人曰：“何故侵小？”对曰：“先王之命，惟罪所在，各致其辟⑪。且昔天子一圻，列国一同⑫，自是以衰，周之制也⑬。今大国多数圻矣⑭，若无侵小，何以至焉？”晋人曰：“其辞顺⑮。”

孔子闻之，谓子贡曰：“《志》有之⑯：‘言以足志⑰，文以足言⑱。’不言，谁知其志？言之无文，行之不远⑲。晋为伯，郑[4]入陈，非文辞不为功。小子慎哉⑳！”

①【增】事见《左氏传·襄公二十五年》。

② 武王以元女太[5]姬以配胡公，而封诸陈。【增】一本“亡”作“忘”，《左氏传》同，是。

③ 豕，犬[6]。【增】《左氏传》“豕”作“介”。

④【增】冯，皮冰反。

⑤ 告晋为陈所侵。【增】往年，谓前年。

⑥ 未得晋平陈之成命。

⑦ 与楚共伐郑[7]，至其东门也。【增】东门之役在前年。

⑧ 隧[8]，陈人。堙，塞。刊，斫也。【增】案，此年《传》云：“初，陈侯会

[1]“堙”，黄鲁曾本、宽永本作“陻”。
[2]“陈”，黄鲁曾本、宽永本无。
[3]“授”，黄鲁曾本作“校”。
[4]“伯郑”，黄鲁曾本作“郑伯”，属上读。
[5]“太”，黄鲁曾本、宽永本作“大”。
[6]“犬”，黄鲁曾本作“大”。
[7]“郑”，黄鲁曾本作“陈”。
[8]“隧”，黄鲁曾本、宽永本作“胜”，与“陈人”连读。

楚子伐郑。当陈隧者,井堙木刊。郑人怨之。”杜预曰:“隧,径也。”本注“陈人”二字误。〇【增】隧音遂。堙音因。刊,古干反。

⑨ 诱,导[1]。衷,善也。天导其善,大克陈也[2]。〇【增】衷音忠。

⑩【增】《左氏传》“首”作“手”。

⑪ 辟,诛。〇【增】辟,婢亦反。

⑫ 地方千里曰圻,方百里曰同[3]。〇【增】圻音祈。

⑬ 大国方百里,从是以为差。伯方七十里,子男五十里,周之制也。而说者以周大国方七百里,失之远矣[4]。〇【增】衰,初危反。

⑭【增】数,色主反。

⑮【增】《传》云:“士庄伯不能诘,复于赵文子。文子曰:‘其辞顺。犯顺不祥。’乃受之。”

⑯《志》,古之书也。

⑰ 言以足成其志。

⑱ 加以文章,以足成其言。

⑲ 有言而无文章,虽行而不远也。【增】行之,《左氏传》作“行而”。

⑳【增】《左氏传》无“小子”二字,“慎”下有“辞”字。

楚灵王汰侈①。右尹子革侍坐②,左史倚相趋而过③。王曰:“是良史也,子善视之④。是能读《三坟》、《五典》、《八索》、《九丘》⑤。”对曰:“夫良史者,记君之过,扬君之善。而此子以润辞为官,不可为良史⑥。日臣又尝问焉⑦[5],昔周

[1] “导”,黄鲁曾本作“进”,宽永本作“道”。

[2] “大克”,黄鲁曾本作“执”,宽永本作“大剋”。“陈”,黄鲁曾本、宽永本此下有“者”字。

[3] “同”,黄鲁曾本、宽永本此下有“也”字。

[4] “说者”,黄鲁曾本、宽永本作“说学者”。“远”,黄鲁曾本、宽永本无。

[5] “日”,黄鲁曾本、宽永本作“曰”;“又”,黄鲁曾本、宽永本此下有“乃”字;“问”,黄鲁曾本、宽永本作“闻”。

穆王欲肆其心⑧，将过行天下⑨，使皆有车辙马[1]迹焉。祭公谋父作《祈昭》⑩，以止王心⑪，王是以获没[2]于祗[3]宫⑫。臣问[4]其诗焉而弗知，若问远焉，其焉能知⑬？”王曰：“子能乎？”对曰：“能。其诗曰：‘祈昭之愔愔乎，式昭德音⑭，思我王度，式如玉，式如金⑮。刑民之力，而无有醉饱之心⑯。’”灵王揖而入，馈不食，寝不寐，数日，则固不能胜其情，以及于难⑰。

孔子读其《志》，曰：“古者有《志》：‘克己复礼为仁⑱。’信善哉！楚灵王若能如是，岂其[5]辱于乾溪⑲？子革之非左史，所以风也，称诗以谏，顺哉⑳。”

① 骄汰奢侈。【增】灵王，名围。

② 右尹，官名。子革，然丹[6]。【增】事见《左氏传·昭公十二年》。

③【增】倚，於绮反。相，息亮反。过音戈，下“过行”同。

④【增】视，犹遇也。

⑤《三坟》，三皇之书。《五典》，五帝之典。《八索》，索法。《九丘[7]》，国聚也。【增】八索、九丘，本注未详。○【增】坟，扶云反。索，所白反。

⑥【增】“不可为”，当作“不可谓”。○【增】夫音扶。

⑦【增】日，往日也。旧本“问”作“闻”，非也，下“臣问”同。○【增】日，人质反。

---

[1]“马”，黄鲁曾本此上有“并”字，宽永本“并”字在“马”字下。当为衍文。

[2]“没”，黄鲁曾本作“殆”。

[3]“祗”，黄鲁曾本作“文”，宽永本作“祗”。

[4]“问”，黄鲁曾本、宽永本作“闻”。

[5]“其”，黄鲁曾本、宽永本作“期”。

[6]“然丹”，黄鲁曾本、宽永本作“煞舟”。

[7]“九丘”，黄鲁曾本、宽永本作“丘丘”，误。

⑧ 肆，极。【增】穆王，名满。

⑨【增】《左氏传》"过"作"周"。

⑩ 谋父，周卿士。《祈昭》，诗名，犹齐景公作君臣相悦[1]之乐，盖曰《徵招》、《角招》是也。昭，宜为"招"。《左传[2]》作招。【增】祭，国名。公，爵。杜预曰："此诗逸。"〇【增】祭，侧界反。父音甫。昭，常遥反，又如字。

⑪ 止王心之逸游。

⑫【增】杜预曰："获没，不见篡弑。"〇【增】祇音支，又音祁。

⑬【增】其焉，於虔反。

⑭ 祈昭愔愔，言祈昭乐之安和，其法足以昭其德音也。【增】《左氏传》无"乎"字。〇【增】愔，一心反。

⑮ 思王之法度，如金玉纯美。《诗》云："追琢其章，金玉其相。"

⑯ 长"而"字。刑伤民力，用之不胜不节，无有醉饱之心，言无厌足。【增】《左氏传》"刑"作"形"，无"有"字。本注"长"，剩也，音直亮反。

⑰【增】馈，其位反。数，色主反。难，乃旦反。

⑱ 克，胜。言能胜己私情，复之于礼，则为仁也。

⑲ 灵王起章华之台于乾溪，国人溃叛[3]，遂死焉。【增】旧本"其"作"期"，非也。〇【增】乾音干。

⑳【增】风，福凤反。

叔孙穆子避难奔齐①，宿于庚宗之邑②。庚宗寡妇通焉而生牛③。穆子返鲁，以牛为内竖④，相家⑤。牛谗叔孙二人杀之⑥。叔孙有病，牛不通其馈⑦，不食而死。牛遂辅叔孙

---

[1] "悦"，黄鲁曾本、宽永本作"说"。

[2] "左传"，黄鲁曾本、宽永本作"耳补"，误。

[3] "叛"，黄鲁曾本、宽永本作"畔"。

庶子[1]而立之⑧。昭子既立⑨，朝其家众曰："竖牛祸叔孙氏，使乱大从⑩，杀適立庶，又披[2]其邑以求舍罪⑪，罪莫大焉，必速杀之。"遂杀竖牛。

孔子曰："叔孙昭子之不劳⑫，不可能也。周任有言曰⑬：'为政者，不赏私劳，不罚私怨。'《诗》云：'有觉德行，四国顺之⑭。'昭子有焉。"

① 穆子，叔孙豹。其兄侨如淫乱，故避之而出奔齐。【增】事在鲁成公十六年。○【增】难，乃旦反。

② 【增】杜预曰："庚宗，鲁地。"纯曰：此下事见《左氏传・昭公四年》及《五年》。

③ 名牛。

④ 竖，通内外之命。

⑤ 长，遂命为家相[3]。○【增】相，息亮反。

⑥ 【增】二人，谓穆子二子孟丙、仲壬。

⑦ 【增】馈，其位反。

⑧ 子，叔孙婼。【增】旧本"庶子"下衍"昭"字。

⑨ 【增】昭子，即叔孙婼。

⑩ 从，顺。○【增】朝，直遥反。

⑪ 牛取叔氏鄙三十邑以行赂也。【增】《左氏传》"舍"作"赦"，杜预曰："昭子不知竖牛饿杀其父，故但言其见罪。"○【增】適，丁历反。披，普皮反。

⑫ 劳，功[4]也。不以立己为功。【增】杜预曰："据其所言善之。时鲁

[1] "子"，黄鲁曾本、宽永本此下有"昭"字。衍。疑注"子，叔孙婼"当作"昭子，叔孙婼"，原在"庶子"下，"昭"误为正文，注遂作"子，叔孙婼"。

[2] "披"，黄鲁曾本、宽永本作"被"。

[3] "家相"，黄鲁曾本、宽永本作"相家"。

[4] "功"，黄鲁曾本作"力"。

人不以饿死语昭子。”

⑬ 周任，古之贤人。○【增】任音壬。

⑭ 觉，直。【增】《诗》，《大雅·抑》篇。○【增】行，下孟反。

晋邢侯与雍子争田①，叔鱼摄理②，罪在雍子。雍子纳其女于叔鱼，叔鱼蔽[1]狱邢侯③。邢侯怒，杀叔鱼与雍子于朝④。韩宣子问罪于叔向⑤，叔向曰："三奸同罪[2]，施生戮死可也⑥。雍子自知其罪，而赂以买[3]直；鲋也鬻狱，邢侯专杀，其罪一也。己恶而掠美为昏⑦，贪以败官为默⑧，杀人不忌为贼⑨。《夏书》曰：'昏、默、贼，杀⑩。'咎陶之刑也。请从之⑪。"乃施邢侯，而尸雍子、叔鱼于市⑫。

孔子曰："叔向，古之遗直也⑬。治国制刑，不隐于亲。三数叔鱼之罪，不为末⑭，或曰义⑮，可谓直矣。平丘之会，数其[4]贿也，以宽卫国，晋不为暴⑯；归鲁季孙，称其诈也，以宽鲁国，晋不为虐⑰；邢侯之狱，言其贪也，以正刑书，晋不为颇⑱。三言而除三恶，加三利⑲，杀亲益荣，由义也夫⑳。"

① 【增】事见《左氏传·昭公十四年》，"争"下有"鄐"字。杜预曰："邢侯，楚申公巫臣之子也。雍子，亦故楚人。"

② 叔鱼，叔向弟。理，狱官之名。【增】叔鱼，羊舌鲋也。时士景伯为理，听此狱，未决，而景伯如楚，故叔鱼摄代景伯。韩宣子命断旧狱。

---

[1] "蔽"，黄鲁曾本、宽永本作"弊"。下注同。

[2] "罪"，黄鲁曾本作"坐"。

[3] "买"，黄鲁曾本作"置"。

[4] "其"，宽永本作"直"。

③ 蔽，断。断罪归邢侯也[1]。【增】《左氏传》“狱”作“罪”。○【增】蔽，必世反。

④【增】朝，直遥反。

⑤ 宣子，晋正卿，韩起也。【增】叔向，晋大夫羊舌肸。○【增】向，许丈反。

⑥ 施，宜为“与”。与，犹行也[2]，行生者之罪也。【增】杜预曰：“施，行罪也。”

⑦ 掠，取善。昏，乱也。己恶而以赂求善为乱也。[3] ○【增】掠音亮。

⑧ 默，犹冒也。苟贪不畏罪。【增】《左氏传》“默”作“墨”，下同。○【增】败，必迈反。

⑨ 忌，惮。

⑩《夏书》，夏家之书。三者宜皆杀者也。【增】此逸《书》也。○【增】夏，户雅反。

⑪【增】咎，古刀反。陶音遥。

⑫【增】尸，陈尸也。

⑬【增】杜预曰：“言叔向之直，有古人之遗风。”

⑭ 末，薄。○【增】数，色主反，下同。

⑮ 或，《左传》作“减[4]”。【增】《左传》“减”字属上句，“义”下有“也夫”二字。杜预曰：“减，轻也。”

⑯ 诸侯会于平丘，晋人淫刍[5]荛者丁卫，卫人患之，赂叔向。叔向使与叔鱼，客未退[6]而禁之。【增】平丘之会在前年，事见《左氏传》。○【增】贿，呼罪反。

---

[1] “也”，黄鲁曾本、宽永本无。

[2] “也”，黄鲁曾本、宽永本无。

[3] “取”，黄鲁曾本作“美”。“而”，黄鲁曾本作“即”。“乱”，黄鲁曾本作“恶”。

[4] “减”，黄鲁曾本、宽永本作“咸”，下有“也”字。

[5] “刍”，宽永本作“芻”。

[6] “未退”，黄鲁曾本作“未追”，宽永本作“未追”。

⑰ 鲁季孙见执，谘于晋，晋人归之。季孙责礼不肯归，叔向言叔鱼能归之。叔鱼说季孙，季孙惧，乃归。[1]【增】季孙，平子意如也。此事亦在前年，见《左氏传》。

⑱ 颇，偏。○【增】颇，普何反。

⑲ 暴卫、虐鲁、杀三罪，去三恶，加三利也。【增】本注似误。杜预曰："三恶，暴、虐、颇也。三恶除，则三利加。"

⑳【增】《左氏传》"由"作"犹"。○【增】夫音扶。

郑有乡[2]校①，乡校之士，非论执政。鬷[3]明欲毁乡校②。子产曰："何以毁为也③？夫人朝夕退而游焉，以议执政之善否④。其所善者，吾则行之；其所否者，吾则改之⑤。若之何其毁也？我闻忠善[4]以损怨，不闻立威以防怨。防怨，犹防水也，大决所犯，伤人必多，吾弗克救也。不如小决使导之，不如吾所闻而药之⑥。"

孔子闻是言也，曰："吾以是观之，人谓子产不仁，吾不信也。"

① 乡之学校。【增】事见《左氏传・襄公三十一年》。○【增】校，户孝反。

② 鬷明，然明。【增】鬷明，鬷蔑字然明也。○【增】鬷，子公反。

③【增】一本无"也"字。

④【增】夫音扶。

[1] "责"，宽永本作"贵"。"归"，黄鲁曾本、宽永本此下有"也"字。

[2] "乡"，宽永本讹作"卿"。

[3] "鬷"，黄鲁曾本、宽永本作"鬷"。

[4] "善"，黄鲁曾本、宽永本作"言"。

⑤【增】《左氏传》“否”作“恶”，此下有“是吾师也”四字。

⑥ 药，治疗也。

晋平公会诸侯于平丘①，齐侯及盟②。郑子产争贡赋之所承③，曰：“昔者[1]天子班贡，轻重以列，尊卑贡，周之制也④。卑而贡重者甸服⑤。郑，伯[2]南也，而使从公侯之贡⑥，惧弗给也，敢以为请。”自日中争之，以至于昏，晋人许之。

孔子曰：“子产于是行也，足以为国基也。《诗》云：‘乐只君子，邦家之基⑦。’子产，君子之于乐者⑧。”且曰：“合诸侯而艺贡事，礼也⑨。”

①【增】平公，名彪。事见《左氏传·昭公十三年》。

②【增】《左氏传》无“齐侯”二字，上云：“甲戌，同盟于平丘，齐服也。”疑此因误衍矣。

③ 所承之轻重也。

④【增】旧本“者”作“日”，非也。“尊卑贡”，《左氏传》作“列尊贡重”四字。纯窃疑此文“贡”上脱“异”字。

⑤ 甸服，王圻之内，与圻外诸侯异，故贡重也。【增】《左氏传》有“也”字。

⑥ 南，《左传[3]》作“男”，古字作“南”，亦多有作此南连言之，犹言公侯也。【增】本注“古”字以下，未详其义，恐有脱误。杜预曰：“言郑国在甸服外，爵列伯子男，不应出公侯之贡。”

---

[1] “者”，黄鲁曾本、宽永本作“日”。

[2] “伯”，黄鲁曾本、宽永本此下有“男”字。

[3] “传”，黄鲁曾本、宽永本作“辅”，误。

⑦ 本也。【增】《诗》,《小雅·南山有台》篇。○【增】乐音洛。只,之氏反。

⑧ 能为国之本,则人乐艺也。【增】《左氏传》"于"作"求",似是。

⑨ 艺,分别贡献之事也。

郑子产有疾①,谓子太叔曰②:"我死,子必为政。唯有德者,能以宽服民,其次莫如猛。夫火烈,民望而畏之,故鲜死焉③;水濡弱,民狎而玩之④,则多死焉,故宽难。"子产卒,子太叔为政,不忍猛而宽,郑国多掠盗⑤。太叔悔之曰:"吾早从夫子,必不及此⑥。"

孔子闻之,曰:"善哉!政宽则民慢,慢则纠于猛⑦。猛则民残⑧,民残则施之以宽。宽以济猛,猛以济宽,宽猛相济,政是以和。《诗》曰:'民亦劳止,汔可小康⑨。惠此中国,以绥四方。'施之以宽也⑩[1]。'毋纵诡随⑪,以谨无良⑫。式遏寇虐,惨不畏明⑬。'纠之以猛也。'柔远能迩⑭,以定我王⑮',平之以和也。又曰:'不竞不絿,不刚不柔⑯。布政优优,百禄是遒⑰。'和之至也。"子产之卒也,孔子闻之,出涕,曰:"古之遗爱也⑱[2]。"

① 【增】事见《左氏传·昭公二十年》。

② 【增】子太叔,郑大夫游吉。

③ 【增】夫音扶。鲜,仙善反。

④ 狎,易。玩,习。【增】濡,与"輭"、"懦"通,《左氏传》作"懦"。○【增】

[1] "也",黄鲁曾本、宽永本无。

[2] "也",黄鲁曾本、宽永本无。

濡，人兖反，又乃唤反。狎，户甲反。

⑤ 抄掠。【增】《左氏传》有“取人于萑苻之泽”七字。〇【增】掠音略。

⑥【增】《左氏传》有“兴徒兵以攻萑苻之盗，尽杀之。盗少止”十五字。

⑦ 纠，犹摄也。【增】《左氏传》作“慢则纠之以猛”。

⑧ 猛政残民[1]。

⑨ 汔，危也。民劳[2]人病，汔可小变，故以安也。【增】《诗》，《大雅·民劳》篇。〇【增】汔，许乙反。

⑩【增】绥，亦安也。

⑪ 诡人、随人，遗人小恶者也。〇【增】纵，子用反。

⑫ 谨小以惩之也[3]。

⑬ 惨，曾也。当用遏止为寇虐之人也。曾不畏天之明道者，言威也。〇【增】惨，七感反。《诗》作“憯”。

⑭ 言能安远[4]者能安近。

⑮ 以定安王位也。

⑯ 绿，急。言得中和。[5]【增】此《商颂·长发》诗也。〇【增】绿音求。

⑰ 优优，和。遒，聚。【增】布，《诗》作“敷”。〇【增】遒，子由反。

⑱【增】贾逵曰：“爱，惠也。”纯曰：子产慈惠爱人，有古人之遗风也。

孔子适齐，过泰山之侧，有妇人哭于野者而哀①。夫子式而听之，曰：“此哀一似重有忧者。”使子贡往问之②。而曰：“昔舅死于虎，吾夫又死焉，今吾子又死焉③。”子贡曰：“何不去乎？”妇人曰：“无苛政④。”子贡以告孔子。子曰：

---

[1] “残民”，黄鲁曾本作“民残”。

[2] “民劳”，黄鲁曾本、宽永本作“劳民”。

[3] “小以”，黄鲁曾本作“以小”。“之”，宽永本(一)作“大”。

[4] “安远”，黄鲁曾本无。

[5] “绿，急。言得中和”，此六字，黄鲁曾本作“不竞不绿，中和”，宽永本作“得急言绿中和”。“绿”，标笺本作“纠”，似讹。

"小子识之:苛政猛于暴虎⑤。"

①【增】《檀弓》"野"作"墓"。○【增】过音戈。

②【增】子贡,《檀弓》作"子路"。○【增】重,直用反。

③【增】《檀弓》"曰"下有"然"字。"舅"上有"吾"字。郑玄曰:"而,犹乃也。夫之父曰舅。"

④【增】苛,烦也。○【增】苛音何。

⑤【增】识,记也。《檀弓》无"暴"字,"虎"下有"也"字。○【增】识音志。

晋魏献子为政①,分祁氏及羊舌氏之田②[1],以赏诸大夫,及其子戊③[2],皆以贤举也。又谓[3]贾辛曰:"今汝有力于王室,吾是以举汝④。行乎,敬之哉,毋堕乃力⑤。"孔子闻之,曰:"魏子之举也,近不失亲⑥,远不失举⑦,可谓义[4]矣⑧。"又闻其命贾辛,以为忠:"《诗》云:'永言配命,自求多福',忠也⑨。魏子之举也义,其命也忠,其长有后于晋国乎?"

① 献子,魏舒。【增】事见《左氏传·昭公二十八年》。

② 荀栎灭晋大夫祁氏、羊舌氏,故献子分其田。

③【增】旧本"戊"作"成",非。

④ 周有子朝之乱,贾辛帅师救周。

---

[1] "田",黄鲁曾本、宽永本此下有"荀栎灭"三字,乃注文误入正文。宽永本"荀"作"苟"。

[2] "戊",黄鲁曾本、宽永本作"成"。

[3] "谓",黄鲁曾本、宽永本作"将"。

[4] "义",黄鲁曾本、宽永本作"美"。

⑤【增】杜预曰:“隓,损也。”〇【增】隓,火规反。

⑥ 子可举而举也。

⑦ 不以远故不举。

⑧【增】旧本“义”作“美”,非。

⑨ 言文王长配天命而行,庶国亦当求多福。人求多福,忠也。[1]【增】《诗》,《大雅·文王》篇。毛苌曰:“言,我也。”

赵简子赋晋国一鼓钟①[2],以铸刑鼎,著范宣子所为刑书②。孔子曰:“晋其亡乎,失其度矣。夫晋国,将守唐叔之所受法度③,以经纬其民者也④。卿大夫以序守之⑤,民是以能遵其道而守其业⑥,贵贱不僭,所谓度也⑦。文公是以作执秩之官,为被庐之法⑧,以为盟主。今弃此度也,而为刑鼎,铭在鼎矣⑨,何以尊贵⑩?何业之守也⑪?贵贱无序,何以为国?且夫宣子之刑,夷之蒐也,晋国乱制⑫,若之何其为法乎?”

① 三十斤谓之钧,钧[3]四谓之石,石四谓之鼓。【增】事见《左氏传·昭公二十九年》,“钟”作“铁”,是。

② 范宣子,晋卿范匄[4]。铭其刑书著鼎也。

③ 唐叔,成王母弟,始封于晋者也。【增】唐叔,名虞。〇【增】夫音扶,下“且夫”同。

---

[1] “言文王”,黄鲁曾本、宽永本作“言我文王之诗我”。“人求”,黄鲁曾本作“人”,宽永本作“以多”。

[2] “钟”,宽永本作“锺”。

[3] 此二“钧”字,黄鲁曾本均作“钟”。

[4] “匄”,黄鲁曾本、宽永本(一)作“自”,“范自”属下读。

④ 经纬，犹织以成文也。

⑤ 序，次序也。

⑥【增】《左氏传》作“民是以能尊其贵，贵是以能守其业”十四字。据下文有“尊贵”字，《左氏》似是。

⑦【增】《左氏传》“僁”作“愆”，同。○【增】僁，起虔反。

⑧ 晋文公既霸，蒐于被庐时[1]，盖作执秩之官，以为晋国法也。【增】被庐，晋地。被庐之蒐，见《左氏传・僖公二十七年》。○【增】被，皮义反。

⑨【增】《左氏传》“铭”作“民”。

⑩ 民将弃礼[2]而征于书，不复戴奉上也。

⑪ 民不奉上，则上无所守也。【增】《左氏传》“何”上有“贵”字。

⑫ 夷蒐之时，变易军帅[3]，阳处[4]父为贾季所杀，故曰乱制也。【增】《左氏传》“制”下有“也”字。夷，亦晋地。夷之蒐，见《左氏传・文公六年》。○【增】蒐，所求反。

楚昭王有疾，卜曰：“河神为崇①。”王弗祭，大夫请祭诸郊。王曰：“三代命祀，祭不越望②。江、汉、沮、漳，楚之望也③。祸福之至，不是过乎④？不谷虽不德，河非所获罪也。”遂不祭⑤。孔子曰：“楚昭王知大道矣⑥，其不失国也，宜哉⑦！《夏书》曰：‘维彼陶唐，率彼天常⑧，在此冀方⑨。今失厥道，乱其纪纲，乃灭而亡⑩。’又曰：‘允出兹在兹⑪’，由己率常，可矣⑫。”

---

[1] “蒐”，黄鲁曾本作“强”。“被庐”，黄鲁曾本无。

[2] “礼”，黄鲁曾本作“神”。

[3] “帅”，黄鲁曾本、宽永本作“师”。

[4] “处”，黄鲁曾本作“唐”。

① 【增】祟，息遂反。

② 天子祀[1]天地，诸侯望[2]祀境内，故曰祭不越望也。

③ 四水名也。【增】《左氏传》“沮”作“睢”，《说苑》同。○【增】沮，七馀反。

④ 【增】《左氏传》“乎”作“也”。

⑤ 【增】诸侯自称曰不谷。谷，善也。

⑥ 求之于己，不越祀也。

⑦ 楚为吴所灭，昭王出奔，已而复国[3]。

⑧ 陶唐，尧。率，犹循。天常，天之常道。【增】《夏书》，《五子之歌》篇。今《书》无“率彼天常”四字。○【增】夏，户雅反。

⑨ 中国为冀。【增】尧都冀州。《左氏传》“在”作“有”，是也，《书》同。

⑩ 谓[4]夏桀。【增】厥道，《左氏传》作“其行”，“乃灭而亡”，《书》作“乃底灭亡”。

⑪ 【增】《虞书·大禹谟》之辞。

⑫ 言善恶各有类，信出此则在此，以能循常道，可也。

卫孔文子使太叔疾出其妻，而以其女妻之①。疾诱其初妻之娣，为之立宫，与文子女如二妻之礼②。文子怒，将攻之。孔子舍蘧[5]伯玉之家③，文子就而访焉。孔子曰：“簠簋之事，则尝闻学之矣④。兵甲之事，未之闻也。”退而命驾而行，曰：“鸟则择木，木岂能择鸟乎？”文子遽自止之，曰：“圉也岂敢度其私哉⑤？亦访卫国之难也⑥。”将止⑦，会季康子问冉求之战。冉求既对之，又曰：“夫子播之百姓，

[1] “祀”，黄鲁曾本、宽永本此上有“望”字。

[2] “望”，黄鲁曾本、宽永本无。

[3] “已而复国”，黄鲁曾本、宽永本作“已复国者也”。

[4] “谓”，黄鲁曾本、宽永本此下有“变”字，衍。

[5] “蘧”，黄鲁曾本、宽永本作“璩”。

质诸鬼神而无憾⑧，用之则有名。”康子言于哀公，以币迎孔子。[孔子]曰：“人之于冉求，信之矣，将大用之⑨。”

① 初[1]，疾娶于宋子朝，其娣嬖[2]。子朝出，文子使疾出其妻，而己妻之。【增】孔文子，卫大夫，名圉。太叔疾，亦卫大夫，谥悼子。事见《左氏传·哀公十一年》。〇【增】妻之，七计反。

②【增】为，于伪反。

③【增】蘧，其居反。

④【增】《左氏传》无“闻”字。〇【增】簠音甫。簋音轨。

⑤ 度，谋。〇【增】圉，鱼吕反。度，达各反。

⑥【增】难，乃旦反。

⑦【增】杜预曰：“仲尼止。”

⑧ 恨也。〇【增】憾，户暗反。

⑨【增】《左氏传》“将止”之下直云：“鲁人以币召之，乃归。”而无“会季康子”以下五十八字，今此言鲁以币迎孔子，而不言孔子归，盖阙文也。

齐陈恒弑其君[3]简公①，孔子闻之，三日沐浴而适朝，告于哀公曰：“陈恒弑其君，请伐之②。”公弗许。三请③，公曰：“鲁为齐弱久矣，子之伐也，将若之何？”对曰：“陈恒弑其君，民之不与者半。以鲁之众，加齐之半，可克也。”公曰：“子告季氏。”孔子辞④，退而告人曰：“以吾从大夫之后，吾不敢不告也⑤。”

---

[1] “初”，黄鲁曾本作“力”，误。从刊本已改。

[2] “娣嬖”，黄鲁曾本、宽永本作“归孽”。

[3] “君”，黄鲁曾本无。

①【增】陈恒，齐大夫，谥成子。简公，齐君，名壬。事见《左氏传·哀公十四年》。

②【增】朝，直遥反。

③【增】三，息暂反。

④ 不告季氏。

⑤【增】“以吾”，《左氏传》作“吾以”，杜预曰：“尝为大夫而去，故言后。”

子张问曰：“《书》云：‘高宗三年不言，言乃雍。’有诸①？”孔子曰：“胡为其不然也？古者天子崩，则世子委政于冢宰三年②。成汤既没，太甲听于伊尹③；武王既丧，成王听于周公，其义一也。”

① 雍，欢声貌。《尚书》云“言乃雍”，和，有诸也[1]。【增】《书》，《周书·无逸》篇。高宗，殷王武丁也。雍，和也。《檀弓》作“讙”，音欢。本注不详，恐有误。

②【增】《尚书·周官》曰：“冢宰掌邦治，统百官，均四海。”

③ 太甲，汤孙。

卫孙桓子侵齐，遇，败焉①。齐人乘之，执②。新筑大夫仲叔于奚以其众救桓子③，桓子乃免。卫人以邑赏仲叔于奚，于奚辞，请曲悬之乐④，繁缨以朝⑤。许之，书在三官⑥。子路仕卫，见其故以访孔子⑦。孔子曰：“惜也！不如多与之邑，唯[2]器与名，不可以假人⑧，君之所司也[3]⑨。

[1] “也”，黄鲁曾本此上有“问有之”三字。

[2] “唯”，黄鲁曾本、宽永本作“惟”。

[3] “也”，黄鲁曾本、宽永本无。

名以出信，信以守器，器以藏礼⑩，礼以行义，义以生利，利以平民，政之大节也。若以假人，与人政也。政亡，则国家从[1][之]⑪，不可止也。”

① 桓子，孙良夫也。侵齐，与齐师遇，为齐所败也。【增】孙桓子，卫大夫也。事见《左氏传·成公二年》。

②【增】一本无“执”字，是也。

③【增】新筑，卫下邑。

④ 诸侯轩悬。轩悬，阙一面[2]也，故谓之曲悬之乐。

⑤ 马缨当膺，以索群衔，以黄金为饰也。【增】贾谊《新书》曰：“繁缨者，君之驾饰也。”本注“群”字未详。○【增】繁，步干反。朝，直遥反。

⑥ 司徒书名，司马书服，司空书勋也。

⑦【增】故，事也。

⑧ 器，礼乐之器。名，尊卑之名。[3]

⑨ 司，主。

⑩ 有器然后得行其礼，故曰“器以藏礼”。

⑪【增】《左氏传》有“之”字。

公父文伯之母①，纺绩不解②，文伯谏焉。其母曰：“古者王后亲织玄统③；公侯之夫人，加之纮綖④；卿之内子为大带⑤；命妇成祭服⑥；列士之妻，加之以朝服⑦；自庶士以[4]下，各衣其夫⑧。秋而成事[5]，烝而献功⑨，男女纺绩，僁则

---

[1] “从”，黄鲁曾本此下有“之”字。

[2] “面”，黄鲁曾本作“向”。

[3] 二“之”字，黄鲁曾本、宽永本皆作“以”。

[4] “以”，黄鲁曾本、宽永本作“已”。

[5] “秋”，黄鲁曾本作“社”。“成”，黄鲁曾本作“赋”。

有辟⑩，圣王之制也。今我[1]寡也，尔又在位⑪，朝夕恪勤，犹恐忘先人之业⑫，况有怠惰[2]，其何以避辟?”孔子闻之，曰:“弟子志之:季氏之妇，可谓不过矣⑬。”

① 文伯母，敬姜也。【增】公父文伯，鲁大夫，季悼子之孙，公父穆伯之子，名歜。○【增】父音甫。

② 【增】解，佳卖反。

③ 紞，冠垂者。[3]【增】韦昭曰:“紞，所以悬瑱当耳者。”○【增】紞，丁敢反。

④ 缨屈而上者谓之纮。綖，冠之上覆也。【增】《国语》“纮”上有“以”字。韦昭曰:“既织紞，又加之以纮綖也。”○纮，为萌反。綖，余战、余旃二反。

⑤ 卿之妻为内子。【增】韦昭曰:“大带，缁带也。”

⑥ 大夫之妻为命妇。【增】韦昭曰:“祭服，玄衣纁裳。”

⑦ 【增】韦昭曰:“列士，元士也。既成祭服，又加之以朝服也。朝服，天子之士，皮弁素积;诸侯之士，玄端委貌。”○【增】朝，直遥反。

⑧ 【增】韦昭曰:“庶士，下士也。下至庶人。”○【增】衣，於既反。

⑨ 男女春秋而勤岁事，冬烝[4]祭而献其功也。【增】《国语》“秋”作“社”，“成”作“赋”。

⑩ 绩，功也。辟，法也。【增】《国语》“纺”作“效”，是也。“僁”作“愆”，同。韦昭曰:“辟，罪也。”○【增】僁，起虔反。辟，婢亦反，下同。

⑪ 【增】《国语》“位”上有“下”字。

⑫ 【增】恪，敬也。○【增】恪，苦洛反。恐，匡勇反。

---

[1] “我”，标笺本无。

[2] “惰”，黄鲁曾本作“堕”。

[3] “冠垂者”下，黄鲁曾本、宽永本有“紞，丁敢反”四字，则增注本音释上之“增”字为衍文。

[4] “冬烝”，黄鲁曾本作“各祭”，宽永本作“冬祭”。

⑬【增】《国语》无“可谓”二字，“过”作“淫”。

樊迟问于孔子曰：“鲍牵事齐君，执政不桡[1]，可谓忠矣①，而君刖之，其为至暗乎②？”孔子曰：“古之士者，国有道，则尽忠以辅之；国无道，则退身以避之。今鲍庄[2]子食于淫乱之朝，不量主之明暗，以受大刑[3]，是智之不如葵，葵犹能卫其足③。”

① 齐庆克[4]通于夫人，鲍牵知之，以告国[5]武子。武子召庆克而让之。庆克告[6]夫人，夫人怒。国子相灵公[7]以会于诸侯，高、鲍处[8]守，及[9]还，将至，闭门而索[10]客。夫人诉之曰：“高、鲍将不纳君。”遂刖鲍牵之足。【增】鲍牵，齐大夫，鲍叔牙曾孙。事见《左氏传·成公十七年》。夫人，齐灵公母，宋女，声孟子也。高、鲍，高无咎、鲍牵也。○【增】鲍，步卯反。

②【增】刖[11]音月。

③ 葵倾叶随日转，故曰卫其足也。○【增】朝，直遥反。

季康子欲以一井田出法赋焉①，使访孔子②。子曰：“丘弗识也。”冉有三发，卒曰③：“子为国老，待子而行，若之何

[1] “桡”，黄鲁曾本、宽永本作“挠”。
[2] “庄”，黄鲁曾本、宽永本作“疾”。
[3] “刑”，黄鲁曾本作“刖”。
[4] “克”，黄鲁曾本作“尅”，此下作“剋”，宽永本作“剋”，下同。
[5] “国”，黄鲁曾本作“匡”。
[6] “高”，宽永本作“召”，误。
[7] “国子相灵公”，黄鲁曾本、宽永本(一)作“闵子子因需公”，疑误。
[8] “处”，黄鲁曾本、宽永本作“去”。
[9] “及”，黄鲁曾本、宽永本(一)无。
[10] “索”，黄鲁曾本、宽永本作“牵”。
[11] “增刖”二字，标笺本无。

子之不言?”孔子不对,而私于冉有曰:“求,汝来。汝弗闻乎?先王制土,藉田以力④,而底其远近⑤;赋里以入,而量其有无⑥[1];任力以夫,而议其老幼⑦。于是,鳏、寡、孤、疾、老者,军旅之出则征之,无则已⑧。其岁收,田一井出稯[2]禾、秉、缶米、刍稿[3],不是过也⑨[4],先王以为[5]足⑩。君子之行,必度于礼,施取其厚⑪,事举其中⑫,敛从其薄。若是其已,丘亦足矣⑬。不度于礼,而贪冒无厌,则虽赋田,将有不足⑭。且子季[6]孙,若以行之而取法,则[7]有周公之典在。若欲犯法,则苟行之,又何访焉⑮?”

①【增】《左氏传》作“季孙欲以田赋”。《国语》同,“季孙”作“季康子”。事在哀公十一年。杜预曰:“丘赋之法,因其田财,通出马一匹,牛三头。今欲别其田及家财,各为一赋,故言田赋。”韦昭曰:“田赋,以田出赋也。”

②【增】《左氏传》“使”下有“冉有”二字,《国语》同。

③【增】杜预曰:“卒,终也。”

④ 田有税收,藉力以治公田也。○【增】藉,慈夜反。

⑤ 底,平[8]。平其远近,俱十一而中。【增】《国语》“底”作“砥”。○【增】底音旨。

⑥ 里,廛。里有税,度其有无以为多少之入也。[9]

---

[1] “有无”,黄鲁曾本作“无有”。

[2] “稯”,黄鲁曾本、宽永本作“获”。

[3] 稿,黄鲁曾本、宽永本作“藁”。下注同。

[4] “也”,黄鲁曾本、宽永本无。

[5] “为”,黄鲁曾本、宽永本此下有“之”字。

[6] “季”,黄鲁曾本、宽永本无。

[7] “则”,宽永本作属上读。

[8] “平”,黄鲁曾本作“干”。

[9] “以”,黄鲁曾本无。“入”,宽永本(一)作“人”,讹。

⑦ 力作度之事。丁夫，任其长幼，或重或轻。【增】本注“度”字，恐当在“事”下。

⑧ 于军旅之役，则鳏、寡、孤、疾，或有所供[1]，无军事则止之。【增】《国语》“鳏”上、“军”上皆有“有”字。

⑨ 其岁，军旅之岁。一把曰秉，四秉因[2]稜，穗连稿刍不可分，故曰步缶，十六斗曰庾[3]也。【增】旧本“稯”作“获”，非也。《国语》“刍”字在“秉”下，无“稿”字。韦昭曰：“缶，庾也。《聘礼》曰：‘十六斗曰庾，十庾曰秉。’秉，一百六十斗也。四秉曰筥，十筥曰稯。稯，六百四十斛也。”纯谓：本注未详，恐有脱误。因稜，当为“曰筥”，“步”字似衍。○【增】稯，子红反。缶，方有反。

⑩【增】韦昭曰：“足供用也。”

⑪ 施以厚为德也。○【增】行，下孟反。度，达各反。施，始豉反。

⑫ 事以中为节。

⑬ 丘，十六井。【增】其已，《左氏传》作“则以”。

⑭【增】赋田，《左氏传》作“以田赋”三字。有，作“又”。○【增】冒，亡北反，又莫报反。厌，於盐反。

⑮【增】《左氏传》有“弗听”二字。

子游问于孔子曰：“夫子之极言子产之惠也，可得闻乎？”孔子曰：“惠在爱民而已矣。”子游曰：“爱民谓之德教，何翅施惠哉①？”孔子曰：“夫子产者，犹众人之母也，能食之，而[4]弗能教也②。”子游曰：“其事可言乎？”孔子曰：“子

[1] “供”，黄鲁曾本、宽永本作“共”。
[2] “因”，黄鲁曾本作“固”。
[3] “庾”，黄鲁曾本、宽永本作“秉”。
[4] “而”，黄鲁曾本、宽永本无。

产以所乘之舆，济冬涉者，是爱而[1]无教也。”

①【增】翅，与“啻”通。○【增】翅，施智反。

②【增】夫音扶。食音嗣。

哀公问于孔子曰：“二三大夫，皆劝寡人，使隆敬于高年，何也？”孔子对曰：“君之及此言，将天下实赖之，岂唯鲁哉①！”公曰：“何也？其义可得闻乎[2]？”孔子曰：“昔者，有虞氏贵德而尚齿②，夏后氏贵爵而尚齿③，殷人贵富而尚齿④，周人贵亲而尚齿。虞、夏、殷、周，天下之盛王也，未有遗年者焉。年之[3]贵于天下久矣，次于事亲。是故，朝廷同爵而尚齿⑤。七十杖于朝，君问则席⑥；八十则不仕朝，君问则就之⑦，而悌达乎朝廷矣。其行也，肩而不并⑧，不错则随⑨，斑白者不以其任行于道路⑩[4]，而悌达乎道路矣；居乡以齿，而老穷不匮⑪，强不犯弱，众不暴寡，而悌达乎州巷矣⑫；古之道，五十不为甸役⑬，颁禽隆之长者⑭，而悌达乎蒐狩矣⑮；军旅什伍，同爵则尚齿，而悌达乎军旅矣。夫圣王之教孝悌，发诸朝廷，行于道路，至于州巷，放于蒐狩，循于军旅，则众感以义，死之而弗敢犯⑯。”公曰：“善哉，寡人虽闻之，弗能成。”

---

[1] “而”，黄鲁曾本无。

[2] “乎”，宽永本讹作“子”。

[3] “之”，黄鲁曾本、宽永本作“者”。

[4] “斑”，宽永本作“班”。“行”，黄鲁曾本、宽永本无。

①【增】一本"言"下有"也"字。

②【增】此下见《礼记·祭义》。

③【增】夏,户雅反。

④ 富贵世禄之家。

⑤【增】《礼记》作"同爵则尚齿"。○【增】朝,直遥反,下同。

⑥ 君欲问之,则为之设席而问焉。

⑦【增】《礼记》"仕"作"俟",是也。郑玄曰:"不俟朝,君揖之即退,不待朝事毕也。就之,就其家也。老而致仕,君或不许,异其礼而已。"

⑧ 不敢与长者并肩也。

⑨ 错,雁行。父党随行,兄党雁行也。【增】《礼记》有"见老者则车徒辟"七字。

⑩ 任,负也。少者代之也。○【增】任音壬。

⑪【增】《礼记》"匮"作"遗"。○【增】匮,其位反。

⑫【增】巷,户降反。

⑬ 五十始老,不为力役之事,不为田猎之徒也。【增】《礼记》"役"作"徒"。郑玄曰:"四井为邑,四邑为丘,四丘为甸。甸,六十四井也。以为军田出役之法。"

⑭【增】郑玄曰:"颁之言分也。隆,犹多也。"○【增】长,竹丈反。

⑮【增】《礼记》"蒐"作"狻",同。郑玄曰:"春猎为狻,秋猎为狩。"○【增】蒐,所求反。

⑯【增】《礼记》"循"作"修",无"感"字。或曰,"感"当为"咸"。○【增】夫音扶。放,方往反。

哀公问[1]于孔子曰:"寡人闻东益不祥①,信有之乎?"孔子曰:"不祥有五,而东益不与焉②。夫损人自益,身之不

---

[1] "问",黄鲁曾本、宽永本此下有"之"字。

祥③;弃老而取幼,家之不祥;释[1]贤而任不肖,国之不祥;老者不教,幼者不学,俗之不祥;圣人伏匿,愚者擅权,天下不祥④。不祥有五,东益不与焉。”

① 东益之宅。【增】益,犹广也。东益,谓东广其宅也。

②【增】与音预。

③【增】一本有“也”字。下四“不祥”句同。○【增】夫音扶。

④【增】匿,女力反。擅,市战反。

孔子适季孙,季孙之宰谒曰:“君使求假于田①,将[2]与之乎?”季孙未言,孔子曰:“吾闻之:君取于臣,谓之取;与于臣,谓之赐。臣取于君,谓之假;与于君,谓之献。”季孙色然悟②,曰:“吾诚未达此义。”遂命其宰曰:“自今以[3]往,君有取之,一切不得复言假也③。”

①【增】《韩诗外传》、刘向《新序》皆作“君使人假马”。

②【增】色然,未详。

③【增】颜师古曰:“一切者,权时之事,非经常也。犹如以刀切物,苟取整齐,不顾长短纵横,故言一切。”○【增】复,扶又反。

[1] “释”,黄鲁曾本、宽永本作“择”,恐非。

[2] “将”,黄鲁曾本作“特”,恐非。

[3] “以”,黄鲁曾本、宽永本作“已”。

孔子家语卷第十

曲礼子贡问第四十二①

①【增】凡三十二章，所记多见《礼记》者，后二篇仿此。

子贡问于孔子曰："晋文公实召天子，而使诸侯朝焉①。夫子作《春秋》，云：'天王狩于河阳。'何也②？"孔子曰："以臣召君，不可以训。亦书其率诸侯事天子而已。"

① 晋文公会诸侯于温，召襄王，且使狩于河阳，因使诸侯朝。〇【增】朝，直遥反。

②【增】事见《春秋·僖公二十八年》。天王，周襄王，名郑。杜预曰："河阳，晋地。"

孔子在宋，见桓魋自为石椁，三年而不成，工匠皆病①。夫子愀然曰："若是其靡也②，死不如速朽之愈也[1]。"冉子仆③，曰："礼，凶事不豫，此何谓也？"夫子曰："既死而议谥，谥定而卜葬，既葬而立庙，皆臣子之事，非所豫属也，况自为之哉④？"

---

[1] "速朽之愈也"，黄鲁曾本、宽永本作"朽之速愈"。

① 【增】魋，徒雷反。

② 靡，侈。○【增】愀，在九反。

③ 【增】仆，御也。

④ 【增】属音烛。

南宫敬叔以富得罪于定公，奔卫。卫侯请复之，载其宝以朝①。夫子闻之，曰："若是其货也，丧不若速贫之愈也②[1]。"子游侍，曰："敢问何谓如此？"孔子曰："富而不好礼，殃也③。敬叔以富丧矣，而又弗改，吾惧其将有后患也④。"敬叔闻之，骤如孔氏，而后循礼施散焉⑤。

① 【增】朝，直遥反。

② 丧，失位也。【增】不若，《礼记》作"不如"。○【增】丧，息浪反。

③ 【增】好，呼报反。殃，於良反。

④ 【增】称"敬叔"者，记者之辞，盖追书耳。

⑤ 【增】骤，仕救反。施，始豉反。

孔子在齐，齐大旱，春饥。景公问于孔子曰："如之何？"孔子曰："凶年则乘驽马，力役不兴，驰道不修①，祈以币玉②，祭祀不悬③，祀以下牲④。此贤君自贬以救民之礼也。"

① 驰道，君行之道。○【增】驽音奴。

② 君所祈请，用币及玉，不用牲也。

③ 不作乐也。

---

[1] "也"，黄鲁曾本、宽永本无。

④ 当用太[1]牢者用少牢。

孔子适季氏，康子昼居内寝。孔子问其所疾，康子出见之。言终，孔子退。子贡问曰："季孙不疾而问诸疾，礼与①？"孔子曰："夫礼，君子不有大故，则不宿于外；非致齐也，非疾也，则不昼处于内②。是故，夜居外，虽吊之可也；昼居于内，虽问其疾可也。"

①【增】诸，之也。○【增】与，羊诸反。

②【增】夫音扶。齐，侧皆反。处，昌吕反。

孔子为大司寇，国厩焚。子退朝而之火所，乡人有自为火来者则拜之，士一，大夫再①。子贡曰："敢问何也？"孔子曰："其来者，亦相吊之道也。吾为有司，故拜之。"

①【增】厩，久又反。焚，扶云反。朝，直遥反。为，于伪反。

子贡问曰："管仲失于奢，晏子失于俭。与其俱失矣①，二者孰贤？"孔子曰："管仲镂簋而朱纮②，旅树而反坫③，山节藻棁④，贤大夫也，而难为上。晏平仲祀其先祖，而豚肩不掩豆⑤，一狐裘三十年，贤大夫也，而难为下。君子上不僭[2]下，下[3]不偪上⑥。"

---

[1] "太"，黄鲁曾本、宽永本作"大"。

[2] "僭"，黄鲁曾本、宽永本作"偺"。

[3] "下"，标笺本无。

①【增】“与其”二字，恐有误。

② 镂，刻而饰之。朱纮，天子冕之纮[1]。○【增】镂，鲁豆反。簋音轨。纮，为萌反。

③ 旅，施也。树，屏也。天子外屏，诸侯内屏。反坫在两楹之间，人君好会，献酢礼毕，反爵于其上也[2]。○【增】坫，丁念反。

④ 节，栭也，刻为山云。棁，梁上楹也，画藻文也。○【增】藻音早。棁，章悦反。

⑤ 言陋小也。

⑥【增】言君子在上不为下所僭，在下不为上所偪也。一本作“下不僭上，上不偪下”，《礼记》作“上不僭上，下不偪下”，未知孰是。○【增】偪，与“逼”同，鄙力反。

冉求曰：“臧[3]文仲知鲁国之政，立言垂法，于今不亡，可谓知礼矣。”孔子曰：“若[4]臧文仲安知礼？夏父弗綦逆祀而不止①，燔柴于灶以祀焉。夫灶者，老妇之所祭②，盛于瓮，尊于瓶，非所柴也③。故曰：礼也者，犹[5]体也。体不备，谓之不成人。设之不当，犹不备也④。”

①【增】《春秋左氏传·文公二年》：“秋，八月，丁卯，大事于大庙，跻僖公，逆祀也。于是夏父弗忌为宗伯，尊僖公。”○【增】夏，户雅反。父音甫。綦，巨箕反，《左氏传》作“忌”。

② 谓祭灶报其功，老妇主祭也。○【增】燔音烦。夫音扶。

---

[1] “纮”，黄鲁曾本、宽永本作“绂”。

[2] “也”，黄鲁曾本、宽永本无。

[3] “臧”，黄鲁曾本、宽永本作“昔”。

[4] “若”，黄鲁曾本、宽永本作“昔”。

[5] “犹”，黄鲁曾本、宽永本作“由”。

③【增】《礼记》"瓮"作"盆"。郑玄曰:"盆,瓶,炊器也。"〇【增】盛音成。瓮,乌贡反。瓶,步丁反。

④【增】当,丁浪反。

子路问于孔子曰:"臧武仲率师与邾人战于狐鲐,遇,败焉①,师人多丧而无罚。古之道然与②?"孔子曰:"凡谋人之军师,败则死之;谋人之国邑,危则亡之,古之正也。其君在焉者,有诏则无讨③。"

①【增】狐鲐,邾地。事见《左氏传·襄公四年》,"鲐"作"骀"。〇【增】邾音诛。鲐,徒来反。

②【增】丧,息浪反。与,羊诸反。

④ 诏,君之教也。有君教则臣无讨。

晋将伐宋,使人觇之①。宋阳门之介夫死②,司城子罕哭之哀③。觇者[1]反,言于晋侯曰:"阳门之介夫死,而子罕哭之哀,民咸悦。宋殆未可伐也。"孔子闻之,曰:"善哉,觇国乎!《诗》云:'凡民有丧,匍匐救之。'子罕有焉。虽非晋国,天下其[2]孰能当之④?是以周任有言曰:'民悦其爱者,弗可敌也⑤[3]。'"

① 观也。【增】郑玄曰:"觇,窥视也。"〇【增】觇,敇廉反。

[1] "者",黄鲁曾本、宽永本作"之"。
[2] "天下其",黄鲁曾本、宽永本作"其天下"。
[3] "也",标笺本无。

② 阳门，宋城门也。介夫，被甲卫[1]门者。

③【增】郑玄曰："宋以武公讳司空为司城。子罕，戴公子乐甫术之后，乐喜也。"○【增】罕，吁旱反。

④ 言虽非晋国，使天下有强者，犹不能当也。

⑤【增】任音壬。

楚伐吴，工尹商阳与陈弃疾追吴师。及之①，弃疾曰："王事也，子手弓而可。"商阳手弓。弃疾曰："子射诸②！"射之，毙[2]一人，韔其弓③。又及，弃疾谓之，又[3]毙二人。每毙一人，辄掩其目。止其御，曰："吾朝不坐，燕不与④，杀三人亦足以反命矣。"孔子闻之，曰："杀人之中，又有礼焉。"子路怫然进曰⑤："人臣之节，当君大事，唯力所及，死而后已。夫子何善此？"子曰："然，如汝言也。吾取其有不忍杀人之心而已。"

①【增】郑玄曰："工尹，楚官名。弃疾，楚公子弃疾也，以鲁昭八年，帅师灭陈，县之，楚人善之，因号焉。"

②【增】射，食亦反，下同。

③ 韔，韬。○【增】毙，婢世反。韔，敕亮反。

④ 士卑[4]故也。【增】《礼记》无"吾"字。○【增】朝，直遥反。与音预。

⑤【增】怫然，忿貌。○【增】怫，芳味反。

---

[1] "卫"，黄鲁曾本作"御"。

[2] "毙"，黄鲁曾本、宽永本作"弊"。下同。

[3] "又"，黄鲁曾本此下有"及，弃疾复谓之"六字。"又及，弃疾谓之，又"，宽永本作"又及，弃疾又及。弃疾回谓之"。

[4] "士卑"，黄鲁曾本作"亡畀"。

孔子在卫，司徒敬子[1]卒①，夫子吊焉。主人不哀，夫子哭不尽声而退。蘧[2]伯玉请曰："卫鄙俗不习丧礼，烦吾子辱相焉②。"孔子许之。掘中霤而浴③，毁灶而缀足，袭于床。及葬，毁宗而躐[3]行④[4]，出于大门。及墓，男子西面，妇人东面，既封而归，殷道也⑤。孔子行之。子游问曰："君子行礼，不求变俗，夫子变之矣？"孔子曰："非此之谓也，丧事则从其质而已矣⑥。"

①【增】敬子，旧本作"敬之"，今从《礼记》，郑玄曰："司徒，官氏。公子许之后。"

②【增】蘧，其居反。相，息亮反。

③ 室中。〇霤，力救反。【增】掘，求月反，又求勿反。

④ 明[5]不复有事于此也。缀足，不欲令僻戾也[6]。毁宗庙而出，行神位在庙门之外也。〇【增】缀，知劣反，又知卫反。躐，良辄反。

⑤【增】郑玄曰："封，当为'窆'。窆，下棺也。《春秋传》作'塴'。"〇【增】封，彼验反。

⑥【增】殷尚质也。

宣公八年，六月，辛巳，有事于太庙，而东门襄仲卒①，壬午犹绎②。子游见其故，以问孔子曰："礼与？"孔子曰："非礼也，卿卒不绎③。"

[1] "子"，黄鲁曾本、宽永本作"之"。
[2] "蘧"，黄鲁曾本、宽永本作"璩"。
[3] "躐"，黄鲁曾本、宽永本作"躐"。
[4] "行"，黄鲁曾本、宽永本此下有"也"字。
[5] "明"，黄鲁曾本作"胡"。
[6] "也"，黄鲁曾本、宽永本作"长"。

① 【增】宣公，鲁君，文公子，名倭。襄仲，庄公子，名遂，字仲，居东门，谥襄。《春秋经》书："仲遂卒于垂。"

② 绎，祭之明日又祭也。○【增】绎音亦。

③ 【增】与，羊诸反。

季桓子丧，康子练而无衰①。子游问于孔子曰："既服练服，可以除衰乎？"孔子曰："无衰衣者，不以见宾，何以除焉？"

① 【增】衰，七雷反。

郏人以同母异父之昆弟死，将为之服①，因颜克而问礼于孔子②。子曰："继父同居者，则异父昆弟从为之服；不同居，继父且犹不服，况其子乎？"

① 【增】为，于伪反，下同。

② 【增】颜克，盖即颜刻。

齐师侵鲁①，公叔务人②遇人入保，负杖而息③。务人泣曰："使之虽病④，任之虽重⑤，君子弗能谋，士弗能死，不可也。我则既言之矣，敢不勉乎？"与其邻嬖童汪锜乘往，奔敌死焉⑥。皆殡，鲁人欲勿殇童汪锜，问于孔子。子[1]曰："能执干戈，以卫社稷，可无殇乎⑦！"

[1] "子"，黄鲁曾本、宽永本无。

①【增】事在哀公十一年。

② 昭公之子,公为。【增】务人,《礼记》作“禺人”。

③ 遇,见也。见走避齐师,将入保,疲倦,加杖于颈上,两手掖之休息者也。保,县邑小城也。[1]

④ 谓时徭役。

⑤ 谓时赋税。

⑥【增】《礼记》“锜”作“踦”,郑玄曰:“童,未冠者之称。姓汪,名踦。”○【增】锜,鱼绮反。乘,绳证反。

⑦【增】《左氏传》“乎”作“也”,是也。《檀弓》云:“虽欲勿殇也,不亦可乎?”

鲁昭公夫人吴孟子卒①,不赴于诸侯。孔子既致仕,而往吊焉。适于季氏,季氏不绖②,孔子投绖而不拜③。子游问曰:“礼与④?”孔子曰:“主人未成服,则吊者不绖焉,礼也。”

①【增】《春秋·哀公十二年》:“夏,五月,甲辰,孟子卒。”《左氏传》曰:“昭夫人孟子卒。昭公娶于吴,故不书姓。”杜预曰:“讳娶同姓,故谓之孟子,若宋女。”

②【增】《左氏传》“绖”作“絻”,是也。杜预曰:“絻,丧冠也。”

③ 以季氏无,故己亦不成礼。【增】《左氏传》作“放绖而拜。”本注“无”下恐脱“礼”字。

④【增】与,羊诸反。

---

[1] “遇,见也。见走避”,黄鲁曾本、宽永本作“见先避入”。“于”,黄鲁曾本、宽永本无。

公父穆伯之丧，敬姜昼哭①；文伯之丧，昼夜哭。孔子曰："季氏之妇，可谓知礼矣！爱而无私[1]，上下有章②。"

①【增】公父穆伯，鲁大夫，季悼子之子，名靖。敬姜，穆伯之妻，姜氏。○【增】父音甫。

② 上，谓夫；下，谓子也。章，别也。哭夫昼哭，哭子昼夜哭，哭夫与子，各有别也。【增】郑玄曰："丧夫不夜哭，嫌思情性也。"

南宫縚之妻，孔子之兄[2]女。丧其姑，而诲之髽①，曰："尔毋从从尔，毋扈扈尔②。盖榛以为笄，长尺，而总八寸③。"

①【增】"而"字[3]，一本作"夫子"，《礼记》同。郑玄曰："去缅而紒曰髽。"○髽，侧瓜反。[4]

② 从从，高也[5]；扈扈，大也。言丧者无容饰[6]也。[7] ○【增】从音总。扈音户。

③ 总，束发[8]垂为饰者，齐衰之总八寸也。○【增】榛，侧巾反。长，直亮反。

子张有父之丧，公明仪相焉①。问启颡于孔子②，孔子

---

[1] "私"，黄鲁曾本、宽永本(一)无。

[2] "之兄"，黄鲁曾本、宽永本作"兄之"，是。

[3] "而字"，标笺本无。

[4] 此音释，黄鲁曾本、宽永本在注②。"侧"作"则"。

[5] "高也"，黄鲁曾本、宽永本作"高"。

[6] "言丧者无容饰"，黄鲁曾本、宽永本(一)作"扈言丧百无容节"。

[7] "也"，黄鲁曾本、宽永本此下有"縚，敕高反。髽，则瓜反"八字。

[8] "束发"，黄鲁曾本此下有"束发"二字。

曰:“拜而后启颡,颓乎其顺也[1];启颡而后拜,颀乎其至也③。三年之丧,吾从其至也[2]。”

①【增】公明,姓。仪,名。鲁人。○【增】相,息亮反。

②【增】启,当为“稽”。○【增】颡,素党反。

③【增】颓,徒回反。颀音恳。

孔子在卫,卫之人有送葬者①,而夫子观之,曰:“善哉为丧乎! 足以为法也。小子识之②!”子贡问曰:“夫子何善尔也[3]?”曰[4]:“其往也如慕,其返也如疑。”子贡曰:“岂若速返而虞哉③?”子曰:“此情之至者也。小子识之! 我未之能也④。”

①【增】“之”字衍文,《礼记》无“卫之人”三字。

②【增】识音志。

③ 返葬而祭,谓之虞也。

④【增】《礼记》“能”下有“行”字。

卞人有母死而孺子之泣者①,孔子曰:“哀则哀矣,而难继也②。夫礼,为可传也,为可继也③。故哭踊有节,而变除有期。”

---

[1] “也”,黄鲁曾本、宽永本无。

[2] “也”,宽永本作“者”。

[3] “也”,黄鲁曾本、宽永本无。

[4] “曰”,黄鲁曾本、宽永本无。

①【增】卞，鲁邑，《礼记》作“弁”。〇【增】卞，皮彦反。

②【增】《礼记》“难”下有“为”字。

③【增】夫音扶。

孟献子禫，悬而不乐，可御而不[1]处内①。子游问于孔子曰：“若是则过礼也？”孔子曰：“献子可谓加于人一等矣②。”

①【增】孟献子，鲁大夫，仲孙蔑。《礼记》“可”作“比”，“处内”作“入”字。〇【增】禫，大感反。处，昌吕反。

②【增】郑玄曰：“加，犹逾也。”

鲁人有朝祥而暮歌者，子路笑之。孔子曰：“由！尔责于人终无已夫①。三年之丧，亦已[2]久矣。”子路出，孔子曰：“又多乎哉②！逾月则其善也。”

①【增】夫音扶。

② 又，复也。言其可以歌，不复久也。

子路问于孔子曰：“伤哉贫也！生而无以供养，死则无以为礼也①。”孔子曰：“啜菽饮水，尽其欢心，斯谓之孝②[3]。敛手足形，旋葬而无椁③，称其财，斯谓[4]之礼④，贫何伤乎？”

---

[1] “不”，黄鲁曾本、宽永本(一)无。

[2] “已”，黄鲁曾本、宽永本作“以”。

[3] “斯谓之孝”，黄鲁曾本、宽永本作“斯为之孝乎”。

[4] “斯谓”，黄鲁曾本、宽永本作“为”。

①【增】供，九用反。养，羊尚反。

②【增】菽，大豆也。○【增】啜，昌劣反。菽音叔。

③ 旋，便。○【增】敛，力验反。

④【增】称，尺证反。

吴延陵季子聘于上国①，适齐。于其返也，其长子死于嬴、博之间②。孔子闻之，曰："延陵季子，吴之习于礼者也。"往而观其葬焉。其敛以时服而已③；其圹掩坎，深不至于泉④；其葬无明[1]器之赠。既葬，其封广轮掩坎⑤，其高可时隐也⑥。既封，则季子乃左袒，右还其封，且号者三⑦，曰："骨肉归于土，命也！若魂气则无所不之，无[2]所不之！"而遂行。孔子曰："延陵季子之于[3]礼，其合矣。"

①【增】郑玄曰："鲁昭二十七年，吴公子札聘于上国。"是也。

② 嬴、博，地名[4]。【增】《礼记》作"其长子死，葬于嬴、博之间"。嬴、博，皆齐地。○【增】长，竹丈反。嬴音盈。

③ 随冬、夏之服，无所加。

④【增】《礼记》无"圹掩"二字。○【增】深，式鸩反。

⑤【增】其封，《礼记》作"而封"。郑玄曰："轮，纵也。"○【增】广，古旷反。掩，於检反。

⑥【增】一本"时"作"肘"，《礼记》无"时"字，郑玄曰："隐，据也。封可手据，谓高四尺所。"○【增】隐，於刃反。

---

[1] "明"，黄鲁曾本作"盟"。

[2] "无"，黄鲁曾本、宽永本此上有"则"字。

[3] "于"，黄鲁曾本无。

[4] "名"，黄鲁曾本、宽永本此下有"也"字。

⑦【增】郑玄曰："还，围也。"○【增】袒音但。还音旋。号，户刀反。

子游问丧之具。孔子曰："称家之有亡焉①。"子游曰："有亡恶于齐②？"孔子曰："有也则无过礼；苟亡矣，则敛手足形③，旋[1]葬，悬棺而封④。人岂有非之者哉？故夫丧亡，与其哀不足而礼有馀，不若礼不足而哀有馀也⑤；祭礼[2]，与其敬不足而礼有馀，不若礼不足而敬有馀也。"

①【增】称，尺证反。亡音无，下同。

② 恶，何。齐，限。○【增】恶，汪胡反。齐，才细反。

③【增】《礼记》"手"作"首"。

④【增】封，彼验反。

⑤【增】丧亡，《礼记》作"丧礼"，是。○【增】夫音扶。

伯高死于卫①，赴于孔子。子曰："吾恶乎哭诸②？兄弟，吾哭诸庙；父之友，吾哭诸庙门之外；师，吾哭诸[3]寝；朋友，吾哭诸[4]寝门之外；所知，吾哭诸[5]野。今于野则已疏，于寝则已重③。夫由赐也而见我，吾哭于赐氏④。"遂命子贡为之主，曰："为尔哭也来者，汝拜之⑤；知伯高而来者，汝勿拜。"既哭，使子张往吊焉。未至，冉求在卫，摄束帛、乘马而以将之⑥。孔子闻之，曰："异哉！徒使我不成礼于

[1] "旋"，黄鲁曾本、宽永本作"还"。

[2] "礼"，黄鲁曾本作"祀"。

[3] "诸"，黄鲁曾本、宽永本作"之"，下同。

[4] "诸"，黄鲁曾本、宽永本作"之"。

[5] "诸"，黄鲁曾本、宽永本此上有"之"字。

伯高者，是冉求也[⑦]。”

①【增】郑玄曰：“伯高死时在卫。未闻何国人。”

②【增】恶，汪胡反。

③【增】已，犹太也。

④【增】夫，指伯高。《礼记》“于”作“诸”。○【增】夫音扶。

⑤【增】为尔，于伪反。

⑥【增】郑玄曰：“摄，犹贷也。”《礼记》无“以”字。○【增】乘，绳证反。

⑦【增】《礼记》“成”作“诚”，无“礼”字。

子路有姊之丧，可以除之矣，而弗除。孔子曰：“何不除也？”子路曰：“吾寡兄弟而弗忍也。”孔子曰：“行道之人皆弗忍。先王制礼，过之者俯而就之，不至者企而及之[①]。”子路闻之，遂除之。

①【增】俯音甫。企，丘豉反。

伯鱼之丧母也，期而犹哭[①]。夫子闻之，曰：“谁也？”门人曰：“鲤也。”孔子曰：“嘻！其甚也，非礼也[②]。”伯鱼闻之，遂除之。

①【增】期音基。

②【增】郑玄曰：“嘻，悲恨之声。”○【增】嘻，许其反，又於其反。

卫公使其大夫求婚于季氏[①]，桓子问礼于孔子。子曰：“同姓为宗，有合族之义，故系之以姓而弗别，缀之以食而弗殊②。虽百世，婚姻不得通，周道然也。”桓子曰：“鲁、卫之先，虽寡兄弟，今已绝远矣。可乎③？”孔子曰：“固非礼也。夫上治祖祢，以尊尊之④；下治子孙，以亲亲之；旁治昆弟，所以教睦也。此先王不易之教也。”

① 【增】公，当为“侯”，不然，上有阙文。

② 君有食族人之礼，虽亲尽，不异[1]族食多少也。○【增】别，彼列反。缀，知劣反，又知卫反。食音嗣。

③ 【增】“虽寡兄弟”，恐有误字。

④ 【增】夫音扶。

有若问于孔子曰：“国君之于百姓，如之何？”孔子曰：“皆有宗道焉。故虽国君之尊，犹百世[2]不废其亲，所以崇爱也。虽于[3]族人之亲，而不敢戚君，所以谦也①。”

① 戚，亲也。尊敬君，不敢如其亲也。

曲礼子夏问第四十三①

① 【增】凡二十四章。

---

[1] “异”，黄鲁曾本、宽永本此下有“之”字。

[2] “世”，黄鲁曾本作“姓”。

[3] “于”，黄鲁曾本作“以”。

子夏问于孔子曰:“居父母之仇,如之何①?”孔子曰:“寝苫枕干,不仕②,弗与共天下也。遇于朝市,不返兵而斗③。”曰:“请问居昆弟之仇,如之何?”孔子曰:“仕,弗与同国,衔君命而使,虽遇之不斗④。”曰:“请问居从父[1]昆弟之仇,如之何?”曰:“不为魁⑤,主人能报之,则执兵而陪其后⑥。”

①【增】仇,雠也。○【增】仇音求。

② 干,盾[2]。○【增】苫,始占反。枕,之鸩反。

③ 兵常不离于身。【增】《礼记》“于”作“诸”。○【增】朝,直遥反。

④【增】衔音咸。使,色吏反。

⑤【增】郑玄曰:“魁,犹首也。”○【增】从,如字,又才用反。魁,苦回反。

⑥【增】陪,步回反。

子夏问:“三年之丧既卒哭,金革之事无避,礼与①?初有司为之乎②?”孔子曰:“夏后氏之丧三年③,既殡而致事[3],殷人既葬而致事[4],周人既卒哭而致事④。《记》曰:‘君子不夺人之亲,亦不夺故也⑤。’”

子夏曰:“金革之事无避者[5],非与?”孔子曰:“吾闻诸老聃曰:‘鲁公伯禽,有为为之也⑥。’今以三年之丧从利者,吾弗知也⑦。”

---

[1] “居”、父,黄鲁曾本、宽永本无。

[2] “盾”,黄鲁曾本、宽永本作“楯”。

[3] “事”,黄鲁曾本、宽永本作“仕”。

[4] “事”,黄鲁曾本作“仕”。

[5] “者”,黄鲁曾本无。

①【增】《礼记》问“下”有“曰”字。○【增】与，羊诸反，下同。

② 有司，当职吏[1]也。

③【增】《礼记》作“夏后氏三年之丧”。○【增】夏，户雅反。

④ 致事，还政于君也。卒[2]哭，止[3]无时之哭。大夫三月而葬，五[4]月而卒哭，士既葬而卒哭也。

⑤【增】《礼记》作“亦不可夺亲也”，下有“此之谓乎”四字。郑玄曰：“二者，恕也，孝也。”

⑥ 伯禽有母之丧，东方有戎为不义，伯禽为方伯，以不得不诛之。【增】伯禽，周公子，封于鲁。○【增】聃，他甘反。有为，于伪反。

⑦【增】《礼记》“从”下有“其”字。

子夏问于孔子曰：“《记》云：周公相成王，教之以世子之礼。有诸①？”

孔子曰：“昔者成王嗣立，幼，未能莅[5]阼②，周公摄政而治③，抗世子之法于伯禽④，欲王之知父子、君臣之道⑤，所以善成王也。夫知为人子者，然后可以为人父⑥；知为人臣者，然后可以为人君；知事人者，然后可以使人。是故，抗世子之[6]法于伯禽，使成王知父子、君臣、长幼之义焉⑦。凡君之于世子，亲则父也，尊则君也，有父之亲，有君之尊，然后兼天下而有之⑧，不可不慎也。行一物而三善皆得⑨，唯世子齿于学之谓也。世子齿于学，则国人观之，

[1] “职吏”，黄鲁曾本作“吏职”。

[2] “卒”，黄鲁曾本作“子”。

[3] “止”，黄鲁曾本、宽永本(一)作“之”。

[4] “五”，黄鲁曾本作“三”，宽永本(一)作“正”。

[5] “莅”，黄鲁曾本作“蒞”。下注同。

[6] “之”，黄鲁曾本、宽永本无。

曰:‘此将君我而与我齿让,何也?’曰:‘有父在则礼然。’然而众知父子之道矣。其二[1]曰:‘此将君我而与我齿让,何也?’曰:‘有君[2]在则礼然。’然[3]而众知君臣之义矣。其三曰:‘此将君我而与我齿让,何也?’曰:‘长长也则礼然。’然而众知长幼之节矣。故父在斯为子,君在斯为臣,居子与臣之位,所以尊君而亲亲也。在学,学之为父子焉⑩,学之为君臣焉,学之为长幼焉。父子、君臣、长幼之道得而后国治⑪。语曰:‘乐正司业,父师司成⑫。一有元良,万国以贞⑬。’世子之谓也[4]。闻之曰:‘为人臣者,杀其身而有益于君则为之。’况于其身以善其君乎⑭?周公优为之[5]。”

①【增】相,息亮反。

② 莅,临也。阼,阼阶也。〇【增】莅音利,又音类。

③【增】《礼记》作“周公相,践阼而治”。

④【增】郑玄曰:“抗,犹举也。”〇【增】抗,苦浪反。

⑤【增】《礼记》“君臣”下有“长幼”二字。

⑥【增】夫音扶。

⑦【增】长,竹丈反,下同。

⑧【增】《礼记》有“是故,养世子”五字。

⑨【增】《礼记》有“者”字。郑玄曰:“物,犹事也。”

---

[1] “二”,黄鲁曾本作“一”。

[2] “君”,黄鲁曾本作“臣”。

[3] “然”,黄鲁曾本无。

[4] “也”,黄鲁曾本、宽永本无。

[5] “之”,黄鲁曾本、宽永本作“也”。

⑩【增】“学之”字当作“敩”。郑玄曰：“教也。”○【增】学之，音效。

⑪【增】治，直吏反。

⑫ 师有父道，成生人者。

⑬ 一，谓天子也。元善，太子也。

⑭ 于，宽也，大也。[1]【增】郑玄曰：“于，读为迂。”

子夏问于孔子曰：“居君之母与妻之丧，如之何？”孔子曰：“居处、言语、饮食衎尔①。于丧所，则称其服而已②。”

“敢问伯母之丧，如之何？”孔子曰：“伯母、叔母疏衰期，而踊不绝地③。姑、姊、妹之大功，踊绝于地④。若知此者，由文矣哉⑤。”

①【增】郑玄曰：“衎尔，自得貌。”○【增】处，昌吕反。衎，苦旦反。

②【增】称，尺证反。

③【增】衰，七雷反。期音基。

④【增】姑、姊、妹出嫁者，为之降服大功。

⑤ 言如礼文意，当言姑姊妹而已，姊上长姑伯[2]也。【增】本注不详，阙之可矣。郑玄曰：“由，用也。言知此踊绝地不绝地之情者，能用礼文矣。能用礼文哉，美之也。伯母、叔母，义也。姑、姊、妹，骨肉也。”

子夏问于孔[3]子曰：“凡丧小功以[4]上，虞、祔、练、祥之祭，皆沐浴①？于三年之丧，子则尽其情矣②？”孔子

[1] 此注，黄鲁曾本、宽永本在“身”字下。

[2] “伯”，黄鲁曾本作“自”。

[3] “孔”，黄鲁曾本、宽永本作“夫”。

[4] “以”，黄鲁曾本、宽永本作“已”。

曰："岂徒祭而已哉？三年之丧，身有疡则浴，首有疮则沐，病则饮酒食肉。毁瘠而病，君子不为也③。毁而[1]死者，君子谓[2]之无子，且[3]祭之沐浴，为齐洁也，非为饰也④。"

①【增】上，时掌反。祔音附。

②【增】谓祥而后浴也。

③【增】疡音羊。疮，初良反。瘠，在昔反。

④【增】为，于伪反，下同。齐，则皆反。

子夏问于孔子曰："客至无所舍，而夫子曰：'〈生〉于我乎馆①。'客死无所殡[4]，夫子曰：'于我乎殡。'敢问礼与？仁者之心与②？"孔子曰："吾闻诸老聃曰：'馆人使，若有之③，恶有有之[5]而不得殡乎④？'夫仁者，制礼者也⑤。故礼者不可不省也⑥。礼不同不异，不丰不杀，称其义以为之宜⑦。故曰：'我战则克[6]，祭则受福。'盖得其道矣⑧。"

①【增】"生"字衍文，不然，下文当云"死于我乎殡"。

②【增】与，羊诸反，下同。

③【增】聃，他甘反。使，色吏反。

[1] "而"，黄鲁曾本、宽永本作"则"。

[2] "谓"，黄鲁曾本、宽永本作"为"。

[3] "且"，黄鲁曾本作"则"。

[4] "殡"，黄鲁曾本此下有"矣"字。

[5] "恶有有之"，黄鲁曾本、宽永本作"恶有之，恶有之"。

[6] "克"，黄鲁曾本、宽永本作"剋"，下注同。

④【增】恶，汪胡反。

⑤【增】夫音扶。

⑥【增】郑玄曰："省，察也。"○【增】省，悉井反。

⑦【增】杀，所戒反。称，尺证反。

⑧【增】郑玄曰："我，我知礼者也。克，胜也。"

孔子食于季氏，食祭，主人不辞。不食亦不饮而飧①[1]。子夏问曰："礼与②[2]？"孔子曰："非礼也，从主人也。吾食于少施氏[3]饱③，少施氏食我以礼④，吾食祭，作而辞曰：'疏食不足祭也⑤。'吾飧，作而[4]辞曰：'疏食不敢以伤吾子之性。'主人不以礼，客不敢尽礼；主人尽礼，则客不敢不尽礼也。"

①【增】郑玄曰："飧者，美主人之食也。"孔颖达曰："飧，谓用饮浇饭于器中也。"○【增】飧音孙。

②【增】与，羊诸反。

③【增】郑玄曰："少施氏，鲁惠公子施父之后也。言贵其以礼待己而为之饱也。时人倨慢，若季氏，则不以礼矣。"○【增】少，诗照反。

④【增】食音嗣，下"疏食"同。

⑤【增】作，起也。

子夏问曰："官于大夫，既升于公，而反为之服，礼

[1] "飧"，黄鲁曾本、宽永本作"飡"。下同。

[2] "与"，黄鲁曾本、宽永本作"也"。

[3] "氏"，黄鲁曾本、宽永本此下有"而"字。

[4] "作而"，黄鲁曾本作"而作"。

与[①]?”孔子曰:“管仲遇盗,取二人焉,上之为公臣[②],曰:‘所与[1]游僻也[③][2],可人也[④]。’公许。管仲卒,桓公使为之服[3]。官于大夫者为之服,自管仲始也,有君命焉。”

①【增】郑玄曰:“官,犹仕也。”纯谓:官,当为“宦”,字之误也。○【增】为,于伪反,下“为之”同。与,羊诸反。

②【增】上,时掌反。

③【增】《礼记》“所”上有“其”字。

④【增】郑玄曰:“言此人可也。但居恶人之中,使之犯法。”

子贡问居父母之[4]丧。孔子曰:“敬为上,哀次之,瘠为下,颜色称情,戚容称服[①]。”曰:“请问居兄弟之丧。”孔子曰:“则存乎书筴已[②]。”

①【增】瘠,在昔反。称,尺证反。

②【增】《礼记》“孔子曰”下有“兄弟之丧”四字,此盖阙文。筴,与“策”同。

子贡问于孔子曰:“殷人既窆[5]而吊于圹[①],周人反哭而吊于家,如之何?”孔子曰:“反哭之吊也,哀[6]之至也。反而亡矣[②],失之矣,于斯为甚[③],故吊之。死,人卒事也。

[1] “与”,黄鲁曾本、宽永本作“以”。

[2] “也”,黄鲁曾本、宽永本作“者”。

[3] “服”,黄鲁曾本、宽永本(一)无。

[4] “之”,黄鲁曾本、宽永本无。

[5] “窆”,黄鲁曾本、宽永本(一)作“定”,当误。

[6] “哀”,黄鲁曾本、宽永本作“丧”。

殷以悫，吾从周④。殷人既练之明日而祔于祖⑤，周人既卒哭之明日而[1]祔于祖。祔，祭神之始事也。周以戚，吾从殷⑥。”

①【增】《礼记》“窆”作“封”。○【增】窆，彼验反。

②【增】亡，不在也。

③【增】郑玄曰：“哀痛甚。”

④【增】《礼记》“以”作“已”，是也。已，甚也，下“以戚”仿此。○【增】悫，苦角反。

⑤【增】祔音附。

⑥ 戚，犹促也。

子贡问曰：“闻诸晏子，少连、大连善居丧，其有异称乎①？”孔子曰：“父母之丧，三日不怠，三月不懈[2]，期[3]悲哀，三年忧②。东夷之子，达于礼者也。”

①【增】少，诗照反。

②【增】期音基。

子游问曰：“诸侯之世子，丧慈母如母，礼与①？”孔子曰：“非礼也。古者男子，外有傅父，内有慈母，君命所使教子者也。何服之有②？昔鲁孝公少丧其母③，其慈母良。及

---

[1] “而”，黄鲁曾本、宽永本(一)无。

[2] “懈”，黄鲁曾本作“解”。

[3] “期”，宽永本(一)作“其”，误。

其死也，公弗忍，欲丧之。有司曰：‘礼，国君慈母无服，今也君为之服，是逆古之礼，而乱国法也④。若终行之，则有司将书之，以示后世，无乃不可乎？’公曰：‘古者天子丧慈母，练冠以燕居⑤。’遂练冠[1]以丧慈母。丧慈母如母，始则鲁孝公之为也。”

①【增】郑玄曰：“如母，谓父卒三年也。子游意以为国君亦当然。《礼》所云者，乃大夫以下，父所使妾养妾子。”〇【增】与，羊诸反。

②【增】郑玄曰：“言无服也。此指谓国君之子也。大夫士之子，为庶母慈己者服小功，父卒乃不服。”

③【增】孝公，名称。《礼记》作“昭公”。〇【增】少，诗照反。

④【增】为，于伪反。

⑤ 谓庶子王为其母也。

孔子适卫，遇旧馆人之丧①，入而哭之哀。出，使子贡脱骖以赠之②。子贡曰：“于所[2]识之丧，不能有所赠。赠于旧馆，不已多乎③？”孔子曰：“吾向入哭之，遇一哀而出涕④。吾恶夫涕而无以将之。小子行焉⑤。”

①【增】郑玄曰：“前日君所使舍己。”

②【增】郑玄曰：“骈马曰骖。”《礼记》“赠”作“赙”。〇【增】脱，他活反。骖，七南反。

③【增】已，犹太也。

[1] “冠”，黄鲁曾本、宽永本(一)无。
[2] “于所”，黄鲁曾本、宽永本作“所于”。

④【增】郑玄曰："遇，见也。旧馆人恩虽轻，我入哭，见主人为我尽一哀，是以厚恩待我，我为出涕。恩重，宜有施惠。"○【增】涕音体。

⑤【增】恶，乌故反。夫音扶。

子路问于孔子曰："鲁大夫练而杖，礼与①[1]？"孔子曰："吾不知也。"子路出，谓子贡曰："吾以为夫子无所不知，夫子亦徒有所不知也。"

子贡曰："子所问何哉？"子路曰："由问：'鲁大夫练而杖，礼与？'夫子曰：'吾不知也。'"子贡曰②[2]："止，吾将为子问之③。"遂趋而进，曰："练而杖，礼与？"孔子曰："非礼也。"子贡出，谓子路曰："子谓夫子而弗知之乎？夫子徒无所不知也。子问非也。礼，居是邦，则不非其大夫。"

①【增】《荀子》"杖"作"床"，杨倞曰："练，小祥也。"《礼记》曰"期而小祥，居垩室，寝有席，又期而大祥，居复寝，中月而禫，禫而床"也。○【增】与，羊诸反，下同。

②【增】旧本阙此上二十字。今依一本及《荀子》补之。

③【增】为，于伪反。

叔孙武[3]叔之母死①，既小敛，举尸者出户，武孙从之出户②，乃袒，投其冠而括发③。子路叹之④。孔子曰："是礼也。"子路问曰："将小敛则变服，今乃出户，而夫子以为

[1] "与"，黄鲁曾本、宽永本作"也"。

[2] 自"由问"至"子贡曰"，黄鲁曾本、宽永本脱。

[3] "武"，黄鲁曾本作"母"。

知礼。何也?”孔子曰:“由,汝问非也。君子不举人以质事⑤[1]。”

①【增】叔孙武叔,鲁大夫,名州仇。

②【增】武孙,当为“武叔”。“举尸”以下,《礼记》作“举者出尸,出户”六字。

③【增】郑玄曰:“冠,素委貌。”〇【增】袒音但。括,古活反。

④【增】《礼记》作“子游曰知礼”。

⑤质,犹正也。【增】旧本“事”作“士”,非。

齐晏桓子卒①,平仲麤衰斩②,苴绖带,杖,〈以〉菅屦③,食粥,居倚[2]庐,寝苫,枕草④。其老曰:“非大夫丧父之礼也⑤。”晏子曰:“唯卿大夫⑥。”曾子以问孔子。孔子曰:“晏平仲可谓能远害矣⑦。不以己之[3]是驳人之非⑧,愻辞以避咎,义也夫⑨。”

①【增】晏桓子,晏婴之父,名弱。事见《左氏传·襄公十七年》。

②【增】杜预曰:“斩,不缉之也。衰在胸前,麤,三升布。”〇【增】衰,七雷反。

③【增】《左氏传》无“以”字,此衍文。杜预曰:“苴,麻之有子者。取其麤也。杖,竹杖。菅屦,草履。”〇【增】苴,七馀反。绖,徒结反。菅,古颜反。屦,九具反。

④【增】旧本“倚”作“傍”,非也。杜预曰:“此礼与《士丧礼》略同。其异

[1]“事”,黄鲁曾本、宽永本作“士”。
[2]“倚”,黄鲁曾本、宽永本作“傍”。
[3]“之”,黄鲁曾本、宽永本(一)作“知”,误。

唯枕草耳。然枕块亦非《丧服》正文。”○【增】倚,於绮反。苫,始占反。枕,之鸩反。

⑤【增】杜预曰:“时之所行,士及大夫衰服,各有不同。晏子为大夫而行士礼,其家臣不解,故讥之。”

⑥【增】《左氏传》“卿”下有“为”字。

⑦【增】《左氏传疏》“远”作“避”。○【增】远,于万反。

⑧【增】驳,邦角反。

⑨ 记者乃举人避害之愻以辞,而谓大夫、士丧父母有异,亦怪也。【增】愻,与“逊”同。○【增】夫音扶。

季平子卒①,将以君之玙璠敛,赠以珠玉②。孔子初为中都宰,闻之,历级而救焉③,曰:“送而以宝玉,是犹曝尸于中原也④,其示民以奸利之端,而有害于死者,安用之?且孝子不顺情以危亲,忠臣不兆奸以陷君⑤。”乃止。

①【增】季平子,悼子之子,桓子之父,季孙意如也。《春秋·定公五年》:“六月,丙申,季孙意如卒。”

②【增】杜预曰:“玙璠,美玉,君所佩。”○【增】玙音馀。璠音烦,又方烦反。

③ 历级,遽登阶,不聚足。

④【增】曝,日干也。○【增】曝,步卜反。

⑤ 兆奸,为奸之兆成也。

孔子之弟子琴张与宗鲁[1]友。卫齐豹见宗鲁于公子孟絷①,孟絷以为参乘焉②。及齐豹将杀孟絷,告宗鲁使

---

[1] “鲁”,黄鲁曾本、宽永本(一)无。

行③。宗鲁曰:“吾由子而事之,今闻难而逃,是僭[1]子也④。子行事乎,吾将死,以事周子[2]而归死于公孟可也⑤。”

齐氏用戈击公孟,宗鲁[3]以背蔽之,断肱,中公孟⑥,〈宗鲁〉皆死⑦。琴张闻宗鲁死,将往吊之。孔子曰:“齐豹之盗,孟絷之贼也,汝何吊焉⑧?君子[4]不食奸⑨,不受乱,不为利病于回⑩,不以回事人⑪,不盖非义⑫,不犯非礼,汝何吊焉?”琴张乃止。

①【增】杜预曰:“齐豹,齐恶之子,为卫司寇。孟絷,灵公兄也。”〇【增】见,贤遍反。絷,张立反。

②【增】《左氏传》“参”作“骖”。〇【增】参,七南反。乘,绳证反。

③【增】行,去也。

④ 僭,不信。使子言不信。〇【增】难,乃旦反。

⑤【增】以事周子,《左氏传》作“以周事子”,杜预曰:“周,犹终竟也。”

⑥【增】断,丁管反。中,陟仲反。

⑦【增】“宗鲁”二字衍文。皆死,《左氏传》作“皆杀之”。事在昭公二十年。《春秋》书曰:“秋,盗杀卫侯之兄絷。”

⑧【增】杜预曰:“言齐豹所以为盗,孟絷所以见贼,皆由宗鲁。”

⑨【增】旧本阙“子”字。

⑩ 回,邪也。不以利故[5]而病于邪也。【增】《左氏传》“病”作“疚”。〇【增】为,于伪反。

⑪【增】《左氏传》“事”作“待”。

---

[1] “僭”,黄鲁曾本、宽永本作“偺”,下同。

[2] 黄鲁曾本“以事周子”属上读。

[3] “鲁”,黄鲁曾本、宽永本(一)无。

[4] “子”,黄鲁曾本、宽永本无。

[5] “故”,黄鲁曾本作“放”。

⑫ 盖，掩。

郕人子蒲[1]卒①，哭之呼灭②。子游曰："若是哭也，其野哉③！孔子恶野哭者。"哭者闻之，遂改之④。

①【增】郕，国名。○【增】郕音成。

② 旧说以"灭"，子蒲名。人少名"灭"者，又，哭名，其父不近人情。疑以孤穷自谓亡灭也。【增】《礼记》"之"作"者"。本注所谓旧说者，谓郑玄注也。

③【增】子游，《礼记》作"子皋"。

④【增】恶，乌故反。

公父文伯卒①，其妻妾皆行哭失声。敬姜戒之，曰："吾闻好外者，士死之；好内者，女死之②。今吾子早夭[2]，吾恶其以好内闻也③。二三妇人之欲供先祀者④，请无瘠色，无挥涕，无拊膺⑤，无哀容⑥，无加服，有降服，从礼而静，是昭吾子也。"孔子闻之，曰："女智莫[3]若妇，男智莫若夫。公父[4]氏之妇智矣。剖情损礼，欲以明其子为令德也⑦。"

①【增】父音甫。

②【增】好，呼报反，下同。

③【增】恶，乌故反。

④ 言欲留不改嫁，供奉先人之祀。

[1] "蒲"，黄鲁曾本、宽永本作"革"，误。
[2] "夭"，黄鲁曾本作"殀"。
[3] "莫"，黄鲁曾本、宽永本作"无"。
[4] "父"，黄鲁曾本、宽永本作"文"，误。

⑤ 挥涕，不哭，流涕以手挥之。拊，犹抚也。膺，谓胸也。【增】《国语》“挥”作“洵”，“拊”作“搯”。○【增】瘠，在昔反。

⑥【增】《国语》“哀”作“忧”。

⑦【增】剖，普口反。

子路与子羔仕于卫，卫有蒯聩之难①。孔子在鲁闻之，曰：“柴也其来，由也死矣。”既而卫使至②，曰：“子路死焉。”夫子哭之于中庭。有人吊者，而夫子拜之。已哭③，进使者而问故④，使者曰：“醢之矣⑤。”遂令左右皆覆醢⑥，曰：“吾何忍食此！”

①【增】蒯聩，灵公世子，事在鲁哀公十五年。○【增】蒯，苦怪反。聩，五怪反。难，乃旦反。

②【增】使，色吏反，下同。

③【增】《礼记》“已”作“既”。

④【增】郑玄曰：“故，谓死之意状。”

⑤【增】醢，肉酱。○【增】醢音海。

⑥【增】令，力呈反。

季桓子死，鲁大夫朝服而吊①。子游问于孔子曰：“礼乎？”夫子不答。他日又问[1]。夫子曰[2]：“始死[3]，羔裘、玄冠者，易之而已②，汝何疑焉？”

---

[1] “又问”，黄鲁曾本此下误将《曲礼公西赤问第四十四》第三节“墓而不坟”以下至第六节“知丧道也”等数段文字置于本篇，错乱尤甚。

[2] “曰”，黄鲁曾本无。

[3] “始死”，黄鲁曾本作“始死则矣”，宽永本作“死则矣”。

① 【增】朝，直遥反。

② 【增】旧本“始死”下衍“则矣”二字。孔颖达曰：“羔裘、玄冠，即朝服也。始死则易去朝服，着深衣，故云‘易之而已’。”

子睾[1]问于孔子曰：“始死之设重也，何为①？”孔子曰：“重，主道也，殷主缀重焉②，周人彻重焉③。”“请问丧朝④。”子曰：“丧之朝也，顺死者之孝心，故至于祖考[2]庙而后行。殷朝而后殡于祖，周朝而后遂葬。”

① 【增】睾，与“皋”同，旧本作“罕”，非也。子皋，即子羔也。郑玄曰：“始死未作主，以重主其神也。重既虞而埋之，乃后作主。”○【增】重，直龙反。为，于伪反。

② 缀，连也。殷人作主而连其重悬诸庙也。○【增】缀，知劣反，又知卫反。

③ 周人作主彻重，就所倚处而治。○【增】彻，直列反。

④ 丧将葬，朝于庙而后行焉。○【增】朝，直遥反。

孔子之守狗死①，谓子贡曰：“路马死②，则藏之以帷，狗则藏之以盖。汝往埋之。吾闻敝帷[3]不弃，为埋马也；敝[4]盖不弃，为埋狗也③。今吾贫无盖，于其封也与之席④[5]，无使其首陷于土焉。”

---

[1] “睾”，黄鲁曾本、宽永本作“罕”，误。

[2] “考”，黄鲁曾本、宽永本作“者”，误。

[3] “敝帷”，黄鲁曾本作“弊帏”，宽永本作“弊帷”。

[4] “敝”，黄鲁曾本、宽永本作“弊”。

[5] “席”，黄鲁曾本、宽永本作“蓆”。

①【增】《礼记》“守”作“畜”。

② 路马，常所乘马。【增】郑玄曰：“路马，君所乘者。”

③【增】为，于伪反。

④【增】封，当为“窆”。○【增】封，彼验反。

曲礼公西赤问第四十四①

①【增】凡十四章。

公西赤问于孔子曰：“大夫以罪免，卒[1]，其葬也如之何？”孔子曰：“大夫废其事，终身不仕，死则葬之以士礼。老而致[2]仕者，死则从其列。”

公仪仲子嫡子死而立其弟①。檀弓问子服伯子曰：“何居？我未之前闻也②。”子服伯子曰：“仲子亦犹行古人之道。昔者文王舍伯邑考而立武王③，微子舍其孙腯，立其弟衍④。”子游以问诸孔子，子曰：“否！周制立孙。”

①【增】陆德明曰：“公仪仲子，公仪，氏；仲子，字。鲁之同姓也，其名未闻。”

---

[1] 黄鲁曾本“免卒”连读，误。

[2] “致”，黄鲁曾本作“政”，误。

②【增】陆德明曰:“檀弓,鲁人姓名。”郑玄曰:“子服伯子,盖仲孙蔑之玄孙子服景伯。居,读为姬姓之‘姬’。齐鲁之间语助也。前,犹故也。”○【增】檀,大丹反。居音姬。

③ 伯邑考,文王之长子也。言文王亦立子而不立孙也。[1]

④【增】腯,徒本反,又徒逊反。衍,以善反。

孔子之母既丧,将合[2]葬焉,曰:“古者不祔葬①,为不忍先死者之复见也②。《诗》云:‘死则同穴③。’自周公以[3]来祔葬矣。故卫人之祔也离之,有以间[4]焉④。鲁人之祔也合之,美夫⑤!吾从鲁。”遂合葬于防⑥。曰:“吾闻之,古者[5]墓而不坟⑦。今[6]丘也东西南北之人,不可以弗识也⑧。吾见封之若堂者矣⑨,又见若坊者矣⑩,又见若覆[7]夏屋者矣⑪,又见若斧形者矣⑫。吾从若[8]斧者焉⑬。”于是封之,崇四尺⑭。

孔子先反虞,门人后,雨甚至墓崩,修之而归。孔子问焉,曰:“尔来何迟?”对曰:“防墓崩。”孔子不应,三云⑮,孔子泫然而流涕曰:“吾闻之,古不修墓⑯。”及二十五月而大祥,五日而弹琴不成声,十日过禫而成笙歌⑰。

---

[1] 此注,黄鲁曾本、宽永本在“伯邑考”下。
[2] “合”,黄鲁曾本作“立”,误。
[3] “以”,黄鲁曾本、宽永本作“已”。
[4] “间”,黄鲁曾本、宽永本作“闻”。
[5] “古者”,黄鲁曾本脱,宽永本无“者”字。
[6] “今”,黄鲁曾本此上有“孔子曰”三字。
[7] “若覆”,黄鲁曾本、宽永本作“履”。
[8] “若”,黄鲁曾本、宽永本无。

①【增】祔音附。

②【增】为，于伪反。复，扶又反。见，贤遍反。

③【增】《诗》，《王风·大车》篇。

④【增】《礼记》无此四字。郑玄曰："离之，有以间其椁中。"今此疑注误入正文。○【增】间，古苋反。

⑤【增】《礼记》"美"作"善"。○【增】夫音扶。

⑥【增】防，鲁地。

⑦【增】郑玄曰："墓，谓兆域，今之封茔也。土之高者曰坟。"○【增】坟，扶云反。

⑧【增】识音志。

⑨ 堂形四方而[1]高者。

⑩ 坊形旁[2]杀，平上而长。○【增】坊音防。

⑪【增】郑玄曰："覆，谓茨瓦也。夏屋，今之门庑也。其形旁广而卑。"○【增】覆，芳又反。夏，户雅反。

⑫【增】《礼记》无"形"字。郑玄曰："斧形旁杀，刃上而长。"

⑬【增】旧本阙"若"字。郑玄曰："孔子以为刃上难登，狭又易为功。"

⑭【增】郑玄曰："崇，高也。"

⑮【增】三，息暂反，又如字。

⑯【增】泫，胡犬反。涕音体。

⑰ 孔子大祥二十五月禫，故十日逾月而歌也。【增】本注未详。案，《礼记》作"孔子既祥，五日弹琴而不成声，十日而成笙歌。"郑玄曰："五日弹琴，十日笙歌，除由外也。琴以手，笙歌以气。"○【增】禫，大感反。笙音生。

---

[1] "而"，黄鲁曾本、宽永本作"若"。

[2] "旁"，黄鲁曾本作"杀"。

孔子有母之丧，既练，阳虎吊焉①，私于孔子曰：“今季氏将大飨境内之士，子闻[1]诸②？”孔子曰[2]：“丘弗闻也。若闻之，虽在衰绖，亦欲与往③。”阳虎曰：“子谓不然乎？季氏飨士，不及子也。”阳虎出，曾点问曰：“答[3]之何谓也④？”孔子曰：“己则衰服，犹应其言，示所以不非也⑤。”

①【增】先儒以为“练”当为“敛”，是也。盖练，期年之祭。阳虎，鲁人，既练而吊，为已晚也。

②【增】言子岂闻之乎。

③【增】衰，七雷反，下同。绖，徒结反。与音预。

④【增】一本“点”作“参”，“答”作“语”。

⑤ 孔子衰服，阳虎之言犯礼。故孔子答之，以示不非其言也[4]。

颜回死，鲁定公吊焉①，使人访于孔子。孔子对曰：“凡在封内，皆臣子也。礼，君吊其臣，升自东阶，向尸而哭，其恩赐之施，不有筭也②。”

①【增】定，当为“哀”。

② 筭，苏乱反。计，筭[5]也，又竹器也。○[6]【增】施，始豉反。筭，与“算”同。

---

[1] “予”，宽永本作“子”。“闻”，宽永本作“问”，误。

[2] “孔子曰”，黄鲁曾本作“孔子答曰”，宽永本(一)作“子曰”，宽永本(二)作“曰”。

[3] “答”，黄鲁曾本作“吾”，误。

[4] “也”，黄鲁曾本、宽永本此上有“者”字。

[5] “计筭”，黄鲁曾本作“筭计”。此上音释，当在注下。

[6] 此“○”，底本阙，据例补。

原思言于曾子曰:“夏后氏之送葬也,用明[1]器,示民无知也①;殷人用祭器,示民有知也;周人兼而用之,示民疑也。”曾子曰:“其不然矣②,夫以明器,鬼器也③;祭器,人器也。古之人胡为而死其亲也?”

子游问于孔子,子[2]曰:“之死而致死乎,不仁,不可为也④;之死而致生乎,不智,不可为也。凡为明器者,知丧道也。备[3]物而不可用也。是故,竹不成用⑤,而瓦不成膝⑥,琴瑟张而不平,笙竽备而不和⑦,有钟磬而无簨簴⑧。其曰明器,神明之也。哀哉!死者而用生者之器⑨,不殆于[4]用殉乎⑩[5]。”

① 【增】夏,户雅反。

② 【增】《礼记》“矣”作“乎”。

③ 【增】《礼记》无“以”字。〇【增】夫音扶。

④ 【增】《礼记》“乎”作“之”,下同。

⑤ 谓笾之无缘也。

⑥ 膝,镔。【增】“膝”字义疑。注亦未详。先儒以“膝”当为“漆”,谓黑光也。未知是否。《礼记》无“而”字,“膝”作“味”,下有“木不成斫”四字,郑玄曰:“味,当作沬。”孔颖达曰:“沬,光泽也。”〇【增】镔音宾。沬,亡葛反。

⑦ 【增】笙音生。竽音于。

⑧ 簨簴,可以悬钟磬也。〇簨,先尹反。簴,其举反。

---

[1] “明”,黄鲁曾本作“盟”,下同。

[2] “子”,黄鲁曾本、宽永本(一)脱。

[3] “备”,黄鲁曾本此上有“有”字。

[4] “于”,黄鲁曾本、宽永本作“而”。

[5] “乎”,黄鲁曾本、宽永本作“也”。

⑨【增】《礼记》有“也”字。

⑩ 杀人以从死，谓之殉。【增】旧本“乎”作“也”。郑玄曰：“殆，几也。”○【增】殉，辞俊反。

子游问于孔子曰：“葬者，途车刍灵，自古有之①。然今人或有偶②，是无益于丧。”孔子曰：“为刍灵者善矣，为偶者不仁③，不殆于用人乎？”

①【增】刍，初拘反。

② 偶，木[1]人也。

③【增】《礼记》“偶”作“俑”。

颜渊之丧既祥，颜路馈祥肉于孔子①。孔子自出而受之，入弹琴以散情而后[2]食之。

①【增】馈，其位反。

孔子尝①，奉荐而进，其亲也悫②，其行也趋趋以数③。已祭，子贡问曰：“夫子之言祭也，济济漆漆焉④。今夫子[3]之祭，无济济漆漆，何也？”孔子曰：“济济者，容之远也⑤；漆漆者，自反⑥。容以远，若容以自反⑦，夫何神明之及交⑧？必如此，则何济济漆漆之有？反馈乐成⑨，进则燕俎⑩，序其

[1] “木”，黄鲁曾本、宽永本(一)作“亦”，误。

[2] “后”，黄鲁曾本、宽永本此下有“乃”字。

[3] “夫子”，黄鲁曾本此下脱“之祭”至“所当也”。

礼乐，备其百官，于是君子致其济济漆漆焉。夫言岂一端而已哉？亦各有所当也⑪。”

① 尝，秋祭也。[1]

② 亲，谓亲奉荐也。悫，质也。[2] ○【增】悫，苦角反。

③ 言少威仪。○【增】趋音促。数音速。

④ 威仪容止。○【增】济，子礼反。漆音切。

⑤ 言宾客疏远之容也。【增】容之，一本作“容也”，《礼记》同。

⑥ 谓安之之容也。【增】《礼记》作“漆漆者，容也，自反也。”

⑦【增】《礼记》有“也”字。郑玄曰：“‘容以远’，言非所以接亲亲也。‘容以自反’，言非孝子所以事亲也。”

⑧【增】郑玄曰：“及，与也。”○【增】夫音扶，下同。

⑨【增】孔颖达《礼记疏》曰：“定本‘反馈’作‘及’字。”○【增】馈，其位反。

⑩【增】《礼记》作“荐其荐俎”。○【增】俎，侧吕反。

⑪【增】当，丁浪反。

子路为季氏宰。季氏祭，逮昏而奠①，终日不足，继以烛。虽有强力之容，肃敬之心，皆倦怠矣。有司跛倚以临事②，其为不敬也大矣。他日祭[3]，子路与焉③。室事交于户，堂事交[4]于阶④。质明而始行事⑤，晏朝而彻⑥。孔子

---

[1] 本注，黄鲁曾本、宽永本在“进”字下。

[2] 本注，黄鲁曾本、宽永本作“悫，亲之奉荐也。慈，质也”。

[3] “祭”，黄鲁曾本无。

[4] “交”，黄鲁曾本、宽永本作“当”。

闻之，曰："以此观之[1]，孰谓由[2]也而不知礼⑦？"

① 逮昏，未明。【增】《礼记》作"逮暗而祭"。○【增】逮音代，又大计反。

② 跛，偏任也。【增】郑玄曰："依物为倚。"○【增】跛，彼义反。倚，于绮反。

③【增】与音预。

④【增】旧本作"堂事当于阶"，误矣，今从《礼记》。郑玄曰："室事，祭时。堂事，傧尸。"

⑤ 质明，平明。

⑥【增】《礼记》"彻"作"退"。○【增】朝，直遥反，又如字。彻，直列反。

⑦【增】《礼记》有"乎"字。

卫庄公之反国也①，改旧制，变宗庙，易朝市②。高子皋问于孔子曰："周礼，绎祭于祊③，祊在庙门之西，前朝而后市，今卫君欲其事事一更之，如之何④？"孔子曰："绎之于库门内，祊之于东，市朝于西方，失之矣。"[3]

①【增】庄公，即灵公世子蒯聩。

②【增】朝，直遥反，下同。

③【增】祊，补彭反。

④【增】更，改也。○【增】更，古衡反。

季桓子将祭，齐三日，而二日钟鼓之音不绝①。冉有问

---

[1] "以此观之"四字，黄鲁曾本无，宽永本作"此以观之"。

[2] "谓由"，黄鲁曾本作"为士"，宽永本作"为由"。

[3] 本节，黄鲁曾本无。

于孔子。子曰:“孝子之祭也,散齐七日,慎思其事;三日致齐而一用之②,犹恐其不敬也。而二日伐鼓,何居焉③?”[1]

① 【增】齐,侧皆反,下同。

② 积一而用之也。○【增】散,悉但反。

③ 【增】居音姬。

公父文伯之母,季康子之从祖母也①。康子往焉,侧门而与之言〈曰〉,皆不逾阀②。文伯祭其祖悼子③,康子与焉④,进俎而不受⑤,彻俎而不与燕⑥,宗老不具,则不绎⑦,绎不尽饫则退⑧。孔子闻之,曰:“男女之别,礼之大经⑨。公父氏之妇,动中德趣,度于礼矣⑩。”[2]

① 【增】《国语》“从祖”下有“叔”字。韦昭曰:“祖父昆弟之妻。”○【增】父音甫。从,如字,又才用反。

② 侧门,于门之侧而与之言,言不外身,不逾门限。【增】《国语》“侧”作“闖”,无“曰”字,“阀”作“阈”。韦昭曰:“闖,辟也。门,寝门也。阈,门限也。皆,二人也。敬姜不逾阈而出,康子不逾阈而入。《传》曰:‘妇人送迎不出门,见兄弟不逾阈。’是也。”纯谓:“曰”字衍文。阀,当从《国语》作“阈”。○【增】闖,韦委反。阀,扶月反。阈,于逼反,又况逼反。

③ 悼子,文伯始祖。【增】本注“始”字当为“之”。悼子,季武子之庶子季孙纥。

④ 【增】与音预,下同。

⑤ 进俎康子而不亲授。【增】《国语》作“酢不受”。○【增】俎,侧吕反。

---

[1] 本节,黄鲁曾本无。

[2] 本节,黄鲁曾本无。

⑥ 彻俎之后而不与欢燕之坐。○【增】彻，直列反。

⑦ 绎，又祭。宗老，大夫家臣也，典祭祀及宗族之事。不具，不在也。

⑧ 饫，厌神。不尽厌饫之礼而去也。○【增】饫，於据反。

⑨【增】别，彼列反。

⑩ 中德之趣，合礼之度。【增】张衡《东京赋》及薛综注，"德"作"得"。○【增】中，陟仲反。

季康子朝服以缟①。曾子问于孔子曰："礼乎?"孔子曰："诸侯皮弁以告朔，然后服之以视朝，若此礼者也②。"[1]

①【增】朝，直遥反，下同。缟，古老反。

② 朝服以缟，僭[2]宋礼也。孔子恶指斥康子。但言诸侯皮弁以告朔，卒然后朝服以视朝。朝服明不用缟也。【增】一本，注"但言"下有"诸侯之礼而已而"七字，未知是否。○【增】告，古笃反。

---

[1] 本节，黄鲁曾本无。

[2] "僭"，宽永本作"偺"。

后　序①[1]

①【增】本分二节。自发首至“不可不鉴”为一节。盖孔安国所作也。何孟春以为王肃代安国序，未知然否。自“孔安国者字子国”以下为一节，乃王肃所作也。

《孔子家语》者，皆当时公卿士大夫及七十二弟子之所谘访交相对问言语也。既而诸弟子各自记其所问焉，与《论语》、《孝经》并时。弟子取其正实而切事者，别出为《论语》，其馀则都集录之，名曰《孔子家语》。凡所论辩，疏判较归①，实自夫子本旨也。属文下辞②，往往颇有浮说，烦而不要者，亦由七十二子，各共叙述首尾，加之润色，其材或有优劣，故使之然也。

孔子既没而微言绝，七十二弟子终而大义乖③。六国之世，儒道分散，游说之士，各以巧意而为枝叶④，唯孟轲、荀卿守其所习⑤。当秦昭王时⑥，荀卿入秦，昭王从之问儒术。荀卿以孔子之语及诸国事、七十二弟子之言，凡百馀篇与之⑦[2]，由此秦悉有焉。始皇之世⑧，李斯焚书⑨，而

[1] 此篇后序，黄鲁曾本无。

[2] “之”，宽永本此下有“子”字，疑衍。

《孔子家语》与诸子同列，故不见灭。高祖克秦⑩，悉敛得之，皆载于二尺竹简，多有古文字。及吕氏专汉⑪，取归藏之，其后被诛亡⑫，而《孔子家语》乃散在人间。好事者或各以意增损其言⑬，故使同是一事而辄异辞。孝景皇帝末年，募求天下遗[1]书⑭，于时京师士大夫皆送官，得吕氏之所传《孔子家语》，而与诸国事及七十二子辞，妄相错杂，不可得知，以付掌书，与《曲礼》众篇乱简，合而藏之秘府。

元封之时，吾仕京师⑮，窃惧先人之典辞，将遂泯灭⑯，于是因诸公卿士大夫，私以人事，募求其副，悉得之⑰。乃以事类相次，撰集为四十四篇⑱。又有《曾子问礼》一篇，自别属《曾子问》⑲，故不复录⑳。其诸弟子书所称引孔子之言者，本不存乎《家语》，亦以其已自有所传也，是以皆不取也，将来君子，不可不鉴。

①【增】疏，分也。《尔雅》曰："较，直也。"○【增】较，古岳反。

②【增】属，犹缀也。下，犹措也。○【增】属音烛。

③【增】乖，公怀反。

④【增】说，输芮反。

⑤【增】孟轲，邹人。荀卿，赵人，名况。○【增】轲，苦何反。

⑥【增】秦昭王，名稷，始皇曾祖父。

⑦【增】今《荀子》书，凡三十二篇。

⑧【增】始皇，名政。

⑨【增】李斯，楚人，尝学于荀卿，仕秦为丞相，焚书事在始皇三十四年。

---

[1] "遗"，宽永本作"礼"。

○【增】焚，扶云反。

⑩【增】汉高祖，名邦，字季。

⑪【增】吕氏，高后，惠帝母，名雉。惠帝崩，高后临朝称制。

⑫【增】高后八年崩。诸吕作乱，丞相陈平、太尉周勃与朱虚侯刘章共诛之。

⑬【增】好，呼报反。

⑭【增】孝景皇帝，高祖孙，文帝子，名启。《说文》曰："募，广求也。"旧本"遗"作"礼"。○【增】募，莫故反。

⑮【增】元封，武帝年号。吾，安国自谓也。

⑯【增】泯，弥忍反。

⑰【增】副，贰也。

⑱【增】撰，士眷反。

⑲【增】《曾子问》，《礼记》第七篇。

⑳【增】复，扶又反。

孔安国者，字子国[①]，孔子十二世孙也[②]。孔子生伯鱼。鱼生子思，名伋[③]。尝遭困于宋，作《中庸》之书四十七篇，以述圣祖之业[④]，授弟子孟轲之徒数百人[⑤]，年六十二而卒。子思生子上，名白[⑥]，年四十七而卒。自叔梁纥始出妻，及伯鱼亦出妻，至子思又出妻，故称孔氏三世出妻[⑦]。

子上生子家，名傲，后名求[⑧]，年四十五而卒。子家生子直，名榼[⑨]，年四十六而卒。子直生子高，名穿，亦著儒家语十二篇，名曰《讁言》[⑩]，年五十七而卒[⑪]。子高生武，字子顺，名微，后名斌[⑫]，为魏文王相[⑬]，年五十七而卒。子武生子鱼，名鲋[⑭]；及子襄，名腾[⑮]；及子文，名祔[⑯]。子鱼后名甲。子襄以好经书博学，畏秦法峻急[⑰]，乃壁藏其《家语》、《孝经》、《尚书》及《论语》于夫子之旧堂壁中[18]。子鱼为陈王涉博士太师，卒陈下，生元路，一字元生，名育，后名随。子文生㝡，字子产[19]。子产后从高祖，以左司马将军佐韩信，破楚于垓下，以功封蓼侯[20]，年五十三而卒，谥曰夷侯。长子灭嗣，官至太常[21]。次子襄，字子士，后名让，为孝惠皇帝博士，迁长沙王太傅，年五十七而卒[22]。生季中，名员，年五十七而卒[23]。生武，及子国[24]。

①【增】一本无“者”字。

②【增】一本“二”作“一”，恐误。

③【增】伋音急。

④【增】《孔丛子》曰：“子思年十六，适宋。宋大夫乐朔与之言学焉。朔曰：‘《尚书》《虞》、《夏》数四篇善也，下此以讫于《秦》、《费》，效尧舜之言耳，殊不如也。’子思答曰：‘事变有极，正自当耳。假令周公、尧、舜，不更时异处，其书同矣。’乐朔曰：‘凡书之作，欲以喻民也。简易为上，而乃故作难知之辞，不亦繁乎？’子思曰：‘《书》之意兼复深奥，训诂成义，古人所以为典雅也。’曰：‘昔鲁委巷亦有似君之言者。’伋答之曰：‘道为知者传。苟非其人，道不传矣。今君何似之甚也。’乐朔不悦而退。曰：‘孺子辱吾。’其徒曰：‘鲁虽以宋为旧，然世有雠焉。请攻之。’遂围子思。宋君闻之，不待驾而救子思，子思既免，曰：‘文王困于牖里作《周易》，祖君屈于陈、蔡作《春秋》，吾困于宋，可无作乎？于是撰《中庸》之书四十九篇。”纯案，《汉书·艺文志》：《中庸说》二篇，在礼家。《子思》二十三篇，在儒家，而无《中庸》四十馀篇。今《礼记》有《中庸》篇，盖此之残耳。

⑤【增】数，色主反。

⑥【增】《汉书·孔光传》“白”作“帛”。

⑦【增】出，如字，又尺遂反。

⑧【增】《史记》、《汉书》及《阙里志》并不言名“傲”。

⑨【增】《史记》云："子家生箕，字子京。"《阙里志》从之。《汉书》云："求生子真箕。"○【增】榼，苦阁反。

⑩【增】讁，一作讕，音义未详。《汉书·艺文志》："《谰言》十篇。"在儒家。班固自注："不知作者。陈人君法度。"如淳曰："谰音烂。"师古曰："说者引《孔子家语》云：孔穿所造，非也。"

⑪【增】《史记》"七"作"一"，《阙里志》同。

⑫【增】《史记》云："子高生子慎。"《汉书》云："穿生顺。"《阙里志》云："八代谦，字子顺。"纯案，诸说不同，未详孰是。据后，安国之兄实名武，子顺不应名武。此恐有误。斌，与"彬"同。○【增】斌，彼贫反。

⑬【增】《史记》、《汉书》皆曰："为魏相。"而不言所相。《阙里志》云："仕魏，为安釐王相。"不知何据。案，魏无文王，此二字有误。○【增】相，息亮反。

⑭【增】子武，当为"子顺"，否则"子"字衍。世传《孔丛子》二十一篇，孔鲋所著云。○【增】鲋音付。

⑮【增】腾，徒登反。

⑯【增】《阙里志》"祔"作"树"，是。○【增】祔音附。

⑰【增】好，呼报反。峻，私俊反。

⑱【增】乃壁，"壁"字恐衍。

⑲【增】寣，俗"最"字。《史记》、《汉书年表》皆作"藂"。《索隐》曰："《说文》以'最'为积聚字，此作'藂'，不同。"

⑳【增】《史记·高祖本纪》曰："孔将军居左。"《索隐》曰："孔将军，蓼侯孔熙。"纯曰：蓼，国名。○【增】垓，古来反。蓼音了。

㉑【增】灭，当为"臧"，字之误也。《汉书·百官表》："元朔二年，蓼侯孔臧为太常。"○【增】长，竹丈反，下"长则"同。

㉒【增】《史记》云："鲋弟子襄，年五十七，尝为孝惠皇帝博士，迁为长沙太守。长九尺六寸。"《汉书》云："鲋弟子襄，为孝惠博士，长沙太傅。"纯案，《史记》文，似以子襄为鲋弟字，《汉书》文，似以襄为鲋弟子名，而此以襄为子产次子名。同是一人，而三书所叙，世次各异，未详孰是。又如此文，则

弟孙以从祖父字为名矣，亦怪事也。

㉓【增】《史记》云："子襄生忠，年五十七。"《汉书》云："襄生忠[1]。"《阙里志》云："子襄，鲋之弟也。子忠字子贞。"今此独与彼诸书异，无所考证，疑有误云。

㉔【增】《史记》云："忠生武，武生延年及安国。"《汉书》云："忠生武及安国。"《阙里志》云："忠子二：武，安国。武字子威，为文帝博士，至临淮太守，早世卒。"案，此序篇首云：安国，孔子十二世孙，一本作"十一世孙"，而其下叙世次，则自孔子至安国，实为十二世。如《史记》所叙，则为十一世。《汉书》文，"鲋弟子襄"四字未详，若以子襄为鲋弟，则安国为孔子十世孙，《阙里志》所叙是也。若以襄为鲋弟子，则安国为孔子十一世孙。《叙孔光先世文》云："襄生忠，忠生武，及安国。武生延年。延年生霸，字次孺。霸生光焉。"而传首云：孔光字子夏，孔子十四世之孙也。若以子襄为鲋弟，则光为孔子十三世孙，是皆未详。又如此所叙，则安国为孔臧弟孙，然《孔丛子·连丛》有孔臧《与从弟安国书》，则是臧与安国从父昆弟也。若安国，子襄之孙，子襄，子鱼之弟，如《阙里志》所叙，则安国与臧从祖昆弟也。窃疑此《序》次子襄，即上文子襄。季中，即忠。然王肃所叙，盖其所闻于孔猛，未必有误，要之无所折衷耳。

子国少学《诗》于申公①，受《尚书》于伏生②，长则博览经传③，问无常师，年四十为谏议大夫，迁侍中博士。天汉后④，鲁恭王坏夫子故宅⑤，得壁中诗书，悉以归子国。子国乃考论古今文字，撰众师之义⑥，为《古文论语训》十一篇、《孝经传》二篇、《尚书传》五十八篇，皆所得壁中科斗本也⑦。又集录《孔子家语》，为四十四篇，既成，会值巫蛊事，寝不施行⑧。

---

[1] "年五十七汉书云襄生忠"十字，标笺本无。

子国由博士为临淮太守⑨，在官六年，以病免，年六十卒于家。其后，孝成皇帝诏光禄大夫刘向，校定众书，都记录⑩，名《古今文书论语别录》。子国孙衍为博士⑪，上书辨之⑫，曰：

臣闻明王不掩人之功，大圣不遗人之善，所以能其明圣也。陛下发明诏，谘群儒，集[1]天下书籍，无言不悉，命通才大夫，校定其义，使遐载之文，有以[2]著于今日⑬。立言之士，垂于不朽⑭，此则蹈明王之轨，遵大圣之风者也⑮。虽唐帝之焕然、周王之彧彧，未若斯之极也⑯。故述作之士，莫不乐测大伦焉⑰。

臣祖故临淮太守安国，逮仕于孝武皇帝之世⑱，以经学为名，以儒雅为官，赞明道义，见称前朝⑲。时鲁恭王坏孔子故宅，得古文科斗《尚书》、《孝经》、《论语》，世人莫有能言者⑳，安国为之今文读，而训传其义㉑。又撰次《孔子家语》。既毕讫㉒，会值巫蛊事起，遂各废不行于时。然其典雅正实，与世所传者，不可同日而论也。光禄大夫向以其为时所未施之故，《尚书》则不记于《别录》，《论语》则不使名家也。臣窃惜之。且百家章句，无不毕记，况《孔子家语[3]》古文正

[1] “集”，宽永本此下有“其”字，疑衍。

[2] “有以”，宽永本作“以有”。

[3] “语”，宽永本无。太宰纯以为阙“语”字。林按，宽永本未必非是，依宽永本则“孔子家古文”连读，非专指《家语》一书，乃指孔壁古文书也。

实而疑之哉[23]！又戴圣，近世小儒[24]，以《曲礼》不足，而乃取《孔子家语》杂乱者，及子思、孟轲、荀卿之书以裨益之[25]，总名曰《礼记》。今向见其已在《礼记》者，则便除《家语》之本篇，是为灭其原而存其末也，不亦难乎？臣之愚以为宜如此为例，皆记录别见[26]，故敢冒昧以闻[27]。

奏上，天子许之[28]。未即论定而遇帝崩，向又病亡，遂不果立[29]。

①【增】申公，鲁人，名培。○【增】少，诗照反。

②【增】伏生，济南人，名胜。

③【增】长，竹丈反。传，直恋反，下"孝经传"、"尚书传"同。

④【增】天汉，武帝年号。

⑤【增】鲁恭王，景帝子，名馀。○【增】坏音怪。

⑥【增】撰，士眷反。

⑦【增】科斗，虾蟆子也，字形似之，故名曰科斗书。

⑧【增】《汉书·武帝纪》：征和元年，巫蛊起。谓江充造蛊，败戾太子也。孔颖达曰："以蛊皆巫之所行，故云巫蛊。"纯曰：寝，息也。○【增】蛊音古。

⑨【增】守，手又反。

⑩【增】孝成皇帝，名骜。刘向，字子政。

⑪【增】《史记》云："安国生卬，卬生驩。"然则衍岂卬之子邪？

⑫【增】上，时掌反，下"奏上"同。

⑬【增】旧本"有以"二字误倒。

⑭【增】《春秋传》："叔孙豹曰：'太上有立德，其次有立功，其次有立言，

虽久不废,此之谓不朽。’”

⑮【增】蹈,徒报反。

⑯【增】唐帝,谓尧也。《论语》云“焕乎其有文章”,注曰:“焕,明也。”子曰:“周监于二代,郁郁乎文哉!”“彧”与“郁”通。〇【增】焕音唤。彧,於六反。

⑰【增】乐音洛。

⑱【增】旧本“逮”作“建”,非也。孝武皇帝,名彻。〇【增】逮音代,又大计反。

⑲【增】赞,亦明也。〇【增】朝,直遥反。

⑳【增】一本无“人”字。

㉑【增】一本“之”作“改”。〇【增】为,于伪反。

㉒【增】一本无“讫”字。〇【增】讫,居乙反。

㉓【增】“况孔子家语”,旧本阙“语”字。

㉔【增】戴圣,字次君,梁人也。与戴德受《礼》于后仓而传之。德号大戴,圣号小戴。

㉕【增】裨,亦益也。〇【增】裨,补移反。

㉖【增】见,贤遍反。

㉗【增】冒昧,谓触冒昧死也。〇【增】冒,莫报反。昧音妹。

㉘【增】天子,谓成帝。

㉙【增】立,谓立于学官也。

附录　汲古阁板孔子家语跋

嗟乎！是书之亡久矣。一亡于胜国王氏，其病在割裂；一亡于包山陆氏，其病在倒颠。先辈每庆是书未遭秦焰，至于今日，何异与焦炬同烟销邪？予每展读，即长跽宣尼像前，誓愿遘止。及见郴阳何燕泉叙中云云，不觉泣涕如雨。夫燕泉生于正德间，又极稽古，尚未获一见，余又何望哉！余又何望哉！抚卷浩叹，愈久愈痛。忽丁卯秋，吴兴贾人持一编至，乃北宋板王肃注本子。大书深刻，与今本迥异，惜二卷十六叶已前，皆已蠹蚀，因复向先圣，焚香叩首，愿窥全豹。幸己卯春，从锡山酒家，复觏一函，冠冕岿然，亦宋刻王氏注也。所逸者仅末二卷。余不觉合掌顿足，急倩能书者，一补其首，一补其尾。二册俨然双璧矣。纵未必夫子旧堂壁中故物，已不失王肃本注矣。三百年割裂颠倒之纷纷，一旦而垂绅正笏于夫子庙堂之上矣。是书幸矣！余幸矣！亟公之同好，凡架上王氏陆氏本，俱可覆诸酱瓿矣。即何氏所注，亦是暗中摸索，疵病甚多，未必贤于王陆二家也。但其一序，亦可参考。因缀旒于跋之下。虞山毛晋识。

何孟春曰:《孔子家语》,如孔衍言,则壁藏之馀,实孔安国为之。而王肃代安国序,未始及焉,不知何谓。此书源委流传,肃《序》详矣。愚考《汉书·艺文志》载《家语》二十七卷,颜师古曰:"非今所有《家语》也。"《唐书》志艺文,有王肃注《家语》十卷,然则师古所谓今之《家语》者欤?班史所志,大都刘向较录已定之书。肃《序》称四十四篇,乃先圣二十二世孙猛之所传者。肃辟郑氏学,猛尝学于肃,肃从猛得此书,遂行于世。然则肃之所注《家语》也,非安国之所撰次,及向之所较者明矣。虞舜《南风》之诗,玄注《乐记》云:"其辞未闻。"今《家语》有之。马昭谓王肃增加,非郑玄所见,其言岂无据耶?肃之奋异于玄,盖每如此。既于《曾子问》篇不录,又言诸弟子所称引皆不取,而胡为赘此?此自有为云尔。肃之《注》,愚不获见,而见其序,今世相传《家语》,殆非肃本,非师古所谓今之所有者。安国本,世远不复可得,今于何取正哉?司马贞与师古同代人也。贞作《史记索隐》引及《家语》,今本或有或无,有亦不同。愚有以知其非肃之全书矣。今《家语》,胜国王广谋所句解也。注庸陋荒昧,无所发明,何足与语于述作家?而其本使正文漏略,复不满人意,可恨哉!今本而不同于唐,未必非广谋之妄庸,有所删除而致然也。《史记传》:颜何字冉。《索隐》曰:"《家语》字称。"仁山金氏考七十二子姓氏,以颜何不载于《家语》。《论语》"仲弓问子桑伯子"朱子注:"《家语》记伯子不衣冠而处。"张存中取《说苑》中语为证。颜何暨伯子事,广谋本所无者。盖金、张二人所见,已是今本。以此而推，此书同事异辞，灭源存末，乱于人手，不啻在汉而已。安国及向之旧，至肃凡几变，而今重乱而失真矣。今何所取正？而愚重为之注，不亦广谋之比乎？嗟夫！先民有言，见称圣人。圣有遗训，谁其弗循？书莫古于三代，古莫圣于孔子。吾夫子之言，如雷霆之洞人耳，如日月之启人目。《六经》外，《孝经》、《论语》后，幸存此书，奈之何使其汶汶而可也。此书肃谓其“烦而不要”，大儒者朱子亦曰“杂而不纯”。然实自夫子本旨，固当时书也，而吾何可忽焉而莫之重耶？《论语》出圣门高弟，记录正实而切事者。颜回死，颜路请子之车。子曰：“鲤也死，有棺而无椁。”校以《家语》所纪岁年，子渊死时，伯鱼盖无恙也。或疑《论语》为设事之辞。《论语》且有不可信者矣，吾又何得于此书之不可信者，而并疑其馀之可信者哉？学者就其所见，而求其论于至当之地，斯善学者之益也。春谨即他书有明著《家语》云云，而今本缺略者，以补缀之。今本不少概见，则不知旧本为在何篇，而不敢以入焉。分四十四篇为八卷。他书所记，事同语异者，笺其下，而一二愚得附焉。其不敢以入焉者，仍别录之，并春秋战国秦汉间文字，载有孔子语者，录为《家语外集》，存之私塾，以俟博雅君子，或得肃旧本而是正焉，是岂独春之幸哉？时大明正德二年岁次丁卯仲春二月壬寅后学郴阳何孟春子元谨序。

纯少好读《孔子家语》，自我东方所有旧本之外，凡海舶所贡诸家注本，随得读之，至十有馀部。自元王广谋《句解》以下，大抵皆新注今本也，不啻训注不古，而其正文割裂颠倒，非复王子雍氏旧本也。及见何孟春注本，乃知是书古本隐晦于中夏，虽博览之士，犹不得一见也。后得汲古阁板一本，则王子雍注全本也。因以我东方所有旧本校之，其文全同，至于误字衍文亦多不异。其所异者，独无音释耳。余怪以为我本或流传于彼，而汲古阁氏得重刻之邪？何其不异如此？其书尾有虞山毛晋跋，言是书既隐而复显、几亡而仅存甚详。余于是愈益幸我本之存于今，而信其为宝亦益深矣。今因附录于《增注》之后，以示同志云。太宰纯书。

《国学典藏》丛书已出书目

周易［明］来知德 集注
诗经［宋］朱熹 集传
尚书 曾运乾 注
周礼［清］方苞 集注
仪礼［汉］郑玄 注［清］张尔岐 句读
礼记［元］陈澔 注
论语·大学·中庸［宋］朱熹 集注
孟子［宋］朱熹 集注
左传［战国］左丘明 著［晋］杜预 注
孝经［唐］李隆基 注［宋］邢昺 疏
尔雅［晋］郭璞 注
说文解字［汉］许慎 撰
战国策［汉］刘向 辑录
［宋］鲍彪 注［元］吴师道 校注
国语［战国］左丘明 著
［三国吴］韦昭 注
史记菁华录［汉］司马迁 著
［清］姚苧田 节评
徐霞客游记［明］徐弘祖 著
孔子家语［三国魏］王肃 注
（日）太宰纯 增注
荀子［战国］荀况 著［唐］杨倞 注
近思录［宋］朱熹 吕祖谦 编
［宋］叶采［清］茅星来 等注
传习录［明］王阳明 撰
（日）佐藤一斋 注评
老子［汉］河上公 注［汉］严遵 指归
［三国魏］王弼 注
庄子［清］王先谦 集解
列子［晋］张湛 注［唐］卢重玄 解
［唐］殷敬顺［宋］陈景元 释文
孙子［春秋］孙武 著［汉］曹操 等注
墨子［清］毕沅 校注
韩非子［清］王先慎 集解
吕氏春秋［汉］高诱 注［清］毕沅 校
管子［唐］房玄龄 注［明］刘绩 补注
淮南子［汉］刘安 著［汉］许慎 注
金刚经［后秦］鸠摩罗什 译 丁福保 笺注
楞伽经［南朝宋］求那跋陀罗 译
［宋］释正受 集注
坛经［唐］惠能 著 丁福保 笺注
世说新语［南朝宋］刘义庆 著
［南朝梁］刘孝标 注
山海经［晋］郭璞 注［清］郝懿行 笺疏
颜氏家训［北齐］颜之推 著
［清］赵曦明 注［清］卢文弨 补注
三字经·百家姓·千字文
［宋］王应麟等 著
龙文鞭影［明］萧良有等 编撰
幼学故事琼林［明］程登吉 原编
［清］邹圣脉 增补
梦溪笔谈［宋］沈括 著
容斋随笔［宋］洪迈 著
困学纪闻［宋］王应麟 著
［清］阎若璩 等注
楚辞［汉］刘向 辑
［汉］王逸 注［宋］洪兴祖 补注
曹植集［三国魏］曹植 著
［清］朱绪曾 考异［清］丁晏 铨评
陶渊明全集［晋］陶渊明 著
［清］陶澍 集注
王维诗集［唐］王维 著［清］赵殿成 笺注

杜甫诗集［唐］杜甫 著
［清］钱谦益 笺注
李贺诗集［唐］李贺 著 ［清］王琦等 评注
李商隐诗集［唐］李商隐 著
［清］朱鹤龄 笺注
杜牧诗集［唐］杜牧 著［清］冯集梧 注
李煜词集（附李璟词集、冯延巳词集）
［南唐］李煜 著
柳永词集［宋］柳永 著
晏殊词集·晏幾道词集
［宋］晏殊 晏幾道 著
苏轼词集［宋］苏轼 著［宋］傅幹 注
黄庭坚词集·秦观词集
［宋］黄庭坚 著［宋］秦观 著
李清照诗词集［宋］李清照 著
辛弃疾词集［宋］辛弃疾 著
纳兰性德词集［清］纳兰性德 著
六朝文絜［清］许梿 评选
［清］黎经诰 笺注
古文辞类纂［清］姚鼐 纂集
玉台新咏［南朝陈］徐陵 编
［清］吴兆宜 注［清］程琰 删补
古诗源 ［清］沈德潜 选评
乐府诗集［宋］郭茂倩 编撰
千家诗 ［宋］谢枋得 编
［清］王相 注［清］黎恂 注

花间集 ［后蜀］赵崇祚 集
［明］汤显祖 评
绝妙好词［宋］周密 选辑；
［清］项絪 笺；［清］查为仁 厉鹗 笺
词综［清］朱彝尊 汪森 编
花庵词选［宋］黄昇 选编
阳春白雪［元］杨朝英 选编
唐宋八大家文钞［清］张伯行 选编
宋诗精华录［清］陈衍 评选
古文观止［清］吴楚材 吴调侯 选注
唐诗三百首［清］蘅塘退士 编选
［清］陈婉俊 补注
宋词三百首［清］朱祖谋 编选
文心雕龙［南朝梁］刘勰 著
［清］黄叔琳 注 纪昀 评
李详 补注 刘咸炘 阐说
诗品［南朝梁］锺嵘 著
古直 笺 许文雨 讲疏
人间词话·王国维词集 王国维 著
西厢记［元］王实甫 著
［清］金圣叹 评点
牡丹亭［明］汤显祖 著
［清］陈同 谈则 钱宜 合评
长生殿［清］洪昇 著［清］吴人 评点
桃花扇［清］孔尚任 著
［清］云亭山人 评点

部分将出书目
（敬请关注）

公羊传
穀梁传
史记
汉书
后汉书
三国志
水经注
史通
日知录
文史通义
心经
文选
古诗笺
李白全集
孟浩然诗集
白居易诗集
唐诗别裁集
明诗别裁集
清诗别裁集
博物志